高等学校应用型特色规划教材 经管系列

金 融 学

(第三版)

盖 锐 丁 涛 孙晓娟 编著

清华大学出版社
北 京

内 容 简 介

　　本书是根据普通高等学校应用型特色规划教材编写计划，按照教育部应用型人才培养的教学要求编写的。全书共 5 部分，12 章，分别从金融理论、金融市场、金融机构、对外金融和金融发展角度介绍金融学的基本理论和专业基础知识。本书紧扣应用型金融人才的培养目标，既突出了实践教学环节及特点，又吸收了国内外金融领域的最新研究成果，具有覆盖面全、内容新颖、难易适度、实用性强、案例丰富等特点。

　　本书能够满足应用型本科院校经济和管理类金融学专业的教学需要，也可作为其他相关专业和从事金融工作人员的培训教材。

图书在版编目(CIP)数据

　金融学/盖锐，丁涛，孙晓娟编著. —3 版. —北京：清华大学出版社，2020.8
　高等学校应用型特色规划教材　经管系列
　ISBN 978-7-302-56310-5

　Ⅰ．①金…　Ⅱ．①盖…　②丁…　③孙…　Ⅲ．①金融学—高等学校—教材　Ⅳ．①F830

　中国版本图书馆 CIP 数据核字(2020)第 155985 号

责任编辑·温　洁
封面设计：杨玉兰
责任校对：周剑云
责任印制：丛怀宇

出版发行：清华大学出版社
　　　　　网　　　址：http://www.tup.com.cn, http://www.wqbook.com
　　　　　地　　　址：北京清华大学学研大厦 A 座　　　邮　　编：100084
　　　　　社 总 机：010-62770175　　　　　　　　　　邮　　购：010-62786544
　　　　　投稿与读者服务：010-62776969, c-service@tup.tsinghua.edu.cn
　　　　　质量反馈：010-62772015, zhiliang@tup.tsinghua.edu.cn
　　　　　课件下载：http://www.tup.com.cn, 010-62791865
印 装 者：大厂回族自治县彩虹印刷有限公司
经　　销：全国新华书店
开　　本：185mm×230mm　　印　张：20.75　　　　字　　数：453 千字
版　　次：2006 年 8 月第 1 版　　2020 年 9 月第 3 版　　印　次：2020 年 9 月第 1 次印刷
定　　价：59.00 元

产品编号：086949-01

出版说明

应用型人才是指能够将专业知识和技能应用于所从事的专业岗位的一种专门人才。应用型人才的本质特征是具有专业基本知识和基本技能，即具有明确的职业性、实用性、实践性和高层次性。进一步加强应用型人才的培养，是"十三五"时期我国经济转型升级、迫切需要教育为社会培养输送各类人才和高素质劳动者的主要任务，也是协调高等教育规模速度与培养各类人才服务国家和区域经济社会发展的重要途径。

教育部要求今后需要有相当数量的高校致力于培养应用型人才，以满足市场对应用型人才需求量的不断增加。为了培养高素质应用型人才，必须建立完善的教学计划和高水平的课程体系。在教育部有关精神的指导下，我们组织全国高校的专家教授，努力探求更为合理有效的应用型人才培养方案，并结合当前高等教育的实际情况，编写了这套《高等学校应用型特色规划教材》丛书。

为使教材的编写真正切合应用型人才的培养目标，我社编辑在全国范围内走访了大量高等学校，拜访了众多院校主管教学的领导，以及教学一线的系主任和教师，掌握了各地区各学校所设专业的培养目标和办学特色，并广泛、深入地与用人单位进行交流，明确了用人单位的真正需求。这些工作为本套丛书的准确定位、合理选材、突出特色奠定了坚实的基础。

❖ 教材定位

➢ 以就业为导向。在应用型人才培养过程中，充分考虑市场需求，因此本套丛书充分体现"就业导向"的基本思路。

➢ 符合本学科的课程设置要求。以高等教育的培养目标为依据，注重教材的科学性、实用性和通用性。

➢ 定位明确。准确定位教材在人才培养过程中的地位和作用，正确处理教材的读者层次关系，面向就业，突出应用。

➢ 合理选材、编排得当。妥善处理传统内容与现代内容的关系，大力补充新知识、新技术、新工艺和新成果。根据本学科的教学基本要求和教学大纲的要求，制定编写大纲(编写原则、编写特色、编写内容、编写体例等)，突出重点、难点。

➢ 建设"立体化"的精品教材体系。提倡教材与电子教案、学习指导、习题解答、课程设计、毕业设计等辅助教学资料配套出版。

✧ 丛书特色

➢ 围绕应用讲理论，突出实践教学环节及特点，包含丰富的案例，并对案例作详细解析，强调实用性和可操作性。

➢ 涉及最新的理论成果和实务案例，充分反映岗位要求，真正体现以就业为导向的培养目标。

➢ 国际化与中国特色相结合，符合高等教育日趋国际化的发展趋势，部分教材采用双语形式。

➢ 在结构的布局、内容重点的选取、案例习题的设计等方面符合教改目标和教学大纲的要求，把教师的备课、授课、辅导答疑等教学环节有机地结合起来。

✧ 读者定位

本系列教材主要面向普通高等院校和高等职业技术院校，适合应用型、复合型及技术技能型人才培养的高等院校的教学需要。

✧ 关于作者

丛书编委特聘请执教多年且有较高学术造诣和实践经验的教授参与各册教材的编写，其中有相当一部分教材的主要执笔者是精品课程的负责人，本丛书凝聚了他们多年的教学经验和心血。

✧ 互动交流

本丛书的编写及出版过程，贯穿了清华大学出版社一贯严谨、务实、科学的作风。伴随我国教育改革的不断深入，要编写出满足新形势下教学需求的教材，还需要我们不断地努力、探索和实践。我们真诚希望使用本丛书的教师、学生和其他读者提出宝贵的意见和建议，使之更臻成熟。

清华大学出版社

第三版前言

金融学是一门不断发展的学科，随着全球经济金融环境的不断变化，推动着金融理论和实践的进一步发展。本教材自 2006 年出版以来，经过几年的教学实践，得到了各高校相关专业师生的认可。为了适应教学的需要，2016 年我们对本教材进行了再版。近年来，随着我国金融对外开放不断扩大和金融改革日益深化，利率市场化、汇率自由化不断推进，互联网金融风起云涌，人民币国际地位明显提升。这些现实的发展和变化，客观上需要金融学教材能充分体现和反映金融领域的最新发展，跟上金融业发展的时代潮流。也要求我们不断地在金融学教学理论与实践的结合上加强研究，更好地适应教学和实践的需要。为此，我们根据教学实践中发现的一些问题以及金融学教学的最新理论发展，对本教材进行了第三次修订。

本次修订遵循的原则是：第一，保持本教材第一版和第二版的优点和特色，大的框架不变，对金融知识的框架和逻辑进行了必要的梳理和调整，如为了使金融结构体系更加清晰，对第 6 章(金融机构体系)和第 10 章(国际金融体系)进行了重新编写。第二，力求反映金融领域发展的最新理论和知识点，如将"互联网金融模式""中国 A 股纳入 MSCI"等金融最新动态写入教材。第三，为了便于学生更准确地掌握相关知识，对每一章的学习目标、关键概念、正文、本章小结进行了校正，对每一章的典型案例和复习思考题也做了更新。通过本次修订，使本教材达到线条清晰、概念明确、重点突出、内容翔实、体系完整、联系实际、注重实效的要求。旨在更好地培养学生的自学能力、综合分析能力和开拓创新能力。

本教材修订编写的分工是：盖锐编写一、二、四、五、八、九、十二章，丁涛编写三、六、七章，孙晓娟编写十、十一章。

在本教材的修订过程中，我们参阅了大量的同类教材和有关论著，在此对参考资料的作者表示真诚的感谢，同时对清华大学出版社责任编辑对本书再版修订给予的支持和帮助一并表示由衷的谢意。

编　者

第二版前言

随着金融资本全球化浪潮的迅猛推进，国际资本流通的速度不断加快，金融业作为"百业之首"在现代经济中的特殊地位及其举足轻重的作用越来越受到各国政府的普遍重视。事实证明，一国金融活动的有效程度会直接对该国经济发展产生深刻的乃至决定性的影响。

研究货币流通、信用和金融体系的运行机制，以及金融运行与经济运行的相互关系，是金融学的基本内容。金融学是经济类专业及相关专业的专业基础理论课，学好这门课程，是将来在经济领域和金融业从事工作的大学生的重要理论基础。金融的发展使得金融学科的内涵也在不断地丰富和深化，这就要求我们要不断学习和掌握新问题、新理论和新方法，也要求我们不断地在教学理论与实践的结合上加强研究。

为了适应国内外金融业发展变化和高校金融学专业学生学习的需求，我们在保持原来体系的基础上，结合我国金融业改革的最新进展，借鉴国内外金融理论研究的最新成果，对本书进行了修订，理论上力求精，政策上力求准，实例上力求新，做到理论与实际相结合。修订后的教材具有以下特点。

一是增加了新内容。本书增加了"金融衍生工具的作用""现代金融市场理论""实施经营管理原则的具体措施""金融监管体制的改革"等内容，在理论方面进行了充实。

二是充实了新专栏。随着金融业的不断发展，我们对变化的情况及时进行跟踪，对数据不断进行更新。增加了我国金融机构的增长变化、存款准备金率的历次调整、央行的公开市场操作数据等新专栏，使读者能够掌握我国金融业方面的最新变化。

三是更新了复习思考题。配合有关章节的内容增加了一些案例，意在通过案例分析提高教学效果。另外，本书配有电子课件，以适应多媒体教学的需要。

下载地址：www.tup.com.cn。

本书第一版自 2006 年出版后，受到各高校相关专业师生的关注和支持；本书在修订过程中，参阅了国内外许多著作，限于篇幅未能一一注明；同时得到了清华大学出版社给予的指导和帮助。在此一并表示感谢。

限于作者的水平及教材的时效性，书中难免有疏漏或有待完善之处，敬请各位读者指正。

编　者

2012 年 5 月

第一版前言

金融是现代经济的核心，是经济发展的持久推动力。随着社会主义市场经济体制的建立和完善，金融在现代经济生活中发挥着越来越重要的作用。同时，这也对金融学科的研究和金融人才的培养不断提出新的要求。金融学是经济学门类中的一个重要学科，是研究现代经济条件下金融活动和运行机制及其各主体行为规律的科学。为适应金融学本科专业的教学需要，我们根据普通高等学校应用型特色规划教材编写计划，编写了这部教材。

本书紧扣应用型金融人才的培养目标，按照"宽口径"的特点编写，阐述了金融学的基本知识、基本理论及其运行规律，深入地介绍金融学主要业务及最新研究成果，实事求是地探讨社会主义市场经济发展中的金融理论与实践问题。本书力求突出以下特色。

一是系统性，既要系统反映金融学的既有成果，又要立足于继承和发展；

二是务实性，尽量克服理论与实际脱节的缺陷，注意联系我国现阶段的实际；

三是新颖性，较多地纳入国内外最新经过实践检验的理论观点；

四是适度性，在内容的深度、广度以及分量上注意符合应用型本科层次的教学要求。

本书具有覆盖面全、信息量大、内容新颖、难易适度、实用性强、案例丰富等特点。

全书共5部分，分12章，第Ⅰ部分"金融理论"，介绍了金融与金融体系，货币、信用及利息，货币供求；第Ⅱ部分"金融市场"，介绍了金融工具，金融市场；第Ⅲ部分"金融机构"，介绍了商业银行，中央银行与货币政策，其他金融机构及其业务；第Ⅳ部分"对外金融"，介绍了国际收支与外汇，国际金融体系；第Ⅴ部分"金融发展"，介绍金融与经济发展，金融风险与金融监管等内容。

为了便于学生学习，每章前都设有"学习目标"和"关键概念"，每章后都设有"本章小结"和"复习思考题"。通过本书的学习，可以培养学生学会理论联系实际的方法，提高其分析问题和解决问题的能力，同时为后续课程的学习打下坚实的理论基础。

本教材可供高等学校金融学专业学生作为核心教材使用，也可作为财经类其他专业学生的基础课教材，还可以作为金融从业人员和其他经济管理部门工作人员的培训教材。

另外，本书配有电子课件，以适应多媒体教学的需要。

下载网址：www.tup.com.cn。

在本书的编写过程中，参阅和借鉴了大量文献资料，并得到了有关部门和专家、学者的大力支持，在此一并表示谢意。

教材中存在的一些缺点和不足，恳请专家和读者给予批评和指正。

编　者

目　　录

第一部分　金　融　理　论

第一章　金融概述 3

  第一节　金融与金融体系 3

    一、金融的含义与特点 3

    二、金融的产生与发展 7

    三、金融体系 9

  第二节　金融学的研究对象和金融运行

    系统 12

    一、金融学的研究对象 12

    二、金融运行系统 13

  第三节　金融学学科体系与研究方法 16

    一、金融学学科体系 16

    二、金融学的研究方法 18

  本章小结 18

  复习思考题 18

第二章　货币、信用及利息 19

  第一节　货币概述 19

    一、货币的产生 19

    二、货币的形式 22

    三、货币的职能 26

    四、货币制度 28

  第二节　信用 36

    一、信用的概念特点及要素 36

    二、信用形式 39

  第三节　利息与利率 44

    一、利息及其计算方法 44

    二、利率的种类 45

    三、利率体系 47

    四、利率的决定理论 48

    五、利率对经济的作用 51

    六、利率管理与利率市场化 52

  本章小结 56

  复习思考题 56

第三章　货币供求 58

  第一节　货币需求 58

    一、货币需求与货币需求量的含义 58

    二、影响货币需求的因素 60

    三、货币需求函数 61

  第二节　货币供给 65

    一、货币供给与货币供给量 65

    二、存款货币创造 67

    三、基础货币供应 70

  第三节　货币供求均衡 72

    一、货币供求均衡及其实现 72

    二、货币供求失衡的原因及后果 74

  本章小结 77

  复习思考题 77

第二部分　金融市场

第四章　金融工具 81

第一节　金融工具概述 81

　　一、金融工具的概念 81

　　二、金融工具的分类 81

　　三、金融工具的特征 82

第二节　基础金融工具 84

　　一、股票 84

　　二、债券 87

　　三、投资基金 90

　　四、票据 92

第三节　金融衍生工具 95

　　一、金融衍生工具的概念 95

　　二、金融衍生工具的产生与发展 96

　　三、金融衍生工具的作用 96

　　四、金融衍生工具的分类 98

本章小结 100

复习思考题 101

第五章　金融市场 103

第一节　金融市场概述 103

　　一、金融市场的概念 103

　　二、金融市场的构成要素 103

　　三、金融市场的分类 106

　　四、金融市场的功能 107

第二节　货币市场 108

　　一、货币市场的概念与特征 108

　　二、货币市场类型 109

第三节　资本市场 114

　　一、股票市场 115

　　二、债券市场 121

　　三、中长期货币借贷市场 126

第四节　现代金融市场理论 128

　　一、资本资产定价理论 128

　　二、有效市场理论 129

　　三、资本结构理论 132

　　四、行为金融理论 139

本章小结 140

复习思考题 140

第三部分　金融机构

第六章　金融机构体系 145

第一节　金融机构概述 145

　　一、金融机构的分类 145

　　二、金融机构的特征 146

　　三、金融机构的功能 147

第二节　金融机构体系构成 149

　　一、银行金融机构 149

　　二、非银行金融机构 152

第三节　中国的金融机构 156

　　一、金融管理机构 156

　　二、政策性银行 156

　　三、国有控股商业银行 157

　　四、其他商业银行 157

　　五、信用联合社 158

　　六、乡村银行 158

七、其他非银行金融机构...................159

八、保险公司...................160

九、在华外资金融机构...................160

本章小结...................161

复习思考题...................161

第七章　商业银行...................162

第一节　商业银行概述...................162

一、商业银行的产生...................162

二、商业银行的发展...................163

三、商业银行的职能...................164

第二节　商业银行业务...................167

一、商业银行的负债业务...................168

二、商业银行的资产业务...................173

三、商业银行的中间业务...................179

四、商业银行的表外业务...................182

五、网上银行业务...................184

第三节　商业银行经营管理...................185

一、商业银行的经营原则...................185

二、商业银行的管理理论...................188

本章小结...................191

复习思考题...................191

第八章　中央银行与货币政策...................193

第一节　中央银行概述...................193

一、中央银行的产生与发展...................193

二、中央银行的性质...................193

三、中央银行的职能...................195

四、中央银行的制度形式...................197

第二节　中央银行的主要业务...................197

一、中央银行的负债业务...................198

二、中央银行的资产业务...................200

三、中央银行的其他业务...................201

第三节　货币政策...................202

一、货币政策最终目标...................202

二、货币政策中介目标...................205

三、货币政策工具...................206

四、货币政策传导机制...................211

五、货币政策的效果分析...................213

六、我国货币政策的传导过程和效果

分析...................216

本章小结...................217

复习思考题...................217

第四部分　对　外　金　融

第九章　国际收支与外汇...................221

第一节　国际收支...................221

一、国际收支与国际收支平衡表...................221

二、国际收支失衡及其调节...................227

第二节　外汇与汇率...................231

一、外汇、汇率的概念...................231

二、汇率的决定及其变动...................236

三、外汇市场与外汇交易...................244

四、外汇管理...................247

第三节　国际储备...................247

一、国际储备的概念与构成...................247

二、国际储备的作用...................249

三、国际储备的管理...................250

本章小结...................251

复习思考题...................251

第十章　国际金融体系...................253

第一节　国际金融市场...................253

一、国际金融市场的含义...................253

二、国际金融市场的具体构成
内容.................................253
三、国际金融市场的作用.........255
四、国际金融市场的发展趋势.....255
第二节　国际金融机构.............256
一、国际金融机构概述.........256
二、几个重要的国际金融机构.....257
第三节　国际资本流动.............260
一、国际资本流动的概念.....260

二、国际资本流动的原因.................262
三、当代国际资本流动的特征.........263
四、国际资本流动的经济影响.........265
第四节　国际货币体系.................265
一、国际货币体系的概念.........265
二、国际货币体系的类型.........266
本章小结.................................269
复习思考题.................................270

第五部分　金融发展

第十一章　金融与经济发展.................275
第一节　金融与经济发展的关系.............275
一、金融发展及其衡量.........275
二、经济发展决定金融发展.....276
三、金融发展对经济增长的推动
作用.................................277
四、现代经济发展中金融发展可能
出现的不良影响.................279
第二节　金融发展理论.............281
一、发展中国家货币金融发展的
特征.................................281
二、金融压制对经济发展的阻滞.....282
三、金融深化对经济发展的促进.....283
四、对金融压制论及金融深化论的
简要评价.........................284
五、金融约束及其政策取向.....285
第三节　金融创新.................287
一、金融创新的概念.........287
二、金融创新的原因.........287

三、金融创新内容.................288
四、金融创新对金融与经济发展的
影响.................................289
本章小结.................................290
复习思考题.................................291

第十二章　金融风险与金融监管.................292
第一节　金融风险.................292
一、金融风险概述.........292
二、金融风险管理.........298
三、金融危机.................301
第二节　金融监管.................303
一、金融监管的必要性.........303
二、金融监管体系的一般构成.........306
三、我国的金融监管体制.........312
本章小结.................................316
复习思考题.................................316

参考文献.................................318

第一部分

金 融 理 论

● 第一章　金融概述

● 第二章　货币、信用及利息

● 第三章　货币供求

第一章

金 融 概 述

学习目标

通过本章学习，掌握金融的含义及金融学的研究对象；了解金融产生和发展的过程，从而正确理解金融的范畴及金融在整个国民经济中的重要作用，熟悉金融学科体系及研究方法。

关键概念

金融(finance)　金融机构(financial institution)　金融体系(financial system)　直接融资(direct finance)　间接融资(indirect finance)

第一节　金融与金融体系

一、金融的含义与特点

"金融"这一名词在过去相当长的一段时期内，通常被人们狭义地理解为资金的融通。融通的主要对象是货币和货币资金；融通的方式是有借有还的信用形式；而组织这种融通的机构则为银行及其他金融机构。因此，金融涉及货币、信用和银行三个范畴，三者相互联系、相互依存、相互促进，共同构成金融活动的整体。具体地说，货币和货币资金的收付、货币资金的借贷、票据的买卖、债券与股票的发行和转让以及外汇的买卖等，都属于金融活动。

从历史发展过程来看，最早出现的是货币和货币资金的收付活动。随着商品货币关系的发展，各种借贷活动相应产生，并出现组织借贷活动的各类机构。于是，货币和货币资金的收付日益与信用资金收支、银行资金收支相互渗透、相互结合，构成密不可分的统一活动过程。因此，单纯地、孤立地用货币或信用的概念已不足以概括这种统一活动的过程，而金融正是用以概括货币银行或货币信用及与此直接相关的经济活动的总称。

在现代经济条件下，金融不仅是货币资金的融通，其含义已有很大的扩展。即是一个由多种要素组合而它们又相互制约、相互作用的大系统，是货币资金的筹集、分配、融通、运用及其管理的全过程。具体地说，金融应包括：货币的流通及其管理；货币资金的筹集(含银行和非银行金融机构及企业、个人的有偿筹集，财政的无偿筹集)；财政、银行的资金分配；企业内部的资金分配；资金的间接融通和直接融通，纵向融通和横向融通，国内融通和国际融通；资金的配置和调度；信贷资金结构的调整和管理；资金周转速度及资金运用效率的管理等。可以说，凡是有关货币资金的筹集、分配、融通、运用及其管理的种种活动，都是金融活动，它存在于整个社会的经济活动之中。因此，广义的金融是指货币流通与货币资金的融通。

金融的基本特点有以下几个方面。

1．融资性

在现代经济中，各个经济单位会经常出现收支不平衡的情况，这种收支不平衡的情况为各单位之间进行资金融通提供了客观可能。如果各经济单位之间无融资关系，每一个单位只能量入为出。当储蓄不足时，尽管有收益率极高的投资项目，也只能坐失良机；或虽有盈余资金，没有合适项目，只得任其闲置。而信用制度的建立，将会克服以上弊端，有效地利用社会资源，促进社会经济的发展。

2．自愿性

经济体系中的储蓄通过金融活动转换成了生产能力。首先，这种转换把零星的、闲散的或暂时不用的居民收入节余、企业的折旧基金、退休基金或其他基金以及政府拥有的暂时不用的各项基金或财政节余转换成生产基金。更重要的是，这种转换是通过金融活动实现的。提供资金的一方是通过储蓄、购买金融资产或拥有金融工具转让其资金使用权，它们的转让是完全自愿的，是为了增值或保值，以追求最佳效益；而使用资金的一方是通过抵押借款、发行股票、债券等方式获得资金使用权，它们获得资金使用权的行为完全是自愿的，是为了维持或扩大生产，或满足其他方面的资金需要，以追求最佳的经济效益。因此，供资方和筹资方是为了不同的目的实现交易的，在金融活动的作用下，社会资源的合理使用是在各自追求自己的利益、自愿的基础上实现的。

3．调节性

通过货币资金的融通，可以使社会上的资金在投资、生产、消费之间合理地进行流动和分配，调节一定时期社会上的货币流量。在金融活动中，会创造出许多金融工具并为之提供良好的流动性，满足资金供求双方不同期限、收益和风险的要求，为资金供应者提供适合的投资手段，引导众多分散的小额资金汇聚成可以投入社会再生产的大规模资金。在资金的融通中，金融工具的交易，客观上有助于将资源从低效部门转移到高效部门，从而实现稀缺资源的合理配置和有效利用。在经济金融化的时代里，金融资产成为社会财富的重要存在形式，金融资产价格的波动，改变了社会财富的存量分配，即实现了社会财富的再分配。

【专栏 1-1】黄达教授对"金融"与"finance"两词含义的考证

一、中文"金融"所涵盖的范围

广义"金融"指与物价有紧密联系的货币流通，涉及银行与非银行金融机构体系、短期资金拆借市场、证券市场、保险系统以及国际金融等领域。

狭义"金融"指有价证券及其衍生物的市场，即资本市场。

二、"金融"这个词并非古已有之

"金融"是由汉字组成的词，但它并非古已有之。古有"金"，有"融"，但未见"金融"。《康熙字典》以及在它之前的工具书均无"金"与"融"连用的词，可以说明这个判断。连起来的"金融"始于何时，无确切考证。它是否直接译自 finance 也无任何考证。最大可能是来自明治维新时的日本。

最早列入"金融"条目的工具书是：1908 年开始编纂、1915 年初版的《辞源》和 1905年即已酝酿编纂、1937 年开始刊行的《辞海》《辞源》(1937 年普及本第 11 版)金融条的释文是："今谓金钱之融通状态曰金融，旧称银根。各种银行、票号、钱庄，曰金融机构。《通鉴长篇》：'公家之费，敷于民间者，谓之圆融。'义于金融为近。"新中国成立后的《辞源》修订版删去了这一词条。

《辞海》1936 年版金融条的释文是："monetary circulation 谓资金融通之形态也，旧称银根。金融市场利率之升降，与普通市场物价之涨落，同一原理，俱视供求之关系而定。即供给少需要多，则利率上升，此种形态谓之金融紧迫，亦曰银根短绌；供给多需要少，则利率下降，此种形态谓之金融缓慢，亦曰银根松动。"经过一百多年，其内涵和外延仍然不十分清楚。

新中国成立初期常讲"金融物价"："物价"指什么，大家清楚；"金融"指什么，没有专门的解释。进入计划经济阶段，金融这个词日常已不怎么使用。只有在改革开放之后，它才越来越成为经济生活中使用频率极高的词汇之一。

从《辞源》和《辞海》这两本辞书的释文来看，金融都仅指通过信用中介机构的货币资金融通。《辞海》20 世纪 60 年代的试用本和 1979 年首次公开发行版的释文修订为："货币资金的融通，一般指与货币流通与银行信用有关的一切活动，主要通过银行的各种业务来实现。如货币的发行、流通和回笼，存款的吸收和提取，贷款的发放和收回，国内外汇兑的往来，以及资本主义制度下贴现市场和证券市场的活动等，均属于金融的范畴。"

黄达教授认为：这一变化了的概括，可以说与今天日常所使用的口径基本一致。简言之，"金融"一词并非古已有之。

三、国外对 finance 的用法：不限于一种

(1)《牛津大辞典》《韦伯斯特大辞典》和一些百科全书对 finance 的解释是：mo-netary

affairs，management of money，pecuniary resources…；前面加 public，指财政；加 company、加 corporation、加 business，指公司财务，等等。简言之，凡是与钱有关系的事情都可用 finance 这个词。显然，这属于宽口径。但其宽度却是我们宽口径的金融难以望其项背的。此外，finance 还有金融学的含义。

(2) 《新帕尔格雷夫经济大辞典》对 finance 的解释则是：The primary focus of finance is the working of the capital market and the supply and the pricing of capital as-sets。中文译本是"金融学最主要的研究对象是金融市场的运行机制，以及资本资产的供给和价格确定"。显然，这属于窄口径；中文金融的窄口径即源于此。

(3) 但还有介于两者之间的口径，如 The system that includes the circulation of money，the granting of credit，the making of investments and the provision of banking facilities(1986 年 Webster's Third New international Dicetionary)。其范围与我们的宽口径相当。

联合国统计署有 financial and related service 的统计口径，粗略地说，包括：金融中介服务、中央银行的服务、存贷业务和银行中介业务的服务；投资银行服务；非强制性的保险和养老基金服务、再保险服务；房地产、租借、租赁等服务；为以上各项服务的种种金融中介的服务。

美国 1999 年通过的金融服务现代化法案(Financial Service Modernization ACT)，其 financial service 规范的范围包括：银行、证券公司、保险公司、储蓄协会、住宅贷款协会，以及经纪人等中介服务。

这两个例子中，finance 的用法也类似于我们的宽口径，或至少不是最窄的窄口径。

(4) 据美国某些人士解释，在他们的经济界，现在习惯的用法是：泛泛地，按古典的解释使用；在经济领域，单用 finance，即指资本市场。如某美联储人士说，我们只管 money，不管 finance。这里的 finance，是指资本市场。如美国学者讲演、写文章，提到 finance 时，也常常讲有关银行、保险之类的问题。

如果说"金融"一词来自日本，那看看日本怎么用。日本中央银行的统计报告，前些年与"金融"(日文的汉字)对应的是 money and banking，这些年改为 money banking and securities。日本中央银行这样用，其他日本人则不一定都这样用。

(5) 概而言之，国外对 finance 并非一种用法。大体有三种口径：最宽的、最窄的和介于两者中间的。介于两者中间的，事实上也存有颇大的差别。

四、把中文的"金融"与西文的 finance 相比较，可列图如下

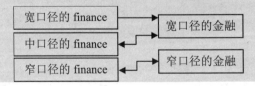

可见，中英文并不能够一一对应。金融宽、窄口径用法并存。

(资料来源：黄达. 金融、金融学及其学科建设. 当代经济科学，2001.4)

二、金融的产生与发展

金融是商品货币关系发展的必然产物，是伴随着商品货币关系的发展而发展起来的。

商品货币关系的发展催生了金融。高利贷信用是最古老的信用，它产生于原始社会向奴隶社会过渡的时期。当时社会上已经有一部分产品转化为商品，随着商品交换的发展，货币的各种职能，特别是支付手段的职能得到发展，这时就产生了高利贷信用。在传统的农耕经济初期，高利贷是以实物形式借贷的，后来随着商品货币关系的发展，逐渐以货币借贷作为主要形式。高利贷信用所反映的是高利贷者伙同奴隶主、地主剥削奴隶、农民和其他小生产者的经济关系。

资本主义信用满足了借贷资本运动形式的需要。在资本主义再生产过程中，必然出现一些资本家有部分货币资本闲置，需要贷放出去，另一些资本家又临时需要补充资本。这样，通过资本主义信用把两者联系起来，形成借贷关系。暂时闲置的货币资本就转化为借贷资本，也即为了获取利息而暂时贷给职能资本家使用的货币资本。而利息，则是职能资本家所获取的剩余价值的一部分，借贷资本家通过资本主义信用活动，参与对剩余价值的分配。

随着商品生产、商品交换和信用的发展，金融活动的范围也随之扩大，货币兑换、保管和汇兑业务也相继发生，金融机构也逐渐发展起来。特别是作为银行前身的货币经营业，为了适应国际贸易的需求，发展很快。因为当时各国有不同的铸币，本国商人要到国外去购货，就必须把本国铸币换成当地铸币，或者换成作为世界货币的金块或银块。这样，就产生了货币兑换业，专门经营货币的兑换业务。后来，商品生产和交换进一步发展，经常来往各地的商人为了避免自己保存铸币和长途携带铸币的风险，就把铸币交给货币兑换商代为保管，并代办收付和汇兑。例如，我国唐代出现的"飞钱"(即使用把一券分为两半的汇兑凭证，一半交给汇款人自带，另一半寄给外地特约的代理机构，届时汇款人到汇款目的地，两个半张券合起来，核对相符，就可领取汇款)，就是一种早期的票汇业务。当货币经营商只办理保管现金、代办收付、结算和汇兑业务的时候，他们不仅不支付利息，而且要收取现金保管费以及代办业务的手续费。随着业务的发展，他们开始把保管的钱贷放出去，收取利息，同时用支付存款利息的办法，吸收大量存款，经营起信贷业务，货币经营商就发展成为经营存、贷、汇业务的银行了。最初，货币兑换商的工作条件很简陋，在意大利是把各种货币摆放在桌子上经营业务的，意大利语的 Banco 意为桌面上的交易，英语中的 Bank，法语中的 Banque，都是从意大利语的 Banco 这个词演变而来的，后来 Banco 成为"银行"的代名词。在我国，由于长期使用白银作为货币材料，所以翻译时就将 Bank

译为"银行"。而日本在金本位时代称 Bank 为"金行"。在这以前，我国历史上金融机构的名称，有柜坊、钱铺、钱庄、票号、银号、质库等。

由货币经营商发展起来的银行放款业务起初仍带有高利贷性质。新兴的资产阶级为了使金融机构能够适应资本主义生产方式发展的需要，就根据资本主义的原则，以股份企业的形式，组建了股份制银行，其资本雄厚，规模大，经营新，发展快，后来成为资本主义银行的主要形式。1694 年，在英国伦敦建立起来的英格兰银行是第一家股份制银行。资本主义银行是特殊的资本主义企业，它充当资本家之间的信用中介和支付中介。进入帝国主义时期，银行垄断组织形成，银行垄断资本与工业垄断资本融合成为金融资本，银行由简单的中介人，演变成为万能的垄断者。马克思曾在分析英格兰银行时指出：现代"银行制度，就其形式的组织和集中来说……是资本主义生产方式的最精巧和最发达的产物"。世界上第一个社会主义国家银行出现在 1917 年的苏俄。列宁在十月革命前后的许多著作中就指出了"大银行是我们实现社会主义所必需的国家机关""没有大银行，社会主义是不能实现的"。

在我国，最早出现的银行是 1845 年英国设在广州的丽如银行(东方银行)分行。而中国自己创立的第一家股份制银行，是 1897 年成立的中国通商银行。1904 年，清政府设立了户部银行(后又改名大清银行)，1908 年邮传部设立了交通银行，此后至辛亥革命前，先后又成立了十来家地方银行。1914—1921 年，全国新设民族资本的银行 90 余家，连同以前已设立的银行当中，著名的有南四行(浙江兴业银行、浙江第一商业银行、上海商业储蓄银行、新华信托储蓄银行)，北四行(盐业银行、金城银行、大陆银行、中南银行)。在国民党政府统治期间，官僚资本银行是四行、两局、一库(即中央银行、中国银行、交通银行、中国农业银行、中央信托局、邮政储金汇业局和中央合作金库)。加上其他的银行、钱庄等共有数百家之多。土地革命时期，中国共产党在各个革命根据地建立了不少自己的银行，并发行货币。特别是 1931 年在江西瑞金建立了中华苏维埃共和国国家银行，并发行了货币。这是我们党所领导的红色苏维埃银行，是我国社会主义银行的雏形。从抗日战争起，到解放战争胜利，在革命根据地先后共建立了 30 多家银行，如陕甘宁边区银行、晋察冀边区银行、华北银行、北海银行等。这些银行对于促进革命根据地、解放区的经济发展，巩固农村革命根据地，支援革命战争，发挥了重要的作用。

在中国革命和建设的长期实践中，我们党运用马克思列宁主义关于货币银行的理论，开创了一条先在各革命根据地建立银行，然后在全国建立统一的银行，进而建设具有中国特色的社会主义金融体系的道路。

新中国成立以后，主要采取了以下一些措施。

(1) 没收官僚资本银行，主要是"四行、两局、一库"及省市地方银行，并把"四大家族"在"官商合办"银行中的股份予以没收。

(2) 取消外国在华银行的特权。

（3）　对民族资本金融业，采取赎买政策，进行社会主义改造。

（4）　在广大农村建立和发展农村信用合作社。

通过采取上述措施，改造了半殖民地半封建社会的金融制度，初步建立起新型的社会主义金融体系，在实现过渡时期的总路线过程中，较好地发挥了金融体系调节经济的作用。

在进入有计划的社会主义建设时期，在经济制度上，形成了高度集中统一的、以指令性计划为主的计划管理体制。在金融方面，同样也形成了高度集中统一的、以行政办法管理为主的金融体制。这种体制，在当时的历史条件下，在集聚资金、支持社会主义建设方面发挥了一定作用。但这种体制，使银行长期处于会计、出纳的地位，不利于充分发挥金融对经济的调节和促进作用。随着商品生产和商品交换的发展，这种体制的弊端也就越来越明显了。

我国政治、经济领域从 1979 年开始了历史性的转折，金融体制相应地进行了一系列的改革。金融改革取得了很大成就，有力地促进了经济发展和货币稳定以及市场经济体制的建立。主要表现在：第一，已经改变了计划经济条件下形成的大一统的银行体制，确立了中央银行制度，建立了较为完整的金融组织体系；第二，开拓金融市场，已经形成了货币市场和资本市场，外汇市场也已初具规模；第三，初步建立了以中央银行为核心的、直接调控与间接调控相结合的宏观金融调控体系，并发挥了积极的作用；第四，金融对外开放迈出了较大的步子。可以说，我国的金融改革是市场取向的改革，基本上是和整体经济改革开放同步配套进行的

目前我国金融体制还不能适应社会主义市场经济体制的要求，必须进　步解放思相，大胆探索，继续深化金融体制改革，加大改革开放的力度。

三、金融体系

金融体系是国民经济体系内围绕资金融通、由相关要素有机构成的子系统。

关于金融体系的基本要素，国内外学者多认为仅包括金融工具、金融机构和金融市场三部分。然而，任何金融体系都只能在一定的制度框架中运行，相对完备的制度是一切金融体系高效、有序运行的基石。金融工具的形式、内容及其流转，金融机构的设立、营运与监控，金融市场的组织、管理与交易等，都离不开金融制度的规范与制约。事实证明，任何发达的金融体系，都必定内含一整套完善的金融制度。因此，金融体系的基本要素，除金融工具、金融机构和金融市场外，还必须包括金融制度。而金融制度的主要支柱便是金融立法。

1. 金融工具

金融工具又称信用工具，通常是依一定格式做成、用以证明或创设金融交易各方权利

和义务的书面凭证。存折(存款单)、借款合同、股票、债券、商业票据等，均为常见的金融工具。20 世纪 70 年代以来，为了适应社会对金融商品多元化的需求，提高市场竞争能力，有效地规避风险，世界各国特别是发达国家的金融机构，有意识地运用金融工程技术，在传统金融工具之外或者在传统金融工具的基础上，创造了众多的新型金融工具。所谓衍生金融工具，如期货合约、期权合约、货币互换合约和利率互换合约等，即是金融工具创新的产物。

按照金融交易的期限，金融工具可以分为货币市场金融工具和资本市场金融工具。前者一般指偿还期在 1 年以内的短期金融工具，主要有商业票据、短期公债、可转让大额定期存单等，它们期限短，风险小，流动性强；后者则是偿还期在 1 年以上的中、长期金融工具，包括股票、公司债券和中长期公债等，它们期限长，一般风险较大，流动性较弱。按照发行目的，金融工具可以分为间接金融工具和直接金融工具。金融机构为了筹集可用于贷放的资金而发行的金融工具，如可转让大额定期存单、金融债券，为间接金融工具；发行人为自身融资发行的金融工具，如政府债券、公司债券、股票等，则为直接金融工具。此外，按照持有人所享有权利的性质，金融工具可以分为债权金融工具和所有权金融工具。除股票为所有权金融工具外，其余均为债权金融工具。

2．金融机构

凡专门从事各种金融活动的组织，均称为金融机构。金融机构的职能，概括言之，就是组织社会资金的运动，建立或疏通资金融通的渠道，具体表现在以下几个方面。

1) 在间接金融中充当信用中介

在现实生活中，资金供求双方的直接融资，可能因种种原因而不能实现，如在金额、期限、利率上不相吻合而难以实现融通。金融机构以负债业务筹集资金，转而以资产业务运用资金，则能够有效地扩大信用活动的范围和领域。

2) 为直接金融提供服务

资金供求双方的直接融资，往往离不开金融机构的专业性服务，比如，证券市场筹资，其发行方案的设计、证券的承销及其兑付、二级市场的交易代理，都必须借助于特定的金融机构。

3) 为社会提供有效率的支付机制

因商品交易产生的货币收支，通过金融机构在交易各方的账户间进行划拨清算，安全、方便、迅速，能够减少资金的在途时间，加速商品的流转。

当然，在金融体系中，各类金融机构在职责分工上有所不同。

对金融机构可以根据多种标准进行分类。最常见的是分为银行和非银行金融机构。银行又包括中央银行、商业银行、政策性银行；非银行金融机构种类繁多，主要有信托投资公司、金融租赁公司、财务公司、信用合作社、证券公司、保险公司等。根据金融机构的

性质和目的，可以分为中央银行、政策性金融机构、商业性金融机构、合作金融机构。按金融机构的组织形式，可以分为国有独资金融机构、有限责任金融机构、股份制金融机构。按投资来源，可以分为中资金融机构和外资金融机构。按金融机构的业务范围，可以分为综合性金融机构和专业性金融机构。按金融机构的经营区域，可以分为全国性金融机构、地方性金融机构和跨国金融机构。

结构合理的金融机构体系，对国家金融事业以及经济的发展有至关重要的作用。对市场经济国家而言，至少应有三个大类的金融机构。第一类是中央银行，它作为国家机关，负责制定和执行国家的货币信用政策，依法实施金融监督与管理，在金融机构体系中处于核心和主导地位。第二类是商业性金融机构，包括商业银行和商业性非银行金融机构，它们是金融机构体系的主体，受市场规律的引导与制约，以营利为目的从事以货币为对象的经营活动。第三类是政策性金融机构，包括政策性银行和政策性非银行金融机构，它们由政府设立，以实现政府经济和社会政策为目标开展信用活动，对商业性金融进行必要的补充。

3. 金融市场

金融市场即资金融通的场所，它是经济生活中与商品市场、劳务市场和技术市场并列的一种市场。通过金融市场，资金的供求双方，直接或借助于信用中介进行资金的融通，并基于资金供求的对比，形成相应的市场"价格"，即利率。

金融市场是一个大系统，包罗许多具体的、相互独立但又有紧密关联的市场，可以用不同的划分标准进行分类。最常见的是把金融市场划分为货币市场和资本市场。货币市场是交易期限在 1 年以内的短期金融交易市场，包括短期存贷市场、同业拆借市场、贴现市场、短期债券市场以及大额存单等短期融资工具市场，其功能在于满足交易者的资金流动性需求。资本市场是交易期限在 1 年以上的长期金融交易市场，主要满足工商企业的中、长期投资需求和政府弥补财政赤字的资金需求，包括长期存贷市场和证券市场。证券市场又可以分为债券市场和股票市场。按金融交易的交割期限，可以把金融市场划分为现货市场与期货市场。在现货市场上，一般在成交日后的 1～3 日内立即付款交割；而在期货市场上，交割则是在成交日后合约所规定的日期如几周、几个月之后进行。较多采用期货交易形式的，主要是证券、外汇、黄金等市场。按交易主体和市场范围，金融市场可以划分为国内金融市场和国际金融市场。国内金融市场是一国领土内本国居民从事金融交易的市场，而国际金融市场则是跨国界的不同国家居民间的金融交易市场。此外，金融市场可以是由金融机构营业场所构成的有形市场，也可以是由现代通信网络构成的无形市场；金融市场可以有分散的市场，也可以有集中的市场。

4. 金融制度

金融制度是由金融立法、基本金融政策和金融规章建立起来的，有关金融交易、金融调控和金融监管的相对稳定的运行框架和办事规程。市场经济体系中，都存在国家对金融运行的管理和在金融领域进行政策性的调节。国家对金融运行的管理由一系列制度构成，这包括货币制度、汇率制度、信用制度、利率制度、金融机构制度、金融市场的种种制度，以及支付清算制度、金融监管制度及其他。这个制度系统，涉及金融活动的各个方面和各个环节，体现为有关的国家成文法和非成文法，政府法规、规章、条例，以及行业公约、约定俗成的惯例，等等。对金融的宏观调控则通过货币政策以及种种金融政策来实施，目的是用以实现政府对经济的干预。

第二节　金融学的研究对象和金融运行系统

一、金融学的研究对象

长期以来，对货币与信用的研究没有形成一门独立学科。20 世纪初期，西方逐渐形成了货币银行学，它以银行为中心研究货币、信用活动。20 世纪下半叶以来，世界货币信用发展很快，金融工具层出不穷，金融创新日新月异，全球性巨大的金融市场体系已形成并发展。因此，以金融市场为中心研究货币信用及其与社会经济关系的理论和实践，已经超越了以银行为中心的货币银行学。

20 世纪 90 年代，美国一些商学院开设的"金融学""现代金融学"等主要环绕资本市场的问题，从微观角度来研究探索。现代金融学作为一门独立的学科，主要研究货币、信用、银行及证券的活动及其规律性。但是金融学与许多学科有交叉：如与财政学有交叉，即国家有关货币资金的筹集、分配、融通、运用及其管理的活动，在国际上称为公共金融或政府金融；与企业财务学有交叉，即工商企业有关货币资金的筹集、分配、融通、运用及其管理的活动，称为企业金融；与个人理财学有交叉，即居民有关货币资金的筹集、融通和管理的活动，称为居民金融。所以，金融学的对象是很广泛的，既包括专业金融的活动，也包括国家的、企业的、个人的金融活动。按世界贸易组织(WTO)的统计口径，金融的范围主要涉及银行、保险、证券及金融信息服务 4 个方面。因此我们认为金融学的研究对象可归纳为以下几个方面。

1. 按照从事金融活动的主体划分

货币资金的筹集、分配、融通、运用及其管理的种种活动都是金融活动。按照从事金融活动的主体不同，可以把金融划分为如下几类。

1) 国家金融或称公共金融、政府金融

国家金融即指国家有关货币资金的筹集、分配、融通、运用及其管理的活动，这属于财政学的研究范畴。

2) 企业金融

企业金融主要指与企业经营活动有关的资金筹集、配置、融通、运用及其管理的金融活动，这属于财务管理学的研究范畴。

3) 个人或家庭金融

个人或家庭金融主要指个人或家庭有关货币资金的筹集、融通、运用及其管理的活动，这属于个人或家庭理财学的研究范畴。

4) 专业金融

专业金融主要指银行、非银行金融机构的资金活动及其管理，这属于传统理念中金融的研究范畴，即货币银行学的研究范畴。

在现代理念中金融的研究范畴是存在于整个社会经济活动之中的金融活动。而金融活动的范围，其内涵是极其广泛的，既包括专业金融的资金活动，也包括国家的金融活动、企业的金融活动、个人或家庭的金融活动，它们相互联系、相互交叉、相互渗透、相互制约，融合而成整个社会的资金运动。而专业的金融活动是整个社会资金活动的总枢纽，是国民经济至关重要的调节器，是商品生产和商品交换的媒介，是经济迅速发展的推进器。

2．按照金融活动是否通过媒介体划分

按照金融活动是否通过媒介体，可以把金融划分为间接金融和直接金融。间接金融是指通过银行或非银行金融机构作为媒介体来进行的一系列金融活动；直接金融是指不通过作为媒介体的银行或非银行金融机构，由双方当事人直接建立债权、债务关系、信用关系、货币关系等经济关系。

综上所述，金融学就是研究资金融通活动，包括金融主体的个体行为和金融系统整体行为及其相互关系和运行规律的科学。它是经济学的一个重要分支。它既包括以微观金融主体行为及其运行规律为研究对象的微观金融学的内容，还包括以金融系统整体的运行规律及其各构成部分的相互关系为研究对象的宏观金融学的内容。金融学的研究对象应概括为：当代金融体系运行规律、运行机制以及金融运行与经济运行关系。

二、金融运行系统

金融运行系统主要由以下几方面构成。

1．金融运作的对象

在金融领域，人们与之打交道的对象主要包括货币、信用资金、金融工具或金融资产等。作为财富的凝结、价值的体现，货币是市场经济中的重要媒介物，对社会经济的作用犹如人体内的血液对肌体的重要影响一般；信用资金作为现代经济中最具普遍应用性的稀缺资源，在盈余方和短缺方之间进行融通并得到充分利用，发挥其价值增值的作用；金融工具或金融资产，作为金融交易商品，在发挥资金资源配置作用的同时，亦成为产生风险收益的重要手段。

2. 金融运行的渠道

金融领域的活动，主要是通过金融机构体系和金融市场体系这两大渠道展开的。

在我国，金融机构体系由作为主导的中央银行——中国人民银行、占主体地位的商业银行(包括四大国有银行、股份制商业银行和城市商业银行)、三大政策性银行以及多种类型的非银行金融机构(包括证券经营机构、保险公司、信托投资公司、金融租赁公司、财务公司、资产管理公司等)所组成；金融市场体系包括货币市场、资本市场、金融衍生工具市场、外汇市场、保险市场等。目前，我国与世界金融发展的趋势相同，在对金融机构实施分业经营、分业监管的模式下，也已开始出现混业经营的尝试和萌芽。而在金融市场方面，则已初步显现出各市场间的联动性。

3. 金融运行的调控机制

金融运行的调控机制是指政府在金融领域进行政策性调节的机制。金融运行调控机制一般由以下 3 部分内容构成。

1) 决策执行机构和金融监管机构

各国的金融体制都存在着一定的差异，一般而言，金融运行中的决策执行机构和金融监管机构的角色首先由中央银行承担；而在分业经营、分业管理体制下，则还包括证券业、保险业的监管机构。此外，各国中央银行在与政府的关系方面也存在着不同模式，有的与政府保持相对独立，有的则有着较强的关联性。在我国，目前仍实行分业经营、分业监管的体制。中国人民银行、证券监督委员会、保险监督委员会都是金融业的监管机构，它们都隶属于国务院。

2) 长期起作用的金融法律法规

金融法制建设是金融健康运行的重要保障。各国金融方面最基本、最重要的法律一般包括中央银行法、商业银行法、保险法、证券法、信托法等。我国自 20 世纪 90 年代中期以来，上述法律已陆续出台，此外还颁布了一系列金融法规。

3) 货币政策

货币政策指的是中央银行为实现既定的经济目标运用各种工具调节货币供给，进而影响宏观经济的方针和措施的总和。货币政策包括货币政策目标、实现货币政策目标所运用的货币政策工具、货币政策的中介目标和政策传导机制等内容。综合各国情况，一般将稳定物价、经济增长、充分就业、平衡国际收支列为货币政策目标；而货币政策工具则通常是指再贴现率、法定存款准备金率、公开市场业务这三大政策工具，以及其他一些政策工具。中央银行通过货币政策的制定和执行，对金融运行乃至对本国经济进行宏观调控。

4. 金融运行的制度环境

金融运行总是在一定的制度环境下进行的，并受到金融制度的制约。

最基本的金融制度包括：货币制度、信用制度、利率制度、汇率制度、支付清算制度、银行及金融机构有关制度、金融市场有关制度、金融监管制度等。

【专栏1-2】互联网金融模式

互联网金融模式，从狭义上讲，是指通过计算机连接终端和网络服务平台提供的所有金融服务和金融产品所形成的虚拟金融市场；从广义上讲，还包括互联网金融服务提供的实体金融机构以及相关的法律法规等。

在互联网金融模式下，银行、证券公司和证券交易所等金融中介都不起作用，贷款、股票、债券等的发行和交易以及券款支付直接在网上进行，市场充分有效，接近无金融中介状态。一般的互联网金融可以分为以下4大主流模式：第三方支付、P2P网贷、大数据金融、众筹。

1. 第三方支付

第三方支付是指具备一定实力和信誉保障的非银行机构，借助通信、计算机和信息安全技术，采用与各大银行签约的方式，在用户与银行支付结算系统间建立连接的电子支付模式。在第三方支付模式下，买方选购商品后，使用第三方平台提供的账户进行货款支付(支付给第三方)，并由第三方通知卖家货款到账要求发货；买方收到货物，核验货物，并且确认后，再通知第三方付款；第三方再将货款转至卖家账户。自2011年央行首次发放第三方支付牌照至2017年6月26日，全国共有247张有效支付牌照。而从发展路径与用户积累途径来看，市场上第三方支付公司的运营模式可以归为两大类：一类是以支付宝、财付通为首，依托于自有B2C、C2C电子商务网站提供担保功能的第三方支付模式；另一类是以快钱为典型代表的独立第三方支付模式。

2. P2P网贷

P2P英文称谓peer-to-peer lending，即点对点信贷，国内又称"人人贷"网站及网络借贷。P2P网贷是指个体与个体之间通过P2P公司搭建的第三方互联网平台实现的直接借贷，是一种"个人对个人"的直接信贷模式。即由具有资质的网站(第三方公司)作为中介平台，借款人在平台发放借款标，投资者进行竞标向借款人放贷的行为。随着互联网金融的发展，网贷平台发展很快，但问题也不少，正在优胜劣汰，进行分化。

3. 大数据金融

大数据金融是指依托于海量、非结构化的数据，通过互联网、云计算等信息化方式对其数据进行专业化的挖掘和分析，并与传统金融服务相结合，创新性开展相关资金融通工作的统称。大数据金融按照平台运营模式，可分为平台金融和供应链金融两大模式。

(1) 平台金融模式。"平台金融"基于企业客户平台的信息、交易等功能和数据，运用互联网将支付融资系统与企业平台系统直接或间接对接，为平台客户及其体系内的企业和个人客户提供在线融资、现金管理、跨行支付、资金结算、资金监管等综合性金融服务。其通过整合信息流、物流、资金流，将银行金融服务嵌入企业日常经营过程，如阿里金融平台。

(2) 供应链金融(supply chain finance，SCF)模式。"供应链金融"是商业银行信贷业务的一个专业领域(银行层面)，也是企业，尤其是中小企业的一种融资渠道(企业层面)，其是指银行向客户(核心企业)提供融资和其他结算、理财服务，同时向这些客户的供应商提供贷款及时收达的便利，或者向其分销商提供预付款代付及存货融资服务。简单地说，供应链金融就是银行将核心企业和上下游企业联系在一起，提供灵活运用的金融产品和服务的一种融资模式。有关数据显示，到2020年我国供应链金融市场规模有望达到20万亿元，巨大的市场潜力使得供应链金融成为互联网机构抢滩登陆的新蓝海。如定位于金融科技的京东金融从成立之初，就将供应链金融服务作为一项重要的业务，借助金融科技能力开启了"金融＋科技＋产业"的深层次探索。

4. 众筹

众筹(crowdfunding)是指项目发起人利用互联网和SNS传播的特性，发动公众的力量，集中公众的资金、能力和渠道，为小企业、艺术家或个人进行某项活动、某个项目或创办企业提供必要的资金援助的一种融资模式。经过几年的迅速发展，众筹已经逐步形成奖励制众筹、股份制众筹、募捐制众筹和借贷众筹等多种运营模式，典型平台包括点名时间、大家投、积木网等。

(资料来源：蒋先玲.货币金融学.2版，北京：机械工业出版社，2018)

第三节　金融学学科体系与研究方法

一、金融学学科体系

金融学的学科体系是由从不同角度研究金融系统的各个方面的活动及其规律的各分支学科综合构成的有机体系(见图 1-1)。黄达教授认为："按通常理解的金融口径，金融学学科体系应大体分为宏观金融分析(macro-financial analysis)和微观金融分析(micro-financial analysis)；微观金融分析有两大分支：金融市场分析和金融中介分析；在金融市场分析与金融中介分析之下是技术层面和管理层面的学科。"

微观金融分析和宏观金融分析分别从个体和整体角度研究金融运行规律。金融决策分析主要研究金融主体投融资决策行为及其规律，服务于决策的"金融理论由一系列概念和定量模型组成""这样的金融决策理论是个人理财、公司理财乃至一切有理财要求的部门所共同需要的"。该领域的分支学科包括证券投资学、公司财务学、金融市场学、金融经济学、金融工程学、金融风险管理、金融资产定价等。近几十年该领域的研究得到十分迅速的发展，并取得了许多重大的成就，多次获得了诺贝尔经济学奖，在推动金融理论研究和金融市场发展方面做出了重要的贡献。

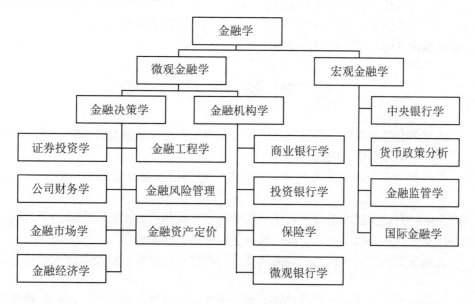

图1-1　金融学科体系

资料来源：陈学彬主编《金融学》(第二版).北京：高等教育出版社，2007.

金融中介分析主要研究金融中介机构的组织、管理和经营，包括对金融机构的职能和作用及其存在形态的演进趋势的分析，金融机构的组织形式、经济效率、混业与分业、金融机构的脆弱性、风险转移和控制等。其主要的分支学科包括：商业银行学、投资银行学、保险学、微观银行学等。该领域的研究虽然历史悠久，并且在19～20世纪初金融理论和实践的发展中占有重要的地位。但是，20世纪中叶以来，与迅速发展的金融决策学相比，金融机构学的发展则相对滞后，远不能适应世界金融业飞速发展的需要。21世纪金融机构学的研究具有巨大的发展空间。

宏观金融分析从整体角度讨论金融系统的运行规律，重点讨论货币供求均衡、金融与经济关系、通货膨胀与通货紧缩、金融危机、金融体系与金融制度、货币政策与金融宏观调控、国际金融体系等问题。其主要的分支学科有中央银行学、货币政策分析学、金融监管学、国际金融学等。

二、金融学的研究方法

金融学的研究方法包括以下几个方面。

(1) 坚持马克思主义的唯物辩证法,遵循实践是认识的最高裁判原则。

(2) 科学运用经济量比法和实证分析法。

(3) 积极借鉴国际上公认的"三通法",即在研究金融理论时尽量做到:历史和现实贯通,政策和理论贯通,国际和国内贯通。

本 章 小 结

(1) 狭义的金融是指资金的融通,广义的金融是指货币流通与货币资金的融通。金融具有融资性、自愿性和调节性三个特点。

(2) 金融是商品货币关系发展的必然产物,是伴随着商品货币关系的发展而发展起来的。

(3) 金融体系是国民经济体系内围绕资金融通、由相关要素有机构成的子系统。金融体系的基本要素包括金融工具、金融机构、金融市场和金融制度。

(4) 金融学的研究对象是当代金融体系运行规律、运行机制以及金融运行与经济运行关系。

(5) 金融运行系统主要由金融运作对象、金融运行渠道、金融运行调控机制和金融运行制度环境等方面构成。

(6) 金融学的学科体系是由从不同角度研究金融系统的各个方面的活动及其规律的各分支学科综合构成的有机体系。

复习思考题

1. 如何理解金融范畴?
2. 金融学的研究对象是什么?
3. 金融体系包括哪些内容?
4. 结合实际谈一谈金融学课程体系。

第二章

货币、信用及利息

学习目标

通过本章学习，掌握货币的产生、形式和职能、货币制度的构成要素、人民币制度的性质和内容；掌握信用的含义、特点和主要形式；明确利率对经济的调节作用，了解我国利率市场化的内容和步骤；学会年利率、月利率、日利率的换算关系和单利与复利的计算方法。

关键概念

货币制度(monetary system) 信用(credit) 银行信用(bank credit) 利息(interest) 基准利率(benchmark interest rate) 无限法偿(non-limited legal tender) 劣币驱逐良币(bad money drives out good money)

第一节 货 币 概 述

一、货币的产生

货币是与商品相伴而生的经济范畴，在人类社会的早期，并不存在商品交换，当然也不存在货币。在原始氏族部落中，由于生产力水平极其低下，劳动所得仅能维持生存，没有剩余产品可供交换。随着生产力水平的提高，社会分工的细化，剩余产品出现，氏族公社开始分化瓦解，私有制开始形成，商品生产和商品交换开始出现，货币正是在商品交换中逐步产生的。

1. 简单的(或偶然的)价值形式

在原始社会末期，随着生产力的发展，产品逐渐有了剩余，生活需要有所扩大，交换行为也就出现了。但那时的交换只是偶然地发生。在交换过程中，一种商品的价值偶然地表现在另一种商品上，即简单的或偶然的价值形式。图 2-1 所示的交换关系即为简单价值形式。

1 只羊=2 把斧子

图 2-1 简单价值形式

在简单的价值形式中，石斧(等价形态)用它的使用价值来充当羊相对价值形态的价值表现材料，因此，石斧成为价值的代表和化身，成为简单价值形式中的等价物。在简单的价值形式中，等式中若存在数量上的对等关系，则表明这两种商品耗费了同样多的社会必要劳动时间。这一时期的生产力水平还较为低下，尚无明显的社会分工，剩余产品不多，可供交换的产品较少，人们的生产生活处于自给自足状态，偶尔有了剩余产品，才拿出去与他人交换，这种交换不经常发生，只是偶尔为之。

2．扩大的(或总和的)价值形式

扩大的价值形式的出现有两个前提条件：一是生产力的发展，生产工具的改进，生产效率的提高，使剩余产品增多，可供交换的产品增加；二是社会分工的出现，产品的生产更为专业化，而生产者的需求却是多样的，如牧民专门生产畜产品，却需要粮食、布匹、生活用具、茶叶、烟草等。这时，人们的生产生活对商品交换已经具有依存性，即需要经常地把自己的产品拿出去交换，换回自己所需要的商品。图 2-2 所示的交换关系为扩大的价值形式。

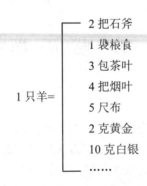

图 2-2　扩大的价值形式

扩大的价值形式是指由多种商品来表现一种商品的价值的表现形式，也就是说处于相对价值形式上的商品不是把自己的价值表现在个别的某一种商品上，而是表现在一系列的其他商品上。扩大的价值形式与简单价值形式在本质上并无根本区别，仍然是物物交换，不过是交换的范围扩大了，数量增加了，商品交换行为更频繁了。

但在扩大的价值形式中，存在一个现实的问题，即要实现商品价值的交换，需要交换双方彼此认同和需要，在交换时间、地点上要一致，交换物品在价值量上要相等，即需要具备"需求的双重巧合"，否则，交换将难以进行。例如，羊的所有者想用羊换粮食，而粮食的所有者此时不需要羊，而想用粮食换茶叶，那么羊的所有者就要先把羊换成茶叶，然后再用茶叶去换粮食。如果茶叶的所有者此时恰好需要羊，这笔交换尚可完成。如果茶叶的所有者不需要羊，而想用茶叶换布，那么羊的所有者换粮食的愿望，还要绕更大的圈子才能实现，这就极大地影响了交换的效率。如果商品的所有者在交换环节耗时过多，则必然影响到他的生产活动，因此价值形式还必须向前发展。

3．一般价值形式

为了解决物物交换中的矛盾，人们在长期的交换过程中逐渐找到了解决问题的办法，即先把自己的商品换成一种在市场上常见的、大家都乐于接受的商品，其结果是价值形式又一次发生了变化，出现了一般价值形式。一般价值形式是指所有的商品都用一种商品来表现自己的价值。在一般价值形式中，每一种商品的价值表现都是简单的，只需要用一种商品来表现。这种能够表现其他一切商品的价值，并且能够直接与其他一切商品相交换的商品称之为一般等价物。例如，当粮食从众多商品中分离出来成为一般等价物时，各种商品的所有者只要把自己的产品换成粮食，就可用粮食换回自己所需要的物品了。这时的商品交换就进一步发展为一般价值形式。图 2-3 所示的交换关系为一般价值形式。

图 2-3　一般价值形式

一般价值形式下的一般等价物并没有完全固定地由某一种商品来充当。如在某一个时期，一般等价物由粮食来充当，而在另一个时期，又由布来充当；在一个地区，由粮食作为一般等价物，而在另一个地区，又可能是以牲畜作为一般等价物。一般等价物的不固定，阻碍了商品交换的进一步扩大和发展，客观上要求一般等价物固定在某一种特殊商品上，于是，货币价值形式应运而生。

4．货币价值形式

随着交换的扩大和频繁，一般等价物在交换过程中的作用日益重要。作为一般等价物的商品，客观上要求具备以下特点：一是体积小，价值大，这样可以用较小重量的一般等价物换取较多的商品；二是便于携带，可以使一般等价物在更大的区域流通使用；三是便于保管，即在保管过程中不必支付太多的保管费用，且在保管过程中价值不会损耗；四是便于分割，以便为价值量不等的商品交易服务，且分割后价值不受损失，分割后还能还原重合。能够满足上述要求的，非金、银等贵金属莫属。因此，通过长期的商品交换自然演变，最后固定地充当一般等价物的职能便落在了金、银等贵金属的头上。正如马克思所说，金银天然不是货币，但货币天然是金银。此时，商品交换表现为典型的货币价值形式(见图 2-4)。

图 2-4　货币价值形式

金、银之所以能够被固定地充当一般等价物，在于金、银本身所固有的自然属性，即价值较大，质地均匀，易于分割且能冶炼还原，便于携带，易于保管等。可见，在价值形式发展的过程中，处于等价形式地位的商品由个别等价物发展到特殊等价物，再由特殊等价物过渡到一般等价物，最后一般等价物固定地由某种特殊商品来充当，货币便产生了。因此，货币不是某个人的发明或帝王的规定，而是商品交换发展的必然结果。货币就是固定地充当一般等价物的特殊商品。

二、货币的形式

货币作为一般等价物，从商品世界分离出来以后，仍然伴随着商品交换和信用制度的发展而不断演进。从古至今，货币形式的发展大致经历了实物货币、金属货币、代用货币、信用货币几个阶段。

1. 实物货币

实物货币是人类历史上最古老的一种货币形式。人类在最初进行商品交换时，粮食、布帛、牲畜、农具、贝壳等具有实物形态的物品都充当过货币。实物货币有两个特征：一是实物货币具有商品和货币的双重属性。它们除了用来充当交换媒介，还可以直接用于消费和使用，所以实物货币既是货币，又是商品。二是实物货币是足值货币，即实物货币作为货币与作为商品的价值相等，如果不相等，则会由供求关系进行调节，使得两者价值趋于一致。

早期的实物货币多具有地域特色。一般近海地区多用贝壳和食盐；游牧民族多用牲畜、皮革；农业区多用粮食、农具、布帛等。在中国古代，牲畜、粮食、布帛、贝壳等在不同地区和不同时期都充当过货币。但按照货币的定义来考察，贝壳是我国最早的货币。贝壳在我国夏、商、周1000多年的时间里充当了货币。实物货币的缺点主要表现在：体积笨重，价值小、数量多，携带运输极不方便；不能分割为较小的单位；各种实物材料不统一；容易腐烂、不易保管等。这些缺点有碍于商品交换的发展。而贝壳的自然供给难以满足日益扩大的商品交换的需要。随着经济的发展，特别是冶炼技术的发展，实物货币就逐渐被金属货币所代替。

2. 金属货币

第二次社会大分工使手工业从农业中分离出来，金属被用来制造生产工具、生活用具和武器，成为人们生活中不可缺少和乐于接受的东西。与此同时，生产力水平的提高，交易规模的扩大，非金属实物充当货币的矛盾越来越突出，贵金属在执行货币职能方面的优越性越来越明显，于是在交换中逐渐成为主要对象，最终成为通行的货币。

金属货币的演化沿着两个方向进行。一方面，随着交易规模的不断扩大，经历了由贱金属到贵金属的演变。不同的交易量要求不同的金属货币材料与之相适应。货币材料价值过大，当用以完成小量的、价值便宜的商品交易时，便会感到不方便。货币材料价值过小，当服务于大宗交易时，携带便很困难。所以，货币金属最初是贱金属，多数国家使用的是铜。随着生产力的提高，参加交换的商品数量增加，铸币材料由铜向银和金过渡。另一方面，金属货币经历了从称量货币到铸币的演变。金属货币最初是以条、块状流通的，交易时要称重量，察成色，这时的货币称为称量货币。如英国货币单位名称英镑的英文"pound"，中国秦朝时半两钱的"两"，汉朝时五铢钱的"铢"都是重量单位，可以看出称量货币留下的踪迹。称量货币在交易中很不方便，难以适应商品生产和交换发展的需要。随着社会第三次大分工——商人阶层的出现，一些富裕的有信誉的商人就在货币金属块上打上印记。当商品交换进一步发展并突破区域市场的范围后，金属块的重量和成色就要求更具权威的证明，而最具权威的机关便是国家。于是经国家证明的、具有规定重量和成色的、铸成一定形状的金属铸币便开始出现和流通了。

中国在殷商时代就出现了以铜为币材的铜铸贝币。春秋战国时期则普遍用青铜铸造货币，当时流通在齐国、燕国的刀币，形如刀，是由生产工具"刀"和"削"演变而来；在魏国、赵国、韩国等地流通布币，形如铲，由农具"镈"和"钱"演变而来；在秦国流通圆钱，圆形圆孔，由玉璧或纺轮演变而来；在楚国流通蚁鼻钱，是一种仿贝铜币。另外，楚国还用黄金铸造货币，称影圆。秦始皇统一中国后，统一了货币，诏令天下，以黄金为上币,以益和斤为单位,以实际重量计算,用于大额交易。以圆形方孔的"半两"钱为下币,每枚重半两,即十二铢。方孔圆钱是中国有统一形制、统一重量的统一铸币制度的开始,以后各代均铸这种形制的货币,一直延续到清末才退出历史舞台。唐宋以后,白银进入流通领域充当主要货币,仍是称量货币,铸成挺形和锭状。清朝中后期,受外国流入银币的影响,我国开始铸造圆形银币,即银圆,流通至 1933 年结束。

3. 代用货币

代用货币是指代替金属货币流通并可随时兑换为金属货币的货币。代用货币之所以能产生,是因为这种货币与金属货币相比具有一定的优点。首先,降低了铸造费用。代用货币是用纸张作为材料制成的货币,它的印制也需要一定的成本,但相对于铸造金属货币所需费用已大大降低。其次,避免了铸币在流通中可能遭受的有意磨削等损失。金属货币在日常流通过程中总会发生一定的磨损,这种磨损构成社会资源的损失,代用货币产生后就有效地避免了这一问题。最后,与金属货币相比,代用货币轻便,更易于携带和运送。

我国北宋年间在四川地区最早出现了纸币,当时成都铸行铁钱,行用不便。于是出现了由私人富户联合发行的,有相对固定的形制、无固定面值的以私人财富进行担保的代币券。由于私人公信力的缺陷,因此行用不久就发生了信用危机。1023 年北宋在成都设立了负责纸币发行的官方机构"益州交子务",专门负责纸币的发行和流通。北宋的交子以楮纸为原料,有固定面额,以金属货币的文、贯为单位。以铁钱作为发行准备金,已经基本具备了近代纸币的特征要素。当时交子已采取分界发行,其原因:一是因为楮纸虽然较为耐用但仍不适合长期行用;二是防止伪钞的出现。南宋发行的纸币称"会子""关子"。元朝是中国古代纸币最为兴盛的时期,在元朝的大部分时期里,纸钞是唯一官方认可的货币,几乎取代了铜钱在流通中的地位。以后明、清及民国初年都发行过纸币,代替金属货币在市场上流通。

英国在 16 世纪产生了代用货币。最初这些代用货币是由伦敦的金匠业发行的,作为保管凭证或借据,承认其相当于一定数量的金币或银币的债权,持有人提出要求即可以兑回相应数量的金币或银币。代用货币的随时可兑换性使其迅速成为一种与铸币一样被广为接受的支付手段。美国在 1900—1933 年的代用货币则采取了黄金券的形式。这种代用货币代表对金币的法定债权,其持有者有权要求美国财政部将其兑现为金币。当然,代用货币与足值货币相比也有缺点,如果代用货币没有显著的防伪特征,就容易被伪造,并且易于被烧毁。

4. 信用货币

信用货币是在信用关系下产生的能够发挥货币职能的信用凭证,它包括商业信用货币和银行信用货币。其具体的形式就是商业票据和银行券。典型的信用货币指的是银行券。

银行券的特点是没有固定的支付日期，发行的银行保证随时可按面额兑换金属货币。最初一般商业银行都可以发行银行券。到 19 世纪主要资本主义国家先后禁止商业银行发行，并把发行权集中于中央银行。在第一次世界大战前，多数西方国家银行券和金属货币并行流通，除了战争或经济危机等特殊时期，都能保证银行券的自由兑现。但第一次世界大战爆发后，世界各国相继停止金属货币的流通和银行券的自由兑现。20 世纪 30 年代，世界主要工业化国家都实行了不兑现的银行券流通制度。这时银行券与金属货币脱离了关系，表现为纯粹的纸币，依靠国家权力强制流通，成为典型的信用货币。

信用货币主要是以现金和存款货币形式存在的。在当代社会，商品交换更加频繁，交换的数量更加庞大。银行机构为了满足商品流通产生的结算需要，普遍设立机构，广泛开展业务。银行活期存款的客户可签发支票付款或委托其开户银行将款项支付给收款人，而不必费时费力地提取现金支付。这就是当今的存款货币。存款货币与其他货币形态相比较，最显著的特点是没有一定的实物形态，不具备可触摸性、可持有性，只是在银行存款账户上的一笔数目。与现金相比较，其优点主要有：第一，节约流通费用，加速货币流通。将款项从一个账户划转到另一个账户，集中于银行办理，省时省力，提高结算效率。第二，为商业银行信用创造提供了条件，即通过转账方式，银行可以在发放贷款的同时，创造出更多的存款。

进入 20 世纪 70 年代，随着电子计算机和网络技术在银行的应用，出现了一种新的货币形式，即电子货币。这是一种通过电子自动转账系统或电子汇兑系统进行收付的货币。很多种类的银行信用卡取代了现金和支票，成为人们日益广泛使用的支付工具。同时，由于计算机和网络迅速发展，网络银行出现了，传统银行的运作方式也发生了变化，人们足不出户就可以办理银行存款、取款或要求银行提供各种金融服务。

从货币形态演变过程可以看出，后一种形态总是比前一种形态更符合经济发展的要求，更有利于提高交换效率。随着科学技术的进步，必然还会出现新的货币形式。

【专栏 2-1】电子货币的应用

有关电子货币至今尚无统一定义。国际清算银行(BIS)1996 年 10 月的报告和欧洲央行(ECB)1998 年的报告较具代表性，体现了电子货币的若干基本特点：①有电子储存的货币价值；②代表向发行者的索偿权；③具有一定的储值上限；④可在发行者业务系统之外广泛用于支付；⑤在支付过程中无卷入银行账户或发行方系统的必要。

电子货币的确可用于电子支付，然而并非所有用于电子支付的手段都是电子货币。

电子商务的迅猛发展促使传统支付手段电子化，走向互联网、移动通信网和数字电视网。例如，用普通的信用卡可以在网上购物。但与在商场购物一样，使用者必须提交信用卡号码并需通过信用卡系统的授权，方可支付。另外，电子支票也继计算机银行(PC banking)和网上银行(internet banking)之后出现。然而，电子支票的支付需要收款人将其银行账号和支票路径序码通知付款人。付款方只能在本银行网页或本电脑银行软件上付款。电子货币的出现力求克服即便电子化、仍旧依循传统付款方式的局限。因此，电子货币直接与非传统支付手段相连。

经过十多年的发展，电子货币在整个支付系统中仅占微小份额这一事实，令急于宣告电子货币时代到来的人们大失所望。但对了解电子货币的微型付款属性的人来说，这些尚属意料之中。事实是，物理现金与钱夹均未消失，但人们正逐渐认识到生活质量可以通过减少等待取款付款、寻找购物停车位、凑零钱付停车费等得以提高。看来，更为重要的是电子货币所带来的是付款文化上的变化。

三、货币的职能

通过对价值形式发展历史的考察，我们看到，货币是从商品中分离出来的、固定地充当一般等价物的特殊商品，这就是货币的本质。货币的本质决定货币的职能，货币的职能是货币本质的具体体现。货币在商品交换过程中，逐渐形成了价值尺度、流通手段、贮藏手段、支付手段和世界货币等职能。

1. 价值尺度

货币在表现商品的价值并衡量商品价值量的大小时，执行价值尺度的职能。这是货币最基本的职能。货币执行价值尺度职能，可以把商品的价值表现为同名的量，使它们在质上相同，在量上相互比较。货币通过与商品相较，把商品的价值表现为一定的货币量，这就是商品的价格。价格就是商品价值的货币表现。如果要比较各种不同商品的价值，则只需将它们的价格进行比较即可。价格是商品价值的货币表现，并不是说价格在任何时候都与商品价值保持一致。价格常常围绕价值上下波动，有时高于价值，有时低于价值。这是由于商品供求因素的影响：商品供过于求，价格就下跌；商品供不应求，价格就上涨。因此，价格是由商品的价值决定，在供求关系影响下形成的。

由于商品的价值量不同，表现为货币的数量也不同，要发挥货币价值尺度的职能，必须比较货币的不同数量，因此，需要规定一个单位，这种人们规定的货币单位及其等分，叫价格标准。价格标准最初同衡量货币金属的重量单位是一致的。后来随着历史的发展，特别是货币形式的演变，价格标准与重量单位名称逐渐分离了。执行价值尺度的货币可以是观念上的货币，如 1 件上衣值 100 元，并不需要把 100 元的货币放在这件衣服上，而只要放上一张标有 100 元的价格标签即可。

2. 流通手段

货币在商品流通中充当交换的媒介时，执行流通手段的职能。流通手段也是货币的最基本的职能之一。执行流通手段的货币不能是观念上的货币，必须是现实的货币。但可以是价值符号，如纸币。货币充当流通手段只是用来媒介商品流通，它只是一种交换的手段，而不是交换的目的，货币本身的价值对商品所有者而言并不重要。只要在交换过程中能够用所得到的货币购买到相应的商品，人们不会管它是否足值，甚至它本身有没有价值也没有什么影响。这一事实使不足值的货币，甚至无价值的货币开始登上舞台，发挥交易媒介职能。历史上的不足值铸币，无价值的纸币，存款货币以至电子货币都凭借这一点而能够执行流通手段的职能。

货币发挥流通手段职能，一方面克服了商品直接物物交换的种种困难，使买卖双方的商品可以不必都恰恰符合对方的需要，也不必买和卖在同一时间和同一地点进行，从而促进了商品流通的发展。但另一方面，货币的介入，又把买和卖分离开来，使买和卖分成两种独立的行为，蕴含着发生危机的可能性。因为在商品流通过程中，任何一个商品生产者的买卖行为都是整个流通链条上的一个环节，如果只卖不买，或多卖少买，会使别人不能卖或少卖，如此循环下去，当买卖脱节超过一定的限度，就会出现经济危机。

3．贮藏手段

货币退出流通领域，被人们当作社会财富的一般代表进行保存、收藏时执行贮藏功能的职能。货币作为一般等价物，是价值的表现体，因而也就成为社会财富的一般代表。随着商品经济的进一步发展，商品生产者对市场的依赖性更强。为了积累社会财富，或避免意外的风险，或保证再生产过程连续不断进行，人们产生了贮藏货币的要求。

在金属货币流通条件下，货币的贮藏职能具有自发调节货币流通的作用。当流通中的货币量过多时，多余的金属货币会退出流通领域成为贮藏货币；当流通中需要更多的货币时，贮藏中的货币会重新进入流通而成为流通手段。这样，贮藏货币就像蓄水池一样，自发地调节着流通中的货币量，使它与商品流通的需要相适应。

在现代不兑现信用货币制度下，由于纸币本身没有价值，贮藏货币已毫无经济意义，没有收益又不安全，所以，这种货币贮藏所占比例已不是很大。一般情况下是货币所有人将暂时不用的货币以存款形式存入银行，从而保有银行存款。这种形式的货币贮藏同金属货币流通条件下的货币贮藏是不同的。从所有人的角度看，货币暂时闲置，但银行会在吸收存款之后，将该笔存款以贷款方式贷放出去，形成新的购买力；从整个流通界看，这种货币并没有退出流通。随着金融市场的发展，货币已不是唯一的价值贮藏手段，有多种金融资产可以用来作为财富储藏和价值增值的手段。

4．支付手段

当货币作为价值的独立存在进行单方面转移时，执行支付功能的职能。如用于偿还债务、缴纳税赋、支付租金、支付工资、银行借贷、捐款等。

支付职能最初是由商品的赊购赊销引起的。在进行赊销交易时，货币充当价值尺度，计算、衡量商品的价值，并表现出一定的价格。在交易完成时，赊购者不需要用货币，而是用一定的付款承诺将商品从赊销者手中转移到自己手中,只是到了约定付款日期,赊购者才用货币向赊销者清偿债务。这时,商品流通早已结束,只剩下单独的货币流通,因此,货币不是执行流通手段的职能,而是执行支付手段的职能。货币作为支付手段,开始与商品流通相联系,但随着商品经济的发展,支付手段就逐渐扩大到商品流通领域以外,被用来支付租金、利息、工资等。随着信用制度的日益发展和完善,货币作为支付手段的职能越来越强,其范围也日益扩大。同时,由于货币支付手段职能的扩大,信用关系也相应扩大,促进了信用制度和信用关系的发展。货币执行支付手段职能后,商品交易的各方如果到期的债权债务可以相互抵消,就不再需要现实的货币,从而减少了流通中所需要的货币量。

货币充当支付功能职能,也扩大了商品经济的矛盾。在赊销交易出现以后,货币和商品不再在买卖过程中同时出现,购买者取得了商品,但没有同时支付货币。商品的转移和商品价值的实现,在时间上分开了,使商品生产者之间形成错综复杂的债权、债务关系。一旦其中某个人不能按期付款,一个环节中断,就会引起其他人发生支付上的困难,造成连锁反应,从而扩大了经济危机的可能性。

5. 世界货币

随着国际贸易的发展,货币越出国界,在世界市场上发挥一般等价物作用时,就会在国际范围内执行价值尺度、流通功能、贮藏功能、支付功能的职能,这就形成了世界货币。世界货币的作用具体表现在:一是作为国际的支付手段,用于清偿国际收支差额;二是作为国际上的购买手段,用于在国际市场上购买商品;三是作为社会财富的代表,由一国转移到他国,如战争赔款、对外援助等。初期,在世界市场上,货币不采取铸币形态,而直接以贵金属的形态出现,是直接以重量计算的贵金属,即黄金和白银。在当代,世界各国普遍采用了不兑现的信用货币制度,由于国际经济一体化,世界市场的形成,信用关系的稳定,一些国家或地区的货币在国际上充当了世界货币,如美元、英镑、欧元、日元等。世界货币职能并不是一种独立的职能,它以货币在国内执行前四种职能为前提。只有当货币越出国界,执行价值尺度和流通手段等职能时,才成为世界货币。

四、货币制度

1. 货币制度及构成要素

货币制度指一个国家或一个区域以法律形式确定的货币流通的结构、体系和组织形式。货币制度是历史的产物,是伴随着金属铸币的出现而开始形成的。由于封建割据和自然经济的存在,造币权分散,铸币的重量和成色不统一,导致货币流通极其混乱,影响到商品流通范围的扩大和统一市场的形成,也影响商品生产者的成本计算、价格形成以及利润的确定,从而成为商品经济和信用关系发展的障碍。这就在客观上要求国家以法律、法令和条例的形式对货币流通作出规定，形成统一完善的货币制度。货币制度大体涉及以下方面：货币材料的确定；货币单位的确定；流通中货币种类的确定；对不同种类货币的铸造和发行的管理；对不同种类货币的支付能力的规定；货币发行准备制度等。这些都是货币制度的构成要素。

1）　货币材料的确定

货币材料的确定就是国家法律规定用什么物质材料来充当货币，它是整个货币制度的基础。各国所规定的不同的货币金属充当货币材料，就构成了不同的货币本位制度。例如，以黄金充当货币材料，就形成了金本位制；以白银为货币材料，就形成了银本位制；以黄金和白银同时作为货币材料，则形成了金银复本位制。

国家规定用什么作为货币材料，实际上都是对已经形成的客观现实从法律上加以肯定。主观地把现实生活中起不了货币材料作用的商品硬性规定为货币材料，或不允许现实生活中正起着货币材料作用的商品发挥货币作用，不仅行不通，而且还会造成流通的混乱。

货币材料的选择是受客观条件制约的。我国在长期的封建社会，以铜、金、银作为币材。在西方资本主义初期，广泛地以白银作币材。而到了 19 世纪末，主要西方国家都用黄金做货币材料了。现在世界各国黄金都已退出流通，实行的是不兑现的信用货币制度，法律中不再明确充当货币材料的规定，所以习惯上称之为不兑现本位制。

2）　货币单位的确定

货币单位包括两方面的内容：即规定货币单位名称和货币单位的"值"。货币单位名称最初是货币商品的自然单位和重量名称相一致，后来由于种种原因，自然单位和重量单位名称逐渐分离，有的保持原名，内容发生变化，有的则完全摆脱原名。货币单位更重要的是币值的确定。在金属货币流通条件下，就是规定每单位货币所包含的货币金属重量和成色。例如，英国 1816 年金本位法案规定，一英镑含成色 11/12 的金 123.744 7 格令，折合纯金 112 格令；美国 1900 年金本位法案规定，一美元含成色 9/10 的金 25.8 格令，含纯金 23.22 格令。当黄金在世界范围内非货币化后，对外则是如何维持本国货币与外国货币的比价，对内则是如何维持本国货币币制的稳定，即购买力的稳定，而无法对币值加以人为规定了。

按照国际惯例，一国货币单位的名称往往就是该国货币的名称。几个国家同用一个货币单位名称，则在前面加上国家名，如"元"是很多国家的货币单位名称，"美元"就是美国货币的名称，"日元"就是日本的货币名称，"澳元"就是澳大利亚的货币名称。中国的情况有些特殊，货币名称是"人民币"，货币单位名称是"元"，两者不一致，外国人习惯把中国货币叫作"中国元"。

3）　流通中货币种类的确定

货币种类的确定主要是确定主币和辅币名称，以及主币与辅币的进制关系等。主币又叫本位币，是一国的基本通货，是一国计价、结算的唯一合法的货币。在金属货币时期，本位币可以自由铸造，自由熔化。即每个公民都有权把货币金属送到国家造币厂请求铸成本位币，造币厂代公民铸币或不收费用，或收取很低的费用；同时公民有权自由熔化。本位币是无限法偿货币。所谓无限法偿，就是国家法律规定本位币有无限制的支付能力，不论每次支付的数额多大，收款人都不得拒绝接受或提出其他要求，否则被视为违法。

辅币即辅助货币，是本位币以下的小额货币，专供日常零星交易和找零之用。它通过法律形式与主币建立起固定的兑换比例。辅币有以下几个特点：其一，是不足值的货币，用较贱金属铸造的。这一特点是由辅币流通频繁、磨损较快及其所处的地位决定的。第二，不能自由铸造、自由熔化。这是因为，辅币是不足值货币，铸造辅币可得一部分收入。辅币由国家铸造。可增加财政收入，又可保证币值的稳定。第三，是有限法偿货币。即每次支付行为中在一定数额内可以用辅币支付，如超过一定金额，对方可以拒绝接受，其目的是防止辅币充斥市场。但在向国家纳税和向银行兑换时可不受此限制。

4) 发行准备制度

发行准备制度，是指货币发行要以一定的兑换准备基金为保证的制度。纸币代替贵金属货币流通时期，为了保证纸币持有人兑换金属货币，世界上许多国家都实行了黄金准备制度，即以黄金作为货币发行和兑换的准备的制度。中央银行出现并垄断一国的货币发行权后，世界各国的黄金储备大多集中于中央银行或财政部。建立黄金准备制度的目的，主要是为了稳定货币币值以及随时满足市场对金属货币的需要。自1929—1933年世界经济危机以后，各国纷纷放弃金本位制，不再用黄金作为货币发行和干预汇率的保证，黄金的地位和作用削弱了，黄金准备制度只作为国际支付的准备金，而为了维持本国币值的稳定，作为货币发行和兑换准备的作用已经消失。在当代，各国为强化国际支付能力，都建立了外汇储备。第二次世界大战以后，世界各国的外汇储备，已成为货币发行的最重要的准备。

2. 货币制度的发展

货币制度同其他经济制度一样，经历了一个不断发展和演变的历史过程。概括地讲，货币制度可分为两类：一是金属本位制，即以贵金属作为本位货币；二是不兑现的信用货币制度，是不以有价值的商品作为本位货币的货币制度。从历史上看，世界各国的货币制度曾先后经历了银本位制、金银复本位制、金本位制和不兑现的信用货币制度四个阶段。其中银本位制先后经历了银两本位制和银币本位制；金银复本位制先后经历了平行本位制、双本位制和跛行本位制；金本位制先后经历了金币本位制、金块本位制和金汇兑本位制(见图2-5)。

1) 银本位制

银本位制就是以白银作为本位币材料的货币制度。银本位制历史久远，曾经经历了银两本位制和银币本位制两个阶段。我国早在战国时期就铸造过银布币(布币，中国古代货币名，材质多为铜)，唐宋以后白银广泛流通使用，但一直是称量货币，实行的是近似的银两本位制，直到清末宣统二年(1910 年)4 月颁布《币值则例》才正式采用银本位制。1933 年 4 月，国民政府实行"废两改圆"，实行银币本位制。1935 年 11 月又实行"法币改革"，发行不兑现纸币，废除了银本位制。在货币制度萌芽的中世纪，西方许多国家开始实行银本位制，16 世纪以后盛行白银铸币，直到 19 世纪末期各国纷纷放弃，大约经历了 200 多年。

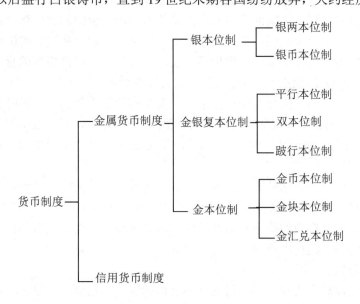

图 2-5　货币制度的分类

　　各国相继放弃银本位制的原因主要有以下几个方面：第一，白银价格不稳定。尤其是在发现储量丰富的大银矿后，白银产量逐年增加，白银价值猛跌。银价的大幅波动，导致它不适合充当本位币来衡量和表现商品价值。第二，与黄金相比，不便于大宗交易。随着经济的发展，交易额增大，体大值轻的白银给计量、运输等带来很多不便，逐渐不能满足需要了。第三，影响国际收支。在一国以金为本位币材料、另一国以银为本位币材料的条件下，两国汇率的基础是金银比价。自 19 世纪以来，金银比价大幅度波动。其总的趋势是，金的需求量大增，供给却不足；银的需求量减少，供给却大增，结果金银比价常常波动，这必然影响到汇率随之波动，实际上造成实行银本位制的国家货币对外贬值。

　　2)　金银复本位制

　　金银复本位制是以金币和银币同时作为本位货币的货币制度。它于 1663 年由英国开始实行，随后欧洲各主要国家纷纷采用。其特征是：金币和银币同时被确定为主币；金币和银币均可以自由铸造，并且都具有无限法偿能力；辅币和银行券都可以自由兑换为金币或银币；金银都可以自由输出入国境。金银复本位制在历史发展过程中先后经历了平行本位制、双本位制和跛行本位制。

(1) 平行本位制。在平行本位制下，金、银货币的交换比率完全由市场上金与银的比价自由确定，国家对此不加任何规定。这样，市场上的各种商品价格就会有两种标价方式，即金价和银价，并且这两种价格还随市场金银比价的波动而变化，从而导致货币流通的紊乱，影响商品流通的正常进行。于是，平行本位制逐步过渡到双本位制。

(2) 双本位制。双本位制的特点就是国家依据市场上金银的比价将金银兑换比率用法律条文固定下来，使金币和银币的交换比率不受市场上金银价格波动的影响。在这种货币制度下，当金银的法定比价与市场比价不一致时，市价较法定价格高的货币会被熔化、输出而退出流通，而市价较法定价格低的货币则会逐渐增加，充斥市场。这种现象被称为"劣币驱逐良币"定律，即在国内有两种面值相同而实际价值不等的货币同时流通时，实际价值较低的货币(劣币)必驱逐实际价值较高的货币(良币)于市场之外。最早揭示这一现象的是16世纪英国大商人、银行家和理财家汤姆斯·格雷欣，因此"劣币驱逐良币规律"又被称为"格雷欣法则"。

(3) 跛行本位制。在这种货币制度下，虽然金币与银币仍然同时为本位币，并依照法定比价同时流通，但金币可以自由铸造而银币则不能自由铸造，实际上银币此时成为辅币。金银复本位制下的金银两种货币有如两条腿，而取消银币可自由铸造的权利，好像瘸了一条腿，因此被称为"跛行本位制"。

3) 金本位制

金本位制是以黄金为本位币币材的一种货币制度，包括金币本位制、金块本位制和金汇兑本位制。

(1) 金币本位制。金币本位制首先由英国于1816年实行，19世纪中叶到第一次世界大战前，主要资本主义国家先后实行这种货币制度。其特点是：第一，金币可以自由铸造，自由熔化，具有无限法偿能力。其他金属铸币限制铸造。第二，辅币和银行券可以自由兑换金币。辅币和银行券按各自的面额自由兑换金币，以保证其稳定地按面额进行流通。第三，黄金可以自由输出入国境。黄金自由输出入国境可保持外汇行市的相对稳定，使世界市场得到统一。第四，货币储备全部是黄金，并以黄金进行国际结算。

第一次世界大战开始后，金本位难以维持了。金本位崩溃的主要原因是资本主义世界政治经济发展不平衡，少数发达国家集中了世界多数的黄金储备，而其他国家货币流通的黄金基础大大削弱。因此，多数欠发达国家无力以黄金作为货币在国内流通，银行券的自由兑现也遭受了破坏，同时黄金自由出入受阻，于是金币本位制被废止了。

(2) 金块本位制。金块本位制指国内不铸造金币，也不流通金币，只发行代表一定重量黄金的纸币或银行券，并且纸币或银行券只能按一定条件向发行银行兑换金块。金块本位制的特点是：第一，黄金是名义上的价格标准，流通中没有黄金；第二，规定纸币的含金量，纸币具有无限法偿能力；第三，黄金集中存储于政府；第四，居民可按规定标准以纸币兑换金块。例如，英国在1925年规定银行券数额在1700英镑以上方能兑换黄金；法国在 1928 年规定至少需要 215 000 法郎才能兑换黄金。

（3）金汇兑本位制。金汇兑本位制指国家规定货币单位的含金量，但国内不铸造金币，也不使用金币，并且国内没有或只有部分黄金储备，是同另一个实行金本位制的国家保持货币的固定比价，并在该国存放外汇准备金，通过无限制供应外汇来维持本国币值的稳定。国内流通的是纸币，居民可按法定汇价自由购买外汇，然后用外汇向相联系的国家兑换黄金。第二次世界大战之后建立起来的以美元为中心的国际货币体系，基本上属于金汇兑本位制。这一制度结束于 20 世纪 70 年代。1973 年布雷顿森林体系解体，标志着金汇兑本位制和金本位制彻底崩溃。

4）信用货币制度

20 世纪 30 年代以后，世界各国先后实行了不兑现的信用货币制度。这种货币制度是指一国中央银行发行的纸币不再与黄金相联系，也不能再兑换贵金属，纸币的价值独立于黄金的价值，具有无限法偿能力。这时的纸币实际上是不兑现的信用货币，因此这种制度被称为不兑现的信用货币制度或纸币本位制度。又由于该种制度下，货币发行的数量要由一国货币当局根据经济发展的需要对其进行周密的计划和有效的管理，所以又称其为有管理的货币制度。不兑现的信用货币制度的主要特点有以下几点。

第一，黄金退出流通，银行券与黄金没有联系。黄金不再执行货币的职能。银行券在形式上不再规定含金量，也不能兑换黄金。

第二，现实经济中的货币都是信用货币，它由流通中的现金和银行存款构成。流通中的现金体现着中央银行对持有者的负债，银行存款体现着商业银行对存款者的负债，即体现着信用关系，所以称为"信用货币"。

第三，中央银行发行的纸制货币为本位币，并由政府颁布法令，赋予其无限法偿和强制流通的能力。

第四，信用货币是通过银行信用渠道进入流通的。比如企业从银行取得贷款后先在其存款账户上增加等额的存款，如果企业签发现金支票到银行提取现金，则现金就进入流通；如果企业签发转账支票，让银行把其存款账户的存款转到另一个存款账户上，就引起存款货币的流通。

第五，国家对货币流通的调节日益加强。不兑现信用货币的流通不存在自发调节机制，如果银行放款过多，就会导致通货膨胀；反之，如果银行放款过少，就会导致通货紧缩。为了使货币流通适应经济发展的需要，必须由货币当局对货币流通加以调节和控制。

不兑现的信用货币制度克服了金本位制的不足，货币供给数量不再受贵金属的限制，但与此同时，增加了政府管理货币发行的责任。这就要求货币当局能随时针对市场的变化情况，根据客观需要对货币供应量的伸缩做出适时适度的调整，从而保证币值的稳定，促进经济的发展。

3. 我国的货币制度

我国的人民币货币制度开始于解放战争即将胜利之时。1948 年 12 月 1 日中国人民银行在石家庄正式成立，同时发行人民银行券，即人民币。在此之后，随着全国的解放，中国人民银行迅速收兑了旧经济制度下的法币、金圆券和银圆券，并通过逐步收兑原各解放区自行发行的货币，统一了货币，形成了新中国货币制度。

我国的货币制度内容主要包括：第一，我国法定货币是人民币。它没有确定法定含金量，是不兑现的信用货币。以元为货币单位，主币有 7 种，元以下有十进位的辅币(纸制或铸币) 6 种。第二，人民币是我国唯一合法通货。国家规定禁止金银和外汇在国内市场上计价、流通、结算和私自买卖。严禁仿造人民币。第三，人民币的发行实行高度集中统一的制度，货币发行权集中于中国人民银行。人民币的发行保证是国家拥有的商品物资，而黄金外汇储备主要是作为国际支付的准备金而存在。

随着我国社会经济的发展和改革开放的不断深入，我国货币制度正面临着一系列新的挑战与问题。一是随着黄金等贵金属退出流通领域，即黄金非货币化以后，黄金作为普通商品的交易与流通问题。2001 年 10 月 12 日中国人民银行等四机构发布了《关于规范黄金制品零售市场有关问题的通知》；2001 年 10 月经国务院批准，上海黄金交易所成立；2002年 10 月 30 日上海黄金交易所正式开业。这一系列举措，标志着我国黄金交易市场的逐步放开和黄金市场规范交易的逐步形成。二是随着我国对外经济贸易往来的不断加深，外贸企业和居民积累了大量外币和外汇存款。根据中国人民银行统计数据，截至 2004 年第三季度，我国企业和居民外汇存款已经达到 1 401.87 亿美元。这些外汇资金如何合理流通与使用，及其对人民币流通的影响将是急需研究和解决的问题。三是 1997 年 7 月 1 日和1999 年 12 月 20 日，中国政府分别恢复了对香港和澳门行使主权，按照《香港特别行政区基本法》和《澳门特别行政区基本法》，在香港特别行政区和澳门特别行政区内，港币和澳门币仍是法定流通货币。这就意味着在包括香港、澳门在内的中华人民共和国境内存在着两种甚至两种以上货币。但是按照我国目前的外汇管理规定，港币、澳门币等仍属于外汇，这些货币在中国内地是不能直接流通的。如何协调这些货币与人民币的流通，建立具有中国特色的现代货币制度，是一个需要认真研究的问题。四是人民币国际化问题。我国人民币在周边国家和地区，如蒙古、韩国、柬埔寨等东南亚国家和中国香港、澳门等地区大量流通，这表明人民币国际化趋势已经开始。随着中国经济实力的不断增强，人民币将可能成为世界主要货币之一。如何适应人民币国际化趋势，加强对人民币流通的管理和调节是我国货币当局需要认真研究的问题。

【专栏 2-2】我国港澳台地区的货币制度

1. 香港地区的货币制度

1997 年 7 月 1 日，我国政府恢复了对香港行使主权，香港特别行政区成立。我国的货币制度改为实行一个主权国家两种社会制度下的两种货币、两种货币制度并存的货币制度。在内地仍然实行人民币制度，在香港实行独立的港币制度，在货币发行、流通与管理等方面分别自成体系，人民币和港币分别作为内地和香港的法定货币在两地流通。由于香港仍然实行资本主义制度，因此，按照我国目前的外汇管理规定，港币仍然属于外汇，港币在内地以外币对待，同样，人民币在香港也以外币对待。

根据《中华人民共和国香港特别行政区基本法》，港元为香港的法定货币。港币的发行权属于香港特别行政区政府，港币的发行须有百分之百的准备金。中国银行、汇丰银行、渣打银行为港币发行的指定银行。香港历史上没有中央银行，货币的发行一直由商业银行承担。

香港货币单位为"元"，简称港元，用符号"HKD"表示。其纸币面额有10元、50元、100元、500元和1000元5种，硬币面额有5分、10分、20分、50分及1元、2元和5元7种。1元为100分。

港元实行与美元联系的汇率制度，7.8港元兑换1美元。香港特别行政区的外汇基金由香港特别行政区政府管理和支配，主要用于调节港元汇价。

香港特别行政区不实行外汇管制，港币可以自由兑换，外汇、黄金、证券、期货市场完全放开。

2. 澳门地区的货币制度

1999年12月20日，我国政府恢复了对澳门行使主权，澳门特别行政区成立。由于澳门仍然实行资本主义制度，因此，按照我国目前的外汇管理规定，澳门货币仍然属于外汇，澳门货币在内地以外币对待，同样，人民币在澳门也以外币对待。

根据《中华人民共和国澳门特别行政区基本法》，澳门元为澳门的法定货币，澳门元的发行权属于澳门特别行政区政府。中国银行、大西洋银行为澳门元发行的指定银行。澳门历史上没有中央银行，货币的发行一直由商业银行承担。

澳门元用符号"MOP"表示。纸币面额有5元、10元、50元、100元、500元和1000元6种，硬币有1角、2角、5角、1元、5元和10元6种。各种货币可自由出入境，不受任何限制。

澳门元实施的是与港元挂钩的联系汇率制，103澳门元兑换100港元。澳门元发行之初采用的是与葡萄牙货币埃斯库多(Escudo)挂钩的固定联系汇率制。20世纪70年代，由于葡萄牙政局动荡，埃斯库多疲软，同时澳门经济对香港经济的依赖性日益增强，澳门政府在1977年4月7日宣布与埃斯库多脱钩，改与港元挂钩，规定每107.5澳门元兑换100港元。

3. 台湾地区的货币制度

1945年8月15日，日本宣布无条件投降，但直到1946年8月底这段时期，台湾所流通的货币实际上仍是日本占据台湾时的货币，"台湾银行券""日本银行券"仍然流通。1946
年 5 月 20 日，旧台湾银行宣告结束，新的台湾银行宣告成立。1946 年 5 月 22 日，台湾银
行公告发行小面额的台币，称新台币，1949 年 6 月 15 日币制改革后，改称这些新台币为
"旧台币"。

1949 年 6 月 15 日，公布《台湾省币制改革方案》及《新台币发行办法》，决定实施币
制改革。新台币的发行主要有以下几方面内容：第一，指定新台币的发行机关为台湾银行；
第二，实行与美元联系的汇率制度；第三，新台币以黄金、白银、外汇及可以换取外汇的
物资做十足准备。

1961 年 7 月 1 日，台湾"中央银行"复业，收回了台湾银行的货币发行权。2000 年前
曾委托台湾银行发行新台币，目前由"中央银行"发行。台湾流通的硬币有 5 角、1 元、5
元、10 元、20 元、50 元 6 种，5 角的很少使用，纸币有 50 元、100 元、500 元、1000 元
和 2000 元 5 种。

(资料来源：曹龙骐. 金融学. 3 版. 北京：高等教育出版社，2010.)

第二节 信 用

信用是商品货币经济发展到一定阶段的产物。在现代经济中，商业信用、银行信用、
国家信用与消费信用共同构成了现代信用制度，有力地促进了商品经济的发展。

一、信用的概念特点及要素

1. 信用的概念及其特点

在商品经济中，商品和货币在各个所有者之间的分布往往是不均衡的。一方面，生产
者要出卖商品换回货币；另一方面，购买者要购进商品但又缺少货币。如果坚持一手交钱、
一手交货的原则，则势必导致生产者的商品无法销售，而想购进商品的人又因缺少货币而
无法实现购买，这就不可避免地产生了借贷的需要。最初是购买者向生产者赊购商品，延
期支付货币，然后是购买者偿还欠款，货币执行支付手段职能。随着经济的发展，信用的
范围不断扩大，信用形式也日益多样化，除了商品的赊购赊销，更多地表现为货币的借贷。
货币的贷出者与货币的借入者所形成的债权债务关系，成为信用关系的基本形式。由此可
见，信用是以偿还本息为条件的暂时让渡商品或货币的借贷行为。信用有以下两个基本
特点。

1) 信用是价值运动的特殊形式

一般的价值运动在时间上是紧密结合的，如买卖活动，其商品与货币对等转移：钱出
去，货回来；或者货出去，钱回来。信用方式引起的价值运动则是价值的单方面转移：或

者是先让渡商品，一段时间后收回商品或货币；或者先预付货币，一段时间后再收回商品或货币。这种时间上的分离实质上是资本所有权与使用权的分离。商品或货币的所有者在贷放商品或货币时，仅仅让渡了商品或货币的使用权，而保留着所有权。这种所有权即债权，可以用书面凭证或契约的方式确认并受法律保护。

2) 信用以偿还和付息为条件

偿还是信用活动的基本条件，是保留所有权和让渡使用权的具体表现。不偿还，意味着商品或货币的所有权都转移了。付息是让渡商品或货币使用权的回报，是等价交换原则的体现。贷者之所以愿意贷出，是因为有权取得利息收入；借者之所以可以借入，是因为愿意承担付息的义务。当然，社会生活中也存在无息借贷活动，严格讲不属于经济意义上的信用范畴。

2．信用的要素

1) 债权与债务

债权与债务是同一事物的两个方面。在信用关系确定时，从债权人来看，具有了要求债务人归还借款的权力；从债务人来看，这种义务则是到期必须向对方清偿的一笔债务。可见，信用有两个当事人存在，即一个是借入的债务人，另一个是贷出的债权人。债权是贷出者将来收回本金、索取利息的权力；债务是借入者将来还本付息的义务。债权与债务构成信用的第一要素，没有债权债务关系的存在，就不会有信用关系。

2) 信用工具

信用关系的确立，必须有凭据作证。早期信用多用口头约定，因口说无凭，容易引起争议。后来发展为账簿信用，立字为据，这比口头的约定可靠，但仅限于双方，不能转让。现代信用均以合法书面凭证作为确定信用关系的媒介，它不但可以避免口头约定和账簿信用的不足，而且适应性强，发展为各式各样的信用工具，在未到期前，还可转让。现代信用主要是通过各种书面凭证即信用工具来建立和转移债权债务关系的，这种表明债权债务关系的书面凭证即为信用工具，如股票、商业票据、存单、贷款借据、保险单、出资证明书等。

3) 时间间隔

无论何种信用，从信用的发生确立到信用的终止清偿，总是有着或长或短的时间间隔。这段时间内，借者可使用所借资本，从事生产经营活动，通过价值增值，以保证偿还和付息，并满足自身的经济目的。如果没有这个时间间隔，就无所谓信用。

4) 利率

信用关系是建立在以还本和付息为条件的基础上的，还本即归还本金，付息是支付本金以外的附加价值。因此，任何一项信用都必然有利息这一经济范畴伴随。本金和利息之间有一个比例关系，利息与本金之比即为利率。利率既体现了贷者和借者的信用关系，也体现了贷出者贷出货币收益的高低，借入者使用借入货币成本的大小。

3. 信用关系的基础

现代经济社会中，商品货币关系覆盖整个社会，经济主体的经济活动都伴随着货币收支。不管是企业、个人还是政府，都可能出现盈余或不足。正是这种货币资金的余缺构成了现代信用关系的基础。

1) 企业资金的盈余或不足

造成企业资金盈余的主要原因是：固定资产折旧在用于更新之前会暂时闲置不用；预定用于购买原材料和支付工人工资的流动资金，由于收支在时间上的不一致，也会在一定时间内闲置；已经形成的利润未分配之前，也会暂时闲置。

造成资金不足的主要原因是：一些企业由于临时性或季节性原因需要补充资金以维持简单再生产；有些企业则因扩大再生产而资金不足；有的企业因提前进行设备更新或技术改造，仅靠折旧基金不足等。

现代企业以盈利为目的，经过资金的循环与周转使价值增值。资金闲置与不足都不符合生产经营的目的，而通过信用方式调剂资金的余缺，可以使资源得到有效配置，使企业增加盈利。这种在再生产过程中建立的信用关系是现代信用的基础。

2) 个人货币收支的盈余或不足

个人货币收支的盈余包括：日常的收入减去消费之后的节余；短期的待购商品款；为某种目的，如养老、子女教育、购房等的中长期储蓄。个人货币支出的不足表现在：日常的收入不能满足家庭开支的需要；买房、买车、买大件耐用消费品等大额货币支出，而积蓄还暂时不足；意外的事故导致的大额支出等。对个人或家庭来说，持有货币等于放弃了其增值的机会，因此有借出货币而获利的愿望。而在提前消费或收不抵支时，则需要借入资金予以弥补。

3) 政府货币收支的盈余或不足

政府的货币收支主要是财政收支，当财政收入先于支出，资金有可能暂时闲置。而当财政先支后收时，则表现为资金不足。政府也可能出现财政赤字，需要有弥补的途径。另外，政府除了履行管理社会的职能外，还担负着调控宏观经济的责任。为了建设一些基础设施项目，或为了增加整个社会的投资需求，需要通过发行债券的形式筹集资金。此外，由于国际收支不平衡，国家(或地区)之间也会出现资金盈余或不足的现象，需要调剂资金。

4) 金融机构的信用中介角色

作为信用媒介的金融机构，它们有自身的经营收入和日常经营所需的支出，结果可能是盈余，也可能是赤字。在这点上，与其他非金融企业是相同的。但作为信用中介角色的金融机构，它们还有另外一种债权债务的对比：作为信用中介要聚集资金，即吸收存款，从而形成其债务；作为信用中介要把聚集的资金通过贷款等方式运用出去，从而形成其债权。在经营过程中可能是它们的资金需求大于它们所聚集的资金，也可能是相反。当出现前一种差额时，将驱使它们寻求补充资金的来源；反之，它们将设法寻求资金运用的途径。这是非金融单位所不具有的一种特殊职能，表现出金融机构信用中介所独具的特征。

总体来看，在一国的各部门中，企业是赤字部门，是资金的需求方。企业筹集资金的方式主要通过从银行贷款、发行股票或债券等。政府在大多情况下也是赤字部门，也是资金的需求方。政府筹集资金的方式主要通过发行债券或从国外借款等。家庭和个人是盈余部门，是资金的供给方。家庭和个人融出资金的方式主要是向银行存款、购买股票或债券等。金融机构作为金融企业，在成立之时为了筹集资本金，也需要发行股票或债券，因此也是资金的需求方。但金融机构更重要的是信用活动的中介部门，即把社会公众暂时闲置的资金吸收进来，然后再贷放给资金短缺的单位使用，从而为信用活动提供中介服务。

二、信用形式

信用作为一种借贷行为，要通过一定的方式具体表现出来。表现信贷关系特征的形式称为信用形式。随着商品货币关系的发展，信用形式也日趋多样化，按照借贷关系中债权人与债务人的不同，信用有以下几种基本形式。

1. 商业信用

商业信用是指企业与企业之间相互以延期付款或预收货款的形式提供的信用。商业信用的具体形式很多，归纳起来不外乎赊销和预付货款两大类。商业信用主要是以商品形态提供的，因此，它一般与一定的商品交易联系在一起。

1) 商业信用的特点

(1) 商业信用的债权人与债务人都是企业。商业信用活动包括生产企业之间、生产企业与商业企业之间、商业企业之间相互赊销商品与预付货款形式的信用活动。

(2) 商业信用的对象是处于资本循环周转过程中的商品。除预付资金方式外，典型的商业信用是赊销方式。这时赊销的商品实际上是处于再生产过程中的商品，因此，商业信用的借贷行为同时也是买卖行为。

(3) 商业信用主要依靠商业票据建立信用关系。商业票据作为债权债务的书面协定，是结清信用关系的凭证，具有法律效力。商业票据可在背书后转让流通，也可在背书后向银行贴现以取得货币资金。

商业信用的优点在于方便和及时，既解决了资金融通的困难，也解决了商品买卖的矛盾，从而缩短了融资时间和交易时间。

2) 商业信用的局限性

(1) 授信规模和数量上的限制。由于商业信用是在企业之间进行的，因此，其规模要受企业所掌握的资本数量的限制，尤其是要受其商品资本数量的限制。因为能够用来提供商业信用的只是企业全部资本中的一部分——商品资本，况且，一个企业决不会将全部商品资本都用于提供商业信用，因而，商业信用在数量上就受到了较大的限制。

(2) 授信方向上的限制。由于商业信用的需求者就是商品的购买者，这就决定了企业只能和与自己经济业务有联系的企业发生信用关系，且只能是上游企业对下游企业提供信用，一般情况下不能反方向提供信用。

(3) 使用范围的限制。由于商业信用是以商品形态提供，而且是在企业之间进行，因此，商业信用只能在相距较近且比较熟悉其资信状况或有固定业务联系的企业之间进行。

2．银行信用

银行信用是指银行及其他金融机构通过存款、贷款等业务活动提供的以货币形式为主的信用。银行信用是在商业信用发展到一定阶段的基础上产生和发展起来的，它的产生标志着一个国家信用制度的发展与完善。在当代市场经济中，银行信用已成为现代经济生活中重要的信用形式之一。银行信用与商业信用相比较，具有以下特点。

1) 银行信用是间接信用

在银行信用中，银行是中介人，它通过吸收存款等方式筹集资金，通过贷款提供给需要资金的单位和个人使用，体现的是银行与客户之间的信用关系。

2) 银行信用具有广泛的接受性

银行信用是以货币形态提供的，它不再受企业商品资本数量的限制；以货币形式提供的信用可用于任何部门，也不再受使用方向的限制；银行机构的普及及其雄厚的资金实力，在全社会享有较好的声誉，具有广泛的接受性；作为专门的机构，银行在放款前对企业的资信状况都进行了大量的调查研究，因而，银行信用在使用范围上也基本上不受限制。

3) 银行信用具有创造信用的功能

任何经济单位必须先获得货币才能提供信用，唯有银行不仅是债权与债务关系的中介，掌握着运用货币资金的权力，而且还可以创造货币供应量，直接创造资金来源，以满足需要。这也是银行信用区别于其他信用形式的重要特点。

3．国家信用

国家信用是以国家为债务人，从社会上筹措资金来解决财政需要的一种信用形式。国家信用有多种形式，如发行政府债券、向银行借款、向国外借款等。国家信用的债务人是政府，债权是国内外的银行、企业和居民。国家信用的典型形式是发行短期国库券和中长期国债。

1) 国家信用的特点

(1) 国家信用可以动员银行信用难以动员的资金。银行信用动员社会资金只能根据自愿原则来组织，不能强迫；同时银行要考虑成本和利润，不可能无限提高利率筹集资金。

而国家信用在动员社会资金时，一方面因国库券有"金边债券"之称，风险较小；另一方面，必要时国家可以采取强制手段或较高利率来筹集资金。

(2) 国家信用筹集的资金一般偿还期较长。国家信用筹集的长期资金偿还期较长，又不能提前支取，比较稳定，可用以解决国家长期资金不足或用于投资期较长的经济建设；短期资金则流动性强，主要用于弥补预算收支中的不平衡，这种情况较少发生。

(3) 利息的承担者不同。国家公债的利息要纳入预算，由纳税人承担；银行贷款利息则由借款人承担。两种信用方式对财政的负担具有不同的影响。

2) 国家信用的作用

(1) 国家信用是弥补财政赤字的重要工具。国家财政在出现赤字以后，弥补的方法有三个：一是增加税收，二是发行货币，三是举债。增税不仅需要经过立法程序，且容易引起公众的不满；货币超量发行，会导致通货膨胀；唯有举债是较为主动、直接的办法。因为通过举债的办法来筹集资金，既容易为公众所接受，又可以避免由于向银行透支而引起货币非经济发行带来的不良后果。

(2) 国家信用是商业银行调节资产结构的工具。商业银行持有国库券，一方面可作为流动性强的准备资产，调度资金头寸，调节资金结构；另一方面可以获得收益。

(3) 国家信用是实施宏观调控的重要杠杆。对国家财政部门来说，在总需求不足的情况下，通过发行国债，可以增加投资需求，刺激经济增长。对于中央银行来说，国家发行的债券，其信誉远高于其他信用工具，在金融市场上容易为公众所接受，具有较强的流动性。这样，中央银行可以通过在金融市场上吞吐国债，实施对货币供应量的调控，以稳定币值，促进经济的发展。

国家信用在我国有很长的历史，历代史书中都有政府向民间借贷或向民间发放贷款的记载。新中国成立初期，曾于1950年、1953年、1954—1958年连续发行公债，对于当时恢复和发展经济、稳定市场起到了非常重要的作用。这些公债在1968年全部还清。此后的十多年间，再没有发行过国家公债。直到改革开放后，从1981年起才恢复国家信用，开始发行国库券。1995年以后，由于中央银行停止向财政透支与贷款，以及中央银行开展公开市场业务的需要，国债的年度发行量不断增长，2004年全年发行国债6 920亿元。对满足经济建设及宏观调控的需要提供了基本保障。

4. 消费信用

消费信用是指企业、银行和其他金融机构向消费者个人提供的、用于生活消费的信用。从授信对象来看，消费信用的债务人是消费者，即消费生活资料的个人和家庭。从授信目的来看，是为了满足和扩大消费者消费资料的需求。消费信用的方式主要有以下几种。

1) 赊销

赊销即凭信用先购物或享受劳务，当时记账，以后付款，其价格一般高于现款交易，借以抵偿赊销款的利息额。一般多见于零售商业提供的短期消费信用。

2) 分期付款

它是销售单位提供给消费者的一种信用，多用于购买高档耐用消费品。这种消费信用的借贷双方要签订书面合同，载明期限、利息、每次付款金额及其他费用。消费者在购买住房、汽车、大件家用电器等耐用消费品时，按规定比例支付一部分货款，称首付额，然后按合同分期等额支付其余货款和利息。

3) 消费贷款

它是银行和其他金融机构直接以货币形式向消费者提供的以消费为目的的贷款。按贷款方式不同，消费贷款可分为信用贷款和抵押贷款。抵押贷款中最常见的是住房抵押贷款，贷款额往往占抵押品的70%左右，期限以中长期为主。

与商业信用和银行信用相比较，消费信用有以下特点：一是非生产性。商业信用是与再生产过程直接联系的，其生产性是显而易见的，银行信用提供的贷款绝大多数也是用于生产和流通的；而消费信用提供的贷款是用于消费的。二是期限较长。商业信用、银行信用所提供的信用主要是短期资金的融通，期限相对较短；而消费信用多数通过分期付款支付，所需时间较长。

消费信用对经济的发展具有积极作用：第一，消费信用可以促进消费品的生产与销售，促进经济的增长。第二，消费信用对促进新技术的应用、新产品的推销以及产品的更新换代也有促进作用。第三，消费信用可提高人们的消费水平，促进消费结构升级。

5．国际信用

国际信用是在国际经济交往中国与国之间相互提供的信用。在国际信用中，授信国往往通过借贷资本的输出推动商品输出，从而实现利润。而授信国则希望利用外资，购买所需商品来促进本国经济的发展。

随着世界各国对外开放的加强，国家之间的经济往来活动日益频繁，国际信用形式也多种多样。总的来看主要有：出口信贷、银行信贷、政府信贷、国际金融机构信贷等。

1) 出口信贷

出口信贷是指出口国银行对出口贸易所提供的信贷，以促进本国商品的出口，可分为卖方信贷和买方信贷。

卖方信贷由出口国银行向出口厂商提供贷款，出口商用来向进口商提供分期付款。

买方信贷是出口方银行直接向进口商或进口方银行提供的信用，进口商获得该贷款后用来向出口商付清货款，然后按规定的还款期限偿还出口方银行的贷款本息。

2) 银行信贷

银行信贷是进口商为从国外引进先进技术设备而从外国银行(或银团)取得的贷款。银行信贷要签订协议，贷款可以自由运用，不一定与特定的进口项目相联系，实务中，进口企业往往通过进口方银行出面取得贷款。

3) 政府信贷

政府信贷是一个主权国家政府对另一个主权国家政府提供的信用。这种信用一般是非生产性的，如用于解决财政赤字或国际收支逆差，必要时还用来应付货币信用危机等。

4) 国际金融机构信贷

国际金融机构信贷主要指由联合国的国际货币基金组织、国际开发协会、世界银行、国际金融公司等国际金融机构所提供的信用。这种信用一般有特定的用途，贷款期限较长，并且贷款条件优惠。

国际信用是随着国际贸易的发展而产生和发展的。随着一国商品和货币的流通范围日渐扩大，信用也扩展到世界范围，成为各国开展经济交流、促进世界经济发展的重要手段。因此，从形式上看，国际信用是适应商品经济发展和国际贸易扩大而产生并发展起来的一种借贷关系，从本质上看，国际信用则是资本输出输入的一种形式。

6. 其他现代信用形式

1) 民间信用

民间信用是指民间个人之间的货币或实物借贷，也称个人信用。民间信用在我国已有几千年的历史。过去，民间信用主要用于解决生活费用的短缺。经济体制改革以来，随着城乡个体经济和民营经济的出现与发展，民间信用日趋活跃。个人之间、家庭之间为解决生产资金不足的信用活动也随着迅速发展起来。民间信用的组织形式，一种是无组织的零散的民间借贷，包括私人间借贷、企业间借贷及集资；另一种是有组织的民营金融，包括信息公司、互助金会、标会和当铺等。

2) 合作信用

合作信用是指在一定范围内由出资人之间相互提供信用的形式，包括信用合作社、互助储金会等，在我国，合作信用并不发达。农村信用社的改革正在进行，以前的城市信用社现在大部分都已经转变成了城市商业银行。

3) 租赁信用

租赁信用是以出租固定资产而收取租金的一种信用形式。租赁信用使承租客户减少大量费用支出，避免机器设备使用若干次后不需再用所造成的资金积压，从而可更有效地利用资金，及时更新设备和运用新技术。

第三节 利息与利率

一、利息及其计算方法

1. 利息及利率

所谓利息就是让渡资金使用权的报酬或使用资金的代价。从信用关系的债权方面看，利息是贷款者让渡货币资金使用权，从借款者手中取得超过本金的那一部分报酬；从信用关系的债务方面看，利息是借款者取得货币资金使用权，而付给贷款者超过本金的那一部分代价。利息额与借贷资本额之比就是利率，它是计量借贷资金增值程度的数量指标。简单地说，利率就是利息与本金的比率。

利率的表示方法有三种，即年利率、月利率和日利率。年利率用百分比(%)来表示，是指 100 元资金每年获得的利息额。如年利率 8%，意为 100 元借贷资金每年可获得利息 8 元。月利率用千分比(‰)表示，是指每 1000 元资金每年获得的利息额。如月利率 7‰，意为 1000 元借贷资金每月可获得利息 7 元。日利率用万分比(‱)来表示，是指每 10 000 元资金每日获得的利息额。如日利率 2‱，意为 10 000 元借贷资金每天可获得利息 2 元。年利率、月利率、日利率之间的换算公式是

年利率÷12=月利率　　　　月利率×12=年利率

月利率÷30=日利率　　　　日利率×30=月利率

日利率×360=年利率　　　　年利率÷360=日利率

2. 利息的计算方法

利息的计算有两种基本方法，即单利与复利。单利计息的特点是对利息不再付息。其计算公式是

$$I = P \cdot r \cdot n \qquad \text{(利息公式)}$$
$$S = P(1 + r \cdot n) \qquad \text{(本利和公式)}$$

式中，I 为利息额，P 为本金，r 为利息率，n 为借贷期限；S 为本金与利息之和(简称本利和)。例如，一笔期限 5 年、年利率为 6% 的 10 万元贷款，利息总额为

100 000 元×6%×5=30 000(元)

本利和为

100 000 元×(1+6%×5)=130 000(元)

复利是一种将上期利息转为本金一并计息的方法。如按年计息，第一年按本金计息；第一年末所得的利息并入本金，第二年则按第一年末的本利和计息；第二年末的利息并入本金，第三年则按第二年末的本利和计息……依此类推，直至借贷期满。其计算公式为

$$I=P\cdot[(1+r)^n-1] \qquad \text{(利息公式)}$$
$$S=P\cdot(1+r)^n \qquad \text{(本利和公式)}$$

若将上例按复利计算，则：

$$I=100\ 000\ \text{元}\times[(1+6\%)^5-1]=33\ 322.56(\text{元})$$
$$S=100\ 000\ \text{元}\times(1+6\%)^5=133\ 322.56(\text{元})$$

按复利计息，可比单利计息多得利息 3822.56 元(33 822.56-30 000)。

二、利率的种类

利率的种类很多，可以按照不同的分类方法进行分类。

1．名义利率与实际利率

根据利率与通货膨胀的关系，利率可分为名义利率与实际利率。

在存在通货膨胀的经济环境里，利率便有了名义利率与实际利率的区别。名义利率是以名义货币表示的利率，人们平时所说的利率通常指名义利率。银行挂牌利率一般为名义利率。

实际利率是名义利率剔除通货膨胀因素以后的真实利率。名义利率与实际利率的关系可用公式表示为

$$r=i-P'$$

式中：r 为实际利率；i 为名义利率；P' 为借贷期内通货膨胀率。

但是通货膨胀对于利息部分也有使其贬值的影响，如果把这一因素也考虑进去，实际利率还应作进一步的调整。更精确的实际利率计算公式可以写成

$$r=(1+i)/(1+P')-1$$

2．固定利率与浮动利率

根据在借贷期内利率是否调整，利率可分为固定利率与浮动利率。

固定利率是指在借贷期内不作调整的利率。实行固定利率，对于借贷双方准确计算成本与收益十分方便，是传统的方式。但在通货膨胀较为严重的时期，实行固定利率对债权人会带来较大的损失。为了保障债权人的利益，在借贷中可采用浮动利率。

浮动利率是一种在借贷期内可定期调整的利率。根据借贷双方的协定，由一方在规定的时间依据某种市场利率进行调整，一般调整期为半年。浮动利率尽管可以为债权人减少损失，但也因手续繁杂、计算依据多样而增加费用开支，因此多用于中长期借贷。

我国人民币借贷一向实行固定利率。近年来虽实行了贷款浮动利率，但并不同于上面所说的浮动利率，而是指商业银行可在国家统一规定的利率基准上下一定幅度内，酌情浮动的利率。我国商业银行根据不同借款种类和借款对象实行的在一定范围内上浮或下浮的

利率,虽然也称"浮动利率",但不是严格意义上的浮动利率,而是浮动利率的变形,实际上是差别利率的一种形式。

3．基准利率与市场利率

根据利率的作用,利率可分为基准利率与市场利率。

基准利率是指在整个金融市场上和整个利率体系中处于主导地位、起决定性作用的利率。当它变动时,其他利率也相应发生变动。在西方国家,一般以中央银行的再贴现利率为基准利率。在我国,1984年以前国家银行确定的利率起基准利率的作用。1984年中央银行体制确立后,中国人民银行对各商业银行和其他金融机构的存、贷款利率为基准利率。

市场利率是指在金融市场上,由借贷资金的供求关系决定,并由借贷双方自由议定的利率。

4．官定利率与公定利率

根据利率的决定方式,利率可分为官定利率与公定利率。

官定利率是指由一国政府的金融管理部门,大多为中央银行确定的,由各金融机构严格执行的利率。

公定利率是由非政府部门的民间金融组织,如银行公会等所确定的利率。这种利率对其会员银行也有约束性。

官定利率和公定利率都程度不同地反映了非市场的强制力量对利率形成的干预。

5．优惠利率、惩罚利率与普通利率

根据贷款人的资信程度,利率可分为优惠利率、惩罚利率与普通利率。

优惠利率通常是指银行等金融机构发放贷款时对某些客户所采用的比一般贷款利率低的利率。我国优惠利率的授予对象多同国家的产业政策相联系,一般提供给国家认为有必要重点扶植的地区、行业、部门及企业,本质上是一种政策性贴息利率。例如,我国对民政部门福利工厂贷款,老少边穷发展经济贷款,贫困县办工业贷款,民族贸易及民族用品生产贷款,扶贫贴息贷款实行优惠利率,实际上是一种贴息贷款。所谓贴息贷款,即接受贷款的单位支付低于一般利率水平的利息。发放这种贷款而少收入的利息差额由批准贴息的部门支付。

惩罚利率是银行等金融机构对客户不遵守有关信贷政策和原则使用贷款时所收取的高于普通利率的利率。例如,我国商业银行对客户的逾期贷款和挤占挪用贷款均实行惩罚利率。

普通利率是指商业银行等金融机构在经营存贷款业务过程中,对一般客户所采用的利率。其水平的高低由决定利率水平的一般因素决定,不附加特殊条件。因此,它是使用最为广泛的利率。

6．长期利率与短期利率

根据借贷期限长短，利率可分为长期利率与短期利率。

长期利率与短期利率的划分是以借贷期限长短为划分标准的。例如，贷款有短期和长期之别，存款有活期与定期之别，债券划分为短期债券、长期债券乃至无期债券等，相应的利率也就不同。一般地说，1年期以下的借贷为短期借贷，相应的利率就是短期利率；1年期以上的借贷为长期借贷，相应的利率就是长期利率。短期利率与长期利率之中又各有长短不同期限之分。总的来说，长期利率一般高于短期利率。这是因为，一是长期借贷比短期借贷风险更大，贷款损失的可能性增加，因而需要更高的利息补偿。二是借贷期限越长，借款人使用借入资金从事生产经营所取得的利润应当更多，因而贷款者也应得到更多的利息回报。三是借贷期限越长，发生通货膨胀而使贷款本息贬值的可能性越大，因而需要较高的利息来弥补因通货膨胀而带来的损失。

7．存款利率、贷款利率与证券利率

根据利率存贷差别，利率可分为存款利率与贷款利率。

存款利率是银行等金融机构吸收存款所付给存款人的利息与存款额的比率。存款利率的高低直接决定了存款者的利息收益和银行等金融机构的融资成本。

贷款利率是指银行等金融机构对客户发放贷款所收取的利息与贷款本金的比率。贷款利率的高低直接决定着企业利润在银行和企业之间的分配比例，因此影响着借贷双方的经济利益。贷款利率因贷款种类的不同而变化。贴现率、再贴现率、再贷款利率和同业拆借利率也属于贷款利率范围。

证券利率指各种有价证券的名义收益率，主要是指有价证券票面载明的收益率，如国库券、企业债券、金融债券的利息率等。

三、利率体系

利率体系是指一个国家在一定时期内各种利率按照一定规则构成的复杂系统。在一个经济体内存在着多种利率，它们之间的相互作用，对一般利率水平的决定影响很大。为准确掌握利率的内涵，有必要对利率体系做一简要介绍。一般而言，利率体系包括以下内容。

1．中央银行贴现率与商业银行存贷款利率

中央银行贴现率是中央银行对商业银行和其他金融机构短期融通资金的利率。是中央银行对商业银行的贴现票据进行再贴现时所使用的利率，其水平由中央银行决定。它在利率体系中占有特殊重要的地位，发挥着核心和主导作用，反映全社会的一般利率水平，体现一个国家在一定时期内的经济政策目标和货币政策方向。

商业银行利率又称为市场利率，是商业银行和其他存款机构吸收存款、发放贷款时使

用的利率。它在利率体系中发挥着基础性作用。商业银行利率一般分为存款利率和贷款利率，为避免银行和其他存款机构在吸收存款的过程中出现恶性竞争，几乎所有市场经济国家都对银行存款利率做出明确的规定与限制，而对贷款利率一般限制较少。

2. 同业拆借利率与国债利率

同业拆借利率是银行及金融机构间短期资金借贷的利率，主要用于弥补临时头寸不足。这种借贷的期限较短，最短只有半天，也有几天或几个月的，最长不超过 1 年。同业拆借利率的高低由拆借市场的资金供求关系所决定，能够比较灵敏地反映资金供求的变化状况。同业拆借利率是货币市场中具有代表性的利率，其他短期借贷利率通常是比照同业拆借利率加一定幅度确定。

国债利率通常是指一年期以上的政府债券利率，它是资本市场中具有代表性的利率。国债的安全性、流动性较高，又享有税收优惠，所以国债利率通常较低，成为资本市场中的基础利率，其他利率则以它为参照确定。

3. 一级市场利率与二级市场利率

一级市场利率是指债券发行时的利率，它是衡量债券收益的基础，同时也是计算债券发行价格的依据。二级市场利率是指债券流通转让时的收益率，它真实反映了市场中金融资产的损益情况。一般地说，二级市场收益率高，会使债券需求增加，从而使发行利率降低；反之会使发行利率提高。

四、利率的决定理论

利率水平是怎样决定的？有哪些因素会使它发生变化？这是金融理论中一个极其重要的课题。经济学家在研究各种因素对利率水平的影响中形成了多种利率决定理论。

1. 古典利率理论

古典利率理论是对 19 世纪末至 20 世纪 30 年代西方国家各种不同利率理论的一种总称。对古典利率理论发展有影响的经济学家主要有庞巴维克、马歇尔、庇古、费雪等。该理论认为，资本的供给来源于储蓄，资本的需求来自于投资。利率决定于储蓄与投资均衡之点。利率是由储蓄、投资均等时决定的。通过把储蓄、投资、利率三个因素综合起来，通过均衡分析方法，得出了利率取决于储蓄与投资均衡的结论。将资本供给函数与资本需求函数放在同一个坐标系内，可以直观地认识利率决定机制(见图 2-6)。

图 2-6 中，横轴表示投资或储蓄量；纵轴表示利率水平；S 为储蓄曲线，I 为投资曲线。储蓄与投资的均衡点，即 S 曲线与 I 曲线的交点所对应的 r 就是均衡利率。

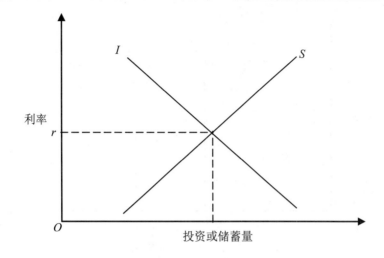

图 2-6 古典利率理论

2．流动性偏好利率决定理论

流动性偏好利率决定理论是凯恩斯提出的。凯恩斯认为，利率属于货币经济范畴，而不属于实物经济范畴。所以他主张用货币需求与货币供给来决定利率。

凯恩斯提出，货币供给和流动性偏好是决定利率的两大因素。所谓"流动性偏好"是指公众愿意持有货币资产的一种心理倾向。货币作为一种特殊形式的资产，具有完全的流动性和最小的风险性，持有货币虽然在持有期内不能为持有者带来收益，但它却能随时购买其他商品。因此，当人们考虑持有财富的形式时，对货币资产具有特殊的偏好。当人们把自己的货币使用权暂时让渡给别人，就是放弃了手持货币的流动性，因而就应该得到一定的报酬。因此，利息就是在一定时期内，对放弃流动性偏好的收益。

凯恩斯认为，在一定时期内，货币供给基本上为一国的货币当局所决定，是外生变量。当货币供给一定时，利率的高低就取决于货币需求。如果货币供给增加，利率就会下降，货币供给减少，利率则会上升。因此，利率高低是由货币需求和货币供给所决定。但货币供给增加对利率下降的影响不是无限度的。当利率降到一定水平，中央银行即使再增加货币供给，新增加的货币将全部变为人们的手持现金，而利率则不再发生变化，凯恩斯称这种状态为"流动性陷阱"。如图 2-7 所示，横轴表示货币量，纵轴表示利率。货币供给曲线 M_S 由货币当局所决定，故 M_S 表现为无弹性的一条垂直线。货币需求 M_D 表现为一条向右下方倾斜的曲线，利率则由 M_S 和 M_D 的交点所决定。

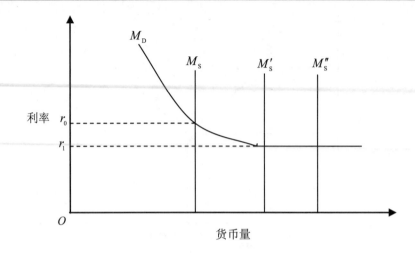

图 2-7　流动性偏好利率决定理论

3．可贷资金利率决定理论

可贷资金利率理论以古典利率理论为基础，并依据经济现实和理论的发展，修补了古典利率理论的缺陷，形成了以可贷资金为中心概念，以流量分析为主要线索的新的理论体系。其主要代表是剑桥学派的罗伯逊和瑞典学派的俄林。

可贷资金理论认为，可贷资金的需求除了企业投资所需资金 I 之外，还有人们的手持现金(窖藏现金)ΔM_D；可贷资金的供给除了储蓄 S 之外，还有手持现金(窖藏现金)的启用和银行信用创造的增量货币 ΔM_S。如果以 F_S 表示可贷资金的总供给，则 $F_S=S+\Delta M_S$；以 F_D 表示对可贷资金的总需求，则 $F_D=I+\Delta M_D$。如图 2-8 所示，如单纯考虑 I 与 S 两因素，利率处在一特定水平；如单纯考虑 ΔM_D 和 ΔM_S 两因素，则利率又处在另一特定水平。而可贷资金的利率水平是由可贷资金的总供给 F_S 与总需求 F_D 决定的，即 F_S 和 F_D 相交的均衡点决定了可贷资金供求均衡状态下的市场利率。

4．马克思的利率决定理论

马克思的利率决定理论是以剩余价值在产业资本家与银行资本家之间的分割作为起点的。马克思认为，利息是银行资本家从产业资本家那里分割来的一部分剩余价值。剩余价值表现为利润，因此，一方面，利息量的多少取决于利润总额，利率取决于平均利润率，利润本身就成为利息的最高界限，达到这个最高界限，产业资本家的收益就会等于零。另一方面，利息也不能为零，否则银行资本家就不会把资本贷出。因此，利息率的变化范围是在零与平均利润率之间。马克思还认为，资本的供求状况、一国的历史传统及人们对利率水平的接受心理等因素对利率水平的高低也产生着影响。

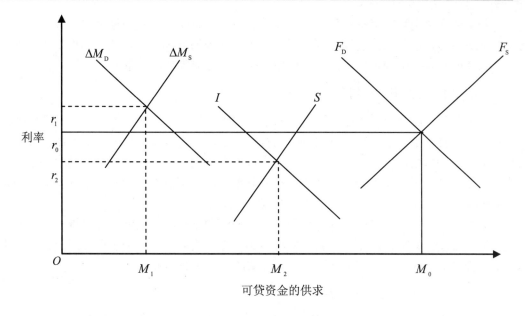

图 2-8　可贷资金利率决定理论

五、利率对经济的作用

利率是一个重要的经济杠杆，对经济有着重要的调节作用。这种作用既表现在利率对宏观经济的调节，又表现在对微观经济的调节。

1. 利率对储蓄与消费的引导作用

利率高低不仅影响储蓄的总量，而且影响储蓄的结构。储蓄是利率的增函数，较高的利率会促进储蓄总量的增加。利率对储蓄结构的影响，主要表现在储蓄者是选择金融资产还是选择实物储蓄，是选择存款还是选择购买有价证券等。当然，由于每个家庭和个人情况不同，利率变动后储蓄作何种变动，情况也是不一样的。储蓄相对于利率的提高，可以是增加，也可以是减少；储蓄相对于利率的下降，可以是减少，也可以是增加。一般将储蓄随利率提高而增加的现象称为利率对储蓄的替代效应；将储蓄随利率提高而降低的现象称为利率对储蓄的收入效应。替代效应表示人们在利率水平提高的情况下，愿意增加未来消费——储蓄，来替代当前消费。这一效应反映了人们有较强的增加利息收入从而增加财富积累的偏好。收入效应表示人们在利率水平提高时，希望增加现期消费，从而减少储蓄。这一效应则反映了人们在收入水平由于利率提高而提高时，希望进一步改善生活水平的偏好。

在其他条件不变的情况下，从短期来看，利率的提高会使消费减少。消费是利率的减函数，利率的变化会影响消费总量。从长期来看，利率影响的只是即期消费，提高利率会减少即期消费量，但却会使远期消费量增加。因为减少的那部分即期消费如果变成储蓄存款，将为其所有者带来利息收入，从而增加了未来社会消费基金总量。

2．利率对投资的影响作用

投资可分为实质性投资和证券投资。利率对实质性投资和证券投资的影响不尽相同。

实质性投资是指对生产流通领域进行的投资活动。一般说来，低利率对实质性投资有刺激作用，高利率则对投资活动有抑制作用。低利率有利于投资，是因为在其他条件不变的情况下，降低利率减少了企业生产成本中的利息支出，可以增加盈利，于是刺激企业扩大投资规模。高利率则增加了企业借贷资金成本，企业投资的积极性会下降。

证券投资是指人们对有价证券等金融工具的购买和持有。在正常的经济情况下，利率与证券价格成反方向变化，即当利率下降时，银行存款收益减少，资金更多地流向证券市场，证券价格会上升。利率变化是影响证券行情的一个重要因素。

3．利率对物价稳定的影响作用

利率对稳定物价的作用是通过以下途径实现的：第一，调节货币供应量。利率的高低直接影响银行的信贷总规模，而信贷规模又直接决定货币供应量。当流通中的货币供应量超过货币需求量时，调高贷款利率可以抑制信贷需求，收缩信贷规模，减少货币供应量，促使物价稳定。第二，调节社会总供给和总需求。调高利率可以使更多的社会闲散资金以存款方式集中到银行。这一方面推迟了居民的购买，减少了社会总需求；另一方面，银行得以聚集更多的资金，用来支持适销对路商品的生产，增加有效供给，从而使社会总供给和总需求趋于平衡，达到稳定物价的目的。

4．利率对平衡国际收支的影响

当国际收支逆差比较严重时，可以通过利率杠杆来调节，即可以将本国的利率水平调到高于其他国家的程度，这样一方面可以阻止本国资金流向利率较高的国家，另一方面还可以吸收外资流入本国。但是，当国际收支逆差发生在国内经济衰退时期，则不宜采取调高利率水平的做法，因为这会抑制本国投资需求，不利于经济增长，而只能通过调整利率结构来平衡国际收支。

六、利率管理与利率市场化

1．利率管理体制

利率管理体制是国家对利率进行管理的一种组织制度，它规定了金融管理当局或中央银行的利率管理权限、范围和程度。利率杠杆的功能和作用能否发挥出来，发挥得怎样，与利率管理体制有很大关系。世界各国采取的利率管理体制大致可分为三种类型：

(1) 国家集中管理。

(2) 市场自由决定。

(3) 国家管理与市场决定相结合。

目前，我国还属于第一种类型。大多数国家在相当长的时间内采取了国家管理与市场决定相结合的利率管理体制。但从 20 世纪 70 年代开始，西方大多数国家逐步放松了利率管制，金融市场的利率更多地由市场决定，呈现出一种利率自由化的趋势。

长期以来，我国利率由中国人民银行统一管理，利率的决定权掌握在中央银行手中，即由中国人民银行总行统一拟定，报国务院批准后再公布实施。国务院批准并由中国人民银行公布实施的利率具有指令性，中央银行和商业银行都要执行，并且由中央银行及其分支机构检查监督各商业银行利率的执行情况。中央银行制定利率的范围包括：中央银行对商业银行的各种存、贷款利率，商业银行对客户的各种存、贷款利率，商业银行存、贷款利率浮动的上下限，各种金融资产价格的最高限价等。利率的浮动权主要掌握在各商业银行及其他金融机构手中，它们在中央银行规定的基准利率及浮动幅度内灵活确定利率水平。商业银行的浮动利率主要是经营性的各种存、贷款利率。

2．我国利率管理体制的特点

根据 1999 年 3 月中国人民银行颁布的《人民币利率管理规定》，中国人民银行制定和调整以下七大类利率：一是中央银行对金融机构的存、贷款利率和再贴现利率；二是金融机构的存、贷款利率；三是金融机构的优惠贷款利率；四是罚息利率；五是同业存款利率；六是利率浮动幅度；七是其他利率。金融机构可以自主确定的利率：一是浮动利率；二是内部资金往来利率；三是同业拆借利率；四是贴现利率和转贴现利率；五是中央银行允许确定的其他利率。

不难看出，我国现行的利率管制色彩浓厚，并呈现以下特点。

1) 管制严格

《人民币利率管理规定》中明确规定："中国人民银行制定的各种利率为法定利率，其他任何单位和个人均无权变动。"所有的银行和非银行金融机构都要执行中央银行制定的统一存、贷款利率。

2) 利率管理过多过细

据统计，目前我国中央银行统一制定的金融机构对非金融部门和居民个人的各种存、贷款利率约 100 种，加上金融系统内部金融机构之间的往来利率、中央银行贷款利率、贴现利率、联行往来在途占压资金利率以及各种债券利率等，共有各种形式和期限的利率约 200 种。这些利率的决定权和管理权均集中在中国人民银行，而金融机构的利率变动空间十分有限，利率水平难以适应金融机构成本管理的需要，也难以满足千差万别客户的需要。

3) 中央银行利率政策调整滞后,利率政策工具运用不灵活

我国中央银行调整利率的过程通常要经过:观察和分析经济形势变化→形成应该采取利率调整措施的认识→利率调整方案上报国务院→国务院召集相关部门讨论协商后批准→中国人民银行公布实施→商业银行根据利率变化调整其经营行为→企业和居民作出反应→对经济运行产生影响。利率政策工具在宏观调控中的作用发挥时滞太长,不能及时反映资金供求变化,调节社会信用资金供给与需求达到平衡,使利率的调节作用受到很大影响。

4) 主观因素浓厚

在市场经济条件下,利率作为资金的价格,应是经济体系各变量决定的内生变量,而在管制利率制度下,利率成为政府和中央银行控制的外生变量。政府在决定利率是否调整以及调整幅度多大时,往往要考虑各方面的利益,如企业的利息负担、银行的经营收益、财政收入的增减、存款人的利益保护、产业结构调整等,本应起决定作用的市场资金供需情况往往放在了次要地位。这种把利率调整作为国民收入再分配的一种手段的做法,削弱了利率引导资金流向高效部门的杠杆作用。

作为我国重要货币政策工具的利率,因严格管制而削弱了其作用的发挥,导致了货币政策的部分失效。无论从建立和完善社会主义市场经济体制、推进商业银行改革方面看,还是从改进金融宏观调控、进一步发挥货币政策作用以及适应经济全球化的发展趋势方面考虑,加快利率市场信息化改革步伐都已势在必行。

3. 利率市场化

利率市场化是指在市场经济中利率水平由资金供求关系决定的过程。利率市场化的内容包括:一是利率作为资金的价格,其水平的高低由资金市场供求双方共同决定;二是形成一个以中央银行基准利率为核心、货币市场利率为中介、由市场供求决定存、贷款利率的市场利率体系;三是中央银行从利率的管制者转变为利率调节者,中央银行对利率的管理,不再是以行政手段为主的直接管制,而是以经济手段为中介的间接调控。

从各国的利率市场化实践来看,利率市场化的形式有一次性全面放开和渐次放开两种。而渐次放开又有以下 3 种途径。

(1) 规定存款最高利率和贷款最低利率,并不断调整利率的上下限,使之逐步接近市场利率。

(2) 规定存款利率和贷款利率的浮动范围,并不断扩大浮动幅度,在管制的框架内给金融机构更大的利率确定自主权,并以此为最终放开利率做好准备。

(3) 规定金融机构平均资金成本与贷款利率之间的最大利差,即管住中间(利差),放开两头(存、贷款利率)。

目前看来,我国是从扩大利率浮动范围入手,来推进利率市场化的。在渐次地实现利率市场化的过程中,我国的利率体系将是统一管制利率、有限浮动利率和市场利率 3 个层

次并存，不同的金融工具适用不同层次的利率。

在渐次实现利率市场化的过程中，作为利率管理部门的中央银行，根据宏观经济运行情况调整利率结构，使之逐渐趋于合理。简化利率品种和档次，并使各种利率之间保持合理关系。逐渐扩大存、贷款利率的浮动范围，保证存、贷款之间的合理利差，避免存、贷款利率倒挂现象。

贷款利率放开分两个阶段进行：一是在目前实行贷款利率浮动的基础上，中央银行进一步加大贷款利率的浮动范围和浮动幅度，并设立浮动下限，避免金融机构之间压价竞争，争夺客户。二是在贷款利率浮动高限已接近市场利率水平时，经过一定时间的运行观察，在基本条件具备时，对贷款利率全部放开，不再进行利率管制，完全由金融机构与客户双方自行商定。在贷款利率放开的初期，中央银行可以根据利率走势和银行信贷状况确定少数具有代表性的贷款利率水平，其中一年期的贷款利率水平应成为中央银行监测的重点，其他期限的利率应由商业银行根据自己的资产负债期限和匹配状况、成本结构和风险结构状况，自主确定。

存款利率的放开稍慢于贷款利率的原因在于，从目前来看，金融机构之间的不正当竞争主要在于对存款的争夺，对存款利率加以适当管制就等于给金融机构之间的竞争划定了一个界限，避免高息揽存、存款搬家等现象的发生，并保证存、贷款的利差。但存款利率的放开也不能太滞后，因为存款利率是银行的筹资成本，客观上构成贷款利率的下限。且存款利率的高低是金融机构吸收存款数量大小的主要砝码。如果贷款已经放开，而存款利率实行严格管制，在资金需求大于资金供给的情况下，即利率在很高的情况下也有旺盛的贷款需求时，则金融机构在利益驱动下，仍旧会以或明或暗的方式采取高息揽储。所以，放开存款利率也不能过于滞后。

放开存款利率也可分步实施，即在放开贷款利率的同时，继续由中央银行统一制定存款利率，但给金融机构一定的利率上、下浮动权限，以稳定存款成本和金融秩序。金融机构则根据自身的资产负债、成本收益情况，在浮动范围内决定存款利率。随着浮动范围的扩大，可以先将期限长、数额大的存款利率放开，并观察其效果；如无其他情况，则可渐次将金额小、期限短的存款利率进一步放开；直至条件成熟后，将所有存款利率完全放开。

在金融机构贷款、存款利率渐次放开的过程中，缩小中央银行利率管制范围，直至全面实现利率在中央银行指导下由市场决定。中央银行只根据经济发展的要求和社会平均利润率水平，制定包括中央银行对金融机构的再贴现、再贷款利率在内的基准利率，以引导市场利率的形成，并对经济运行进行宏观调控。

本 章 小 结

(1) 货币是商品交换发展到一定阶段的产物，是价值形式演变的结果。商品价值形式的演变，经历了简单的价值形式、扩大的价值形式、一般价值形式和货币价值形式四个阶段。货币形式的发展则经历了实物货币、金属货币、代用货币和信用货币几个阶段。

(2) 货币的本质具体体现为货币的职能，货币具有价值尺度、流通手段、支付手段、贮藏手段和世界货币五种职能，价值尺度和流通手段是货币的基本职能。

(3) 货币制度是国家以法律形式规定的货币流通的结构和组织形式。它的主要内容包括：货币材料的确定；货币单位的确定；流通中货币种类的确定；对不同种类货币的铸造和发行的管理；对不同种类货币的支付能力的规定；货币发行准备制度等。

(4) 世界各国所经历的货币制度有：银本位制、金银复本位制、金本位制和不兑现的信用货币制度。我国现行的货币制度是人民币制度，它是一种信用货币制度。

(5) 信用是经济主体在经济活动中的一种以偿还本息为条件的暂时让渡商品或货币的借贷行为，是价值运动的特殊形式。各种借贷行为的具体表现即为信用形式，在市场经济条件下，主要的信用形式有商业信用、银行信用、国家信用和消费信用等。

(6) 利息是借款人支付给贷款人的使用借贷资金的报酬。利率是在一定期限内利息额与借贷资本额的比率。利息的计算方法主要有单利和复利。决定利率水平的因素主要有平均利润率、借贷资金的供求关系、物价水平及中央银行的货币政策等。利率是一个重要的经济杠杆，对经济有着重要的调节作用。

(7) 我国的利率管理体制总体上看还属于国家集中管理，目前正在积极推进利率市场化，以更好地发挥利率对资源优化配置的作用。

复习思考题

一、问答题

1. 货币制度构成要素是什么？
2. 不兑现的信用货币制度有哪些特点？
3. 人民币制度包括哪些内容？
4. 如何理解利率对储蓄的替代效应和收入效应？

二、计算题

1. 某企业从银行取得贷款 100 万元，利率为 6%，贷款期为 3 年，银行在发放贷款时，将利率上浮 30%执行，按单利计算 3 年该企业应付多少利息？

2. 如果目前国际市场的复利水平是 2%，那么对于我国实行的单利制度来说，5 年期的利率水平应定为多少才是和国际水平相当的？

三、思考分析题

1. 如何评价几种利率决定理论？
2. 我国利率市场化包括哪些内容？你认为应如何推进我国的利率市场化改革？

货 币 供 求

学习目标

通过本章学习，理解货币需求和货币供给的含义和实质，货币供给的形成机制，以及货币供求均衡、通货膨胀和通货紧缩的概念、类型及经济影响。

关键概念

货币供给(money supply)　货币需求(demand for money)　基础货币(base money)　通货膨胀(inflation)　通货紧缩(deflation)

第一节　货 币 需 求

一、货币需求与货币需求量的含义

1. 货币需求的含义

货币需求是指商品流通或商品交换时对货币的需求。商品通过市场实现其价值时，需要货币充当流通媒介、支付手段或价值储存手段。因此，货币需求也是指个人、企业和政府对货币流通、支付或价值储存手段的需求，或购买股票、债券，或以货币形式把价值保存起来以备将来需要时使用的需求等。

人们持有的资产有多种形式，既可以有实物资产，又可以有金融资产。金融资产一般由货币和有价证券构成。以金融资产形式出现的财富具有的特点：现金与活期存款构成的流通性货币 M1 的安全性、流动性最好，但却是非营利性的金融资产。国际货币基金组织将货币供给划分为"货币"和"准货币"。"货币"等于银行以外的通货加私人的活期存款，各国通用 M1 表示，流通中的通货用 M0 表示，我国习惯称之为现金；"准货币"相当于定期存款、储蓄存款与外币存款之和，准货币有一定的收益，也比较安全，但流动性稍差；各国通常用 M2 表示"准货币"与"货币"之和，它能够反映社会总需求的变化。有价证券的营利性、流动性都高于现金和存款，但风险较大。当人们选择不同的金融资产作为财富保有方式时，必然会考虑到各种金融资产的特性。由于个人对不同资产的偏好不同，所以人们保有财富的方式也是不同的，表现在持有各种资产的数量和比例结构是不同的，而且处于不断变化之中，因此，整个社会的货币需求在量上是不稳定的。

2．货币需求量及类型

货币需求量是指在一定时期内，社会各部门(个人、企业和政府)在既定的经济社会和技术条件下需要货币数量的总和。货币需求量可以从不同的角度加以分类，主要分为以下几种类型。

1) 微观货币需求与宏观货币需求

这是从货币需求的分析角度进行划分的。前者是从企业、个人或家庭等微观主体的持币动机、持币行为的角度进行考察，分析微观主体在既定的收入水平、利率水平和其他经济条件下，持有多少货币，才能使机会成本最小、所得收益最大。后者则是从宏观经济角度进行考察，是指一个国家在一定时期内的经济发展与商品生产、流通所必需的货币量；从理论上讲，这种货币量既能够满足社会各方面的需要，又不至于引发通货膨胀。

2) 名义货币需求与实际货币需求

名义货币需求是指经济主体在不考虑价格变动时的货币需求，而实际货币需求则是指各经济主体所持有的货币量在扣除物价因素之后的余额。前者是用货币单位表示的货币需求，在经济运行中，它受制于中央银行的货币供给；后者是用实物价值表示的货币需求，所以又被称为实际余额需求。如果名义货币需求量为 M_d，那么用某一具有代表性的物价指数 P 进行平减后，就可以得到实际货币需求量 M_d/P。当价格出现较大波动时，区分名义货币需求与实际货币需求有利于正确理解货币需求理论。

3) 最适货币需求量与实质货币需求量

最适货币需求量是指既能满足经济发展的需要，又不使经济运行出现危机及通货膨胀的合理的货币需求量。最适货币需求量是根据客观事实和经济发展趋势测算出来的，它由现有的经济状况、经济发展潜力，以及经济主体行为的变化趋势和政府的经济发展意图等因素决定。它在理论上被认为是有利于经济发展、社会进步的合理的量。实质货币需求量是由现实的经济主体的经济行为所形成的货币需求量。它由经济主体现有的收入、支出、预期以及政府的经济政策等因素决定，是一个客观存在的需求量。它可能是合理的，也可能是不合理的，当它与最适货币需求量趋于一致时是合理的，否则既不合理。

4) 货币存量和货币流量

货币需求的存量是指在一定经济运行条件下的某一确定时刻的货币需求量，货币需求的流量则是在某一确定时期内经济运行过程中发生的货币需求量。通常研究货币需求量主要是研究货币需求存量，分析经济主体在特定条件下可能持有货币的数量，或者在某一特定时点上，货币需求量与货币供应量达到均衡时的条件。但由于货币需求的存量和流量是互相联系的，存量与周转次数的乘积构成流量，而货币需求流量可以反映一段时期内货币需求的变动趋势。

二、影响货币需求的因素

在现代经济条件下，决定和影响货币需求的因素是多种多样的，概括起来主要有以下几个方面。

1. 收入状况

收入状况是决定货币需求的主要因素，其对货币需求的影响表现为收入数量和时间间隔两个方面。在一般情况下，货币需求量与收入的高低成正比。当经济主体的货币收入增加时，它们对货币的需求也会增加；当货币收入减少时，它们对货币的需求也会减少。此外，取得收入的时间间隔也影响货币需求量。如果人们取得收入的时间间隔延长，则整个社会的货币需求量就会增大；反之，整个社会的货币需求量则减少。

2. 信用的发达程度

在一个信用发达、信用制度健全的国家里，货币需求量较少，人们容易获得贷款和现金以及采用信用交易而不必持有太多的货币；而在一个信用制度不健全的国家里，人们要取得贷款或现金就不太容易，于是人们宁愿在手头多保留些货币以方便支付，从而增加了整个社会的货币需求量。

3. 市场利率

在证券市场比较发达的社会中，人们在保有财富时，可以选择持有货币或持有有价证券。持有货币的机会成本是放弃有价证券的较高收益，而持有有价证券的机会成本则是放弃货币的流动性。市场利率是有价证券价格的决定因素，因此，人们根据利率升降变动，往往在持有货币和持有有价证券之间做出选择，从而引起货币需求的变动。由于有价证券的价格与市场利率成反比，因此，在正常情况下，市场利率与货币需求成负相关关系。如果市场利率上升，人们因证券价格相对低廉而放弃持有货币，大量持有有价证券以图日后牟利，促使货币需求锐减；如果市场利率下跌，人们因证券价格相对高而大量抛售，以保持货币的流动性规避风险，导致货币需求增加。

4. 消费倾向

消费倾向是指一定时期人们的收入中用于消费的比例。由于人们为消费需持有货币，在一般情况下，消费倾向与货币需求量呈同方向变动关系。消费倾向大，则货币需求量也大；反之则货币需求量小。

5. 货币流通速度、社会商品可供量和物价水平

这三个因素对货币需求的影响可用货币流通规律来加以说明。若以 M_d 代表货币需求

量，P 代表物价水平，Q 代表社会商品可供量，V 代表货币流通速度，则根据货币流通规律有如下公式

$$M_d = \frac{PQ}{V}$$

在上述公式中，物价水平和商品可供量同货币需求成正比，而货币流通速度同货币需求成反比。

6. 人们的心理预期和偏好

心理预期和偏好都是一种心理因素，这种主观意识具有一定程度的不确定性和复杂性，因此，分析心理预期和偏好对货币需求的影响，应视具体情况而定。一般而言，当人们预期企业利润趋增时便会增加交易性货币需求，相反，则减少货币的交易性需求。当人们预期证券投资收益丰厚时，就会减少货币需求而转向持有证券；预期证券投资收益微薄时，则会增加货币需求而减少证券持有量。偏好全凭个人爱好，有人偏好货币，也有人偏爱其他金融资产。前者多，则货币需求多；后者多，则货币需求少。

三、货币需求函数

在现代经济学中，经济学家们往往用函数式或方程式来表达一定的经济理论。货币需求函数是为了分析货币需求量的决定及其变动规律而建立起来的一种函数。它是将决定和影响货币需求的各种因素作为自变量，而将货币需求量本身作为因变量而建立起来的数量变化关系。

1. 组成货币需求函数的变量

货币需求函数主要由三种变量组成，即规模变量、机会成本变量和其他变量。

1) 规模变量

规模变量是指决定货币需求规模的变量，它包括财富和收入。货币是人们持有财富的一种形式，人们持有的货币量只能是财富总额的一部分，因此财富必然是决定货币需求规模的变量，而且是最高限量。但是，财富的概念比较复杂，也难以精确测算，特别是人力财富，也即人力资本(指人们在将来获得收入的能力)，更是难以直接测量。所以，财富本身难以作为自变量列入货币需求函数，人们便用收入作为财富的代理变量，这是因为对于财富的持有人而言，所拥有的财富是凭以取得收入的资本。收入可分为过去收入、期望收入和长期收入。过去收入是一种已经确定的数据，可以通过统计方法取得。期望收入是在理性预期基础上形成的对未来收入的估计，只要估计正确，数据也具有可靠性。长期收入是过去收入和期望收入的加权平均而取得的一个比较稳定的收入量。在货币需求函数中，不同的理论采用不同的收入作为变量来分析货币需求的变动规律。

2) 机会成本变量

机会成本变量是指那些为达到持有货币的经济效益最大而使持币比率改变的因素，包括市场利率、有价证券的收益率、预期通货膨胀率、货币自身的收益率和其他资产的收益率等。一般来说，人们都力图把自己持有的货币保持在最适当的水平，既不多，也不少。在这里，最适当的标准就是使持有人实现效益最大化，也就是说，既要使持有人既在货币持有中获得最大限度的满足，又使他们持有货币的成本降到最低限度。为了做到这一点，人们在决定持有货币的数量时，就不能不对持有货币及持有其他资产所能取得的收益进行比较。由于各种资产的收益率最终都要通过利率或利用利率来反映，所以在货币需求函数中，利率就成了各种资产收益率的代表。至于选作机会成本变量的是长期利率，还是短期利率，则要根据被考察的货币需求函数的性质而定。因为机会成本变量是和规模变量相关的，所以，如果选择短期收入作规模变量，就要用短期利率作为机会成本变量，而如果选择长期收入作规模变量，则要用长期利率作为机会成本变量。预期通货膨胀率对闲置货币余额需求有巨大影响，因而是一个重要的机会成本变量。预期通货膨胀率越高，持有货币的机会成本就越大。

3) 其他变量

其他变量是指除规模变量和机会成本变量之外的其他影响货币需求的经济因素，如人口、金融机构数量的变动以及现金与货币总存量比率、非银行金融资产与全部金融资产比率的变化等。这些经济指标反映社会的货币化和金融化程度，影响经济主体的行为和货币需求，因而也是分析货币需求函数的经济变量。

2. 凯恩斯流动性偏好货币理论及货币需求函数

英国经济学家凯恩斯在 1936 年著名的《就业、利息及货币通论》一书中，提出一种被称为流动性偏好的全新的货币需求理论。所谓流动性偏好，就是说人们宁愿持有流动性高但不能生利的现金和活期存款，也不愿持有股票和债券等虽能生利但较难变现的资产，这一流动性偏好便构成了对货币的需求。凯恩斯学派认为，人们心理上的"流动性偏好"或人们的货币需求是由三个动机决定的，即交易动机、预防动机和投机动机。

1) 交易动机

交易动机可分为个人的收入动机与企业的营业动机。交易动机的货币需求是指人们为进行日常交易而产生的货币需求。凯恩斯认为，在个人收入的取得与支出的发生之间，或者企业销售收入的实现与各项费用的支出之间，总是有一定的时间间隔。在此时间间隔中，为了应付日常交易的需要，个人和企业都必须保持一定数量的货币。这一货币需求的数量与收入成正相关关系。

2) 预防动机

凯恩斯认为，未来的收入和支出是不确定的，为了防止未来收入减少或支出增加这种意外变化，人们除了日常交易所必需的那部分货币外，还必须经常地保持一定数量的用于应付意外的、紧急需要的货币。预防动机的货币需求与收入成正相关关系。

    3)　投机动机

投机动机的货币需求，实际上是指人们对闲置货币余额的需求。人们之所以持有闲置的货币，是为了在利率变动中进行债券投机，以获取利润。凯恩斯认为，在每个投资者或投机者的心目中，都有一个利率水平的正常值。如果实际利率高于这一正常值，投机者则预期利率下降；如果实际利率低于这一正常值，投机者则预期利率上升。如果投机者预期利率将会下降，就会把货币换成债券，以期在债券价格上升时同时获得利息收入和资本溢价双重收益。相反，如果投机者预期利率将上升，就会抛出债券而持有货币，以避免损失并在将来债券价格下降时再获得投机机会。所以，投机动机的货币需求与利率水平成负相关关系。

在货币需求的三个动机中，交易动机、预防动机的货币需求都主要取决于收入的大小，并且一般都用于商品和劳务，故可称为交易性货币需求，我们以 M_1 表示满足交易动机和预防动机所持有的货币需求量；投机动机的货币需求主要用于金融市场的投机，故称为投机性货币需求，以 M_2 表示满足投机性动机所持有的货币需求量。

凯恩斯认为，满足交易动机和预防动机的货币需求与收入水平有关，收入越多，这项需求就越多，所以这项需求是收入的递增函数。如果用 Y 表示收入，L_1 表示 Y 与 M_1 之间的函数关系，则有

$$M_1=L_1(Y)$$

M_2 则与利率有关，利率越低，投机性货币需求越多，故它是利率的递减函数。如果以 i 表示利率，用 L_2 表示 i 与 M_2 之间的函数关系，则有

$$M_2=L_2(i)$$

既然货币总需求是由交易性货币需求和投机性货币需求构成的，如以 M 表示货币总需求量，则有

$$M=M_1+ M_2=L_1(Y)+ L_2(i)=L(Y,i)$$

凯恩斯货币需求理论的重要意义在于：第一，强调了货币不仅具有交换媒介的职能，而且还具有资产功能，它可以作为价值储藏工具。凯恩斯特别重视对人们货币持有动机的分析。第二，将利率引入货币需求决定因素中。由于利率是货币资金市场供求关系的反映，货币供应量的变动能够迅速影响利率，所以，货币供给不仅通过价格的变动调节货币需求，而且可以通过利率的变化调节货币需求。根据这一思想，凯恩斯提出了一个重要的政策理论，即国家可以在社会有效需求不足的情况下扩大货币供应量，降低利率，通过降低利率鼓励企业家扩大投资，以增加就业和产出。

3. 弗里德曼的现代货币数量理论及货币需求函数

美国经济学家弗里德曼在 1956 年发表的《货币数量说的重新表述》一文中，给货币数量说以新的解释，被称为现代货币数量说。他在这篇论文中对影响人们的货币保有量，即货币需求量的各种因素进行了深入的分析，并得出了他的货币需求函数。

弗里德曼认为，影响人们货币需求的因素有以下 4 个方面。

1) 总财富

弗里德曼把货币看成是人们持有财富的一种形式，它同债券、股票、耐用消费品、房屋及机器一样都是资产。因此，人们在考虑如何保有自己的财富时，就要选择持有的资产是用货币形式，还是用其他形式。根据弗里德曼的分析，影响人们货币需求的首要因素是预算约束，也就是说，个人所持有的货币以其总财富量为限。总财富是各种资产形式的总和。由于总财富很难直接计算，所以弗里德曼便用收入作为财富的代表。但是，可以表示财富状况的当期收入常常发生变动，于是他又提出了恒久性收入的概念，作为总财富的代表。所谓恒久性收入是指过去、现在和将来的加权平均数，即长期收入的加权平均数。

2) 人力财富和非人力财富两者构成的比例

人力财富也称为人力资本，它是人们在将来获得收入的能力；而非人力财富是指各种物质资本或物质财富。人力财富可以转化为非人力财富，但这种转化要受到诸多条件的限制。例如，当对劳动力需求很少，即出现失业时，就很难把人力财富转化为非人力财富。也就是说，人们虽有赚钱的能力，却没有赚钱的机会。因此，若总财富中人力财富所占比例较大，人们为了应付紧急需要，就会持有较多的货币；反之，则只需持有较少的货币。

3) 货币及其他各种资产的预期收益率

人们持有多少货币，在很大程度上取决于人们对持有货币和持有其他资产的利弊得失的权衡，特别是对持有货币和持有其他资产所取得的收益的比较。

4) 影响货币需求的其他因素

这类因素是指收入以外的影响货币效用的其他因素或变量。例如，对货币的偏好程度以及人们对未来经济稳定的预期等。

弗里德曼在讨论上述四个因素的基础上提出了他的货币需求函数

$$\frac{M}{P} = f\left(Y, W, r_{\mathrm{m}}, r_{\mathrm{b}}, r_{\mathrm{e}}, \frac{1}{P} \cdot \frac{\mathrm{d}P}{\mathrm{d}t}, U\right)$$

式中：M 为个人财富持有者保有的货币量，即名义货币需求量；P 为一般物价水平；$\frac{M}{P}$ 表示个人财富持有者持有的货币所能支配的实物量，即货币的实际需求量；Y 表示恒久收入，即预期的平均长期收入；W 表示非人力财富占总财富的比例；r_{m} 表示预期货币的名义收益率；r_{b} 表示固定收益债券的预期收益率；r_{e} 表示非固定的股票的预期收益率；$\frac{1}{P} \cdot \frac{\mathrm{d}P}{\mathrm{d}t}$ 表示

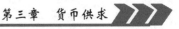

物价水平的预期变动率,即实物资产的预期收益率;U 表示其他影响货币需求的综合因素。

弗里德曼的货币需求函数的鲜明特点主要是强调恒久性收入对货币需求的主导作用。弗里德曼认为,货币需求同消费需求一样,主要由恒久性收入决定。由于恒久性收入具有高度的稳定性,所以受恒久性收入支配的货币需求也是稳定的,货币流通速度的变化也是不大的。既然如此,就必须以稳定的货币需求函数为基础,从货币供应的变动来研究货币对产量和物价的影响。

【专栏 3-1】中国对货币需求理论的研究

从 20 世纪 50 年代到改革开放初期,中国对货币需求问题的研究主要集中在具有操作意义的应用性研究上,主要有以下两个方面。

1) "1:8" 公式及意义

"1:8" 公式是 20 世纪 60 年代初,由银行工作者根据多年商品流通与货币流通之间的关系进行实证分析得出的结论。所谓 "1:8" 就是指每 1 元人民币能够媒介 8 元零售商品的流通,只要社会商品零售总额与流通中的货币量的比值为 8,就表明当年的货币发行量适度,商品流通正常,其公式是

$$流通中的货币量/社会商品零售总额 = 1/8$$

著名的 "1:8" 公式成了马克思货币必要量原理在中国的具体化。改革开放后,由于社会商品供求关系发生了较大的转变,这个比值升到 1:6 之下,以后继续上升,导致该公式不再适应新的经济环境,20 世纪 80 年代逐步退出了经济舞台。

2) 一个广为流传的公式

20 世纪 90 年代以来,对我国货币政策实践有较大影响力的货币需求公式是

$$M = Y + P$$

式中,M 表示货币供给增长率,Y 表示经济增长率,P 表示预期(或计划)物价上涨率。这个公式中没有利率变量,这反映出(直到改革开放多年后)利率在我国的经济生活中都并未发挥太大的作用;公式中列入了通货膨胀率,说明计划经济体制下的隐性通货膨胀已经转化为显性的通货膨胀。这个公式旨在解决如何确定年度计划货币供给增长率的问题,并据此对货币供给的多少进行估算。

第二节 货币供给

一、货币供给与货币供给量

1. 货币供给的概念

货币供给是指货币供给主体向社会公众供给货币的经济行为。在现代经济社会中,能

够向社会公众提供信用货币(现金货币和存款货币)的主体有中央银行、商业银行以及特定的存款金融机构。全社会的货币供给量都是通过这些金融机构的信贷活动而形成的。例如，中央银行根据社会需要发行现金货币，商业银行向企业发放贷款，同时增加企业的存款货币等，流通中的货币增加，货币供给量扩大；反之，当现金货币回笼到中央银行，或商业银行收回贷款，企业存款货币减少，则货币供给量收缩。

2．货币供给量

货币供给量是指在企业、个人以及各金融机构中的货币总存量。货币供给量由现金货币和存款货币组成；也可以根据流动性划分为 M0、M1、M2、M3 等若干层次。货币供给量是一个时点数，是一定时刻的货币存量。

1) 国际货币基金组织对货币层次的划分

国际货币基金组织将货币划分为四个层次，即 M0、M1、M2 和 M3。

M0 为现金，即流通于银行体系以外的现金，包括居民手中的现金和企业单位的备用金，不包括商业银行的业务库存现金。

M1=M0+可转让本币存款和在国内可直接支付的外币存款。M1 是狭义货币的范畴，它是现实的购买力。商业银行活期存款是 M1 的主要构成部分。

M2 为狭义货币和准货币之和，即 M2=M1+一定期限内的(3 个月到 1 年之间)单位定期存款和储蓄存款+外汇存款+大额可转让定期存单(CD)。准货币本身并非现实的购买力和支付手段，但只要经过一定的手续就可以变为现实的货币。

M3 为广义货币，即 M3=M2+外汇定期存款+商业票据+互助金存款+旅行支票。M3 是更广义的货币范围，它的确定对研究现实和潜在的购买力总量，以及预测未来货币流通的趋势具有重要意义。

2) 我国对货币层次的划分

我国从 1984 年开始对货币进行层次划分，1994 年第三季度起定期向社会公布货币供应量的统计指标，目前每个月向社会公布一次。参照国际货币基金组织的划分口径，我国按照货币流动性的标准将货币供应量划分为以下 4 个层次。

M0=现金流通量

M1=M0+企业活期存款+机关团体存款+农村存款+个人持有的信用卡存款

M2=M1+城乡居民储蓄存款+企业机关定期存款+证券公司客户保证金存款+外币存款+信托类存款+其他存款

M3=M2+金融债券+商业票据+大额可转让定期存单

目前，中国人民银行每月公布的货币供应量只到 M2 这一层次，M3 是为考虑到金融不断创新和新的金融工具不断出现的情况而设立的，目前尚不公布。随着金融创新和金融市场的发展，我国对货币供应量统计口径还将进行新的划分和调整。

二、存款货币创造

1. 原始存款与派生存款

一国的货币供应量大体包括两部分，一部分是现金，另一部分是存款货币。现金是由中央银行发行的，存款货币则是由存款货币银行创造的。存款货币银行的资金来源主要靠吸收存款或从外部借入资金，资金运用则主要是贷款和投资。客户在银行存入一定款项后，不一定将所存款项全部取出，或者即使有人取出存款，又有新的客户存入存款。从银行取得贷款的客户通常也不要求银行全额提供现金，而是要求把贷给的款项记入自己的存款账户。当存款账户上有款项时，客户既可以在需要时提取现金，又可以开出支票履行付款义务。

在长期的经营活动中，银行发现，客户取款与银行存款之间有一定的比例关系，即银行持有的准备金比例只要在一定的范围之内，就可满足客户提款的需要，其余存款则可用于贷款。正是存款货币银行可以拿出一部分存款用于放贷，新的存款才被创造出来。

一般把存款货币银行吸收的现金或从外部借入资金所形成的存款称原始存款。原始存款能够增加存款货币银行的准备金，准备金是银行贷款的资金来源。准备金一般以库存现金和在中央银行的存款方式存在。存款货币银行以原始存款为基础，通过贷款等资产业务活动创造的超过原始存款的存款称派生存款。派生存款是存款货币银行向社会提供的存款货币，是以非现金形式增加的社会货币供应量。

2. 派生存款的创造过程

派生存款必须以一定数量的原始存款为基础，而不能凭空创造。一般说来，存款货币银行创造派生存款须具备 3 个条件，即部分现金提取、部分贷款收回和部分准备金制度。下面利用简化的银行资产负债表，即 T 式账户来分析派生存款的创造过程。T 式账户把银行其他经营项目都加以省略，仅列示特例条件下所要考察的项目。为了分析方便起见，先做如下假定：①银行只按法定存款准备金率提取准备金，不保留备付金；②银行客户将所得收入全部存入自己的开户银行；③银行客户取得贷款后，暂不支取现金，只以转账方式对外支付。

假如某居民将 10 万元现金存入 A 银行，A 银行存款增加 10 万元。A 银行按 20% 的规定比例提取准备金 2 万元，其余 8 万元可用于放贷以获取收益。这时 A 银行的资产负债表如表 3-1 所示。

表 3-1　A 银行的资产负债表　　　　　　　　　　　　　　　单位：万元

资　　产		负　　债	
准备金	2	存　款	10
贷　款	8		

当 A 银行将 8 万元贷给客户甲后，客户甲用此笔所得作为货款支付给客户乙。客户乙把此笔收入存入自己的开户行 B 银行，B 银行存款增加 8 万元，并按 20%的规定比例提取准备金 1.6 万元，其余 6.4 万元可用于发放贷款。B 银行的资产负债表如表 3-2 所示。

表 3-2　B 银行的资产负债表 　　　　　　　　　　　　　　　　　单位：万元

资　　产		负　　债	
准备金	1.6	存　款	8
贷　款	6.4		

当 B 银行将 6.4 万元贷给客户丙后，客户丙用转账支票的方式支付货款给客户丁。客户丁把此笔收入存入自己的开户行 C 银行，C 银行存款增加 6.4 万元，按 20%的规定比例提取准备金 1.28 万元，其余 5.12 万元可用于发放贷款。C 银行的资产负债表如表 3-3 所示。

表 3-3　C 银行的资产负债表 　　　　　　　　　　　　　　　　　单位：万元

资　　产		负　　债	
准备金	1.28	存　款	6.4
贷　款	5.12		

如此类推，银行与客户之间不断地贷款、存款，就会产生如表 3-4 所示的结果。

表 3-4　多家存款货币银行派生存款的创造过程 　　　　　　　　　　　　单位：万元

银行名称	存款额	准备金率(%)	准备金额	贷款额
A	10	20	2	8
B	8	20	1.6	6.4
C	6.4	20	1.28	5.12
D	5.12	20	1.024	4.096
E	4.096	20	0.8192	3.2768
F	3.2768	20	0.65536	2.62144
⋮	⋮		⋮	⋮
其他银行	13.1072	20	2.62144	10.48576
合　　计	50	20	10	40

该表表明，A 银行原始存款 10 万元，在 20%的存款准备金率的约束条件下，不断派生出新的存款，多家存款货币银行存款总额达到 50 万元。若以 D 代表存款总额，A 代表原

始存款，r' 代表法定存款准备金率，这一过程可以用公式表示为

$$D=A\times 1/r'$$

把上例数字代入公式，则为

$$存款总额=10 万元\times 1/20\%=50 万元$$

$$派生存款=D-A=50 万元-10 万元=40 万元$$

通常把存款总额相对于原始存款的扩张倍数称为派生倍数，又叫存款货币乘数。它是法定存款准备金率的倒数。若以 K 表示存款货币乘数，则

$$K=D/A=1/r'$$

上例中存款的扩张倍数是 5，即 1 除以 20%，若 r' 降为 10%，则存款可扩张 10 倍；若 r' 提高为 25%，则存款只能扩张 4 倍。可见，法定存款准备金率越高，存款扩张倍数越小；法定存款准备金率越低，存款扩张倍数越大。

3．派生存款的制约因素分析

存款货币银行具有创造派生存款的能力，但派生存款的扩张又不是无限度的，要受到许多因素的制约。在上例的分析中，只考虑了法定存款准备金率一个制约因素，实际上，除了这一因素外，还有一些因素也制约着存款派生倍数。总体上看，存款派生倍数的大小主要受以下因素制约。

(1) 法定存款准备金率(r')。在中央银行制度下，存款货币银行都要按法定的要求，将其存款的一部分缴存到中央银行。其目的一是集中存款准备金，以防挤提挤兑；二是限制存款货币银行创造存款的能力。在其他条件不变的情况下，法定存款准备金率与存款扩张倍数呈反向关系。法定存款准备金率是由相关法律赋予中央银行的权力，由中央银行依法规定和调整，存款货币银行必须依法执行，故称法定存款准备金率。

(2) 现金漏损率(c')。一般情况下，客户从银行取得贷款后，会从银行提取或多或少的现金，使一部分现金流出银行系统，出现现金漏损。现金漏损额与存款总额之比称为现金漏损率，用 c' 表示。由于现金漏损，银行可用于发放贷款的资金减少，由此也就削弱了存款货币银行的存款派生能力。现金漏损率对派生存款扩张倍数的限制作用同法定存款准备金率一样，即现金漏损率越高，派生存款就越少，现金漏损率越低，派生存款就越多。二者的区别在于，法定存款准备金率是由中央银行根据需要制定和调整的，而现金漏损率是由银行客户的提现行为决定的。

(3) 超额准备金率(e')。存款货币银行除了按法定要求提取法定存款准备金，为了应付客户的提现和机动放款的需要，还要留取一部分准备金，这种在法定存款准备金之外的存款准备金，称超额准备金。超额准备金与存款总额之比，称为超额准备金率，用 e' 表示。显然，超额准备金同法定准备金一样，也会减少存款货币银行创造派生存款的能力。

(4) 定期存款准备金率($rt \cdot t'$)。企业等银行客户既会有活期存款，也会有定期存款。

在许多国家，对于这两种存款通常规定不同的准备金率。如果以 D 和 r' 分别代表活期存款和相应的法定存款准备金率，那么为了与之区别，现以 D_t 代表定期存款，以 rt 代表定期存款法定准备金率。由于定期存款 D_t 与活期存款 D 之间也会有一个比例关系，令 $t'=D_t/D$，则定期存款中按 $rt \cdot t'$ 所提取的准备金是不能用于创造派生存款的。显然，定期存款准备金率的高低对派生存款的扩张倍数同样起到制约的作用。我国目前对定期存款和活期存款规定的法定存款准备金率是同样的，因此可不考虑这个因素。

综合以上因素对存款派生倍数的影响，需要对存款货币乘数公式加以修正，即

$$K=1/(r'+c'+e'+rt \cdot t')$$

三、基础货币供应

1. 基础货币与货币乘数

在货币供应量中，除了存款货币外，还包括现金。现金是由中央银行发行的，存款货币的创造也受到中央银行的调节。要弄清整个社会的货币供应量由哪能因素决定，需要进一步分析总体货币供给模型。

为了建立货币供给模型，需要引入基础货币和货币乘数的概念。基础货币用 B 来表示，货币乘数用 m 来表示。基础货币包括中央银行发行的现金 C，以及银行体系的准备金 R。准备金除一小部分为存款货币银行的库存现金外，大部分为银行体系在中央银行的存款，包括法定准备金存款和超额准备金存款。不难看出，基础货币实际上是中央银行对社会公众负债总额，包括对现金持有者的负债和对银行体系的负债。基础货币用公式表示为

$$B=C+R$$

货币乘数 m 是基础货币每增加或减少一个单位所引起的货币供给总额增加或减少的倍数。需要注意的是，这里的货币乘数 m 与前面讲过的货币乘数 K 是有区别的。货币乘数 K 表现的是存款货币银行的存款总额与原始存款的倍数关系，而货币乘数 m 表现的是基础货币与货币供应量的倍数关系。如果用 M 表示货币供应量，则货币供给的基本模型为

$$M=mB$$

2. 货币供应量的决定

不难看出，货币供应量的多少基本上取决于基础货币和货币乘数两个因素。在货币乘数 m 不变时，基础货币 B 的变动会直接引起货币供应量的增加或减少，而且二者具有同向变动关系。如果把货币供应量看作是"流"，基础货币则是"源"。

由于基础货币包括了银行体系的准备金 R 和社会公众所持有的现金 C，而银行体系的准备金 R 是创造存款货币的基础，它的增加或减少会直接引起货币供应量的倍数扩张或收缩。至于社会公众所持有的现金，实际上是一种潜在的准备金。也就是说，一旦这些现金

被其持有人存入银行，它就可以作为银行的准备金而成为创造存款货币的基础。所以，流通中的现金也被作为基础货币。但是，基础货币中的现金在未变成银行体系的准备金之前，对存款扩张并不发生作用，因此货币供应量中的现金等于基础货币中的现金，使货币供应倍数增长的是基础货币中的准备金部分。基础货币中的现金和准备金对货币供应量的扩张作用，可用图3-1来表示。

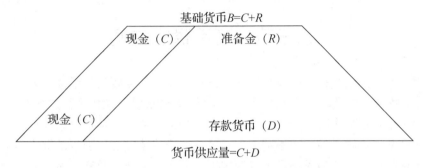

图3-1　现金与准备金对货币供应量的扩张作用

在现代市场经济中，基础货币源于中央银行的货币投放，投放的渠道主要有：一是直接增加现金发行量；二是在公开市场上买进有价证券；三是对存款货币银行增加再贴现或再贷款；四是中央银行收购黄金和外汇；五是中央银行增加其他资产的运用。中央银行的这些操作，其结果必然是流通中现金的增加或银行体系准备金的增加。如果中央银行回笼基础货币，则进行反向操作。一般认为，基础货币在相当程度上能为中央银行所控制。在货币乘数不变的条件下，中央银行可以通过控制基础货币来控制整个货币供应量。

【专栏3-2】基础货币与货币供应量的关系

基础货币与货币供应量的关系可以描述为：货币供应量(M_2)=基础货币(B)×货币乘数(m)。其中，基础货币是流通中现金和银行的准备金之和。由于基础货币具有使货币供应量成倍放大或缩小的能力，因此基础货币又被称为高能货币。货币乘数是货币供应量与基础货币间的倍数关系，指单位基础货币所生成的货币供应量，因此货币乘数也被称为基础货币扩张倍数。货币乘数主要受流通中现金对存款的比率和准备金对存款的比率(存款准备金率)的影响。流通中现金对存款的比率受公众行为影响，存款准备金率是法定存款准备金率与超额存款准备金率之和，法定存款准备金率由央行确定，超额存款准备金率由金融机构行为决定。

一般而言，在货币乘数相对稳定的条件下，货币供应量与基础货币应保持同向运动。但在具体实践中，两者的运动有时并不完全一致。一是货币政策操作最终影响到货币供应量的变化有一段时间(时滞)，如当中央银行观察到货币供应量增长偏快时，采取发行央行票据等公开市场操作收回基础货币，基础货币增长速度放慢，但由于政策发挥作用还需要一段时间，货币供应量可能还会保持一段时间的较高增长速度。二是货币乘数出现变化。当中央银行调整法定存款准备金率或金融机构超额准备金率变动时，货币乘数会随之变化，同样数量的基础货币会派生出不同的货币供应量。

(资料来源：中国人民银行，2003年中国货币政策执行报告)

第三节　货币供求均衡

货币供求均衡是指货币供应量与国民经济正常发展所需要的货币量大体保持一致。在市场经济中，货币供应量与货币需求量均衡与否，对经济发展和物价稳定有着重要的影响。当货币供给大于货币需求时，会产生经济过热、物价上涨，这种状况难以维持长久，且经济增长速度会从高峰跌入谷底，不利于国民经济健康持续发展。当货币供给小于货币需求时，又会出现投资和消费需求不足、资源闲置、失业率上升、通货紧缩等经济萧条现象。因此，经济的持续健康发展，客观上要求货币供给与需求保持均衡。

一、货币供求均衡及其实现

1. 货币均衡的含义

货币供求均衡是用来说明货币供给 M_s 与货币需求 M_d 之间对比关系的一个概念。货币供给与货币需求之间有3种对比状况：①$M_s=M_d$；②$M_s>M_d$；③$M_s<M_d$。一般把 $M_s=M_d$ 的状况称为货币供求均衡，而把其他两种状况称为货币非均衡或货币失衡。在理解货币供求均衡总问题时需要注意：第一，$M_s=M_d$ 中的"＝"并非纯数学概念，即不能把货币均衡机械地理解成货币供应量与货币需求量的绝对相等，而应理解为基本平衡和大体相等。这是因为，精确地计算出货币供给与货币需求的量值在技术上是不可能的，尤其是不可能精确地计算出货币需求量。第二，货币供给与货币需求的均衡，不是指某一时点上的静态均衡，而是指某一特定时期内的动态均衡。第三，货币供求均衡既包括总量均衡，也包括结构均衡。第四，货币非均衡的原因往往不是单一的，例如，有可能是存在过大的货币需求，从而使正常的货币供给显得不足；也可能是由于货币需求不足，使正常的货币供给显得过多，等等。

货币供求的总量均衡可从货币供求的存量均衡和流量均衡两方面来理解。货币存量和货币流量是分别从静态方面和动态方面对货币供应量的两种不同解释。货币存量是指在某一时点上的货币供应量 M；货币流量则是指一定时期内的货币周转额 MV。货币流量与货币存量之间的关系是：货币流量等于货币存量乘以货币流通速度。因此，货币供求的存量均衡是一种静态均衡，流量均衡则是一种动态均衡。

2. 传统货币数量论的货币均衡实现

传统货币数量论的货币供求公式为 $MV=PT$，MV 为货币供给，PT 为货币需求。如果把 T 和 V 看成是常数，即在短期不发生大的变化的条件下，当货币供应量超过货币需求量时，使货币供求由旧的均衡向新的均衡过渡的力量，就只能是价格水平 P。或者说，价格水平 P 与货币量 M 互为决定：当期价格水平决定货币需要量 M_d，货币供应量 M_s 决定新的价格水平。

现假定货币供应量 M_s 超过货币需求量 M_d 一倍，$MV=PT$ 是一个恒等式，V 和 T 是常数，因此当 M_s 的数量由 $1M_s$ 增至 $2M_s$ 时，只有通过价格由 $1P$ 增加到 $2P$ 才达到均衡，即求得等式的成立。而当 P 由 $1P$ 增加到 $2P$ 后，货币需求量 M_d 由原来的 $1M_d$ 增至 $2M_d$，与 $2M_s$ 相等，货币供求达到新的均衡点。反之，如果货币供给的数量由 $1M_s$ 减少到 $1/2M_s$ 时，则通过 $1P$ 降至 $1/2P$ 来达到均衡。在传统货币数量论看来，在 $MV=PT$ 这个恒等式中，只要把 V 和 T 看成是常数，M 与 P 必然呈正比例变化，而且任何数量的货币都可以适应任何规模的商品生产和商品流通，货币数量只影响价格水平，不影响产出。

3. 信用货币供求均衡的自动实现

信用货币供求均衡的自动实现大体有 3 种方式。

1) 通过价格上涨实现货币供求均衡

由于信用货币与贵金属货币不同，它一经投入流通，就不会自动退出。在物价放开的条件下，过多的货币去追逐较少的商品和劳务，必然造成商品和劳务价格上涨，物价上涨后，货币需求量也增加。这样，过多的货币量被吸纳，转化为必要的货币量，货币供求均衡会在一个新的均衡点得以实现。

2) 通过物价管制手段实现货币供求均衡

如果政府对物价实行管制，则过多的货币发行不会通过物价上涨的方式被吸纳，而主要是通过货币流通速度的强制减慢而使货币需求量增大，从而实现货币供求的均衡。其原因在于：当国家通过最高限价和最低保护价，以及价格制定后多年不变的方式管理物价时，货币的过多发行会导致社会公众手持货币量增加，但由于过多的货币在流通中没有相对应的商品和劳务，并且不能通过价格的上涨来予以吸纳，于是只能按既定的商品和劳务量，以及既定的价格水平支出，多增加的货币收入被迫保留在手中，从而减慢了货币流通速度。在价格 P 和商品及劳务量 T 不变的条件下，货币流通速度 V 的减慢，使增加的货币一部分沉淀下来，从而实现货币供求的均衡。

3) 通过动员闲置资源实现货币供求均衡

如果社会存在着较大的生产潜力，增加的货币供应量会使闲置的资源得到充分利用，使潜在的生产能力转化为现实的生产力，从而会增加社会有效供给。这样，由于可供交易商品和劳务量的增加，又引起货币需求量的增加，于是，同样会将过多的货币量转化为必要的货币量，从而实现货币供求的均衡。

通过物价上涨的方式来实现货币供求均衡，对国民经济的持续健康发展会产生不利影响。通过动员闲置资源的方式货币供求均衡，必须是在社会存在可以利用的闲置生产力的情况下，即是有约束条件的。这说明，通过行政手段和市场的力量自发调节货币供求关系，其自动均衡尽管能够实现，但要付出较大代价。因此必须通过合理的方式来调控货币供给与需求，以避免在货币供求均衡实现过程中所造成的不必要的产出损失和社会震荡。

二、货币供求失衡的原因及后果

1. 货币供求失衡的原因分析

货币供求出现失衡，可能来自多方面的原因，但从大的方面来看，有两方面原因：一是可能来自商品流通方面，二是可能来自货币流通方面。

1) 商品流通方面

假定前期货币供求是均衡的，即 $MV=PT$。现期货币流通量 MV 不变，由于商品流通量发生了变化，会使货币供应量显得过多或不足。PT 的变化可能来自价格水平的变化，也可能来自商品数量的变化。一般情况下，商品的绝对量总是不断增加的，即使价格不变，商品价格总额也是增长的。但商品价格总额的增长幅度可以大于或小于商品数量的增长幅度，这是因为价格水平的变化影响所致。如果仅从理论上分析，会得出商品价格水平将随劳动生产率提高、生产成本降低而下降。但实践表明，大多情况下往往是劳动生产率不断提高，商品价格水平也不断上升。如果货币供应量保持稳定或仅按商品数量的增长来确定货币供应量的增长，就有可能难以满足商品流量的需要，使货币供应量小于货币需求量，出现货币供求失衡。

2) 货币流通方面

货币流通量决定于货币存量和货币流通速度两个因素。在信用货币制度条件下，中央银行在很大程度上可以决定货币存量，但中央银行不能决定货币流通速度，从而不能决定货币流量。传统货币数量论把货币流通速度看作是常数，但统计资料表明，各国的货币流通速度并不稳定，因而也是一个变量。货币供应量除了决定于中央银行的政策取向外，还决定于存款货币银行的资产运用行为、企业的投资行为和居民的金融资产选择意愿。加之货币流通速度又是一个内生变量，中央银行无法左右。因此，中央银行要使货币供应量等于实际货币需要量，是不易做到的。因此，货币供求的失衡原因来自货币流通方面也就不可避免。

2. 货币供求与总供求的均衡

实现货币均衡的意义在于，通过调控货币供求关系并使之趋于均衡，最终实现社会总供求均衡，从而保证国民经济稳定协调发展。如果总需求大于总供给，则意味着商品和劳务处于供求紧张状态，物价上涨并会引起社会不稳定；如果总需求小于总供给，则意味着市场处于疲软状态，企业开工不足、失业率上升和经济萧条。显然，无论哪种情况的出现，都不为人们所期望。国家宏观调控部门采取各种手段调节经济运行的目的，就是促使经济在总供求均衡的基础上运行。在这个过程中，社会的总供求均衡状态与货币的供求状况之间，始终存在着紧密的联系。

市场经济中，所有商品与劳务供给的目的均为取得等值的货币，以做进一步的购买，并进行连续的生产与消费过程，表现为商品与劳务的供给和货币需求的联系。而货币的供给直接构成社会购买力，又会在一定程度上形成对商品和劳务的需求。如果用 AS 表示总供给，AD 表示总需求，货币需求、货币供给与总供给与总需求的联系则表现为

$$AS \rightarrow M_d$$

$$M_s \rightarrow AD$$

由于总供给与总需求之间存在密切的联系，并且总需求更多地制约总供给的变化；而货币供给，从根本上说要满足或受制于货币需求。因此，上述关系可以进一步表示为如图 3-2 所示。

图 3-2　总供求与货币需求的关系

从这个关系图中可以看出，总供求的均衡与货币供求均衡与否密切相关。如果货币供求失衡，或 $M_d > M_s$，或 $M_s > M_d$，在前一种状态下，货币供给不足，社会总需求不足，从而部分商品价值得不到实现形成积压；在后一种状态下，货币供给过多，社会总需求过大，会出现商品供应紧张和物价上涨。

3．货币供求失衡的后果——通货膨胀和通货紧缩

货币失衡的结果，或是经济衰退和通货紧缩，或是经济过热和通货膨胀，无论哪种情况，对经济的健康发展都是不利的。

1）　通货膨胀

通货膨胀是指一般物价水平普遍地持续地上涨。这一定义有两个要点：一是通货膨胀是一般物价水平即全社会所有的商品和劳务的平均价格水平的普遍上涨，个别的或局部的商品和劳务的价格上涨不能视为通货膨胀。二是通货膨胀表现为物价水平持续上涨的过程，季节性、暂时性或偶然性的物价上涨，也不能视为通货膨胀。例如，在发生特殊事件的特

殊时期，食品、药品等价格因供不应求而上涨，但事件平息之后价格又恢复到原来的水平，就不能称其为通货膨胀。

货币供给与货币需求的绝对均衡是难以做到的，物价水平保持在零状态是非常少见的，多数国家的大多年份，物价均处于上升状态。因此，物价的上涨需要达到一个量的界限才能视为通货膨胀。目前，很多国家的中央银行把物价水平控制在3%以内作为稳定物价的量化目标，这意味着，物价水平在0—3%的区间是社会公众和政府当局所能接受的。物价水平只有达到了3%以上，才视为出现了通货膨胀，需要采取相应的治理措施。对物价上涨到何种水平才视为出现了通货膨胀，各国的看法不尽相同，一般是根据居民的心理承受能力和经济承受能力来确定量的界限。

2) 通货紧缩

目前，虽然对通货紧缩的判断标准还有分歧，但大多数经济学家认同下面的看法，即通货紧缩是指物价总水平的持续与普遍下降。用货币数量论的观点来看，通货紧缩与通货膨胀一样，都是一种货币现象。通货紧缩所反映的物价下跌，必须是普遍的、持续的。个别商品和劳务价格的下降，是由于某些商品和劳务供大于求，或由于技术进步、市场开放、生产率提高降低了成本所致，反映了不同商品和劳务之间的比价变化，不能视为通货紧缩。商品和劳务价格的暂时或偶然下跌，是受季节性因素、消费主体心理变化、供给的突然增加或某些政策性因素影响而引起的价格变化，它们与货币供给没有必然的联系，也不应视为通货紧缩。

在经济实践中，判断某个时期的物价下跌是否为通货紧缩，一是看物价水平是否由正转负，只有一般物价水平降为负数，才能视为通货紧缩。二是看物价水平在负数区间的持续是否超过了一定时间。例如，有的国家以1年为限，有的国家以半年为限，即物价水平在负数区间持续1年或半年以上才视为出现了通货紧缩。如果物价水平在负数区间只有很短的时间，很快又升至正数水平，则不能视为通货紧缩。

3) 中央银行对货币供求的调控

货币供应量是由中央银行和存款货币银行共同提供和创造的，在现代银行体系中，中央银行负责制定和实施货币政策，存款货币银行接受中央银行的政策调控。因而，货币供求均衡的调控主要由中央银行来执行。中央银行在调控货币供求的过程中，首先应控制好基础货币的供应，即应在准确预测货币需求量的基础上，合理供应基础货币。如果这一关能把好，在货币乘数可测和基本稳定的条件下，货币供求失衡出现的可能性就会大大减少。其次，灵活调节流通中的货币量。如果在经济运行过程中出现了新情况，使货币需求发生了较大变化，新的货币需求量与中央银行的既定货币供应量之间出现差距，中央银行应站在货币供给的角度，通过运用各种货币政策工具，对货币供求实施调控，实现货币供求的基本一致。

本 章 小 结

(1) 为了测算和掌握流通中的货币量，按照货币流动性的强弱，可将货币划分为不同的层次。

(2) 货币供给理论是研究决定货币供给的因素，以及中央银行根据货币需求和政策目标调节货币供应量的理论。在货币供给中，现金是由中央银行发行的，存款货币是由存款货币银行创造的。货币供应量由现金加存款货币构成，基础货币则由现金和银行体系的准备金构成。基础货币与货币供应量之间存在着倍数关系。

(3) 货币需求是社会各部门在既定的收入或财富范围内能够而且愿意以货币形式持有的数量。研究货币需求，是为了分析和测算在社会经济发展过程中，为保证和支持经济正常运行所需要的适量货币。

(4) 经济学家对货币需求理论的研究，形成了不同的货币需求理论，本章主要介绍了凯恩斯的货币需求理论和弗里德曼的货币需求理论等。

(5) 对货币需求的分析角度，有宏观和微观之分。货币需求的宏观分析，是分析研究社会在一定时期总体上需要多少货币量；货币需求的微观分析，主要是分析影响微观经济主体货币需求的因素。在实际运用中，应把二者有机结合起来。

(6) 货币供求均衡是指货币供应量与国民经济正常发展所需要的货币量大体保持一致。货币均衡既包括总量均衡，也包括结构均衡。货币均衡一般指某一特定时期内的动态均衡。

(7) 在市场机制作用下，货币供求具有自动均衡的趋势。这种自动均衡一般是以增加有效供给、物价上涨和货币流通速度减慢为条件的。自动均衡虽然能够实现，但往往要付出较大代价，因而需要中央银行通过货币政策手段，对货币供求加以调控，使之达到基本均衡。

(8) 货币供求失衡的原因是多方面的，可能来自商品流通方面，也可能来自货币流通方面。货币供求失衡的后果一般以通货膨胀和通货紧缩表现出来。而对通货膨胀与通货紧缩的治理，必须由中央银行对货币供求进行调控才能做到。

复习思考题

一、问答题

1. 弗里德曼的货币需求函数及其含义是什么？
2. 为什么要从宏观角度和微观角度对货币需求进行分析？
3. 通货膨胀和通货紧缩对社会经济的影响是怎样的？

第二部分

金 融 市 场

- 第四章　金融工具
- 第五章　金融市场

金 融 工 具

学习目标

通过本章学习，理解金融工具的特征和种类，基本掌握常规性金融工具和金融衍生工具的含义及具体分类。

关键概念

金融工具(financial instruments)　金融衍生工具(derivative financial instruments)　金融资产(financial assets)　股票(stock)　债券(bond)　投资基金(investment funds)　票据(note)　套期保值(hedge)

第一节　金融工具概述

一、金融工具的概念

金融工具是证明债权、债务关系的合法书面凭证，它主要载明金融交易金额、债务人身份、期限及利率等事项。金融工具必须同时具备 3 个要素：一是规范的书面格式；二是具有法律效力；三是具有广泛的可接受性或流通性。

金融工具的称谓主要来源于金融市场，在金融市场的交易中，它们是交易对象，因此也可称为"金融商品"。这种金融商品对于出售者或发行者来说是一种债务，对于购买者或持有者来说是一种债权，是他们的金融资产。所谓金融资产是指以货币和价值形态存在的，能为所有者带来收益的财产或权利。这也是在现代社会中金融商品之所以被广泛接受的重要原因。

二、金融工具的分类

金融工具可以从不同角度进行分类。

1．按照凭证性质分类

按凭证性质分类，金融工具可以分为债权凭证和所有权凭证。债权凭证表明，投入的资金取得了债权，有权到期取回本金并获得利息。例如债券、商业票据等。所有权凭证表明，投入资金得到的是所有权及所有权益，该凭证没有到期日，投入本金也不可索回，如股票。

2．按期限长短分类

按期限长短分类，金融工具可以分为短期金融工具和长期金融工具。一般把期限在 1 年以下的称为短期金融工具，1 年以上期限的则称为长期金融工具。

3．按照发行者的性质分类

按照发行者的性质分类，金融工具可以分为直接金融工具和间接金融工具。直接金融工具是最后贷款人和最后借款人之间直接进行融资活动所使用的工具，如商业票据、股票、债券等；间接金融工具是指金融中介机构在最后贷款人和最后借款人之间充当媒介进行间接融资活动所使用的工具，如存单、银行票据、人寿保险单等。

4．按照产生的顺序分类

按照产生的顺序分类，金融工具可以分为基本金融工具和衍生金融工具。基本金融工具是金融市场上原生的交易品种，如股票、债券等；衍生金融工具则是在基本金融工具存在的前提下派生的交易品种，如股票指数期货、外汇期权、利率互换等。

三、金融工具的特征

金融工具一般具有以下特征。

1．期限性

金融工具一般都具有偿还期限。这里的期限是指债务人全部偿清债务之前所经历的时间。以金融工具发行日开始计算的偿还期限为名义期限，这是发行时就已规定的。例如，一张 2001 年 7 月 1 日发行、2004 年 6 月 30 日到期的国债券，其名义期限为 3 年。但对投资者而言，更具现实意义的是实际期限，即从持有金融工具之日起到该金融工具到期日止所经历的时间。例如，一张 1990 年年底发行的国债券，标明 2000 年年底到期，而某投资者于 1995 年年底买入这张国债券，对该投资者来说，偿还期是 5 年而不是 10 年，该投资者将按照 5 年的实际期限而不是 10 年的名义期限来衡量其收益率。金融工具在期限性方面也存在着例外，即有的金融工具是不规定期限的。比如股票就没有偿还期限的问题；银行的支票存款也没有特定的期限，任何时候只要支票持有者想提现，银行作为债务方必须履行见票即付的义务。

2. 流动性

金融工具的流动性是指它的迅速变为货币而不遭受损失的能力。影响金融工具流动性的因素主要有以下几个方面。

1) 债务人的资信情况

一般而言，金融工具的流动性与债务人的信用成正比。债务人信用好，该金融工具的流动性就强，反之则流动性弱。因为信誉好的金融工具更容易被投资者接受。例如国家发行的债券比企业债券的流动性总是强一些。

2) 金融工具的期限

金融工具的流动性与期限成反比，期限越短，流动性越强，反之则流动性弱。这是因为期限越长，受市场利率变动的可能性就越大，从而金融工具交易价格的不确定性就越大，这会影响金融工具变现的价格条件。比如，从长期看市场利率呈上升趋势，那么长期债券的价格趋势则会走低，长期债券持有者在变现交易时遭受价格损失的可能性就大。

3) 金融工具市场交易的便利性

金融工具的市场交易量大，交易成本相对较低，其变现性就强。反之变现性则差。

3. 收益性

收益性是指金融工具定期或不定期给持有者带来的收益。例如债券能带来债券利息，股票能获得股息和红利。此外，金融工具在交易活动中，还可产生差价收益，即利用金融市场行情的波动，低价买进、高价抛出赚取收益。获取收益是金融工具交易的最主要目的。收益的大小是通过收益率来衡量的。收益率是持有金融工具所取得的净收益与本金的比率。收益率可以从不同角度来分析，最主要的有名义收益率、即期起收益率和实际收益率。

名义收益率，即金融工具的票面收益与票面额的比率。例如某一债券面值 1000 元，5 年偿还期，注明年利息 30 元，或注明年利率 3%，则该债券的名义收益率就是 3%。

即期收益率，是年收益额对该金融工具当期市场价格的比率。例如上述债券能在金融市场上转让交易，而此时该债券的市场价格为 960 元，其即期收益率应为 3.125% (30/960 × 100%=3.125%)。

实际收益率，就是证券的票面收益加本金损益与当时的市场价格的比率。在这种计算方法下，收益部分不仅指该债券每年带来的利息收入，还包括买卖该债券所获得的差价收入分摊到持有期限内每年的部分。仍以上例说明，当投资者以 960 元的价格购入面值 1000 元的债券时，就形成 40 元的资本盈余，如果该投资者是在债券发行 1 年后买入，那么，还需过 4 年才能获得这 40 元资本盈余，也就是说平摊到每年的资本盈余是 10 元。按上例，该债券的年利息收入为 30 元。将年资本收益额和年利息收入共同考虑，可得出该债券实际

年收益率为

$$[30 \text{ 元}+(1\,000 \text{ 元}-960 \text{ 元})\div 4]\div 960 \times 100\% \approx 4.2\%$$

4．风险性

风险性是指购买金融工具的本金是否会遭受损失的风险。风险主要来自 3 个方面：一是违约风险，指债务人不能按时履约，无法支付利息和偿还本金的风险；二是市场风险，指由于利率变动或其他因素造成金融工具的价格波动所带来的风险；三是购买力风险，指由于通货膨胀，使证券到期时的投资回报因货币贬值而受影响。

第二节　基础金融工具

一、股票

1．股票的概念、特点及构成要素

股票是指股份公司发给股东作为入股凭证以获取股息收益的一种有价证券。

股票是股份公司制度的主要构成要素。股份公司通过发行股票，聚集巨额资本以从事大规模的投资经营。在激烈的竞争中，股份公司的拆、并、收购等，也要通过股票的买卖、调换等操作来实现。

股票作为所有权证券，是持有人对公司投资的凭证，因而必须依法经主管机构核定并签证后才能发行；同时也为了防止伪造股票，股票必须以法定格式印制，常见要素：①标明"股票"字样。②股份公司名称。③设立登记的具体日期。④股票总额及每股金额。⑤批准机关名称和批准的日期。⑥股票发行的具体日期。⑦发行股票的种类。⑧记名股票的股东名称。⑨股息发行的具体日期及地点。⑩股票转让与过户等事项的规定。⑪公司印章及法定代表人印章。⑫其他需要记载的事项。

股票可以在证券市场上兑换、贴现、转让和买卖，也可以作为向商业银行等金融机构贷款的抵押品。

股票一般具有以下特点：

(1) 凭期性。股票一经发行，便具有不可返还的特性。对股票的持有者来说，不能退股还本，只要公司存在，股票便始终存在，即使公司破产清算，也只能根据公司当时的财产状况，给股票持有者有限的补偿。

(2) 股权性。股票表示的是股东对公司的所有权或股权，该权益通常有多种表现形式，如参加股东大会等。

(3) 风险性。股票投资具有较大的风险。一般股票投资的收益率很高，但在市场千变万化的条件下，高收益与高风险并存。公司经营得法，收益自然可观；公司经营不善，甚至破产倒闭，股票持有者必然蒙受损失。

(4) 流动性。股票虽然是一种无期限的有价证券，但股本的有限责任性决定了股票必须能够自由转让，因而在二级市场较发达的情况下，股票持有人可以随时在市场上出售股票以换回现金。不同的投资者由于对股票风险和收益的估价不同，以及各种原因引起的投资偏好，导致买卖股票时市场价格的波动，市场价格的波动又会使股票交易更加频繁而增加了股票的流动性。

2. 股票的类型

股票有多种类型。股票种类的多样性为企业以股票筹资提供了多种选择机会，企业可根据自身的需要，确定向社会发行何种股票。

1) 普通股和优先股

(1) 普通股。普通股票是股份有限公司发行的无特别权利的股票。股份公司可发行多种股票，其中最基本的和最先发行的股票为普通股。普通股具有一切股票的基本性质，是公司资本构成中最基本的股份，也是风险最大的股份。当股份公司破产时，普通股最后一个被偿还。

普通股的股东具有相同的权利内容，即具有均等的利益分配权，具有对企业经营的参与权。普通股同优先股和企业债券相比，具有以下几个特点：①在公司盈余的分配方面，普通股排在企业债券和优先股之后。②在对剩余财产请求权方面，普通股排在企业债券和优先股之后。③对企业经营管理的参与方面，普通股的股东有权选举股份公司的董事会，有对股份公司重大事项的表决权，优先股股东及债券持有人均无这些权利。④在对公司增资扩股方面，普通股股东享有优先认购权和新股转让权，优先股股东则无此种权利。

(2) 优先股。优先股指在分红及公司清算时，可以享受某些优先权利的股票。优先股的"优先"通常体现在两方面：一是在领取股息方面优先于普通股，并且优先股的股息是固定不变的，即股份公司向普通股股东派发股息之前，先按固定股息派发给优先股的股东。二是在清算资产方面优先于普通股，即当股份公司解散、改组或破产而进行清算时，优先股具有先于普通股的求偿权。

优先股的风险显然比普通股小，固定的股息使持有者旱涝保收，但在公司收益丰厚时，也不能像普通股那样获得高额股息。此外，优先股持有者在股东大会上没有表决权，也不能参与企业的经营管理，只有涉及优先股的权力保障时，才能就所涉及的问题发表意见。

优先股与普通股一样也是一种权益所有权形式。优先股的持有人得到的主要是股份公司的股息。如果股份公司无法支付股息，优先股的所有人则有很少的法律追索权，而且在股份公司破产时优先股股东并不能被看作是债权人。

2) 记名股票和无记名股票

(1) 记名股票。记名股票是指股票上记载有股东姓名，并同时记载于公司股东名册上的股票。记名股票转让时，需采取背书方式记录受让人姓名，并同时到公司股东名册上过户，由此，受让人才能正式成为公司股东。若受让人的姓名只记载于股票上，而未记载入公司股东名册，则这种股票的转让无效。另外，记名股票不允许私下转让。

(2) 无记名股票。无记名股票是指在股票上不记载股东姓名的股票。无记名股票在转让上更方便，因而流动性较强，凡持有股票者都能取得股东资格，不像记名股票那样要履行一定手续。由于这种股票在催交未付股款上存在一定弊端，因而在有些国家不允许发行。

3) 有面额股票和无面额股票

(1) 有面额股票。有面额股票又称面额股票或金额股票，是指在股票票面上载有一定金额的股票。股票面额是公司资本的基本单位，表明股东的基础出资额，同时也表明对公司承担有限责任的限度。股票有了票面价值，也就容易确定每一股在股份公司总资本中所占的份额。

(2) 无面额股票。无面额股票又称比例股票或无票面价值股票，是指股票发行时无票面价值记载，仅标明每股占资本总额一定比例的股票。这种股票的价值随着公司财产的增减而增减，因而总是处于变动状态，避免了公司实际资产与票面资产的背离，对发行公司的经营管理、财务核算、法律责任等方面的要求极高，故许多国家禁止发行，只在美国比较流行。

4) 蓝筹股和成长股

(1) 蓝筹股。蓝筹股又称热门股，是那些规模庞大、经营良好、收益丰厚的大公司发行的股票。由于这些大公司在行业中占重要地位，甚至是支配性地位，因而红利稳定而优厚，股价波动不大，被公认具有很高的投资价值。在经济处于萧条时，公司能制定保持发展的计划和措施；在经济繁荣时，能充分发挥公司潜能，创造盈利。例如，美国的电报电话公司、通用汽车公司所发行的普通股即属于蓝筹股。

(2) 成长股。成长股是指一些前景看好的中小型公司发行的股票。这类公司的销售额和收益额都在迅速扩张，且扩张速度快于整个国民经济及所在行业的速度。一般来说，这样的公司通常具有扩大市场的宏伟战略，比较注重科研、产品、劳务和技术优良且财务状况可靠，适应环境能力较强。买这类公司的股票主要看中的是其未来的收益。

5) A股、B股、H股、N股和S股

这是我国对股票的一种分类。这一区分主要根据股票的上市地点和所面对的投资者而定。A股的正式名称是人民币普通股票，它是由我国境内的公司发行，供境内法人或个人(不含台湾、香港、澳门投资者)以人民币认购和交易的普通股股票。B股的正式名称是人民币特种股票，它是以人民币标明面值，以外币认购和买卖，在境内证券交易所上市交易的。H股是指我国内地公司在香港证券交易所的上市股票。N股是指我国内地公司在纽约证券市场上市的股票。S股是指由主要开展生产或者经营等核心业务和注册地在境内的公司发行，在新加坡交易所上市挂牌的股票。

【专栏 4-1】中国 A 股正式纳入 MSCI

2018 年 6 月 1 日，历经 5 年的反复沟通与协商，226 只中国 A 股正式纳入 MSCI 新兴市场指数。在中国大力推进金融对外开放之际，这将推动包括 A 股在内的中国金融市场加速完善和成熟，也将为国际投资者分享中国经济成长红利提供更好的渠道和机会。

根据计划，A 股"入摩"分两步走：第 1 步，2018 年 6 月 1 日，首批 226 只 A 股纳入 MSCI 新兴市场指数，纳入比例为 2.5%，占 MSCI 新兴市场指数的权重为 0.37%，占 MSCI 中国指数的权重为 1.26%；第 2 步，2019 年 9 月 3 日，纳入比例升至 5%，对应权重为 0.73%。

2019 年 5 月 30 日，MSCI 发布临时公告，将纳入 A 股的 234 只成分股调整为 226 只。根据行业分类，前 10 大权重行业分别是：银行(19.35%)、非银金融(13.16%)、食品饮料(11.21%)、医药生物(7.2%)、房地产(5.41%)、电子(5.27%)、汽车(4.08%)、建筑装饰(3.59%)、公用事业(3.57%)和家用电器(3.43%)。从板块特征来看，未包含创业板，仅包含主板和中小板，两者的权重占比分别为 87.59% 和 12.41%。

A 股纳入 MSCI 经历过数次闯关，2013 年，MSCI 开始将 A 股列入 2014 年市场分类评审的审核名单，但因流动性问题、外汇管制问题及停牌复牌制度等缺陷一直未能通过。2014 年沪港通和 2016 年深港通的开启，使得资金通道和流动性等问题慢慢得到了解决。2017 年 6 月，MSCI 正式宣布将 A 股纳入 MSCI 新兴市场指数和 MSCI 全球指数。A 股成功纳入 MSCI，不仅源于 QFII、RFII 以及沪港通等多种投资渠道的建设以及各项交易制度的完善和政策的开放，更源于国际投资者对中国资本市场改革开放成果的认可，以及中国资本市场逐渐扩大的国际知名度和国际影响力。但成功纳入不是终点，而是起点。

(资料来源：谢玮.A 股正式"入摩"，开启国际化新篇章[J].中国经济周刊,2018(23):57-58.)

6)　国家股、法人股和个人股

这也是我国对股票的一种分类。国家股是指政府指定的部门或机构以国有资产向股份公司投资形成的股份；法人股则是指企业法人以其依法可经营的资产向股份公司投资所形成的股份；个人股也叫作社会公众股，是指我国境内的个人(含机构)以其合法财产向股份公司投资所形成的股份。

二、债券

1. 债券的概念和组成要素

1)　债券的概念

债券是债务人在筹集资金时依法向债权人承诺按约定的利率和期限支付利息、偿还本金的表明债权债务关系的有价书面凭证。因为债券是规范化借贷关系的证券化凭证，且具有可转让性，使其成为资本市场的重要流通工具。

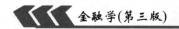

表4-1　2018年第1期中国铁路建设债券样例

项　目	详细资料	项　目	详细资料
公司名称	2018年第1期中国铁路建设债券(5年期)	到期日	2023-01-18
		发行起始日	2018-01-17
债券代码	1880004	发行截止日	2018-01-19
代码简称	18铁道01	认购对象	
发布时间	2018-01--18	上市地	银行间
上市日	2018-01-22	信用级别	AAA
发行额(亿元)	150	发行单位	中国铁路总公司
面额(元)	100	还本付息方式	年付
发行价(元)	100	发行方式	荷兰式招标
期限(年)	5	发行对象	
年利率(%)	5.03	主承销机构	中国国际金融股份有限公司、中信证券股份有限公司等
计息日	01-18		

(资料来源：丁志国，赵晶.金融学第二版[M].北京：机械工业出版社，2019.)

2)　债券的组成要素

不同的债券一般都具有以下几个共同要素。

(1)　债券的面值，包括面值币种和面值大小两个内容。面值币种取决于发行者的需要和债券的种类。债券的面值大小从一个货币单位到百万货币单位不等。

(2)　债券的利率，是指债券利息同债券面值的比例。债券利率有固定利率和浮动利率之分。前者的利率是事先约定的，直到还本期满；后者的利率则是变化的，或随某个参照利率的变动而变动，或者进行定期调整。

(3)　债券的偿还期限，短则数月，长的可达几十年。但不管期限是短是长，还本的时间都比较固定，不可随意变动。

2．债券的特点

与股票相比，债券具有以下几个特点：①债券表示一种债权凭证，可依据其收回本息。②债券的期限已经约定，只有到期才能办理清偿。③未到期债券可以在市场上协议转让。④债券的市场价格波动的幅度不大，流动性强，安全性相对较高。

3．债券的种类

债券的种类很多按发行人划分可分为政府债券、公司债券和金融债券等。

1) 政府债券

政府债券也被称为国家公债，是由政府发行，主要用于弥补财政赤字和筹集国家经济建设所需资金。政府债券有短期、中期、长期之分，分别为 1 年以内、1～10 年及 10 年以上。政府发行的国库券，流动性强，安全性好，其利率较高且利息收入享受税收的豁免，故而收益性好，因而被称为"金边债券"，深受投资者的青睐。政府债券的发行及买卖，在不少国家成为中央银行调节货币供应量和调节利率的重要手段。国库券一般不标明利率，也不采取定期付息的办法，而是通过贴现发行的方式将利息事先一次付清。中长期公债有固定利率，一般采取剪息票的方式定期付息或到期一次还本付息。

2) 公司债券

公司债券是公司企业为筹措营运资本而发行的债券。期限以中长期居多，利率多采用固定利率，半年付息一次。但也有为防止因通货膨胀给债券持有人带来损失而出现的浮动利率的公司债券。这种债券的利率是根据某种选定的利率，按照事先约定的时间间隔定期调整。公司债券的发行不会影响股份公司的控股权，并且会使公司在一定程度上享有减轻税负的好处，因此成为公司企业的一种重要融资方式。

3) 金融债券

金融债券是银行或非银行金融机构为筹集中长期资金而向社会发行的借款凭证，其种类有固定利率债券、浮动利率债券等。

4．债券和股票的区别与联系

1) 债券和股票的联系

(1) 不管是股票还是债券，对于发行者来说，都是筹集资金的手段，发行者不管采取哪种方式都可以获得所需要的资金；都要付出一定的报酬(股息或者利息)给投资人；都是投资手段或交易工具。

(2) 股票和债券共处于证券市场这一资本市场之中，并成为证券市场的两大支柱，同时在证券市场上发行和交易。

(3) 股票的收益率和价格同债券的利率和价格之间相互影响，因为在证券市场上一种交易工具的价格变动必然会引起另一种交易工具的价格变动。

2) 债券和股票的区别

债券和股票尽管有许多相似之处或联系，但也有许多差别，主要如下。

(1) 性质不同。股票表示的是一种股权或所有权的关系，债券则反映债权、债务关系。

(2) 发行者不同。股票只有股份公司可以发行，债券则是任何有预期收益的机构和单位都能发行。

(3) 期限不同。股票是无期的,一般只能转让和买卖,不能退股;而债券则有固定的期限,到期必须归还本金,可以兑现。

(4) 风险和收益不同。股票的风险一般高于债券,但收益也大大高于债券。股票之所以存在较高风险是由其不能退股及价格波动的特点决定的。

(5) 责任和权利不同。股票持有人作为公司的股东,有权参与公司的经营管理和决策并享有监管权。债券的持有者虽是发行单位的债权人,但没有任何参与决策和监管的权利,只能定期收取利息和到期收回本金。当企业发生亏损或破产时股票投资者将得不到任何股息,甚至连本金都不能收回;但在企业效益好时,投资者可以获得高额回报。债券的利息是固定的,公司盈利再多,债券也不能得到更多分享。

三、投资基金

1. 投资基金的概念

投资基金是通过发行基金券,将众多投资者分散的资金集中起来,由专业的投资机构分散投资于股票、债券或其他金融资产,并将投资收益分配给基金持有人的资本集合体。世界各国对投资基金的称谓各不相同,美国称为"共同基金"或"互助基金",也称"投资公司",英国称为"单位信托基金",日本、韩国则称为"证券投资信托基金"。

2. 投资基金的特点

投资基金有以下几个特点。

1) 社会游资与高效率的专业管理相结合

投资基金都是由具有专业知识的投资专家进行管理的,特别是有精通投资业务的投资银行的参与,能够更好地利用各种金融工具,抓住各个市场的投资机会,创造更好的收益。

2) 低成本的规模经营与低风险的分散投资相结合

由于投资基金将众多小额资金汇集到一起,从而形成了规模优势,降低了交易成本。同时,也可降低筹资方的发行费用。投资基金将资金通过有效的投资组织分散投资到多种证券或金融资产上,从而最大限度地降低非系统性风险。

3) 服务专业化

投资基金从发行、收益分配、交易、赎回都有专门的机构负责,特别是可以将收益自动转化为再投资,使整个投资过程轻松、简便。

3. 投资基金的种类

根据不同标准可将投资基金分为不同的种类。

1) 开放式基金和封闭式基金

根据基金单位是否可增加或赎回,可将投资基金分为开放式基金和封闭式基金。开放式基金是指基金设立后，投资者可以随时申购或赎回基金单位，基金规模不固定的投资基金；封闭式基金是指事先确定发行总额，在封闭期内投资基金单位总数不变，投资基金上市后投资者可以通过证券市场转让、买卖投资基金单位的投资基金。

表 4-2　封闭式与开放式基金的区别

	封闭式基金	开放式基金
期限	有固定封闭期限，通常在 5 年以上，一般为 10～15 年，经批准可适当延期	没有规定期限，投资者可随时赎回
发行规模	在封闭期内规模不变	随投资者的认购或赎回，规模不断变化
交易方式	上市交易	通常不上市交易
交易价格	买卖价格受供求关系影响，常出现溢价或折价现象，并不必然反应基金的净资产值	交易价格取决于基金每单位净资产值的大小，其申购价一般是基金单位净资产值加一定的申购费，赎回价是基金单位净值减一定的赎回费，不直接受市场供求关系的影响
基金投资策略	基金单位数不变，资本不会减少，基金资产的投资组合能有效地在预定计划内进行	因基金单位可随时赎回，为应付投资者随时赎回兑现，基金资产不能全部用来进行长线投资，必须保持基金资产的流动性，在投资组合上需保留一部分现金和高流动性的金融工具

2)　公司型基金和契约型基金

根据组织形态的不同，可分为公司型投资基金和契约型投资基金。公司型投资基金是按照公司法以公司形态组成的，该基金公司以发行股份的方式募集资金，一般投资者购买该公司的股份即为认购基金，也就称为该公司的股东，凭其持有的基金份额依法享有投资收益；契约型投资基金又称为单位信托基金，是指把投资者、基金管理人、基金托管人三者作为基金的当事人，由管理人与信托人通过签订信托契约的形式发行收益凭证而设立的一种基金。

3)　债券基金、股票基金和其他投资基金(货币市场基金、期货基金、期权基金等)

根据投资对象的不同，投资基金可分为股票基金、债券基金及其他投资基金。债券基金是指将基金资产投资于收益较稳定的各类债券上的一种收益性基金；股票基金是指将基金资产投资于普通股股票的基金，是最原始、最基本的基金品种之一；货币市场基金是以全球的货币市场作为投资对象的一种基金，其投资工具包括银行短期存款、国库券、政府债券、公司债券等；期货基金是以各类期货品种为主要投资对象的投资基金；期权基金是以能分配股利的股票期权为投资对象的投资基金。

4) 成长型投资基金、收入型投资基金和平衡型投资基金

根据投资风险与收益的不同,可将投资基金分为成长型投资基金、收入型投资基金和平衡型投资基金。成长型投资基金是基金中最常见的,是一种以追求基金资产长期增值的投资基金;收入型基金是以投资于可带来收入的有价证券为主,以获取当期的最大收入为目的的投资基金;平衡型基金是以获取当期收入和追求基金资产长期增值为目标的投资基金。

5) 国内基金、国家基金、区域基金和国际基金

根据区域不同,可将投资基金分为国内基金、国家基金、区域基金和国际基金。国内基金是指资金只投资于国内有价证券且投资者多为本国公民的一种投资基金;国家基金是指在境外发行基金份额筹集资金,然后投资于某一特定国家或地区资本市场的投资基金;区域基金是指把资金分散投资于某一地区各个不同国家资本市场的投资基金,其风险要比国内基金和国家基金小;国际基金也称为全球基金,它不限定国家和地区,将资金分散投资于全世界各主要资本市场上,从而能最大限度地分散风险。

4. 投资基金与股票、债券的区别

1) 三者反映的关系不同

股票反映的是产权关系,债券反映的是债权债务关系,而基金反映的则是信托关系。

2) 三者所筹资金的投向不同

股票和债券是融资工具,其资金主要是投向实业,而基金主要是投向其他有价证券等金融工具。

3) 三者的风险水平不同

股票的直接收益取决于发行公司的经营效益,不确定性强,投资于股票风险较大。债券的直接收益取决于债券利率,而债券利率一般是事先确定的,因此,投资债券的风险较小。投资基金主要投资于有价证券,而且其投资品种的组合方式较灵活,从而投资基金的收益有可能高于债券,投资风险又可能小于股票。

四、票据

1. 票据

票据有广义和狭义之分。广义的票据包括各种有价证券和商业凭证,如股票、股息单、国库券、发票、提单和仓单等。狭义的票据仅指汇票、本票和支票。《中华人民共和国票据法》(以下简称《票据法》)明确规定:"本法所称票据,是指汇票、本票和支票。"因此,根据我国的《票据法》,票据应定义为,出票人约定自己或委托付款人在见票时或指定的日期向收款人或持票人无条件支付一定金额,并可流通转让的有价证券。

票据的含义有以下 4 方面内容须认真识别。

(1) 票据是以支付一定金额为目的的有价证券。支付票据上的金额是票据签发和转让的最终目的，票据当事人的权利义务关系只有在票据金额得到全部支付以后才归于消失。

(2) 票据是一种完全有价证券。票据所表示的权利与票据本身有不可分割的关系，权利与票据融为一体。票据的签发意味着票据权利的产生，票据的转让意味着票据权利的转移，而票据权利的行使则必须提示票据。

(3) 票据是一种无因证券。持票人对票据债务人提示票据要求其履行义务时，不负责证明票据签发的原因，假如票据的有关内容出现问题则由债务人负责。

(4) 票据是一种流通证券。票据的债权可以通过背书转让或交付转让的方式进行流通。记名票据必须经过背书以后才能转让，不记名票据无须背书即可转让。由于我国《票据法》规定的票据均为记名票据，因此必须通过背书才能转让。

2．票据的特征

票据有广义和狭义两种，这里的票据主要指狭义的票据，包括汇票、支票和本票等。一般，票据具有以下特征。

1) 票据的要式性

票据的要式性是指票据行为必须按《票据法》的规定，在票据上载明法定的事项一并交付，否则票据行为将无效。例如必须在书面载有金额、必须签章等。

2) 票据的无因性

票据的无因性是指票据行为不因票据的基础关系无效或有微瑕而受到影响。

3) 票据的文义性

票据的文义性是指票据行为的内容完全依赖票据上记载的文字意义而产生效力。这要求不能将没有记载的无关内容加进票据中。

4) 票据的独立性

票据的独立性是指票据上的各个行为相互独立发生作用，不因其他票据行为无效而受影响。

5) 票据的流动性

票据的流动性是指票据可以通过背书或交付而转让。这样便可形成全国统一的完整的票据市场。

3．票据行为

与票据相关的行为包括出票、背书、承兑和保证等。

1) 出票

出票是指出票人签发票据并将其交付给收款人的基本票据行为，包括制作票据和交付票据两个部分。

2) 背书

背书是指在票据背面或者附单上记载有关事项并签章的票据行为。通过背书，便赋予票据以流动性。它可以分为转让背书和质押背书。

3) 承兑

承兑是指票据付款人承诺在票据到期日支付票据金额的票据行为。

4) 保证

保证是由债务人以外的第三人作为保证人，来担保特定的债务人履行其债务的一种制度。保证的目的在于增加票据的可靠性，提高票据的信用度。

4．票据的种类

1) 汇票

汇票有银行汇票和商业汇票之分。银行汇票是出票银行签发的，由签发银行在见票时按照实际结算金额无条件支付给收款人或者持票人的票据。从理论上看，银行汇票有三个基本关系人，即出票人、收款人和付款人。但由于银行汇票是自付证券，其出票人即付款人，因而具有本票的性质，因此实际关系人只有两个，即出票人和收款人。我国的银行汇票主要用于转账，但填明"现金"字样的汇票也可用以支取现金。银行汇票一律记名，提示付款期限自出票日起 1 个月内。持票人如超过付款期限提示付款，则付款人不予受理。

商业汇票指由出票人签发的委托付款人在指定日期无条件支付确定的金额给收款人或者持票人的票据。凡在银行开立账户的法人及法人内部独立核算的单位之间，必须具有真实交易关系的债权债务清算，才能使用商业汇票。商业汇票有出票人、收款人和付款人三个基本关系人，由于出票人可记明自己是收款人或付款人，故基本关系人也可只有两个，即出票人和收款人或出票人和付款人。商业汇票作为一种有价证券，以一定的货币金额表现其价值，代表了财产所有权和债权。为维护社会金融秩序，必须强调出票人不得签发无对价的商业汇票，严禁用虚假商业汇票骗取银行或其他票据当事人的资金。商业汇票按承兑人的不同，有商业承兑汇票和银行承兑汇票之分。

商业承兑汇票是由收款人签发，经付款人承兑的汇票，或由付款人签发并承兑的票据。在银行开立账户的法人之间通过购销活动进行真实的商品交易，可使用商业承兑汇票。商业承兑汇票一律记名，汇票承兑期限由交易双方商定，最长不超过 6 个月。银行承兑汇票是由收款人或承兑申请人签发，并由承兑申请人向开户银行申请，经银行审查同意承兑的票据。银行对承兑申请人的审查内容包括，首先必须是在本行开立存款账户的法人及其他经济组织，其次必须与本行具有真实的委托付款关系，第三是资信状况良好并具有支付汇票金额的可靠资金来源。凡不符合上述条件者，银行一律不予受理。目前我国的非银行金融机构不能办理商业汇票承兑业务。商业汇票的收款人或被背书人需要资金时，可持未到期的银行承兑汇票并填写贴现凭证，向其开户银行申请贴现。

2）支票

支票是出票人签发的，委托办理支票存款业务的银行在见票时无条件支付确定的金额给收款人或者持票人的票据。支票的出票人，为经中国人民银行当地分支行批准办理支票业务的银行机构、开立可使用支票存款账户的单位和个人。支票是一种支付凭证，有三个关系人，即出票人、收款人和付款人。按我国现行规定，支票可分为四种：支票上印有"现金"字样的为现金支票，现金支票只能用于支取现金；支票上印有"转账"字样的为转账支票，转账支票只能用于转账；支票上未印有"现金"或"转账"字样的为普通支票，普通支票既可用于支取现金，又可用于转账；在普通支票左上角划两条平行线的，为划线支票，划线支票只能用于转账，不能用于支取现金。我国支票的提示付款期限为自出票日起10日内，超过提示付款期限提示付款的，开户银行不予受理，付款人不予付款。

3）本票

本票是由出票人签发的，承诺在一定时间(或见票时)无条件支付一定金额款项给票据持有人或票据指定收款人的书面凭证。依据出票人的不同，本票可分为商业本票和银行本票两种。

商业本票，指由企业签发的，承诺在一定时期无条件支付一定金额给收款人或持票人的票据，又称"商业期票"。商业本票按其产生的基础，可以分为交易性商业本票和融资性商业本票。交易性商业本票产生于商品交易之中，它与商业汇票一样，是商业信用的债务凭证；融资性商业本票产生于短期资金融通，而与商品交易无关。

银行本票，是银行签发的，承诺自己在见票时无条件支付确定的金额给收款人或者持票人的票据。我国的企业、单位和个人在同一票据交换区域需要支付各种款项，均可使用银行本票。本票的付款期限我国目前规定为2个月，对超过付款期限提示付款的，代理付款人不予受理。银行本票见票即付，视同现金，它具有信誉高、支付能力强的特点。

第三节　金融衍生工具

一、金融衍生工具的概念

金融衍生工具是指在原生性金融工具如股票、债券、货币、外汇等的基础上，派生出来的金融工具或金融商品。金融衍生工具通常以双边合约的形式出现，合约的价值取决于相应的原生性金融工具的价格及其变化。合约规定交易双方的权利或义务，并依照约定在日后进行交易。

二、金融衍生工具的产生与发展

金融衍生工具是 20 世纪 70 年代以来国际金融创新浪潮和金融自由化所带来的产物。1973 年,布雷顿森林货币体系解体,浮动汇率制代替固定汇率制,国际货币新秩序尚未形成,各国通货膨胀率居高不下,外汇市场的汇率波动频繁而剧烈;因此,规避通货膨胀风险、利率风险和汇率风险成为金融交易的一项迫切要求。为此美国芝加哥商品交易所(CME)率先开办外汇期货交易,开创了金融衍生品交易之先河。自此以后,随着各国金融自由化的发展和金融管制放松,各类金融衍生工具得以迅速发展。各种期货,如债券期货、利率期货、股票价格指数期货,以及期权、远期、互换等层出不穷,且不断发展和壮大,成为整个金融市场中充满活力及潜力的市场。

在金融衍生工具的迅速拓展中,还得益于期权定价公式的问世。1997 年诺贝尔经济学奖获得者斯科尔斯和默顿在 20 世纪 70 年代初,推出了他们据以获奖的期权定价公式,解决了这一难题,许多相关领域的定价问题也连带获得解决。正是由于他们在理论上的重大突破,才为金融衍生市场的发展提供了坚实的理论基础。

【专栏 4-2】第一笔信用衍生工具的交易

第一笔信用衍生工具的交易发生在日本。1993 年,银行家信托公司(Banker Trust)和瑞士银行金融产品公司(Credit Suisse Financial Prfducts,CSFP)在市场上出售一种偿还金额与特定违约事件或参考资产相联系的票据。票据购头者即投资者定期取得类似于保险费的收入,同时,一旦发生信用违约或参考资产贬值,就必须承担由此造成本金和利息的损失,这实际上是银行转移信贷风险的一种保护措施。

三、金融衍生工具的作用

金融衍生工具为当代金融的繁荣做出了巨大贡献,其作用主要体现在以下几方面。

1. 套期保值

套期保值是指在现货市场某一笔交易的基础上,在期货市场做一笔价值相当、期限相同但方向相反的交易,从而将现货市场价格波动的风险,通过期货市场上的交易转嫁给第三方,以期保值。金融期货的套期保值分为两种形式:空头(卖出)套期保值和多头(买进)套期保值。

空头套期保值是指在现货市场处于多头的情况下,在期货市场做一笔相应的空头交易,以避免现货价格变动的风险。以股指期货交易为例,2018 年 11 月 1 日,中国证券市场沪深 300 指数为 3177 点,投资者 A 计划持有沪深 300 指数基金总市值为 96 万元,每份市值为 1 元，并计划在 2019 年 1 月初按市值出售全部指数基金资产以回笼资金。出于对国内外经济形势的悲观预期，投资者 A 担心指数基金的资产市值下降，为了规避这一风险，投资者 A 可以在期货市场进行股指期货套期保值。具体交易过程如下(见表 4-3)。

表 4-3 股指期货空头套期保值

日 期	现货市场	期货市场
2018-01-01	沪深 300 指数投资基金每份市值为 1 元	以 3164 点的标价卖出 5 份，将于 2019 年 3 月到期的沪深 300 期货合约
2019-01-04	沪深 300 指数投资基金每份市值为 0.8 元	以 3036 点的标价购入 5 份，将于 2019 年 3 月到期的沪深 300 期货合约，进行平仓
结果	损失为 960 000×(1-0.8)=192 000(元)	盈利为 5×300×(3164-3036)=192 000(元)

(资料来源：丁志国，赵晶.金融学第二版[M].北京：机械工业出版社，2019.)

2018 年 11 月 1 日，投资者 A 在期货市场卖出 5 份将于 2019 年 3 月到期的沪深 300 期货合约，标价为 3164 点，约合每一点价值 300 元人民币。

2019 年 1 月 4 日，沪深 300 指数下降到 3035 点，投资者在期货市场上购买相同的期货合约进行平仓，标价为 3036 点，投资者将盈利 5×300×(3164－3036)=192 000(元)，若此时该投资者持有的沪深 300 指数基金每份市值下降为 0.8 元，于 2018 年 11 月 1 日相比，出售该基金资产遭受的损失为 960 000×(1－0.8)=192 000 元。

通过上述交易，虽然投资者 A 在现货市场由于资产价格下降而造成了损失，但是他在期货市场的空头交易获得了盈利，弥补了现货市场的损失，达到了套期保值的目的。

多头套期保值是指在现货市场处于空头的情况下，在期货市场做一笔相应的多头交易，以避免现货价格变动的风险，其原理与空头套期保值相同。

套期保值是金融衍生工具最基本的作用，也是金融衍生工具赖以存在、发展的基础。当经济活动的范围越来越广、规模越来越大时，由于利率市场化和汇率波动等各种不确定因素所导致的价格波动就会加大经济活动的风险，而套期保值的目的就在于减少或回避已经面临的风险，以保证经营活动的正常进行。远期合约、期货、互换等基本金融衍生工具以及一些组合都是因避险需求而产生、存在和发展的。

2. 投机

投机是指利用对市场变化方向的正确预期而在短期内获利的一种交易行为。由于金融衍生工具本身所具有的特征和金融衍生工具市场的交易机制十分适合投机活动，使得金融衍生工具的投机作用得以充分发挥。尽管投机在经济活动中广泛存在，并非金融衍生工具的专利，由于大多数金融衍生工具有强大的杠杆作用，使得它的投机能量远远大于其原生工具的投机能量。如投机者在英国国债市场上买卖英国长期国债期货，只需支付 2 万英镑就可持有价值 100 万英镑的国债期货合约，其杠杆比率为1：50。利用金融衍生工具能够创造出其他方式所不能产生的投机机会和投机效果。

3. 价格发现

价格发现是金融衍生工具的一个重要的作用。价格发现是大量的购买者和出售者通过竞争性的公开竞价后形成的市场均衡价格。金融衍生工具之所以具有价格发现的作用，是因为这些金融衍生工具的交易集中了各行各业的市场参与者，带来了成千上万种关于衍生工具基础资产的供求信息和市场预期，所形成的金融衍生工具的价格反映了人们对利率、汇率、股指期货等价格走势变化和收益的预测及对目前供求状况的综合看法。在国际市场上，价格信息是不受国界限制的，人们搜集、分析有关巴西大豆生长状况所得出的结果几乎立刻就会在大豆、豆粕和豆油期货价格上有所反应。美国政府发表的关于联邦储备将松动银根的报告立刻为市场所吸收，并对美国政府长期国库券价格产生影响。由于期货市场对各方面价格信息反应最为敏捷，因此期货价格也是国内及国际金融市场上最广泛的参考价格。

4. 促进信息流动

金融衍生工具的价格发现作用可以降低信息不对称性，有利于提高信息透明度。金融市场上的信息不对称是指当事人双方都有一些只有自己知道的私人信息，这种私人信息是指影响当事人双方交易利益的一些信息，并非所有信息。金融衍生工具的交易市场吸引了大量的市场参与者，他们根据原生工具市场的供求情况，对金融衍生工具的未来价格趋势做出判断和预期，从而做出自己的交易报价。金融衍生工具市场参与者尽可能地收集来自各方面的信息，使这些信息迅速地体现在金融衍生工具的价格波动上，因而金融衍生工具的价格形成也有利于提高信息透明度。

四、金融衍生工具的分类

衍生金融工具是一种合约，它的价值取决于作为合约标的物的某一金融工具、指数或其他投资工具的变动状况。衍生金融工具主要包括以下几种：远期合约、期货合约、期权合约和互换协议。

1. 远期合约

远期合约是一种最简单的衍生金融工具，它是买卖双方约定在未来某特定时间，按约定的价格买人或卖出一定数量某种商品或金融资产的契约。

当合约到期时，如果市场的现货价格低于合约规定的价格，则卖方盈利，买方亏损；

反之，合约到期时，如果市场的现货价格高于合约规定的价格，则买方盈利，卖方亏损。

例如：某一美国进口企业将在 6 个月后支付 100 万英镑的货款，预计在此期间，英镑汇率有可能会上升，为了避免损失，该企业购入 100 万英镑 6 个月的远期合约，远期汇率为 1 英镑兑 1.4 美元。6 个月后，英镑汇率上升到 1 英镑兑 1.5 美元，该企业按事先约定的汇率进行交割，只需付出 140 万美元即可购入 100 万英镑，支付货款，避免了 10 万美元的损失。

由于远期合约是针对某一具体的商品或金融资产，并非标准化的合约，因此，很难找到正好愿意接受合约的交易对手。

2．期货合约

期货合约是买卖双方约定在确定的未来某一日期，按照确定的价格买卖一定数量的金融资产(如外汇、债券、存款、股价指数等)的协议。

期货合约可以有效地防范金融风险。以外汇期货为例，某一出口企业将在半年后收到一笔美元货款，为了避免美元贬值，该企业同银行签订一个 6 个月的期货合约，约定在 6 个月后按协议价格(即约定的汇率)出售这笔外汇。这样，如果 6 个月后美元的汇率下降，则该企业也可以得到既定的本币收入。

期货合约与远期合约虽然有相似之处，但两者又有很大的差异，主要表现在以下几个方面。

(1) 期货合约是标准化的契约，交易数量是标准化的，没有零星的交易，而远期合约交易的数量由双方自行决定，是针对某一具体的商品或金融资产。

(2) 期货交易是在交易所内公开进行的，便于了解行情的变化；而远期交易则没有公开、集中的交易市场，价格信息不容易获得。

(3) 期货交易有特定的保证金制度，保证金既是期货交易履约的财力保证，又是期货交易所控制交易风险的重要手段；而远期交易则由交易双方自行商定是否收取保证金。

3．期权合约

期权合约是赋予其购买者的一种权利，允许他在未来的一定时期内以协议价格向期权合约的出售者买入或卖出一定数量的金融资产(如外汇、债券、存款等)。期权合约中双方约定的价格，称为执行价格；期权购买者为获得这一权利，向期权出售者支付的费用，称为期权费。

根据期权的行使方式不同，可分为美式期权和欧式期权。美式期权是指买人期权的一方在合约到期日前的任何营业时间都可以行使权利的期权；欧式期权是指买入期权的一方必须在期权到期日当天才能行使权利的期权。在亚洲金融市场，规定行使期权的时间是期权到期日的北京时间 14:00，过了这一时间，再有价值的期权都会自动失效作废。目前国际上大部分期权交易都是欧式期权。

期权合约又分为看涨期权和看跌期权。看涨期权是指在期权合约有效期内，按执行价格买进一定数量金融资产的权利；看跌期权是指在期权合约有效期内，按执行价格卖出一定数量金融资产的权利。当期权合约的购入者预期金融资产价格会上涨，超出执行价格时，他就会买进看涨期权；相反，预期金融资产价格会下跌，就会买进看跌期权。

例如：IBM 公司的股价是每股 45 美元，投资者以每股 2 美元的期权费购买该公司股票的看涨期权，该期权合约规定，在 3 个月内按每股 50 美元的价格购进 1 000 股股票。如果在规定期限内 IBM 公司的股价升至每股 58 美元，则看涨期权的买入者可以执行期权，以每股 50 美元的价格购进 1000 股该公司股票，可获利 6000 美元[(58－50－2)×1000]；如果 IBM 公司的股价在 3 个月内，不涨反跌，降至每股 40 美元，则看涨期权的买入者可以不执行期权，只损失 2000 美元(2×1000)的期权费。

4. 互换协议

互换协议分为利率互换协议和货币互换协议两种。

利率互换协议是指双方达成的一种交换一笔现金利息的协议，一方以固定利率计算，另一方则以浮动利率计算。利率互换协议的特点是，交易双方的本金和利息采用同一种货币，而利息的计算则采用不同的利率。例如，甲方同意对 20 万元英镑的本金支付按 8%固定利率计算的利息，而乙方则对同一本金额支付按伦敦同业拆放利率(LIBOR)的浮动利率支付的利息。如果在某一时期内伦敦同业拆放利率高于 8%，则甲方获利；反之，如果在某一时期内伦敦同业拆放利率低于 8%，则乙方获利。

货币互换协议是双方达成的一种交换不同货币现金流量的协议。根据货币互换协议期限的长短，又分为外汇市场货币互换协议和资本市场货币互换协议。外汇市场货币互换协议是指交易双方按照既定的汇率交换两种货币，并约定在将来某一期限内按该汇率购回原来的货币。外汇市场货币互换协议由于期限较短，一般不涉及利息的支付。资本市场货币互换协议的做法与外汇市场货币互换协议基本相同，所不同的只是其期限较长，一般为 5 年至 10 年，而且交易双方要向对方支付自己所购入货币的利息。

本 章 小 结

金融工具是金融市场中的主要操作对象，是证明债权债务关系的合法书面凭证。金融工具发展至今已成为一个包括常规性金融工具和衍生工具在内的庞大家族，但无论怎样发展，它们所具有的特点是一致的，即偿还性、流动性、风险性和营利性。金融工具最主要的品种是票据、股票、债券、基金和衍生产品。票据在整个社会的商业活动和资金融通中发挥着非常重要的作用，股票和债券是资本市场中重要的投资、融资工具，而金融衍生工具则是金融创新的产物。它们以其不同的风貌在金融领域中各领风骚，起着不可替代的重要作用。

复习思考题

一、问答题

1. 金融工具的特征是什么？
2. 金融工具有哪些分类方法？
3. 什么叫股票?股票有哪些种类？
4. 什么叫债券?债券有哪些种类？
5. 股票和债券有哪些区别和联系？
6. 票据行为有哪些环节？
7. 什么叫汇票、支票、本票？
8. 金融衍生工具主要有哪些？

二、案例分析题

巴林银行的破产与金融衍生产品

(一)案例资料

巴林银行集团是英国伦敦城内历史最久、名声显赫的商人银行集团，素以发展稳健、信誉良好而驰名，其客户也多为显贵阶层，其中包括英国女王伊丽莎白二世。该行成立于1762年，当初仅是一个小小的家族银行，逐步发展成为一个业务全面的银行集团。巴林银行集团的业务专长是企业融资和投资管理，业务网络点主要在亚洲及拉美新兴国家和地区，在中国上海也设有办事处。到1993年底，巴林银行的全部资产总额为59亿英镑，1994年税前利润高达1.5亿美元。1995年2月26日巴林银行因遭受巨额损失，无力继续经营而宣布破产。从此，这个有着233年经营史和良好业绩的老牌商业银行在伦敦乃至全球金融界消失。目前该行已由荷兰国际银行保险集团接管。

巴林银行破产的直接原因是新加坡巴林公司期货经理尼克·里森错误地判断了日本股市的走向。1995年1月份，里森看好日本股市，分别在东京和大阪等地买了大量期货合同，指望在日经指数上升时赚取大额利润。谁知天有不测风云，日本阪神地震打击了日本股市的回升势头，股价持续下跌。巴林银行最后损失金额高达14亿美元，而其自有资产只有几亿美元，亏损巨额难以抵补，这座曾经辉煌的金融大厦就这样倒塌了。那么，由尼克·里森操纵的这笔金融衍生产品交易为何在短期内便摧毁了整个巴林银行呢?我们首先需要对金融衍生产品(亦称金融派生产品)有一个正确的了解。金融衍生产品包括一系列的金融工具和手段，买卖期权、期货交易等都可以归为此类。具体操作起来，又可分为远期合约、远期固定合约、远期合约选择权等。这类衍生产品可对有形产品进行交易，如石油、金属、原料等；也可对金融产品进行交易，如货币、利率以及股票指数等。从理论上讲，金融衍生产品并不会增加市场风险，若能恰当地运用，比如利用它套期保值，可为投资者提供一个有效的降低风险的对冲方法。但在其具有积极作用的同时，也有其致命的风险，即在特定的交易过程中，投资者纯粹以买卖盈利为目的，垫付少量的保证金炒买炒卖大额合约来获得丰厚的利润，而往往无视交易潜在的风险，如果控制不当，那么这种投机行为就会招致不可估量的损失。新加坡巴林公司的里森，正是对衍生产品操作无度才毁灭了巴林集团。里森在整个交易过程中一味盼望赚钱，在已遭受重大亏损时仍孤注一掷，增加购买量，对于交易中潜在的风险熟视无睹，结果使巴林银行成为衍生金融产品的牺牲品。

巴林银行破产事件提醒人们加强内部管理的重要性和必要性。合理运用衍生工具，建立风险防范措施。随着国际金融业的迅速发展，金融衍生产品日益成为银行、金融机构及证券公司投资组合中的重要组成部分。因此，凡从事金融衍生产品业务的银行应对其交易活动制定一套完善的内部管理措施，包括交易头寸(指银行和金融机构可动用的款项)的限额，止损的限制，内部监督与稽核。扩大银行资本，进行多方位经营。随着国际金融市场规模的日益扩大和复杂化，资本活动的不确定性也愈发突出。作为一个现代化的银行集团，应努力扩大自己的资本基础，进行多方位经营，做出合理的投资组合，不断拓展自己的业务领域，这样才能加大银行自身的安全系数并不断盈利。

(二)回答问题

透过巴林银行破产事件，我们应怎样看待衍生金融工具？

第五章

金融市场

学习目标

通过本章学习，了解和掌握金融市场的内在构成，树立金融市场的综合观念，同时理解各市场间的相互联系、相互影响和共同作用；学会分析当前金融市场，尤其是货币市场与资本市场的政策调整及市场动态变化；了解金融工程的基本内容。

关键概念

金融市场(financial market)　货币市场(money market)　资本市场(capital market)　证券交易所(exchange，stock exchange)

第一节　金融市场概述

一、金融市场的概念

金融市场是实现货币借贷和资本融通，办理各种票据和有价证券交易活动的总称。金融市场有广义和狭义之分。广义的金融市场是指能够从事资金集中与分配的一切场所，其中包括银行对资金的集中与贷放。狭义的金融市场是指通过金融工具的买卖而实现资金的集中与配置的场所。现代经济系统中的市场通常划分为产品市场和要素市场两种类型。前者提供商品或服务；后者提供劳动力、资金等要素。金融市场是要素市场的重要组成部分。

二、金融市场的构成要素

金融市场主要由其主体和客体组成。

1. 金融市场的主体

金融市场的主体是指金融市场的参与者，包括政府、工商企业、居民以及各种金融机构。按照是否从事金融活动来划分，金融市场的主体可分为非金融中介的市场主体和金融中介的市场主体，后者与金融市场的联系更加紧密。

1) 非金融中介的市场主体包括政府、工商企业和居民

它们在金融市场中，既是投资者，也是筹资者。政府部门通过发行债券筹集资金用于公共基础设施的建设以及弥补财政赤字等。同时国家财政筹集的大量收入形成的资金积余又形成了金融市场的资金来源。工商企业在资金短缺时，可以通过金融市场筹集短期资金用于日常周转，筹集长期资金用于扩大再生产；在存在资金闲置时，也可以通过金融市场进行投资获得收益，成为金融市场的资金供给者。居民的资金需求一般数额较小，因此，它们主要是金融市场的资金供给者。

2) 金融中介的市场主体包括存款性金融机构、非存款性金融机构以及金融监管机构

(1) 存款性金融机构。存款性金融机构主要包括商业银行、储蓄银行和信用合作社等。它们主要是通过吸收各种存款获得资金，并以贷款或有价证券投资的形式提供给资金的需求者，从中获得收益。

商业银行是以获取利润为目标，以经营金融资产和负债为手段的综合性、多功能的金融企业。商业银行是一种最重要的存款性金融机构，在金融机构体系中有着重要的地位。商业银行通过吸收存款、向央行再贴现或借款、银行的同业拆借以及发行金融债券等途径筹集资金，并通过贷款、贴现和证券投资等方式为资金需求者提供资金。通过商业银行存款的反复贷放会在整个银行体系中形成数倍于原始存款的派生存款，派生存款的创造对整个金融市场的资金供应和需求产生着巨大的影响。

储蓄机构主要以储蓄存款为其资金来源。储蓄机构的资产业务一般期限比较长，而且相对稳定，因此，其大部分资金主要用于发放不动产抵押贷款、投资国债和其他证券。

信用合作社是由社员自愿集资结合而成的互助合作性金融机构，其资金主要是为会员提供短期生产贷款、消费信贷、票据贴现等。目前，一些资金充裕的信用合作社已开展了提供以不动产或有价证券为担保的中长期贷款。例如美国的信用合作社，已获准投资州政府和地方债券。信用合作社是整个金融体系中一个重要的补充部分。

(2) 非存款性金融机构。非存款性金融机构主要有保险公司、养老基金、投资银行等。它们主要是通过发行证券或以契约性的方式筹集资金的。

保险公司的资金来源是以保费形式聚集起来的保险基金以及投资收益。由于保险标的不同，不同的保险公司在资金的运用上也就有所差别。为投保人因意外事故或伤亡造成的经济损失提供经济保障的人寿保险公司，因为寿险的保险金支付具有可预期性，所以可将资金用于长期投资，如持有公司债券、抵押贷款和政府长期债券等流动性较低而营利性较高的资产。对法人单位和家庭住户提供财产意外损失保险的财产和灾害保险公司，因为理赔支付难以预期，所以主要将资金投资于有较高流动性和安全性，且又有较高收益的国库券、商业票据和银行大额存单等。

养老基金的资金来源是政府部门、雇主的缴款及雇员个人自愿缴纳的款项，以及基金投资的收益。由于养老金支付完全可以预测，需要的流动性较低，所以养老基金类似于人

寿保险公司，资金主要投资于股票、债券及不动产等高收益资产项目。

投资银行主要依靠发行有价证券，包括股票和债券形成资金来源。此外，投资银行也可以从其他金融机构获得贷款。随着金融市场的发展，投资银行的业务范围迅速扩展，不仅包括对工商企业的股票和债券进行投资，为工业企业提供中长期贷款，承销股票和债券的发行，还涉及公司的购并、咨询服务、基金管理和风险资本管理等方面。

(3) 金融监管机构。中央银行在金融市场中处于一种特殊的地位，它既是金融市场的行为主体，又是金融市场的监管者。中央银行作为银行的银行，充当最后贷款人的角色，通过再贷款、再贴现等手段，向资金周转困难的商业银行提供流动资金。同时，作为发行的银行，中央银行根据经济运行状况，通过进行公开市场业务，在金融市场上买卖证券，调节货币数量。中央银行的公开市场业务不以营利为目的，但会影响到金融市场上资金的供求及其他经济主体的行为。

2．金融市场的客体

现代金融市场中各种以货币资金融通为目的的金融交易是建立在信用关系的基础之上的，它往往是通过借助某种金融工具实现的。因此，金融市场的客体就是金融工具。

金融工具主要包括票据(支票、汇票和本票)、可转让定期存单、债券、国库券、基金、证券及各种衍生金融工具等。任何金融工具都是收益性、流动性和安全性三种特性的组合。而这三种特性之间是相互对立统一的。一般来说，流动性、安全性越高的金融工具收益性越低，收益性越高的金融工具相对而言，流动性越低，风险性越高。流动性、安全性和收益性的不同组合反映着金融工具的多样性，从而使之能够适应不同资金供求者的不同需要。

3．交易价格

金融市场的交易价格是利率。各种金融市场均有本市场的利率，如贴现市场利率、国库券市场利率、银行同业拆放市场利率等。但不同的利率之间有着密切的联系，通过市场机制作用，所有各种利率在一般情况下，呈现同方向的变化趋势。市场利率是不受官方控制的利率，但这并不排除中央银行货币操作对其产生的影响。

4．组织形式

组织形式即指金融市场的交易场所而言，金融市场的交易既可以在有形市场中进行，又可以在无形市场中进行。主要有以下 3 种。

(1) 有固定场所的有组织、有制度、集中进行交易的方式，如证券交易所，它在整个证券市场中占有核心地位，对证券交易进行周密的组织和严格的管理。

(2) 柜台(店头)交易方式，指在金融机构的柜台上买卖双方进行面议的、分散的交易方式。这种场外交易方式与证券交易所相比，具有以下特点：由众多分散的、各自独立经营的证券商行分别组织，是一个松散的市场；交易规则比较灵活，交易成本较低；交易对象比较广泛，交易价格是由买卖双方直接协商议定的。

(3) 借助电子计算机网络或其他电讯手段实现交易的方式。如证券市场场外交易的第三市场、第四市场。既没有固定场所，也不直接接触而是通过电讯等方式完成交易。其好处在于：交易成本低；买卖双方直接协商议价，成交迅速；有利于保证交易的隐秘性，不会对其他交易市场的价格产生很大影响。这种场外交易方式在美国较发达。

三、金融市场的分类

金融市场是一个大系统，包括许多相互独立又相互关联的市场。按不同的标准，可将金融市场划分为不同的类型。

1. 按交易品种可分为货币市场、资本市场、外汇市场和黄金市场

货币市场又称短期资本市场，是以期限在一年以内的金融资产为交易标的物。通过货币市场将资金所有者暂时闲置的资金转移到短期资金的需求者，以满足借款者的需要。货币市场主要有同业拆借市场、票据市场、大额可转让定期存单市场和短期债券市场等。货币市场的交易量十分庞大，商业票据、银行承兑汇票、大额可转让定期存单等短期金融工具可以随时在二级市场上出售变现，具有很强的变现性和流动性。同时，货币市场是一个公开市场，任何人都可以按照统一的市场价格进行交易。

资本市场是进行股票和债券等期限为一年以上的金融资产的交易的市场。资本市场主要是满足资金需求者长期投资性资本的需求，用以补充固定资本，扩大生产能力。资本市场资金借贷量较大，收益较高但风险也较大。随着世界金融市场的飞速发展，融资的证券化特别是长期融资证券化已成为一种潮流。

外汇市场是以各种外汇信用工具为交易对象的。通过外汇市场的外汇储备买卖和货币兑换业务，使各国间债权债务关系的货币清偿和资本的国际流动得以形成，实现购买力的国际转移。国际贸易中的进出口商通过外汇市场的借贷融资，从而加速了国际资金的周转，调剂了国际资金余缺。

黄金市场是专门集中进行黄金买卖的交易中心或场所。黄金市场早在 19 世纪初就已形成，现在世界上已形成了以伦敦、纽约、苏黎世、芝加哥和中国香港为中心的 40 多个黄金市场。各国中央银行通过黄金存款、黄金贷款、黄金拆借、黄金掉期、黄金互换交易以及黄金期权交易等方法以获取流动性资产。其中，黄金互换和黄金抵押贷款交易是各主要大国使用的比较多的操作方法。

2. 按金融资产的发行和流通特征可分为发行市场和流通市场

发行市场又叫作初级市场或一级市场，在这个市场中只买卖新发行的金融资产，即发行市场是通过发行股票、债券等金融资产进行筹资活动的市场。一方面为资金的需求者提

供筹集资金的渠道，另一方面为资金的供应者提供投资场所。

流通市场是已发行的金融资产进行流通转让的市场，又称为二级市场。流通市场，一方面为金融资产的持有者提供随时变现的机会，另一方面又为新的投资者提供投资机会。与发行市场的一次性行为不同，在流通市场上金融资产可以不断地进行交易。

发行市场是流通市场的前提和基础，没有发行市场就没有流通市场；流通市场是发行市场存在与发展的重要条件。发行市场和流通市场是相互依存、互为补充的整体。

3. 按范围可分为地方性市场、全国性市场、区域性市场和国际市场

地方性市场和全国性市场都属于国内金融市场，市场主体都是本国的自然人和法人，交易工具都由国内发行。区域性市场和国际市场相似，市场交易主体来自许多国家和地区，交易工具是国际性的，其区别在于，区域性市场的活动范围是某一地区，如东南亚地区、中东地区等，而国际市场的范围则可扩展至整个世界。

4. 按市场的层次可分为一级市场、二级市场、三级市场和四级市场

一级市场是指证券等金融工具的发行市场，二级市场是金融工具的流通市场，三级市场是金融工具在交易所场外进行交易的市场，四级市场是利用计算机、电话、电传等现代通信工具进行交易的市场。

此外，金融市场还可以依据有无固定的场所划分为有形金融市场和无形金融市场；按交割方式不同划分为现货交易、期货交易和期权交易；按期限不同划分为短期资金市场和长期资金市场；按有无交易中介划分为直接金融市场和间接金融市场。

四、金融市场的功能

金融市场的功能是多方面的，其中最基本的功能是满足社会再生产过程中的投融资需求，促进资本的集中与转换，如图5-1所示。金融市场的功能具体表现为以下几个方面。

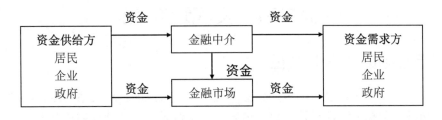

图5-1 金融市场的功能

1. 有效地筹集资金

金融市场的出现将资金的需求者和供给者聚合到一起，以便金融资产的交易，降低交

易成本，促进市场成长。当金融资产的买者和卖者比较分散的时候，收集交换信息必须付出相当的成本，这样买者难以找到卖者，交易难以完成。金融市场此时的作用就在于通过提供交易场所将资金供求双方聚集在一起，从而减少信息收集的费用，方便金融交易的开展。同时，金融市场上有多种融资形式可供双方进行选择。各种金融工具的自由买卖和灵活多样的金融交易活动，增强了金融工具的流动性和安全性，提高了融资效率，即满足了资金供给者对资金安全性、收益性和流动性的要求，也达到了资金需求者及时、灵活、有效地筹集资金的目的。

2. 合理地配置资源

开放金融市场能有效地从社会各个角落中吸收游资和闲散资金，形成根据货币供求状况在各部门、各地区之间重新分配资金的机制。另外，在资金市场上，资本总是在追逐利润，金融工具价格的波动反映了不同部门的收益率的差异，金融工具的交易客观上有助于将资源从低效部门转移到高效部门，从而实现稀缺资源的合理配置和有效利用。

3. 有效地发挥市场机制功能

完整的市场机制是以价值规律、供求规律等客观规律为基础，通过供求变动、价格变动、资金融通以及利率升降等要素作用的总和而形成的一种综合的客观调节过程。培育和完善金融市场，资金可以顺利流动，信贷机制才能发挥调节作用，利率对企业经济活动才能起自发的调节作用，才能使市场机制发挥作用。

4. 促进全国统一市场的形成和发展

金融市场是现代市场体系中最活跃、最有渗透力的因素。它是商品交易和生产要素交换的媒介，使资金在部门间、地区间、经济单位间流动，因而也是打破封闭、分割，促进全国统一市场形成和发展的有力工具。

第二节　货　币　市　场

一、货币市场的概念与特征

货币市场是指一年期以内的短期金融工具交易所形成的供求关系和运行机制的总和，它与资本市场一起构成金融市场的核心内容。货币市场通过各种短期资金融通工具将资金需求者和资金供应者联系起来，既满足了资金需求者的短期资金需要，又为资金盈余者的暂时闲置资金提供了获取盈利的机会。更为重要的是货币市场是中央银行增减基础货币、调控货币流通量的重要场所，货币市场的完善程度直接决定了中央银行货币政策实施的效果。货币市场的主要特征有：

(1) 期限短。一般为 3～6 个月，最长不超过 1 年。

(2) 交易目的是解决短期资金周转。用途一般是弥补流动资本的临时不足。

(3) 流动性强、价格平稳、风险较小。

二、货币市场类型

货币市场根据投资工具的不同可以分为票据市场、同业拆借市场、可转让大额定期存单市场、国库券市场、回购市场等若干子市场。

1. 票据市场

票据市场是专门办理票据交易的场所，可以分为票据承兑市场、票据贴现市场和本票市场三种。

1) 票据承兑市场

票据承兑是指汇票付款人或制定银行承诺在汇票到期日支付汇票金额的票据行为。因汇票是一种支付命令，因此在承兑前，汇票是没有法律保障的。承兑后的汇票才是市场上合法的金融票据。

承兑汇票有两种：一种是商业承兑汇票，即付款人作为汇票的承兑人，在票面上办理承兑手续；另一种是银行承兑汇票，即由银行承诺承担最后付款责任，银行作为承兑人。银行承兑汇票比商业承兑汇票对于持票人更具有付款保障性，在国际商业信用活动中被广泛使用。

为了进一步解释银行承兑汇票的产生过程，以一笔进出口贸易来说明。例如，甲国进口商要从乙国进口一批钢材，并希望在 3 个月后支付货款。进口商要求本国银行按购买数额开出不可撤销信用证，寄给国外出口商。信用证中允许外国出口商按出售价格开出以进口商的开证行为付款人的远期汇票。货物装船后，出口商开出以进口商开证行为付款人的汇票，将汇票和相关单据寄往进口商开证行，要求承兑。进口商开证行在审核汇票和相关单据无误后，在汇票正面加盖"承兑"图章，并填上到期日。承兑后，进口商开证行将汇票寄还给出口商。出口商收到汇票后，可到通知行办理贴现，提前收回货款。通知行办理贴现取得汇票后，可将汇票持有至到期日向进口商承兑行收款，或者将通过金融市场出售汇票。

在国际贸易中运用银行承兑汇票，不仅可以使出口商立即获得货款进行生产，避免货物运输的时间耽搁，而且出口商所在地通知行以本国货币支付给出口商，从而避免了汇率风险。

2) 票据贴现市场

贴现是汇票持有人为了取得现款，将未到期的承兑汇票，以支付自贴现日起至票据到期日止的利息为条件，向银行所作的票据转让，银行扣减贴现利息，支付给持票人现款的行为。其计算公式：

$$银行贴现付款额 = 票据面额 - 贴现息$$
$$贴现息 = 票据面额 × 年贴现率 × 未到期天数 / 360 天$$

转贴现是指贴现银行在需要资金时，将已贴现的票据再向其他银行办理贴现的票据转让行为，是商业银行之间的资金融通行为。再贴现是指商业银行将已贴现的票据再向中央银行申请放款的行为，是中央银行对商业银行融通短期资金的一种行为，是中央银行的授信业务。在西方国家，这项业务又作为中央银行调节市场银根松紧及货币供应量的重要手段。西方各国中央银行根据不同时期的不同情况，制定不同的再贴现率，调节融资成本，抑制或刺激货币需求，从而紧缩或扩张银行信用，达到收紧或放松市场银根的目的。

票据贴现机构有两类：一类是商业银行；一类是专营贴现业务的金融机构，如日本的融资公司、美国的票据经纪商等。

3) 本票市场

最早商业本票是用于商品交易中，现代商业本票大多已成为出票人融资、筹资的手段。因此现代商业本票通常是指一种具有较高信用的公司发行的无担保融资性短期债券，其期限一般不超过 9 个月。

商业本票市场形成于 19 世纪。由于当时银行的短期贷款难以满足工业企业的需求，因此工业企业就在货币市场上发行短期债券进行直接融资。此后，主要是一些具有较高信用等级的大公司发行商业票据。所以，商业本票市场主要是一些信誉高、规模巨大的国内金融机构和非金融公司、外国公司为了筹集资金用于解决生产资金和扩大信贷业务等而发行商业本票的场所。由于本票发行者具有较高的声誉，风险较低，投资公司、银行、保险公司、养老基金等是本票市场的主要投资者。银行购得本票后可以向中央银行申请再贴现以获得资金。贴现业务量占短期放款的比重很大，在货币市场上贴现市场居于主导地位。

我国于 20 世纪 80 年代开办对票据的承兑、贴现和再贴现业务，标志着我国票据市场已开始运行。但由于我国商业信用票据化的进程较慢，在票据市场的开放和发展过程中出现过一些挫折，贴现业务在短期资金借贷中所占的比重还比较小。1995 年《中华人民共和国票据法》的公布与实施，为票据承兑贴现市场的发展提供了有利条件；1998 年，中央银行规定再贴现率作为一种基准利率，与同期再贷款利率脱钩，并规定贴现率由再贴现率加点生成，与同期贷款利率脱钩，浮动幅度扩大；2000 年 10 月，中央银行又做出了改进和完善再贴现管理的决定。这些措施极大地推动了票据承兑贴现业务的发展。第一家全国性票据专营机构——中国工商银行票据营业部于 2000 年 11 月 9 日在上海开业，标志着我国票据市场已向着规模化、专业化的方向发展。近几年，在中央银行大力发展商业票据市场的一系列政策措施引导下，商业票据市场规模得到迅速扩大。据统计，自 1996 年到 2003 年年底，票据累计贴现量从 1 955 亿元上升到 43 388 亿元，8 年中平均每年以超过 60%的速度增长。票据贴现余额由 505 亿元增加到 9 137 亿元，增长了 17 倍。商业票据市场的快速发展有力地促进了资金资源的有效配置，缓解了中小企业的融资难问题，拓宽了商业银行的服务领域，提高了商业银行的经营效益。

2. 同业拆借市场

同业拆借市场亦称同业拆放市场，是金融机构之间以货币借贷方式进行短期资金融通活动得市场。同业拆借的资金主要用于弥补短期的、临时性的资金不足以及票据清算的差额。

银行等金融机构通过同业拆借市场相互借贷在中央银行存款账户上的准备金余额，用于调剂准备金头寸的余缺。随着市场的发展和市场容量的扩大，交易对象已不仅限于商业银行的存款准备金了，还包括商业银行相互之间的存款以及证券交易商和政府拥有的活期存款；拆借的资金除了满足准备金外，还用于轧平票据交换差额，解决短期资金需求等。借贷双方可通过电话直接联系，也可以通过市场中的中介人，在借贷双方达成协议后，贷款方直接或通过代理行经中央银行的电子资金转账系统将资金转入借款方的资金账户。

同业拆借期限一般都很短，大多在 1 天到 5 天之间，最短也有半天的。极少数拆借交易期限长达 1 年之久。同业拆借市场对资金供求状况十分敏感，利率变动频繁，直接反映了准备金的供求状况，间接反映了银行信贷、市场银根和整个经济的状况，因此，被中央银行当作反映货币市场情况的重要指标之一。

我国银行间同业拆借市场的建立，形成了中国最具信誉度的金融机构间的拆借市场。由于这个市场是一个无形市场，使得市场参与者必须具有很高的信誉，而且要遵守严格的市场规则。因此，这个市场的资金交易，代表着中国货币市场上最低风险的资金交易，其利率则代表了最低风险下的资金报酬率。自 1996 年 6 月起，中国人民银行放弃了对其利率的管理，市场上的所有同业资金拆借，都由交易双方自由讨论价格(拆借利率)，因而生成了中国金融市场上的第一个市场利率。尽管这个市场利率还只在小范围的银行间生成与应用，但是，它对我国多年来的利率管制是一个意义深远的突破。

3. 大额可转让定期存单市场

大额可转让定期存单市场是指大额可转让定期存单的发行、转让所形成的市场。大额存单的全称是大面额可转让定期存单，简称 CD。20 世纪 60 年代初，由于美国对银行利率采用"Q 条例"进行限制，使市场利率高于银行利率，银行信用受到冲击，因而使企业把资金投向证券市场和其他金融市场中。银行为了在遵守"Q 条例"条件下，把资金重新吸引过来，发行了大额可转让定期存单。该存单的发行一般是通过银行柜台方式进行，也可以通过承销商代理发行。其认购者绝大多数是非金融性公司，还包括政府机构、外国政府和外国企业，也有部分金融机构和个人投资者。

同传统的定期存款相比，大额可转让定期存单具有以下特点。

(1) 不记名、可以流通转让。

(2) 存单金额较大且固定。在美国最少为 10 万美元，二级市场上的交易单位为 100 万美元。

(3) 存单利率既有固定的，也有浮动的，且一般比同期的定期存款利率高。

(4) 不能提前支取，但可在二级市场上流通转让。CD 发行采取批发和零售两种形式。批发发行时，发行银行将拟发行 CD 的总额、利率、期限、面额等有关内容预先公布，等候认购。零售发行时，发行银行随时根据投资者的需要发行，利率可以双方议定。许多 CD 发行不通过经纪人和交易商，由发行银行直接向大企业或自己的客户出售。这样可以减小发行银行经营状况的透明度，从而有利于保证发行银行的良好信誉形象。

CD 不仅面额较高，交易起点额更高，这在很大程度上限制了个人投资者进入市场。因此，同其他形式的货币市场一样，CD 市场也是以机构投资者为主要参与者的市场。其大宗性和流动性强的两个基本特性，使之成为银行大宗性定期负债的来源和企业、各类机构短期流动性资金的投资途径，因此深受银行和企业等机构投资者的欢迎。

我国在 1986 年开始发行大额可转让定期存单，最初由中国银行和交通银行发行。1989 年起，其他专业银行也开始发行。我国向个人发行的大额定期存单有 3 个月、6 个月、12 个月 3 个期限，面额为 1 万元、2 万元、5 万元，面向企业、事业单位发行的大额可转让定期存单，面额为 50 万元、100 万元、500 万元。由于没有交易市场，缺乏流动性，我国的 CD 几乎成为一种变相的定期储蓄存款。

4. 国库券市场

国库券是政府以债务人身份承担到期偿付本息责任的期限在 1 年以内的债务凭证。在国外，期限在 1 年以上政府中长期债券称为公债，1 年以内的债券才称为国库券。而我国不管期限是在 1 年以内还是 1 年以上的由政府财政部门发行的政府债券，均习惯称为国库券。

政府发行国库券的目的一般有两个：一是满足政府部门短期资金周转的需要。当政府在一段时间出现了资金短缺，需要筹借短期资金以周转时，就可以通过发行国库券以保证临时性资金需求。二是为中央银行的公开市场业务提供可操作的工具。国库券是中央银行进行公开市场操作的极佳品种，其在货币政策调控上具有重要意义。

国库券在市场发行时，需要通过专门的机构进行，这些机构通常被称为"一级自营商"，一级自营商往往由信誉卓著、资力雄厚的商业银行或投资银行组成。

国库券的市场发行一般采取拍卖方式折扣发行。当政府财政部或中央银行发出拍卖信息后，一级自营商即根据市场行情和预测报出购买价格和数量。发行人根据自营商的报价自高而低排列，先满足较高价位者的购买数量，直至达到发行量为止。当一级自营商获得

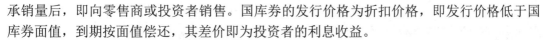

承销量后，即向零售商或投资者销售。国库券的发行价格为折扣价格，即发行价格低于国库券面值，到期按面值偿还，其差价即为投资者的利息收益。

我国于 1981 年首次发行国库券，但实际上是中期国债，直到 1994 年，我国首次发行期限短于 1 年的国库券，这才标志着真正意义上的国库券在我国出现。随着我国政府债券期限结构的多样化和中国人民银行开展人民币公开市场业务操作的需要，真正的国库券市场必将得到充分的发展。

5. 回购市场

回购市场指通过回购协议进行短期资金融通交易的场所。所谓回购协议是指交易者在融通资金时签订的，由卖方将一定数额的证券临时性地出售给买方，并承诺在将来某一时间将该证券如数购回的协议。回购协议实质上是一种以交易的证券为质押物的质押贷款。

回购协议的期限从 1 日至数月不等，期限 1 日称为隔夜回购，长于 1 日统称为期限回购。证券出售方应在协议到期日按约定价格加一定利息购回该证券，而不管证券在此期间内是升值或是贬值。

回购市场的参与者主要是银行、非银行金融机构、企业、交易商和政府。其中，银行和交易商是主要的出售者。对于银行和交易商来说，回购协议是一种较优的短期资金来源选择，通过回购交易可以增强融资的安全性和营利性。对政府来说，通过回购市场可以使政府活跃债券业务，保证资金的回流。企业可以在回购市场使短期闲置资金得到合理有效的运用。

回购协议交易没有集中的有形交易场所，交易以电信方式进行。大多数交易由资金供需双方直接联系进行，也有少数交易借助于政府证券交易商。回购市场上利率取决于回购证券的质地、回购期限长短、交割条件及货币市场其他形式市场的利率水平。由于回购协议以政府证券作为抵押品，所以风险相对较小，其利率也相对较低。投资者的收益为

$$回购收益 = 投资金额 \times 回购利率 \times 天数/360 \text{ 天}$$

尽管回购协议以政府债券作为质押品，但交易双方仍然存在信用风险，如到交易期限回购协议的卖方不履行回购协定，给对方带来损失；利率上升，证券价格下跌，证券价值小于其借出的资金的价值，资金借出方资金缩水。通常可以采取以下两种方法来减少信用风险：一是设置保证金，即要求作为质押品的证券的市值高于贷款价值，通常比例在 1%～3%之间。二是根据证券市值随时相应地调整回购协议，如调整贷款数额、增减保证金等。

我国自 1991 年开始进行国债回购交易，主要是场外交易。从 1993 年 12 月 13 日起，在上海证券交易所开始进行正规的交易所国债回购交易。其目的主要是为了发展我国的国债市场，活跃国债交易，发挥国债这一金边债券的信用功能，为社会提供新的融资方式。随着回购市场的进一步发展，上海证券交易所和深圳证券交易所又分别于 2002 年 12 月 30 日和 2003 年 1 月 2 日推出企业债券回购交易。企业债券回购交易的推出，满足了投资者多

样化的投资需求，为机构投资者灵活调剂资金头寸和资产的流动性管理提供了便利，活跃了企业债券的一级市场发行和二级市场交易，吸引更多的市场资金参与企业债券投资，从而有利于企业债券市场的发展。我国回购市场中以证券公司、保险机构、投资基金、机构投资者等非银行性的成员为主。目前，上海证券交易所的国债回购包括1天、3天、4天、7天、14天、28天、91天和182天8个品种，企业债券回购包括1天、3天和7天3个短期品种，回购的最小面额为10万元标准券。深圳证券交易所国债回购包括1天、2天、3天、4天、7天、14天、28天、63天、91天、182天和273天11个品种，企业债券回购包括3天和7天两个品种；场内回购合约标的不少于2万元，场外一次买卖额为50万元以上。我国债券回购交易量近年来上升幅度加快，据统计，2000年为15 781.24亿元，2001年为40 133.29亿元，2002年为101 885.21亿元；到2003年累计成交量则达到117 203.41亿元。同时，市场对利率的敏感性明显增强，2003年债券回购加权利率为2.35%，同比增长12.62%。2005年中国人民银行批准国际金融公司和亚洲开发银行在全国银行间债券市场分别发行人民币债券11.3亿元和10亿元。这是中国债券市场首次引入外资机构发行主体，是中国债券市场对外开放的重要举措和有益尝试。国际开发机构在我国银行间债券市场发行人民币债券对我国金融市场的发展以及对外开放具有重要意义。

第三节　资　本　市　场

资本市场通常是指以1年以上的信用工具为交易对象的金融市场，也叫长期资金市场。资本市场的交易对象包括银行的中长期贷款、政府的中长期公债券、企业股票和债券。资本市场的资金供给者主要是银行、保险公司、退休及养老基金、私人和外国投资者，资金需求者主要是政府、企业和个人。

资本市场上融通资金的工具主要是股票和债券，因此，资本市场与货币市场具有不同的特点。

(1) 期限长。资本市场中的金融工具的期限较长，一般在1年以上，如股票，只要发行股票的公司存在，一般来说，该公司发行的股票就存在。资本市场主要是为公司提供长期融资的场所。

(2) 风险大，流动性低。由于资本市场中的金融工具期限较长，存在影响金融工具价值的因素较多，因此，资本市场相对于货币市场而言，市场风险较大，且金融工具的流动性较低。

(3) 有形市场和无形市场相结合。资本市场的金融工具的交易往往是有形与无形相结合的方式，既有大量证券在交易所中进行，也有规模较大的场外无形市场。

资本市场一般包括证券市场和银行中长期借贷市场两部分。纵观世界各国长期资本市

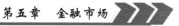

场的发展，证券市场起到了关键的作用。而且从世界金融市场的发展趋势上看，长期融资证券化已经成为一种潮流。基于以上原因，一般人们也经常把证券市场视同于资本市场。

资本市场主要包括股票市场和债券市场。

一、股票市场

1．股票价格

股票有两种基本价格：发行价格和流通价格。平常我们所关心的主要是股票的流通价格，即在股票市场上的交易价格。

股票价格又称"股票行市"。股票之所以有价格，是因为它可以给持有人带来股息收入。因此，股票买卖实际上是购买一种领取股息收入的凭证，这也是一种权利的转让。在股票发行市场上，股票的发行价格往往高于股票的面值，高出部分的差额叫"溢价"；而在股票流通市场上，股票价格会经常发生波动，有时可能会暴涨或暴跌。

股票价格主要取决于预期的股息收益和市场利率。可用公式表示

$$股票价格 = \frac{预期股息收益}{市场利率}$$

2．影响股价变动的因素

1）预期股息收益

以上公式还表明，在市场利率不变的情况下，预期的股息收益与股票价格成正比，即预期的股息收益越高，股票的价格也越高；反之，预期的股息收益越低，股票的价格也越低。

影响股息变动的因素主要有以下几种。

(1) 股份公司收益的变化。股份公司在年终决算时，会将收益的一部分作为股息分配给股东，如果企业的收益增加，可分配给股东的股息也增加；反之，企业收益减少，分配给股东的股息也减少。企业收益状况取决于企业的经营效益。

(2) 经济周期的变化。企业的经营效益与经济周期有着密切的联系。在经济繁荣时期，消费增加，投资规模扩大，企业生产状况良好，从而使企业的收益增加，可用于分配的股息也增加；反之，在经济萧条时期，商品滞销，企业开工不足，必然导致企业收益和分配的股息减少。

(3) 通货膨胀的程度。如果通货膨胀持续，物价上涨会使企业的销售收入增加，从而股票的名义收益也会有较大幅度的上升。如果市场利率不以相同的比例提高，那么，股价上升将是不容置疑的。

2）市场利率

股票价格与市场利率成反比例变化。一般我们以债券利率或银行存款利率来代替市场

利率，因为投资者持有的资金，除购买股票外，主要是投资于债券或存在银行。

在预期股息收益不变的情况下，市场利率越高，股票的价格越低，这意味着以同样的本金存入银行可获得较高的利息收入，要获得与银行利息相等的收入，就必须降低股价，以较少的本金购买股票；相反，市场利率越低，股票的价格越高，这意味着要获得与银行利息相等的收益率，就必须提高股票的价格。

假如某公司股票的股息收益为5%，当市场利率为5%时，某人将200元存入银行，每年可获得10元的利息收入，股票价格应为200元(即10元/5%)；如果市场利率上升为10%，这时，他只要把100元存入银行即可获得10元的利息收入，这样股票价格就下降为100元(即10元/10%)，因为他只要用100元购买股票即可获得与银行利息相等的收益率。

3) 供求关系

股票的供求主要取决于以上所述的经济原因，如企业的经济效益和收益的变化、经济周期的变化和通货膨胀程度等因素。

4) 重大事件

战争、政治事件和灾害等也会影响股票的供求和价格。当发生这样的重大事件时，人们会对未来的预期产生不确定性，为了保证资产的安全，人们会大量地抛售股票，持有货币，结果使股票市场陷入低迷。

3. 股票的发行

1) 股票发行的条件

由于股票是所有权的凭证，因此，各国对股票发行都有严格的条件限制。股份公司在发行股票前必须向证券主管机构呈交申请文件，主要有以下内容。

(1) 股份公司章程，主要包括：公司名称、地址、法定代表、经营范围、资本总额、股权结构、管理体制、经济效益和收益分配等。

(2) 发行股票申请书，包括：拟发行股票的名称、种类、数量、发行对象、所筹资金的用途和上级主管部门的初审意见等。

(3) 发行股票说明书，必须说明除公司章程的内容以外，还包括：公司近3年来的资产负债情况、发行股票的目的、公司的发展前景、公司董事会的构成及其成员情况、股票发行的起止日期等。

(4) 股票承销合同，包括：股票承销人的名称、地址、法定代表、承销金额、承销费用、承销起止日期，承销剩余部分的处理和违约责任及赔偿等。

(5) 经过审计和公证的企业财务报表和有关文件。

2) 股票发行的基本方式

股票发行的基本方式，按发行对象分，可分为私募发行和公募发行。

私募发行是指向少数特定的投资人发行。私募的对象有两类，即个人投资者和机构投

资者。个人投资者主要是使用本公司产品的用户或本公司职工；机构投资者主要是与本公司有业务往来的金融机构或企业。私募发行不仅可以节省发行费用，而且可以省去向证券管理机构注册的时间和费用；但缺点是发行者必须向投资人提供特别优惠的条件，私募发行的股票在二级市场上难以转让。

公募发行是面向市场公开发行，即向大量的非特定投资人发行。公募发行可以筹集大量的资金，而且不必提供特别优惠的条件。但公募发行量大，需要承销商协助，而且手续比较麻烦，费用也较大，如必须向证券管理机构注册，必须在发行股票说明书中如实公布公司的情况以供投资者做出正确的投资决策。各国均规定，只有公募发行的股票才可以在证券交易所挂牌交易。因此，公募发行的股票更具有流动性，也更受投资者的欢迎。

3）股票发行价格

根据发行价格和票面面额的关系，可以将股票发行分为溢价发行、平价发行和折价发行三种形式。

平价发行也称为等额发行或面额发行，是指发行人以票面金额作为发行价格。例如某公司股票面额为 1 元，若采用平价发行方式，那么该公司发行股票时的售价也是 1 元。由于股票上市后的交易价格通常要高于面额，面额发行能使投资者得到交易价幅高于发行价格时所产生的额外收益，因此绝大多数投资者都乐于认购。平价发行方式较为简单易行，但其主要缺陷是发行人筹集资金量较少。目前，面额发行在发达证券市场中用得很少，多在证券市场不发达的国家和地区采用。我国最初发行股票时，就曾采用过面额发行。例如1987 年深圳发展银行发行股票时，每股面额为 20 元，发行价也为每股 20 元。

溢价发行是指发行人按高于面额的价格发行股票，因此可使公司用较少的股份筹集到较多的资金，同时还可降低筹资成本。溢价发行又可分为时价发行和中间价发行两种方式。时价发行也称市价发行，是指以同种或同类股票的流通价格为基准来确定股票发行价格，股票公开发行通常采用这种形式。在发达的证券市场中，当一家公司首次发行股票时，通常会根据同类公司(产业相同，经营状况相似)股票在流通中场上的价格表现来确定自己的发行价格；而当一家公司增发新股时，则会按已发行股票在流通市场上的价格水平来确定发行价格。中间价发行是指以介于面额和时价之间的价格来发行股票。我国股份公司对老股东配股时，基本上都采用中间价发行。

折价发行是以低于面额的价格出售新股，即按面额打一定折扣后发行股票，折扣的大小主要取决于发行公司的业绩和承销商的能力。例如某种股票的面额为 1 元，如果发行公司与承销商之间达成的协议折扣率为 5%，那么该股票的发行价格为每股 0.95 元。目前，西方国家的股份公司很少有按折价发行股票的。在我国，《中华人民共和国公司法(2018 年修订)》第一百二十七条明确规定，"股票发行价格可以按票面金额，也可以超过票面金额，但不得低于票面金额。"

【专栏 5-1】证券市场的产生和发展

1602 年在荷兰的阿姆斯特丹成立了世界上第一个股票交易所。

1817 年参与华尔街证券交易的经纪人通过一项正式章程并定名为"纽约证券交易会", 1863 年改名为"纽约证券交易所"。

第二次世界大战结束后，欧美和日本经济的恢复和发展以及各国的经济增长大大地促进了证券市场的恢复和发展，企业证券发行增加。

20 世纪 70 年代开始证券市场出现了高度繁荣的局面，不仅证券市场的规模更加扩大，证券交易日趋活跃，而且逐渐形成了融资方式证券化、投资主体机构化、证券市场国际化、交易品种衍生化、交易方式电子化和市场体系统一化的全新特征。

随着国际经济金融格局的变化以及金融证券化、证券交易多样化和证券市场自由化的进一步发展，证券市场的发展将呈现两大趋势，即金融创新进一步深化，发展中国家和地区的证券市场国际化将有较大发展。

4．股票流通市场

股票流通市场又称为"股票交易市场"，包括场内交易市场和场外交易市场，场内交易市场即证券交易所。

1）场内交易

场内交易是指通过交易所进行金融工具买卖流通的组织方式。证券交易所是买卖双方公开进行交易的场所，是一个有组织、有固定地点、集中进行交易的次级市场，是股票流通市场最重要的组成部分。证券交易所是独立的法人实体，它本身并不参与证券买卖，只提供交易场所和服务，同时也负有管理证券交易的职能。

证券交易所的组织形式可以分为两类：公司制和会员制。

公司制证券交易所是由银行、证券公司、信托机构及其他非金融公司法人以股份公司形式成立的并以盈利为目的，提供交易场所和服务，以有利于交易的顺利进行的法人团体。由于交易所不直接参与证券买卖，从而保证了证券交易的公平与公正；证券交易所对买卖双方的违约承担赔偿责任，因此易获得社会公众的信任，有利于促进证券交易所的发展。同时，由于以盈利为目的，易助长市场过分的投机交易，且证券交易所存在破产的可能。

会员制证券交易所是一个由会员自愿组成的、不以盈利为目的的社会法人团体，主要由取得交易所会员资格的证券商组成。只有会员才能进入交易大厅进行证券交易，其他人要买卖在交易所上市的证券只能通过会员进行。会员制证券交易所不以营利为目的，通过收取会费、上市费及佣金来维持运作，从而收取的交易费用比较低，且由于在证券交易上受到的一切损害，均由买卖双方自行负责，交易所不承担风险。我国上海、深圳证券交易所都属于会员制。

2)　场外交易

场外交易市场也称为柜台交易或店头交易，是相对证券交易所交易而言的，凡是在证券交易所之外的股票交易活动都可以称为场外交易。在场外交易市场交易的股票，主要是按照法律规定公开发行而未能在证券交易所上市的股票，场外市场的监管一般比证券交易所松懈，所以，场外交易灵活方便，但交易效率不如证券交易所。场外交易市场又包括证券商柜台交易市场、第三市场和第四市场。

3)　交易基本程序

一般客户是不能直接进入证券交易所进行场内交易的，而要委托证券商或经纪人代为进行。客户的委托买卖是证券交易所交易的基本方式，是投资者委托证券商或经纪人代理客户(投资者)在场内进行证券买卖交易的活动。证券的交易程序一般包括开户、委托交易、竞价与成交、清算交割、过户等过程。

(1)　开户。证券投资者由于不能到证券交易所直接从事交易活动，因此必须选择一个可靠的证券公司或投资公司为经纪人，委托它代为买卖证券。投资者在办理完委托登记之后，要开立证券账户和资金账户。

证券账户是证券登记结算公司为投资者设立的账户，用于记载投资者持有的证券种类、名称、数量及相应权益和变动情况的账户。我国分为股票账户(可用于股票、债券、基金等投资)、债券账户和基金账户。资金账户则是记录投资者交易资金币种、余额及变动情况的账户，类似于银行的活期存折，也可以随时提存款项并可获得利息。

(2)　委托交易。账户开立后，投资者可以向证券商传递买卖证券的指令，证券商即向交易所内的经纪人传达指令，经纪人按指令操作买卖。委托交易一般涉及以下几个方面内容。

①　委托数量可以分为整股委托和零股委托。前者是指买卖证券数量以一个交易单位或其整数倍为起点。一个交易单位称为"一手"。例如我国股票为 100 股/手，债券、基金为 1 000 元/手。后者是指委托买卖的数量不足一个交易单位。我国交易规则规定卖出可以为零股，买进不能为零股。

②　委托指令分为市价委托和限价委托。投资者委托证券商按照交易市场的市价买卖证券，不规定证券买卖的具体价格，经纪人在接到指令后立即买卖证券的方式称为市价委托。投资者要求经纪商在执行委托指令时，必须按限定的价格或比限价更有利的价格买卖的方式为限价委托。

③　委托形式主要包括当面委托、电话委托、传真委托、函电委托和自助委托(计算机委托、远程终端委托和磁卡委托)等形式。

(3)　竞价与成交。交易所内的经纪人接到指令后即可进行竞价直至成交。

①　竞价原则。在交易所中进行竞价时往往出现同时叫价的情况，到底谁得到优先购

买或卖出的权力呢？证券交易成交的规则如下。

价格优先：即买进时，较高的价格优先于较低的价格成交；卖出时，较低的价格优先于较高的价格成交。

时间优先：同价位申报，先出价或要价的优先成交。

② 竞价方式。在交易所竞价时采用的方式一般分为口头竞价(口头唱板)、书面竞价和电脑竞价。我国证券交易所中采用的就是电脑竞价。

(4) 清算交割。证券买卖成交后，就进入结算证券、收付价款的阶段。通常清算在证券买卖成交后立即进行，是证券商与交易所之间就证券数量和价款进行轧抵和计算。而交割则是与交易所之间的转账和交付活动，一般在交割日进行。

证券的交割因期限不同分为以下几种：①当日交割：交易双方成交当天办理证券和价款的事宜。②次日交割：交易双方在成交后第二个营业日办理交接。③例行交割：成交后按交易所规定的若干日内办理交割。④特约交割：交易双方在成交之日起 15 日内办理交割。

从国际上看，各国及地区均根据自身情况制定相应的交割制度，如我国香港地区及台湾地区、韩国、巴西等实行 T+2 交割制度，美国、日本、加拿大等实行 T+3 交割制度，英国、意大利、澳大利亚等则实行 T+5 交割制度。目前，我国沪、深证券交易所的 A 股、基金和债券交易实行的是 T+1 的交割制度，B 股实行 T+3 交割制度。

(5) 过户。交割完毕后，投资者买进的证券还必须办理过户手续。此后，投资者可享受各种权益。但在运用电脑自动交易系统的当天，交易结束，过户就自动完成了。

【专栏 5-1】中国科创板市场

2018 年 11 月 5 日，在首届中国国际进口博览会开幕式上，习近平主席正式宣布在上海证券交易所设立科创板，作为独立于现有主板市场的新设板块，并试点注册制。科创板的设立旨在为科技创新型中小企业提供早期的资金支持，优化"大众创业、万众创新"的金融环境，是资本市场支持供给侧结构性改革的重大举措。

发行人申请在科创板上市，市值及财务指标应当至少符合下列标准中的一项。

(1) 预计市值不低于人民币 10 亿元，最近两年净利润均为正且累计净利润不低于人民币 5000 万元，或者预计市值不低于人民币 10 亿元，最近一年净利润为正且营业收入不低于人民币 1 亿元。

(2) 预计市值不低于人民币 15 亿元，最近一年营业收入不低于人民币 2 亿元，且最近三年累计研发投入占最近三年累计营业收入的比例不低于 15%。

(3) 预计市值不低于人民币 20 亿元，最近一年营业收入不低于人民币 3 亿元，且最近三年经营活动产生的现金流量净额累计不低于人民币 1 亿元。

(4) 预计市值不低于人民币 30 亿元，且最近一年营业收入不低于人民币 3 亿元。

(5) 预计市值不低于人民币 40 亿元,主要业务或产品需经国家有关部门批准,市场空间大,目前已取得阶段性成果。

(资料来源:丁志国,赵晶.金融学.2.版,北京:机械工业出版社,2019)

5.中国的股票市场

改革开放以后,中国的股票市场于 20 世纪 80 年代中期开始形成和发展。1984 年 7 月,经中国人民银行同意,北京市天桥商场宣布向社会募股集资,首开新中国成立以来国有企业直接向社会公众筹资的先例。接着,广东、山东、辽宁、上海和浙江等地部分企业先后向其内部职工和社会公众,以发行股票和债券的形式筹集资金。如 1984 年 12 月,工商银行上海投资信托公司静安证券业务部首次代理飞乐音响公司发行股票。

1986 年 1 月 6 日至 10 日,国家体改委和中国人民银行联合召开广州等 5 城市金融体制改革座谈会,会上正式提出开放包括证券市场在内的金融市场,并具体布置了试点工作。同年 9 月 26 日,工商银行上海投资信托公司静安证券业务部开办了代理股票现货买卖业务。至此,我国的股票二级市场开始形成。

【专栏 5-2】中国资本市场的发展状况

上海证券交易所成立于 1990 年 11 月 26 日,并于同年 12 月 19 日正式开张营业。它的成立标志着我国的证券二级市场开始向交易规范化的方向发展。深圳证券交易所成立于 1990 年 12 月 1 日。证券市场加速发展,证券投资规模逐渐扩大。1991 年上海和深圳证券交易所仅有上市公司 14 家,市价总值 109.19 亿元。而到了 2019 年 5 月,投资者开户数目已经达到 1.5 亿户。截止到 2019 年 7 月 30 日,我国深沪两家交易所共有上市公司 3762 家,股票市价总值为 54.39 万亿元,股票流通市值 44.51 万亿元。证券投资基金 1006 只。我国的股票发行市场除最初发行 A 股外,1991 年开始发行 B 股,1993 年后又出现了 H 股和 N 股等境外上市股。中国证券市场股票市值已成为排在美国之后的全球第二大市值市场。

(资料来源:上海证券交易所、深圳证券交易所官网)

二、债券市场

债券市场交易的对象主要有公债券、公司债券和金融债券,其中公债券又包括国家债券、国库券和地方政府债券。

1.债券发行市场

1) 债券发行的条件

债券发行的条件由面值、利率、偿还期限和发行价格四个要素所组成。其中债券的面值、利率、偿还期限是债券发行的基本要素,决定债券投资的基本价值。发行价格则可随市场利率的变化进行微调。

(1) 面值。是债券票面上载明的价值。对于还本付息的债券,面值是偿还本金的依据;对于贴现发行的债券,面值是到期收回的金额。

(2) 利率。是利息与票面金额的比率。固定利率债券在到期以前利率不变;浮动利率债券则随市场利率的变化定期进行调整。债券利率的确定,应根据债券发行时市场利率的情况及发展趋势全面考虑。

(3) 偿还期限。即从发行债券到兑付本金之间的时间。资本市场上发行的债券是中长期债券,中期债券的期限一般是1~5年,长期债券的期限一般是5年以上。有的国家还发行10年以上长期国债。企业债券大多在5年以内。

(4) 发行价格。债券发行价格的确定以面值为基础,同时考虑市场利率的变化。债券的发行价格有四种情况,即平价发行、折价发行、溢价发行和贴现发行。平价发行是按债券的面值发行;折价发行是按低于债券面值的价格发行;溢价发行是按高于债券面值的价格发行;贴现发行是按债券的面额中扣除贴现金额后的价格发行。

2) 债券的评级

债券的评级是指由专门的信用评级机构根据发行者提供的信息资料,通过调查和预测,并运用科学的分析手段,对所发行债券的质量、信用程度和风险进行客观公正的评价和测定。债券评级的目的是为了保护投资者的权益,为投资者做出正确的投资决策提供参考依据。世界上最具有权威的评级机构是美国的穆迪公司和标准普尔公司,表 5.1 是穆迪公司和标准普尔公司的债券信用评级。

违约风险较低的债券被称为投资级债券,级别在 Baa(或 BBB)以上,Ba(或 BB)以下的债券具有较大的违约风险,被称为投机级债券或垃圾债券。

2. 债券流通市场

债券流通市场又称为"债券交易市场"或"二级市场"。债券流通市场的类型与股票市场相同,主要有:证券交易所、柜台交易市场(或店头交易市场)、第三市场和第四市场。

证券交易所和柜台交易市场债券的交易均有自营买卖和委托买卖两种做法。自营买卖是指证券商用自有资金,为自己买卖证券,赚取价格差额;委托买卖则是指证券商接受客户(投资者)的委托,代客户买卖证券,收取一定的手续费(即佣金)。

证券交易方式主要有四种,即现货交易、期货交易、期权交易和信用交易。

(1) 现货交易,是买卖成交后,立即或几天之内即办理交割清算,钱货两清。

(2) 期货交易是买卖成交后按合同规定的价格、数量和期限进行交割清算的交易方式,在规定的期限内买卖双方随时可以按对自己有利的价格进行反向交易、通过买卖价格的对冲获取差价收益。如果在规定的期限内没有出现有利于买卖一方的价格,只能选择到期进行实际交易商品的交割或被迫反向对冲,就可能出现亏损。

表 5.1 穆迪公司和标准普尔公司的债券信用评级

债券信用评级		级别描述	还本付息能力
穆迪	标准普尔		
Aaa	AAA	最高质量/最小投资风险	还本付息能力非常强
Aa	AA	高等级或高质量	还本付息能力很强
A	A	中高等级	还本付息能力较强,但易于受环境和经济条件变化的影响
Baa	BBB	中级	有充分的还本付息能力,但环境和经济条件变化会削弱这一能力
Ba	BB	中低级	具有很强的投机因素,一旦出现不利条件,便有重大风险
B	B	投机级别	
Caa	CCC	资信差/可能违约	
Ca	CC	高度投机/经常违约	
C	C	最低级/前景差	
未分级	DDD	已违约	拖欠还本付息
	DD		
	D		

(资料来源:[美]彼得·罗斯:《商业银行管理》,机械工业出版社 2004 年版,第 220 页;王松奇:《金融学》,中国金融出版社 2000 年版,第 147 页;[美]米什金:《货币金融学》(第 4 版),中国人民大学出版社 1998 年版,第 136 页;经编者整理)

(3) 期权交易是指对在未来特定时期内按约定价格买进或卖出一定数量证券的权利的买卖。期权的买方支付给卖方一笔权利金,获得一种权利,可于期权的存续期内或到期日当天,以执行价格与期权卖方进行约定数量的特定标的交易。按交易标的,期权可分为股票指数期权、外汇期权、利率期权、期货期权、债券期权等。

(4) 信用交易也叫"垫头交易",指证券买卖双方通过交付保证金而得到经纪人贷款或融资的交易。证券的购买者不但要支付给经纪人代买证券的佣金,而且要支付给经纪人垫款的利息,这种利息通常要高过银行贷款利息,其利差则为经纪人的收益。

【专栏 5-3】上证 50ETF 期权

2015 年 2 月 9 日,上证 50ETF 期权与上海证券交易所上市,这是国内首只场内期权品种。这不仅宣告了中国期权时代的到来,也意味着中国已拥有全套主流金融衍生品。上证 50ETF 是一只以上证 50 指数为跟踪目标的交易型开放式指数基金,相当于一只特殊的股票。它是上海证券市场根据总市值与成交额对股票进行综合排名，由排名前50的股票组成的样本。上证50ETF期权有认购和认沽两种类型，包括4个到期月份以及5个行权价格，合计40个合约。

根据期权产品的特点，上海证券交易所对上证50ETF期权设置了非线性的涨跌幅度，涨跌幅度并不是期权自身价格的百分比，而是一个绝对数值。最大涨幅根据期权实值和虚值程度的不同而存在差异，平值与实值期权的最大涨幅为50ETF前收盘价的10%，而虚值的最大涨幅较小，严重虚值的期权其最大涨幅非常有限。上海证券交易所将在每个交易日开盘前公布所有期权合约的涨跌停价格。

上海证券交易所股票期权的委托类型除了与现货相同的普通限价委托、市价剩余转限价委托和市价剩余撤销委托外，还增加了全额即时限价委托和全额计时市价委托。这两种委托类型的含义是，如果不能立即全部成交，就自动撤销。投资者在盘中可以双向持仓，即同时持有同一期权合约的权利仓和义务仓，收盘后交易系统将对双向持仓进行自动对冲，投资者只能单向持仓，即只能持有同一期权合约的权利仓或义务仓。

3. 中国的债券市场

1) 国债市场

自1981年恢复国债发行以来，国债市场得到迅速发展。1996年是我国国债发行方式发生重要转折的一年，这一年财政部进行了一系列重大改革，如引进了竞标拍卖机制；国债的期限多样化，共有3个月到10年的7种期限；付息方式多样化，采用了附息债券；并有86%的国债可以上市流通。这一年财政部共发行了10次国债，金额达2206亿元人民币。

1997年6月，中国人民银行下令所有商业银行退出证券交易所市场，并组建了银行间债券市场，市场参与者主要是国有商业银行、股份制商业银行、城市合作银行、保险公司和中央银行，从而形成了深、沪证券交易所市场和银行间债券市场并存的局面。

2) 企业债券市场

从1984年起，一些企业以发行内部债券的形式向社会筹资。1987年，国务院颁布了《企业债券管理暂行条例》，政府开始对企业债券市场进行统一管理。

1990年12月，上海证券交易所成立，开始接受实物债券的托管，并在交易所开户后进行记账式债券交易，形成了场内交易和场外交易并存的市场格局。1994年以前交易所的交易量一直很少。当时债券市场主要交易不记名的实物券，没有统一的托管机构，发行后再分散托管在代保管机构，交易只能在代保管机构所在地进行，不能跨地区交易。1994年，财政部发行国债1028亿元，比1993年增加近两倍，交易所债券交易变得活跃起来。1995年，财政部试点发行了117亿元的记账式国债，1996年，记账式国债开始在上海和深圳证券交易所大量发行。这一年证券交易所发行了6期共1116.7亿元的记账式国债，占当年国债发行量的 52.5%。同时，二级市场成交量也迅速增加，1996 年上海证券交易所和深圳证券交易所债券成交量比 1995 年增长了近 10 倍，其中上海证券交易所的成交量占成交总量的 95% 以上。随着债券回购交易的展开，中国初步形成了交易所债券市场体系。

1997 年，金融体制改革的需求和偶然外部事件的推动，使中国的场外债券市场获得了历史契机，银行间债券市场出现，并得以快速发展。在起步阶段，银行间债券市场重点解决了银行间的资金融通问题。1997 年下半年，中国人民银行停止融资中心的自营拆借业务，着手解决融资中心的逾期拆借问题。同时，中国人民银行开始大量增加银行间债券市场的成员，推动商业银行采取债券回购这样的资金融通方式。从 1999 年开始，随着银行间债券市场规模的扩大，场外债券市场渐渐演变为中国债券市场的主导力量。1999 年财政部和政策性银行在银行间债券市场发行国债和政策性金融债券共计 4426 亿元，占当年中国债券发行总量的 74%。2000 年，财政部与政策性银行又在银行间债券市场发行国债 3904 亿元，占当年中国债券发行总量的 62%。

银行间债券市场快速而平稳的发展，为中央银行公开市场业务操作奠定了基础，并使之逐渐成为中央银行实现货币政策的主要手段，同时推动了利率市场化进程。2002 年 1 月 31 日，中国人民银行和财政部颁布了《商业银行柜台记账式国债交易管理办法》，允许中国商业银行开办记账式国债柜台交易业务，以满足没有证券账户的投资者买卖记账式国债的市场需求。2004 年 2 月 16 日，银行间债券市场对外资银行开放。从总体上看，投资者的类别相当广泛，几乎覆盖了所有的投资者群体。

2007 年 9 月，15500 亿元特别国债获批通过，其中 2000 亿元国债通过银行间债券市场向公众发行，这一举措不仅为国有资产的管理和重组奠定了基础，而且极大增加了公开市场业务所能利用的合规工具。2007 年 10 月，第一只公司债面世交易所市场。2008 年 4 月，中期票据问世，它吸取了短期融资券的经验，实行注册制，丰富了企业债券品种的期限，期限一般是 1～10 年。2009 年 4 月，由财政部代发的第一只地方政府债问世，填补了中国地方公债的空白。2009 年 11 月，中国第一只中小非金融企业集合票据正式发行，集合票据仍采用注册制，在银行间债券市场公开发行，这一集合债务工具进一步丰富了企业债券品种。截至 2010 年年底，中国债券市场债券托管余额达 20.4 万亿元，跃居世界第五、亚洲第二。此后 5 年，债券市场快速发展，2010~2015 年债券托管余额翻了一倍，截至 2015 年 10 月，债券余额已超过 44 万亿元，仅次于美国和日本，位列世界第三。2017 年 6 月，财政部开展了国债随到随买操作，进一步提升了国债市场的流动性。银行间债券市场承载着中国金融开放的市场功能。2017 年 7 月，香港"债券通"和"北向通"的启动，推动银行间债券市场与国际制度接轨，促进中国金融系统进一步对外开放，2018 年年初，彭博宣布将人民币计价的中国国债和政策性银行债券纳入彭博巴克莱全球综合指数。2018 年 10 月，中国人民银行发布消息，在银行债券市场正式推出三方回购交易。随着中国经济的发展，银行间债券市场已达到较高的开放程度。

三、中长期货币借贷市场

中长期借贷市场是指 1 年期以上的间接融资市场，是资本市场的重要组成部分。借贷期限一般较长，5 年以内的借贷叫中期贷款，超过 5 年的属于长期贷款。贷款人既包括资金雄厚的大银行，也包括中小银行及其他能从事贷款业务的非银行金融机构；借款人有金融机构、公司企业、政府机构和国际机构等。目前世界上最常见的银行中长期贷款形式主要是项目贷款和银团贷款。

项目贷款也叫项目融资或大型工程项目贷款，它始于 20 世纪 30 年代的美国，此后在各国发展迅速。在这种筹资形式下，工程项目的主办人一般都专门为项目的筹资设立一家公司，贷款人直接把资金贷给项目公司，由项目公司承担偿还贷款的责任。项目贷款以项目公司的资产状况及项目完工所创造的收益作为偿还贷款的保证，这与以往的贷款由主办单位负责偿还的做法有着显著的区别。大多数的项目贷款都是作为一种国际性的中长期贷款形式，广泛应用于资源开发、基础设施建设和成套设备引进、制造等大型项目的资金筹措。

银团贷款产生于 20 世纪 60 年代。由于国际贸易的飞速发展，大型跨国公司对资金规模和数量的要求，一般的商业银行受自身资金规模的限制很难能够给予满足，另外很多国家政府对本国商业银行对外国企业贷款的种种限制，加之国际金融市场汇率、利率风险的回避和分散化，由多家银行组成的银团贷款便应运而生。银团贷款的出现，不仅有效地帮助各大商业银行分散了风险，不断开拓业务范围，争取更多的客户，而且还使小银行有机会参与。如今，银团贷款已经成为一种主要的中长期信贷方式。

【专栏 5-4】中国资本市场开放

近年来，中国经济在世界经济中的比重持续上升，国际投资者对人民币资产的配置需求不断增长。"沪港通"和"深港通"等一系列投资渠道的开通，以及 A 股市场正式纳入明晟(MSCI)新兴市场指数等意味着我国资本市场对外开放正在不断推进。外资投资中国资本市场的渠道不断拓宽，原有的各种限制逐步放松，对外开放力度不断加大。

2014 年 11 月 17 日，沪港通正式开通，中国资本市场改革走出了坚实的一步。首先，"一币联两市"是沪港通的最大亮点之一，根据交易规则，"沪港通"以人民币作为交易货币，成为推动人民币国际化和资本向下开放的重要试验性举措。一个账户可以购买两个市场的股票，一个币种可以购买两种标价的股票，大大降低了投资限制。"一币联两市"还带来了便利、效率和实惠。便利，是指"沪港通"极大地简化了传统港股投资的烦琐程序田；效率，是指"沪港通"有利于汇率风险管理；实惠，是指"沪港通"可以降低换汇成本。其次，"沪港通"还有利于 A 股市场估值体系对接海外成熟市场，改变估值结构不合理的现状，促进 A 股市场进一步走向成熟。最后，"沪港通"的推出，不但为个人投资者打开了投资港股的大门，更为内地券商开展新的业务提供了较广阔的空间。"沪港通"的成功上线，不仅使两地投资者能够互相买卖股票，而且是中国金融改革的重要环节，成为全面深化改革开放背景下推动资本项目可兑换和人民币国际化的一项重大改革，承担着探路和试水的角色。

2016年12月5日，"深港通"正式开通，使内地与香港股票市场直投通路全部打开，标志着沪深港"共同市场"正式形成，中国资本市场对外开放又迈出重要一步。"深港通"复制了"沪港通"试点的成功经验，是境内交易所再度与香港交易所建立的连接机制。深圳证券交易所上市企业中民营企业与中小企业较多，不少是科技创新企业。"深港通"的推出有利于香港投资者分享内地创新驱动带来的发展成果，并带动香港的基础科技研发和人才培养。

2018年6月，我国A股正式纳入MSCI新兴市场指数和全球基准指数。这是顺应国际投资者需求的必然之举，体现了国际投资者对我国经济发展稳中向好的前景和金融市场稳健性的信心。内地与香港互联互通机制的正面发展，以及中国交易所放宽了对涉及A股的全球金融产品进行预先审批的限制，对提升中国A股市场准入水平产生了积极影响。显然，一只股票被纳入MSCI指数意味着可能带来相当可观的资金。短期来看，A股"入摩"成功会给国内市场带来一定的增量资金，据瑞银预计，将有80亿~100亿美元追踪新兴市场指数的资金被动流入A股。与现阶段A股约700亿美元的日成交额和约8万亿美元的总市值相比，资金流入规模有限，但市场信心有望得到提振。长期而言，与MSCI指数互动对于A股的国际化进程来说是一个重要契机。未来海外投资者的参与度将提升，A股在机制上和制度上也将逐步走向完善，在MSCI指数中的占比也会进一步提高。A股纳入MSCI指数不仅为国际投资者提供了一种境内投资方式，更成为中国资本市场不断完善和对接国际标准的象征，是中国资本市场对外开放的又一个里程碑。

2019年5月25日，富时罗素宣布将于6月24日起，正式将中国A股纳入其旗舰指数——富时全球股票指数系列。第一批纳入的A股有1097家，纳入因子为5%。

在金融业开放过程中，一方面，资本市场开放通过引入金融机构、业务和产品，增加金融有效供给，有利于更好地满足实体经济差异化和个性化的金融服务需求。另一方面，资本市场开放会促进制度规则的建立健全，投资者可以主动学习和借鉴成熟经济体的制度建设经验，促进我国金融机构在公司治理、金融市场建设和金融监管等方面取得快速进步。

当前，国内外经济金融形势依然错综复杂，不确定性因素较多。尽管金融业开放本身并不是金融风险产生的根源，但开放过程可能会提高金融风险防范的复杂性，因此需要逐步完善与之相适应的金融风险防控体系，保证金融系统安全平稳地为中国经济提供服务。

(资料来源：丁志国，赵晶.金融学.2版.北京：机械工业出版社，2019)

第四节　现代金融市场理论

一、资本资产定价理论

在金融市场中，几乎所有的金融资产都是风险资产。理性的投资者总是追求投资者效用的最大化，即在同等风险水平下的收益最大化，或是在同等收益水平下的风险最小化。资本资产定价理论所要研究的正是风险资产的均衡市场价格。

美国经济学家马科维茨(Markowitz)在1952年提出了方差－均值分析方法，为资本资产定价理论(capital and asset pricing model，CAPM)奠定了理论框架。在此基础上，夏普(Sharpe)于1964年首先提出了资本资产定价理论，随后，米勒、斯科尔斯(Miller&Scholes)及莫顿(Merton)又对资本资产定价理论进一步加以完善，使之成为一套完整的理论体系。

首先，资本资产定价理论提出了自身的理论假设，除了理性主体和零交易成本以外，CAPM还提出市场投资组合假设，即市场中各个投资者的投资组合均为市场组合。其中隐含的前提条件是：投资者对于金融资产的投资收益 $E(r)$、风险 σ 以及各种金融资产之间的协方差 ρ 的预期是完全相同的。这时，金融资产的投资收益 $E(r)$ 与风险 σ 必然存在以下线性关系。

$$E(r) = r_f + \frac{E(r_M) - r_f}{\sigma_M} \sigma$$

式中，$E(r)$ 和 σ 分别表示投资者所投资的某种金融资产的预期收益和标准差，r_f 表示无风险收益率，$E(r_M)$ 和 σ_M 分别表示市场投资组合的预期收益和标准差。图5-2 中的资本市场线(CML)直观地反映了金融资产的风险和收益之间的配比关系。

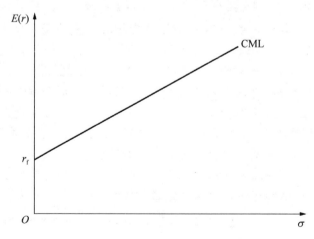

图 5-2　金融资产的风险和收益之间的配比关系

CML 的微观含义体现在：一方面，由于 $E(r)$ 与 σ 正相关，因此，要谋求更高的投资收益，只能通过承担更大的风险来实现；另一方面，在长期内，投资者之间呈"零和博弈"，也就是说，"聪明"投资者高于市场均衡水平的超额收益刚好为"不聪明"投资者低于均衡水平的相对损失所抵消。

由上式，可得风险溢价的决定公式

$$E(r) - r_{\mathrm{f}} = \frac{E(r_{\mathrm{M}}) - r_{\mathrm{f}}}{\sigma_{\mathrm{M}}} \sigma$$

可见，风险溢价的大小取决于市场均衡的风险－收益比率(即 CML 线的斜率)和投资者的风险偏好程度。而前者是固定不变的，投资者只能通过改变风险偏好来影响风险溢价，这就重申了 CAPM "只能通过承担更大的风险来谋求更高收益"的信条。

CAPM 理论为消极投资战略——指数化投资提供了理论依据，而且也为评价基金经理的业绩提供了参照系。设a为基金经理投资组合的平均收益率与市场投资组合的平均收益率之差，若a>0，说明基金经理取得了超额投资收益，即"跑赢大市"；反之则相反。

正如布莱克(Black)、詹森和斯科尔斯(Jensen & Scholes)以及法玛(Fama)等人所指出的那样，CAPM 理论在假设前提上的局限性导致了实证的失效，这也为行为金融的发展提供了理论空间。其在假设上的非现实性体现在以下 3 个方面：①市场投资组合的不完全性。由于信息不对称和经济主体对理性预期的偏离，各个投资者不可能达到一致的市场组合。②市场不完全导致的交易成本。在一个完全的资本市场中，追求投资者效用最大化的投资者是完全理性的，不存在税收和政府管制等交易成本，产品市场和金融市场的市场结构处于完全竞争状态，信息是完全对称的，且经济主体可以无成本地拥有信息，金融资产是完全可分的。然而，现实的金融市场并不是无摩擦的，而是存在各种各样的交易成本，如证券借贷限制、买空卖空限制和税收等。③该理论仅从静态的角度研究资产定价问题，且决定资产价格的因素也过于简单。从发展的角度，需要加入多因素跨期博弈模型来研究投资组合的动态变动。

二、有效市场理论

有效市场理论主要研究信息对证券价格的影响，其影响路径包括信息量大小和信息传播速度两方面的内容。就资本市场而言，如果资产价格反映了所能获得的全部信息，那么，该资本市场就是有效率的。如果信息相当缓慢地散播到整个市场，而且投资者要花费一定时间分析该信息，然后做出反应，说明存在反应过度或反应不足的问题，在这种情况下，资产价格可能偏离所有能得到的相关信息所反映的价值。

如果资本市场是竞争性的和有效率的，则投资的预期收益应等于资本的机会成本。在这里，机会成本是无风险的利率 r。

以 R_t 表示从 t 期到 $t+1$ 期持有某种资产的总收益，那么；有效市场假说可表述为

$$E(R_t \mid I_t) = 1 + r_t$$

式中，E 是在 t 时期对信息集 I_t(包括 r_t)条件下的预期。对于一种零交易费用的资产来说，由于

$$R_t = P_{t+1} / P_t$$

因此，$E(R_t \mid I_t) = (1 + r_t)$ 可重新写成

$$E(P_{t+1} \mid I_t) = (1 + r_t)P_t \quad \text{或} \quad \frac{E(P_{t+1} \mid I_t)}{1 + r_t} = P_t$$

利用上式，通过对决定价格所使用的信息集进行解释，就可给出有效市场理论的内容。对此，罗伯茨(Harry Roberts)于 1959 年首次提出用于描述信息类型的术语。当信息集 I_t 从最小的信息集依次扩展到最大的信息集时，资本市场也就相应地从弱式有效市场逐步过渡到强式有效市场。

1. 弱式有效市场假说

该类有效市场假说是指信息集 I_t 包括了过去的全部信息(即历史信息)。也就是说，当前价格完全反映了过去的信息，价格的任何变动都是对新信息的反应，而不是对过去已有信息的反应。因此，掌握了过去的信息(如过去的价格和交易量信息)并不能预测未来的价格变动。

设 E_t 为 t 时刻给定信息条件下的期望，P_t 是今天的价格，P_{t+1} 是明天的价格。如果市场属于弱式有效市场，那么今天的价格就是明天价格的期望值，即

$$E_t(P_{t+1}) = P_t$$

上式又可表述为

$$E_t(P_{t+1} - P_t) = 0$$

这就意味着，在弱式有效市场上，预期的价格变动为零。由此可以看出，在给定历史信息的条件下，不能预测市场的价格变化，因为当前的价格变动不包含未来价格变动的信息。

从数理统计的角度，弱式有效市场又建立在随机游走假说的基础上。根据随机游走假说，各个金融资产的投资收益率在序列上是相互独立的，各投资收益率的概率分布恒定不变。价格变动是根据不随时间变化的分布推导出来的。这个永恒不变的分布假设是弱式有效市场假说的子集合。值得注意的是，即使价格分布随时间变化，弱式有效市场假说仍然成立。

2. 半强式有效市场假说

半强式有效市场假说是指当前的证券价格不仅反映了历史价格包含的所有信息，而且

反映了所有有关证券的能公开获得的信息。历史价格信息和能获得的公开信息就构成半强式有效市场假说的信息集 I_t。在这里，公开信息包括公司的财务报告、公司公告、有关公司红利政策的信息和经济形势等。在半强式有效市场假说下，信息对证券价格的影响是瞬时完成的。对普通股来说，与收益和红利有关的信息能迅速而完全地反映在股票价格上。对债券来说，与利率决定有关的信息能迅速体现在债券价格中。因此，在半强式有效市场中，投资者无法凭借可公开获得的信息获取超额收益。

3．强式有效市场假说

强式有效市场假说是有效市场假说的一种极端或理想的情况。在强式有效市场中，投资者能得到的所有信息均反应在证券价格上。在这里，所有信息包括历史价格信息、所有能公开获得的信息和内幕信息，这三者共同构成强式有效市场假说的信息集 I_t。在强式有效市场中，任何信息，包括私人或内幕信息，都无助于投资者获得超额收益。

4．有效市场理论的缺陷

有效市场理论的成立主要依赖于理性投资者假设、随机交易假设、有效套利假设这三个逐渐放松的根本性的假定之上，然而这三个假设条件与现实往往有较大的出入。另外，该理论还面临检验方法的挑战，而且实证表明现实市场存在着与有效市场理论相悖的现象，主要表现在以下几方面。

(1) 理性投资者假设缺陷。在行为金融学诞生前，标准金融学中理性投资者至少要满足三个要求，即无限理性、无限意志和无限自私，并具有理性预期、风险回避和效用最大化三个特点。但实际研究表明，投资者的行为方式与理性假设并不相符。

(2) 随机交易假设缺陷。在投资市场这种群体活动的状态下，人们并不是随机地偏离理性决策，行为人的决策必然会受到其他行为人和整个行为环境的影响，导致"羊群现象"在现实中广泛存在。

(3) 有效套利假设缺陷。有效套利假设认为市场上理性套利者的套利行为能确保市场上证券价格与基础价值保持一致且出现市场有效的结果。然而，考虑到套利本身也存在风险，也要支付成本，现实中的套利行为的作用也有限。

(4) 检验缺陷。有效市场理论描述了价格充分反映所有可以得到信息的理想状态，其实现程度是市场参与者广泛关注的问题。然而有效市场理论定义中的"充分反映"和"可获得信息"概念都很模糊。迄今为止，文献尚未论及非同时确定价格模式情况下的可操作和可检验的市场效率定义。市场有效本身并不具备良好的可检验性和可预测性，因为会碰到"联合假设"问题，陷入循环的悖论：预期收益模型的建立以市场有效为假定前提，而检验市场有效性时，又先假设预期收益模型是正确的。

(5) 金融异象问题。自 20 世纪 80 年代以来，在现实的股票市场上，存在大量异常现象，包括规模效应、账面市值比效应、公开事件的预测效应等，存在超额的非市场收益率，从而与有效市场理论的"公平博弈"相抵触。

三、资本结构理论

从理论演进的历史来看，经济学家研究资本结构的视角是从交易成本、企业契约关系和信息经济学来依次展开的。

1．资本结构的交易成本理论

对企业来说，通过直接融资和间接融资获得的资本可分为所有权资本和债权资本。所有权资本，即企业利用发行股票和保留利润形成的资本。债权资本，即企业利用发行债券和银行借贷等方式形成的资本。不同形式的资本和构成比例称为资本结构。

对于资本结构的研究可以追溯到莫迪利安尼(F．Modigliani)和米勒在 1958 年合作发表的《资本成本、公司财务和投资理论》一文。该文开创了从交易成本的角度来研究资本结构的先河，应用套利理论证明了公司市场价值与资本结构无关，提出了众所周知的"不相关定理"，又称"MM 定理"。

MM 定理就是指在一定的条件下，企业无论以负债筹资还是以权益资本筹资都不影响企业的市场总价值。企业如果偏好债务筹资，债务比例相应上升，企业的风险随之增大，进而反映到股票的价格上，股票价格就会下降。也就是说，企业从债务筹资上得到的好处会被股票价格的下跌所抵消，从而导致企业的总价值(股票加上债务)保持不变。企业以不同的方式筹资只是改变了企业的总价值在股权者和债权者之间分割的比例，而不改变企业价值的总额。

为了证明公司市场价值与资本结构无关，莫迪利安尼和米勒假设，有 U 和 L 两家公司，它们除融资结构不同外，其他都相同。U 公司的资本由股权资本构成，没有债务，因而其市场价值 V_U 等于其股票的市场价值 V_{E1}。L 公司的资本由股权资本 E_L 和债权资本 D_L 组成，其市场价值 $V_L=V_{E2}+V_D$。对于投资者而言，他可以投资购买 U 公司的 a 比例的股票，其投资额为 aV_{E1} 或 aV_U；也可以购买 L 企业 a 比例的股票和债券，其投资额为 $a(V_{E2}+V_D)$ 或 aV_L。设两企业的净收益相等，均为 X，投资于 U 企业的投资者收益为 aX，投资于 L 企业的投资者的收益为

$$a(X - r_b D_L) + a r_b D_L = aX$$

式中，r_b 为债券利率，$r_b D_L$ 为公司支付的债券利息。如果 $V_U > V_L$，投资者将会卖出 U 企业的股票，而买进 L 企业的股票和债券，直到 $V_U = V_L$，因为只要 $V_U > V_L$，投资者卖出 U 企业的股票 aV_U 而买进 L 企业的股票和债券 $a(V_{E2}+V_D)$，就能获得资本收益 $a(V_U-V_L)$。相反，如果 $V_U < V_L$，投资者卖出 L 企业的股票和债券而购买 U 企业的股票，也将获得资本收益。只要 V_U 与 V_L 不相等，套利行为就会发生，直到 $V_U = V_L$。

　　MM 定理的企业的市场价值与它的融资结构无关结论是在无摩擦市场环境下得出的，它假定：没有所得税；无破产成本；资本市场是完善的，没有交易成本，且所有证券都是无限可分的；公司的股息政策不会影响企业的价值。这难免会遇到来自现实生活的挑战。因为受税收的列支的先后、破产的可能性、对经理行为的制约、维持生活的挑战、良好的企业形象、企业控制权等因素的影响，股权资本筹资和债券筹资对企业收益的影响不同，进而直接或间接地影响企业市场的总价值。

　　1963 年，莫迪利安尼和米勒把税收纳入其分析框架中。在此分析中，将债券持有者支付的利息视为成本而免交所得税，而对股息支付和留存盈余则要交所得税。在此税收政策下，企业利用债券融资可以获得避税收益，因而能够通过改变融资结构改变企业的市场价值。这就修正了资本结构不相关的结论。

　　按照修正的 MM 定理，公司增加债务融资比例就可增加公司价值，如此，公司的最佳融资结构应是 100% 的债务融资，这显然和现实不符。之后，米勒又引入个人所得税进行分析，从理论上说明个人所得税对企业融资结构及对企业债券和股票宏观平衡的影响。在同时存在公司所得税和个人所得税的情况下，米勒提出的公司估价的模型是

$$V_{\mathrm{L}} = V_{\mathrm{U}} + [1 - (1 - t_{\mathrm{c}})(1 - t_{\mathrm{PE}}) / (1 - t_{\mathrm{PD}})] D_{\mathrm{L}}$$

式中，t_{PE} 为股票收益的个人所得税税率，t_{PD} 为债券收益的个人所得税税率。根据该模型，如果 $t_{\mathrm{PE}} = t_{\mathrm{PD}}$，则可以得出 $V_{\mathrm{L}} = V_{\mathrm{U}} + t_{\mathrm{c}} D_{\mathrm{L}}$，也就是说，如果个人所得税中股票收益税率与债券收益税率一致，则 $(1 - T_{\mathrm{c}})(1 - t_{\mathrm{PE}}) = (1 - T_{\mathrm{PD}})$，即 $V_{\mathrm{L}} = V_{\mathrm{U}}$，又回到原来的 MM 定理。米勒证明了在一个具有公司收入税和累进的个人所得税的体系中，经济整体存在一个确定的最优债务量或债务比率，这个最优的债务量或债务比率是由企业所得税和个人所得税的不同税级决定的，它随企业所得税率的提高而增加，随个人所得税率的提高而减少。

　　债务融资虽然能使企业通过增加债务融资比重获得利息避税的利益，但是，随着企业债务比率的上升，企业的破产关联成本也会相应增加。

　　破产关联成本，即陷入破产境地所导致的成本，包括直接成本和间接成本。前者指破产产生的各种费用，包括法院立案收费以及受托人的托管费、估价费(评估费)、会计费用、拍卖清理费用和公证费等。后者主要是指企业因陷入财务困境而引发的诸如销售减少、错过投资机会、财务流动性降低、内部管理机制的破坏以及各当事人之间冲突等成本。随着企业负债比率的提高，利息避税利益会逐渐被破产关联成本的增加所抵消，因此，企业存在一个最优负债比率(见图 5-3)。

　　图 5-3 中，纵坐标代表企业的市场价值(股票价值)，横坐标代表企业负债比率，MM 线代表没有破产关联成本时的企业市场价值(股价)，m 线表示有破产关联成本时企业市场价值(股价)，a 代表负债融资利息避税带来的利益，P_{E} 表示公司未使用任何财务金融杠杆时的市场价值(股价)，OA 代表零负债时的企业市场价值。在负债比率高于 $(D/E)_{\mathrm{B}}$ 时，负债利息避税利益逐渐被破产关联成本所抵消。当负债比率上升到 $(D/E)^{*}$ 时，边际负债利息避税利

益恰好等于边际破产关联成本，企业市场价值最大，此时的融资结构为最优融资结构。如果继续提高负债比率，边际破产关联成本就大于边际负债利息避税利益，从而导致公司价值下降。

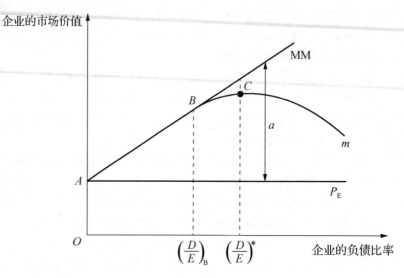

图 5-3　企业最优负债比例

2. 资本结构的契约理论

融资不仅涉及融资的条件，而且涉及所有者与企业之间的权力结构安排，特别是剩余控制权的配置。詹森(Jensen)和麦克林(Mecklin)开创了资本结构契约理论研究的先河。阿洪(P. Aghion)、伯尔顿(P. Bolton)、哈里斯(M. Harris)、拉维吾(A. Raviv)、斯塔尔兹(R. M. Stultz)和伊斯瑞尔(R. Israel)等也从控制权配置的角度对融资结构进行了研究。其中，哈里斯和拉维吾等人研究了资本结构与资本市场控制权争夺之间的关系，说明了后者是如何影响经理对投票权的控制和融资方式的选择的。

詹森和麦克林(1976)认为，企业的本质是契约关系，企业不仅有团队成员之间的契约关系，而且还包括与供应商、消费者和债权人之间的契约关系。这里所说的契约，既包含明文签订的契约，也包含各种形式的隐性契约。公司所有权与控制权分离所引起的资本所有者与经营者的关系属于代理关系。由于二者的利益和目标存在差别，代理人并不一定总是采取使委托人利益最大化的行为，由此产生了代理问题。为解决代理问题，委托人可以激励和监督代理人，使其为自己的利益服务；或代理人可以用一定的财产担保不侵害委托人的利益，否则以此作为补偿。即便如此，代理人仍会有机会主义行为，由此而造成的委托人利益损失被称为"剩余损失"。因此，代理成本被定义为委托人的监督成本、代理人担保成本和剩余损失之和。其中，监督成本就是委托人激励和监督代理人而付出的成本，代理人担保成本即代理人保证不采取损害委托人利益的行为的成本以及如果采取此类行为将给予赔偿的成本，剩余损失是委托人因代理人代行决策而产生的一种价值损失。

在詹森和麦克林看来，代理成本的产生源于经营者不是企业的完全所有者这一个基本事实，拥有公司全部股权的经理的行为同他把部分股权出售给外部人后的行为是不同的。在前一种情况下，所有者的利益与经营者的利益完全一致，经营者承担其行为的所有成本，同时能从公司价值增长中获得全部回报。而在后一种情况下，股票持有者与经营者之间在利益上并不完全一致，经营者虽然承担其行为的所有成本，但却不能从公司价值增长中获得全部回报。因此，经营者就可能产生机会主义行为，把所管理的企业资源变成实现自身利益的手段，如追求在职消费、增添豪华办公设备等，从而降低企业的市场价值。这时的企业市场价值低于经营者拥有全部股权时的市场价值形成的差额就是外部股权的代理成本。通过增加经营者拥有的股权固然可以降低这种代理成本，但这要受经营者自身拥有的资本的限制。

由于企业规模日益扩张，经营者不可能拥有企业经营所需的全部资本，依靠债权融资同样会产生代理成本。在债权融资中，股东和债权人之间形成委托—代理关系。股东和债权人之间存在利益冲突，这是由债务求偿金额的固定性和现代企业的有限责任制度造成的。在企业进行债权融资的条件下，如果投资成功，股票持有者可以获得大部分剩余，经营者也能获得成功的收益；如果投资失败，股票持有者和经营者并不承担全部后果，而是通过有限责任制度把失败的损失转嫁给债权人，这就会产生风险激励效应，使经营者愿意从事有较大风险的投资项目。这就是债权的代理成本。由于债权人也有理性预期，债权融资的代理成本因此会随着债权融资比例的提高而上升。由于股权融资和债权融资都存在代理成本，因此，最优资本结构应建立在权衡两种融资方式利弊得失的基础上，以使总代理成本最小。

根据对股权融资代理成本和债权融资代理成本的分析，股权(外部)融资和债权融资的比例应确定在两种融资方式的总代理成本最低之点，也就是两种融资方式的边际代理成本相等之点。

假定公司规模一定，经营者拥有的股权为既定量，从而外部融资的规模一定(K)，设股权融资为 E，债权融资为 B，则有

$$K = E + B$$

用 b 代表债权融资与整个外部融资的比率，即

$$b = \frac{B}{E + B}$$

设股权融资的代理成本和债权融资的代理成本都是 b 的函数，C_E 表示股权融资的代理成本，C_B 表示债权融资的代理成本，则总代理成本为

$$C_r(b) = C_E(b) + C_B(b)$$

当所有外部资金来自债务时，债权融资的代理成本最大。当 b 逐渐下降、债务额逐渐减少时，债权融资的代理成本逐步下降，没有债务时其代理成本降为零。债权融资比例下降，股权融资比例相应提高，当全部外部资金来自股权融资时，股权融资的代理成本最大，当 b 逐渐提高时，股权融资的代理成本逐渐降低，直到为零。在图 5-4 中，横轴表示债权融资的比例，纵轴表示代理成本，$C_E(b)$ 曲线代表股权融资代理成本变化的轨迹，$C_B(b)$ 曲线代表债权融资代理成本变化的轨迹，$C_T(b)$ 表示总代理成本变化的轨迹。当债权融资比率为 b^* 时，总代理成本最低，此时股权融资和债权融资的比例为最优融资结构。

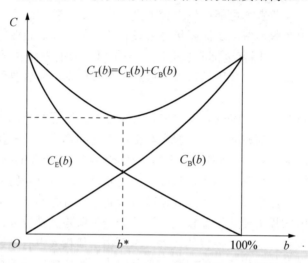

图 5-4　企业股权融资和债权融资结构

尽管詹森和麦克林的模型从契约的角度将代理成本视为一项重要的交易成本，从而扩展了资本结构的交易成本理论，但是，它并未涉及不同融资方式与企业控制权或剩余索取权的联系。

从控制权的角度看，股权资本与债权资本是完全不同的。在股权融资中，股东能够参加公司的决策，而债权融资并没有赋予债权人参与公司决策的权利，债权人只有在公司破产后才拥有投票权。股权融资的重要特点就在于把对公司财产的控制权分配给股东，只要企业能按期偿还债务，企业的控制权就不会发生转移。由此看来，融资结构不仅决定着企业收入流量在股权和债权之间的分配，而且制约着公司的收购和控股活动。研究融资结构，不能只考虑现金流量的配置效应，还必须考虑控制权的配置问题。

阿洪和伯尔顿分析的理论前提是格罗斯曼和哈特等人提出的不完全合同论。格罗斯曼和哈特认为，由于个人的有限理性、外在环境的不确定性以及信息的不对称和不完全性，市场交易合同不可能把在所有条件下的合同各方的所有责任和权利都规定清楚。合同的这种不完全性是交易成本发生的原因。他们根据权利是否在合同中明确指定来确定对财产的控制权和剩余控制权。如果合同是完全的，它就包括了全部权利。如果合同是不完全的，则凡是合同中未指定的权利都是剩余控制权。

阿洪和伯尔顿认为，不完全合同是剩余控制权配置的前提。当合同之外的情况出现时，谁有权力做出决策，即谁拥有剩余控制权，对企业的市场价值有重要的影响。当企业发行普通股时，投资者拥有剩余控制权；若发行优先股，剩余控制权就配置给了经理。如果实行债权融资，在企业能够按期偿还债务时，经理就拥有剩余控制权；如果不能按期偿还债务，剩余控制权就将由经理转移到债权人。把剩余控制权的配置同企业的融资结构联系在一起，成为阿洪和伯尔顿模型的突出特征。从外部竞争的角度看，对公司控制权的争夺又体现在资本市场上，体现在企业之间的兼并或接管上。企业的兼并或接管既是企业融资的一种形式，作为一种竞争机制，它又会对企业融资方式的选择产生积极影响。哈里斯和拉维吾等人研究了资本结构与资本市场争夺控制权之间的关系，说明了后者是如何影响经理对投票权的控制和对融资方式的选择进而影响资本结构的。

哈里斯和拉维吾模型假定，资本总额和经理股权投资数额既定的上市公司，可以选择纯股权融资和各种比例的债务融资的融资结构，并且假定经理可以根据情况调整持有的股份，又可以从其掌握的控制权本身获取利益。假设在职经理 M 在一个完全以股权融资的企业中拥有初始股权份额 a_0，其余股票由其他投资者持有。只要在职经理控制了企业，他就能获得控制权收益。现假定 M 存在竞争对手 R，若他接管并控制企业，同样也能从对企业的控制中获得收益。由于现任经理与竞争对手经营企业的能力不同，企业的市场价值取决于兼并和竞争的结果。

假定存在两种能力水平 A 和 B，相应的企业现金流量价值为 Y_A 和 y_B，且 Y_A 大于 y_B。在职经理竞争对手的能力并不是所有当事人都能观察到的，但竞争双方能判断谁的能力更强，他们知道在职者有能力 A 的概率为 σ，有能力 B 的概率为 $1-\sigma$，竞争对手有能力 A 的概率为 $1-\sigma$，有能力 B 的概率为 σ。当在职者 M 拥有控制权时，企业的现金流量价值为 $y_M = \sigma Y_A + (1-\sigma) y_B$；当竞争对手 R 拥有控制权时，企业现金流量的价值为 $Y_R = \sigma y_B + (1-\sigma) Y_A$。当现任经理预料到公司存在被收购或并购的危险时，他就可以用债权融资从其他股东手中回购股权，以加强对企业的控制权，避免因失去控制权而带来的损失。当然，竞争对手也能这样做。

在兼并接管的竞争由简单多数投票原则决定的情况下，双方竞争的结果可能出现如下 3 种情况：一是在职者的股权份额较小，即使能力强于对手，企业仍然被对手兼并，这时，企业现金流量价值为 Y_R；二是在职者持股比例大，即使能力差，对手也无法兼并，这时，企业现金流量价值为 y_M；三是在职经理持有股份份额 α 处于中间状态，当且在职者能力较强时，他才能取胜，也就是说竞争的结果取决于能力的强弱，能力强者掌握企业控制权，在这种情况下，企业现金流量价值为 Y_A。

在职经理改变持有股份的份额 α 时要考虑对其预期收益的影响。根据假定，在职经理的预期收益由股权收益和控制权收益构成。在职经理通过扩大债权融资增加持有股份的比例，固然在一定程度上增加了保持控制权收益的概率。但是，如果债权融资增加过多，企业的市场价值及经理股份的价值就会因破产关联成本的上升而减少。这时，过多的负债融资不仅不会带来公司价值的增加，而且可能降低在职者保持企业控制权的可能性。因此，在职经理应选择使自己预期收益最大的股份持有份额，这就需要对控制权收益与持有股份的因破产关联成本所造成的资本价值损失加以权衡。

由于在职经理的股份比例是由公司的融资结构间接决定的，他可以通过提高企业的负债水平来增加其持有的股份比例，因而他可以通过选择与最优的股份份额相一致的最优负债水平使自身利益最大化。这样，负债的存在一方面使在职经理增加其持有股份比例，另一方面可以减少收购者对公司的控制而得到控制权受益。根据哈里斯和拉维吾的模型，兼并收购成功的可能性与负债水平呈负相关，即负债水平越高，兼并收购成功的可能性就越小。

3. 资本结构的信息经济学理论

20 世纪 70 年代以来，随着信息经济学的发展，人们开始从信息不对称的角度研究资本结构问题。阿克勒夫(G. Akerlof)在《柠檬市场》一文中开创了信息不对称理论。1972 年，斯蒂格利茨第一次用信息不对称理论研究企业融资结构。但研究最为成熟、最为系统的当属罗斯(S. A. Ross)。

罗斯模型建立在"内部人"(即企业的管理者)和"外部人"(即投资者)信息不对称的基础上。企业的管理者对企业的未来收益和投资风险有内部信息，投资者没有这种信息，只能根据管理者传递出来的信息间接地评价企业的市场价值。企业资本结构可以起到传递信息的作用。在信息不对称条件下，企业选择一定的资产负债结构作为向投资者传递企业利润分布信息的信号工具，投资者将此作为衡量企业质量的信号，并据此进行投资。企业的资产负债率高，表明企业未来收益流量具有较高的期望，因而被视为企业高质量的信号。由于存在破产关联成本，低质量企业不敢进行债务融资。

可见，在信息不对称条件下，企业的市场价值与企业的资本结构相关，越是质量高的企业，负债率就越高，越是质量低的企业，负债率就越低。在这种情况下，尽管投资者无法准确了解有关企业的内部信息，但可以通过负债率所传递的信号正确评估企业的市场价值。

而在利兰和派尔模型中，假定企业经理是风险规避者，他所选择的投资项目的收益是不确定的，但他能够知道项目收益的预期平均值，而外部投资者并不知道，为使外部投资者对该项目投资，他必须使投资者相信这一项目的平均收益。为此，企业经理把自有资本投入该项目，以此为信号来传递有关项目的信息。经理的决策变量是自己持有股份与外部投资者持有股份之比。利兰和派尔证明，在均衡状态下，经理持有的股份可以传达他所掌握的关于项目平均收益的信息，经理持有股份与外部投资者持有的股份之比越高，企业经理所传达的项目平均收益越高。利兰和派尔在其模型中还推导出保证负债随企业经理持有股份增大而增加的参数条件，并说明在这些参数条件下，负债越高的企业，其内部人持股的比例就越高，企业的市场价值就越大。

四、行为金融理论

传统金融市场理论是建立在理性人假设的基础上的，诸如自利经纪人、理性预期、有效市场假设是其基石。在此基础上，提出了令人望而生畏的有效市场假说，进而扩展为投资组合理论(MPT)、资本资产定价模型(CAPM)、套利定价理论(APT)和期权定价理论等现代金融市场理论。

然而，现实金融市场的确常常在非理性的轨道上运行，金融市场中存在着大量的与理性预期和有效市场假说相悖的现象，如各主要证券市场非理性地陷入牛市或熊市、股票长期投资的收益率溢价、股票价格的异常波动与股价泡沫、股价对市场信息的过度反应或反应不足等，使得投资者不能运用所掌握的金融学知识在市场上获利，即使是由诺贝尔奖获得者默顿和斯科尔斯等组成的"华尔街梦之队"管理的长期资本管理公司也难逃破产的厄运。这些现象表明，基于理性人假设的有效市场假说存在着内在缺陷。

事实上，投资者并非理性的经济人，其原因就在于人们较为普遍地存在着 3 大心理特征：一是具有高估自己的判断力的自信情结；二是具有不同程度的风险厌恶心理；三是具有从众心理。这些心理因素使投资者的实际决策过程，往往偏离经典理论所描述的最优决策过程，而且，其对理性决策的偏离是系统性的。

基于此，近几十年来，金融市场理论界正在经历着向传统金融市场理论发起挑战的"非理性革命"。1951 年，巴罗(Burrel)发表《投资战略的实验方法的可能性研究》一文，该文首次用行为心理学来解释金融市场现象，标志着行为金融市场理论的诞生。1979 年，卡尼曼(Daniel Kahne-man)等人正式提出了预期理论，为行为金融市场理论奠定了理论基础。特别是近年来诺贝尔经济学奖三次分别授予行为经济学家贝克尔、阿克洛夫和卡尼曼，已充分说明行为金融市场理论已完全被主流经济学所认可，它代表了金融市场理论的未来发展方向，已成为全新的金融研究领域。

行为金融市场学是应用心理学、行为学的理论和方法分析、研究金融行为及其现象的一门新兴交叉学科。其最大的理论和现实意义在于，否定了传统金融市场理论关于理性投资者的简单假设，确立了市场参与者的心理因素在决策、行为以及市场定价中的作用和地位，使得金融市场学的理论体系具备了一个合理和完善的微观基础，不仅可以解释和说明现实金融市场中的许多异常现象，如封闭式基金高折价之谜、红利之谜、期权微笑等，而且给投资者提供了一种新的证券投资分析方法，因而，它的产生使传统金融市场理论面临巨大挑战。

行为金融市场理论研究的主题主要有两个：一是市场并非是有效的。也就是所谓的无效市场模型，主要探讨金融市场噪音理论以及行为金融市场理论意义上的资产组合和定价问题，即行为资产定价模型(BAPM)。BAPM 模型把市场主体分为两类：一种是信息交易者，他们掌握了充分的信息，严格按照传统的 CAPM 模型构建投资组合；另一种是噪声交易者，他们不会按照 CAPM 模型来构建自己的投资组合，会犯认知错误。事实上，这两类主体共同决定着证券的价格。市场是否有效取决于这两类主体的比重，如果前者在市场上起主导作用，那么市场是有效的，如果后者在市场上起主导作用，那么市场是无效的，这就是 BAPM 模型与 CAPM 模型之间的区别。二是投资者是非理性的。也就是所谓的"投资者心态"模型，主要探讨现实世界中的投资者会发生各种各样的认知和行为偏差，它包括过度自信、处置效应、"羊群行为"等。

本 章 小 结

(1) 金融市场是进行资金借贷或金融资产交易的场所，资金的供需双方通过金融市场实现资金的融通。金融市场的构成要素有资金的供需双方、金融工具、中介机构、组织形式和市场管理等。

(2) 货币市场是融通周转资金的交易场所，具有期限短、流动性强、风险性小、交易量大等特点。货币市场包括同业拆借市场、短期国券市场、票据市场、大额可转让定期存单市场和回购市场等。

(3) 资本市场是融通长期性资金的市场，具有期限长、风险性大、营利性高等特点。资本市场主要包括债券市场和股票市场等。

(4) 现代金融市场理论主要包括相辅相成的四大理论体系，即资本资产定价理论、有效市场理论、资本结构理论以及方兴未艾的行为金融理论。

复习思考题

一、问答题

1. 什么是金融市场?其基本构成要素是什么?
2. 货币市场和资本市场各具有什么特征?它们各包括哪些子市场?
3. 结合实际谈谈怎样深化中国资本市场改革。

二、案例分析题

银行间同业拆借市场周评

(一)案例资料:

全国性商业银行信用拆借交易最为活跃,拆入资金28笔,拆出资金134笔,总成交金额271.53亿元(拆入加拆出),占系统总成交金额的57.12%。成交量前三名分别为招商银行、中国银行和中国民生银行营业部。债券回购交易主要集中于全国性商业银行、城市商业银行和农村信用联社,分别占回购总额的48.97%、32.90%和13.67%。成交量前三名分别为中国建设银行、中国农业银行和交通银行。现券交易中,全国性商业银行和城市商业银行较为活跃,它们的成交量分别占总量的32.33%和30.25%。从地区成交看,信用拆借主要集中在上海、深圳和北京;债券回购正回购以北京、山西和天津为最多,而逆回购则主要集中在北京、上海和深圳。(资料来源: 上海金融时报2004年5月)

(二)回答问题:

1. 什么叫同业拆借市场?

2. 招商银行、中国银行和中国民生银行属于哪种类型的银行;中国建设银行、中国农业银行和交通银行又属哪种类型的银行?

3. 什么是现货交易和期货交易?

4. 读了这篇周评,请注意近来我国金融市场动态,分析我国金融市场的走向。

第三部分

金 融 机 构

● 第六章　金融机构体系

● 第七章　商业银行

● 第八章　中央银行与货币政策

第六章

金融机构体系

学习目标

通过本章学习，了解金融机构的含义、性质及职能；了解金融机构的种类，为以后学习金融机构和金融业务奠定理论基础；掌握我国金融机构体系的基本构成；熟知中央银行对整个国民经济的宏观调控作用和商业银行在金融体系中的骨干作用；掌握非银行金融机构的主要业务。

关键概念

金融机构(financial institution)　中央银行(central bank)　政策性银行(policy bank)　保险(insurance)　信托投资公司(trust and investment company)

第一节　金融机构概述

金融机构的含义有广义和狭义之分。狭义的金融机构是指金融活动的中介机构，即在间接融资领域中作为资金余缺双方交易的媒介，专门从事货币、信贷活动的机构，主要指银行和其他从事存、贷款业务金融机构。广义的金融机构则是指所有从事金融活动的机构，包括直接融资领域中的金融机构、间接融资领域中的金融机构和各种提供金融服务的机构。

一、金融机构的分类

1. 存款性金融机构和非存款性金融机构

按资金来源及运用的主要内容不同，金融机构可以分为存款性金融机构和非存款性金融机构。

存款性金融机构，是指通过吸收各种存款而获得可利用资金，并将之带给需要资金的各经济主体及投资于证券等业务的金融机构，包括储蓄机构、信用合作社和商业银行。从资产负债表看，中央银行也是存款性金融机构，因其接受商业银行等金融机构的存款，并向商业银行等金融机构发放贷款。但因中央银行的管理职能，其区别于存款性金融机构而单列一类。

非存款性金融机构是指以发行证券或通过契约形式，由资金所有者交纳的非存款性资金为主要来源的金融机构。因此，非存款性金融机构的资金来源与存款性金融机构吸收公众存款不一样，非存款性金融机构主要通过发行证券或以契约性的方式聚集社会闲散资金。该类金融机构主要有保险公司、养老基金、证券公司、共同基金、投资银行等。

2. 银行金融机构和非银行金融机构

按金融机构业务的特征，金融机构可以分为银行金融机构和非银行金融机构。这也是目前世界各国对金融机构的主要划分标准。其中，银行在整个金融机构体系中处于非常重要的地位。

银行类金融机构是指以存款、放款、汇兑和结算为核心业务的金融机构，主要有中央银行、商业银行和专业银行 3 大类。其中，中央银行是金融机构体系的核心，商业银行是金融机构体系的主体。

除银行类金融机构以外的金融机构都属于非银行类金融机构。非银行金融机构的构成十分庞杂，主要包括保险公司、信托公司、证券公司、租赁公司、财务公司、退休养老基金、投资基金等。此外，随着经济全球化、金融全球化的不断发展，各国还普遍存在着许多外资和合资金融机构。

3，政策性金融机构和非政策性金融机构。

按是否承担政策性业务划分，金融机构可以分为政策性金融机构和非政策性金融机构。

政策性金融机构，是指为实现政府的产业政策而设立，不以营利为目的的金融机构，政策性金融机构可以获得政府资金或税收方面的支持，如中国农业发展银行。

非政策性金融机构是指以营利为目的的金融机构，如商业银行、证券公司、基金公司等。

二、金融机构的特征

在现代市场经济中，经营性金融机构作为一种特殊的企业，与一般经济单位之间既有共性，又有特殊性。共性主要表现为金融机构也需要具备普通企业的基本要素，如有一定的自有资本、向社会提供特定的商品(金融工具)和服务，必须依法经营、独立核算、自负盈亏、照章纳税等。金融机构又有其特性，主要表现在以下 3 个方面。

(1) 经营对象与经营内容不同。一般经济单位的经营对象是具有一定使用价值的商品或普通劳务，经营内容主要从事商品生产与流通活动；而金融机构的经营对象是货币资金这种特殊的商品，经营内容是货币的收付、借贷及各种与货币资金运动有关的金融业务。

(2) 经营关系与经营原则不同。一般经济单位与客户之间是商品或劳务的买卖关系；

而金融机构与客户之间主要是货币资金的借贷或投资关系。与一般工商企业相比，金融机构自有资本比例相对较低，资金主要来源于以各种形式吸收的外部资金，因而在经营过程中面临着较高的风险。在经营中为了保证对到期债务的支付和存款人的提现，金融机构必须十分重视资金的安全、资产的变现和盈利能力。因此金融机构在经营中必须遵循安全性、流动性和营利性原则。由于这"三性"要求难以同时达到，所以金融机构必须根据宏观经济背景以及自身发展要求，妥善安排每个具体发展时期的主要目标，统筹兼顾，协调好三者之间的关系。

(3) 经营风险及影响程度不同。一般经济单位的经营风险主要来自于商品生产、流通过程，集中表现为商品是否产销对路。这种风险带来的至多是企业因商品滞销、资不抵债而宣布破产。单个企业破产造成的损失对整体经济的影响较小。而金融机构因企业业务大多是以还本付息为条件的货币信用业务，故风险主要表现为信用风险、挤兑风险、利率风险、汇率风险等。这一系列风险带来的后果往往超过其对金融机构自身的影响，金融机构因经营不善而导致的危机，有可能对整个金融体系的稳健运行构成威胁。而一旦发生系列风险，导致金融体系运转失灵，必然会危及整个社会再生产过程，引发社会经济秩序的混乱，甚至会爆发严重的社会和政治危机。

三、金融机构的功能

现代金融机构体系同时具备便利支付结算、促进资金融通、降低交易成本、改善信息不对称转移与管理风险5项基本功能。

1. 便利支付结算

金融中介机构便利支付结算的功能是指金融机构通过一定的技术手段和流程设计，为客户之间完成货币收付或清偿因交易引起的债权、债务关系提供服务，实现货币资金的转移。金融机构支付结算功能的强弱和发挥状况主要通过其效率来体现，一般可以通过办理支付结算的安全性大小、便利度高低、时速性快慢和成本多少等来衡量与评价。金融机构的支付结算功能在经济运行中发生了不可或缺的重要作用。

2. 促进资金融通

金融机构在充当融资中介或提供与融资相关的服务的过程中，发挥着促进资金融通的功能。金融机构促进资金融通的主要方式，是通过吸收存款或发行与承销各种金融工具，提供各种条件或服务，从不同部门集聚资金，积少成多，续短为长，然后再通过一定的专业化运作，将资金提供需求者，促进储蓄向投资转化并最终实现资金价值的增值。金融机构在直接融资和间接融资中都具有重要的促进功能。不同金融机构发挥融通资金功能的方式、手段与渠道不尽相同。

3. 降低交易成本

降低交易成本是金融机构在金融市场从事金融交易和为投资者提供金融服务的过程中所具有的一个非常重要的功能。它是指金融机构通过规模经营和专业化运作，在为投融资双方提供服务的同时，合理定价和控制各种费用支出，最终降低单位投融资交易成本。这个功能是金融机构存在和发展的重要基础。

4. 改善信息不对称

改善信息不对称的功能是指金融机构通过自身的优势，能够针对特定对象及时收集、获取比较真实完整的信息，选择合适的借款人和投资项目，对所投资的项目进行专业化的监控，从而有利于投融资活动的正常进行，并节约信息处理成本。金融机构在解决信息不对称中的监督作用愈发重要。

5. 转移与管理风险

转移与管理风险功能是金融机构在投融资技术上具有的独特优势，是指金融机构在充当投融资中介的过程中，为投资者分散风险，并提供风险管理服务。此外，通过保险和社会保障机制对经济和社会活动中的各种风险进行的补偿、防范或管理，也体现了这一功能。

金融机构的功能各有侧重：商业银行作为发展历史最悠久的重要金融机构，其功能的发挥最为全面，尤其在支付结算和提供融资服务方面最为突出；投资类金融机构和保险类金融机构在发挥信息服务和分散风险功能方面最为显著；信息类金融机构则主要发挥金融信息服务功能。总之，各类金融机构因各自的优势和实力，在各项功能的发挥上会各有侧重。

【专栏6-1】金融支持中国(上海)自由贸易试验区建设

2013年8月22日，国务院正式批准设立中国(上海)自由贸易区(以下简称"试验区")。试验区建设的核心目标是建立符合国际化和法治化要求的跨境投资与贸易规则体系，培育国际化和法制化的国际营商环境，力争建设成为具有国际水准的投资贸易便利、货币兑换自由、监管高效便捷、法制环境规范的自由贸易试验区。

2013年12月2日，中国人民银行出台《关于金融支持中国(上海)自由贸易试验区建设的意见》(以下简称《意见》)。在试验区建设总体方案的指导下，《意见》以"服务实体经济，便利跨境投资和贸易"为指导思想，坚持开放创新、先行先试，探索投融资汇兑便利，着力推进人民币跨境使用，稳步推进利率市场化，深化外汇管理改革。通过金融支持举措，拓展区内实体经济的成长空间，培育其竞争实力，促进其在更高水平参与国际合作与竞争。

金融支持试验区实体经济发展、便利跨境投资和贸易具体包括以下内容：一是探索投融资汇兑便利化，推动资本项目可兑换进程，进一步扩大试验区对外开放，支持企业"走出去"。二是扩大人民币跨境使用，使区内企业和个人更加灵活地使用本币进行跨境交易，降低汇兑成本，减少汇率风险。三是稳步推进利率市场化，加快改革进程，支持实体经济发展。四是深化外汇管理改革，进一步减少行政审批，逐步建立与之相适应的外汇管理体制。

在实施步骤和风范风险防范上，《意见》坚持以"风险可控、稳步推进，适时有序组织试点"为原则，对于《意见》的具体改革条款，"成熟一项，推动一项"，根据条件成熟程度，分步逐项推出实施细则或操作办法，确保改革试点工作有序进行。《意见》着重从宏观审慎管理的角度，制定了一系列风险防范措施，实施全过程风险管理。加强区内企业贸易真实性和诚信管理，切实防范企业利用虚假贸易进行非法套利活动；加强反洗钱、反恐怖融资、反逃税等方面的监测，密切关注跨境异常资金流动，强化对试验区短期投机性资本流动的监管。

建立试验区是党中央、国务院在新形势下为全面深化改革和扩大开放探索新途径的重大举措。作为推进改革和提高开放性经济水平的"试验田"，试验区肩负着积累新经验的重要使命，通过探索金融支持实体经济发展和投资贸易便利化的可复制、可推广的创新业务及管理模式，将发挥示范带动、服务全国的积极作用。

(资料来源：《中国金融稳定报告(2014年)》，中国人民银行网站)

第二节 金融机构体系构成

金融机构体系是指金融机构的组织体系，它是一个由经营和管理金融业务的各类金融机构所组成的完整体系，包括中央银行、商业银行、专业银行、其他各类金融机构等，这也是现代银行体系的基本框架，它标志着一国金融业发展的成熟。

一般来讲，金融机构可分成银行金融机构和非银行金融机构。银行是对金融契约和证券进行转换的中介机构，包括中央银行、商业银行、专业银行和政策性银行。非银行金融机构包括保险公司、投资银行、信用社、信托投资公司、财务公司和基金公司等。

一、银行金融机构

1. 中央银行

中央银行是由政府出面组织或授权赋予旨在集中管理货币储备并统一铸造和发行货币的银行，是一国金融体系的中心环节，是政府的银行、银行的银行，处于特殊的超然的地位。它们对整个国民经济发挥着宏观调控作用。

2. 商业银行

商业银行是以营利为目的，以金融资产和负债为主要经营对象，是经营业务广泛且综合性多功能的金融机构。银行体系中的骨干是商业银行。商业银行经营工商企业存款、贷款并为顾客提供多种金融服务。其主体功能是引导资金从盈余单位流向赤字单位。由于商业银行信用的存在，对中央银行提供的基础货币起派生作用，既能够以派生存款的形式创造货币和收缩货币，因此，商业银行系统在整个金融体系中具有重要的地位，成为中央银行控制的重点。

3. 专业银行

专业银行是指具有专门经营范围和提供专门性金融服务的银行。这类银行一般都有其特定的客户，并具有某一方面的专门知识和专门职能。专业银行种类很多，主要有储蓄银行、投资银行、开发银行、抵押银行、农业银行和进出口银行等。

(1) 储蓄银行。储蓄银行是指以吸收居民储蓄存款为主要资金来源的银行。为了保护小额储蓄者的利益，一般对储蓄银行都设有专门的立法，限制其通过吸收储蓄所筹集资金的投资领域。世界上第一家地方储蓄银行是于1817年由慈善团体在荷兰建成的。

储蓄银行有多种组织形式，按照资本构成的方式不同，储蓄银行可分为互助制银行、股份制银行和公营制银行三种；按照是否设立分支机构，储蓄银行可分为单一制储蓄银行和分支制储蓄银行两种。

储蓄银行的业务主要包括负债业务和资产业务。吸收存款是储蓄银行的主要负债业务，在储蓄银行的全部负债业务中占有绝大部分。传统的存款主要是储蓄存款和定期存款。现在，西方国家的储蓄银行还开发出了可转让支付命令账户(NOW)、货币市场互助基金和大额定期存单(CD)等新型的存款工具。

储蓄银行主要的资产业务包括发放贷款和证券投资。发放贷款是储蓄银行的传统资产业务，有抵押贷款、消费信贷和工商信贷三种类型。抵押贷款是储蓄银行以住宅建筑或工商业房地产为抵押而对借款人提供的贷款。消费信贷是储蓄银行对消费者发放的一种非抵押贷款。工商信贷是储蓄银行对工商企业发放的一种周转性非抵押贷款。储蓄银行的证券投资对象主要有：政府债券(包括公债、国库券和其他政府机构的债券等)、公司债券和股票。

(2) 投资银行。投资银行是专门对工商企业办理投资和长期信贷业务的银行。在欧洲大陆及美国等发达国家称之为投资银行；英国、东盟国家及澳大利亚等国称为商人银行；德国称私人承兑公司；法国称为实业银行；日本称为证券公司。

投资银行的资金来源主要依靠发行有价证券，包括股票和债券来筹集。此外，投资银行也可以从其他金融机构获得贷款。

投资银行的具体业务主要包括：对工商企业的股票和债券进行投资；对工业企业提供中长期贷款；为工商企业承销股票和债券的发行；参与企业的设立与兼并；承销本国及外国公债；从事投资与兼并的咨询；从事租赁业务等。近年来，投资银行的业务日益多样化，它与一般商业银行的差别正在缩小。

表 6-1　投资银行与商业银行的区别

	商业银行	投资银行
本源上的区别	是存贷款银行,存贷款是其本源业务。	是证券承销商,证券承销是其本源业务
功能上的区别	行使间接融资职能,具有资金盈余者的债务人和资金短缺者的债权人双重身份,主要在货币市场活动	行使直接融资职能,只是作为资金供需双方的媒介,并不介入投资者与筹资者之间的权利义务关系,主要在资本市场活动
利润构成区别	首先来自于存贷差,其次是资金营运收入和表外业务收入	主要来自于佣金,其次是资金营运收入和利息收入
管理方式区别	更注重安全性,其资产除各项贷款外,资金营运主要在同业往来和国债与基金等低风险的证券投资上	在控制风险的前提下,更注重以获取高收益为目标的开拓与创新,其资金营运主要在风险较高的股票、债券、外汇及衍生金融工具等契约式投资上

(3) 开发银行。开发银行是专门为经济开发提供长期投资贷款的专业银行,它通过长期资金融通方式,以促进本国经济建设的开发。这类银行在投资上具有开发性、投资量大、时间长、见效慢、风险大等特点,在业务经营上不以营利为经营目标,但在财政上又自负盈亏,因此,一般都由国家组织建立,执行国家产业政策,服务政府意志,它实际上是属于一种获得政府资助和支持的政策性银行。

(4) 抵押银行。抵押银行是专门经营以房地产和其他不动产抵押放款业务的专业银行。如德国的土地抵押信贷协会、农业抵押银行、抵押汇兑银行等;法国的房地产信贷银行等。抵押银行的资金来源主要是通过发行不动产抵押证券来筹集。其长期贷款业务主要包括两类:一是以土地为抵押物的贷款,贷款对象是土地所有者或农场主;二是以城市不动产为抵押物的贷款,贷款对象主要是房屋所有者和建筑商。抵押银行同时经营以股票、债券和黄金为抵押品的贷款。

中国没有设立专门的抵押银行,抵押贷款业务主要常见于各类银行当中。我国规定,抵押品必须是具有担保价值和能够转让的,一般指代表财产所有权和债权的各种有价证券,其他动产和不动产,如房屋、建筑物、运输工具、机械设备、电器产品及原材料等、国有土地及矿藏等自然资源不得作为抵押品。

(5) 农业银行。农业银行主要以支持农业发展为原则而由政府来设立,其资金来源主要为政府拨款,还包括发行股票或债券、吸收存款等。农业银行的业务基本上包括了农业生产中的一切资金需要。

农业银行本质上是政策银行,如美国的联邦土地银行、法国的农业信贷银行、德国的农业抵押银行、日本的农林渔金融公库等。

(6) 进出口银行。进出口银行本质也是政府的金融机构，是通过金融渠道支持本国对外贸易的专业银行。一般说来，各国政府创建进出口银行的目的是促进本国商品输出，协助出口商对国外买主提供分期或延期支付方便，承担民间出口商和金融机构无力或不愿承担的政治及信用风险，并通过优惠信贷增强本国商品出口竞争能力。另外，进出口银行往往也是执行本国政府对外投资和援助的特定金融机构。

进出口银行的业务范围主要包括：对本国出口商贷款；对外国进口商及进口方银行贷款；对本国进口商贷款；对外国政府贷款以及对国外直接投资等。进出口银行作为政府投资设立或受政府控制的金融机构，在经营原则、信贷投向、贷款利率等方面带有明显的政策性因素。

美国称之为进出口银行，日本称之为输出入银行，法国称之为对外贸易银行。此外，德国的复兴信贷银行、英国的出口信贷担保局、加拿大的出口开发公司等都是政策性进出口专业金融机构。

二、非银行金融机构

非银行金融机构泛指中央银行、商业银行及其他专业银行以外的金融机构。如保险公司、信托投资公司、财务公司或金融公司、租赁公司、农村信用合作社及城市信用合作社等。非银行金融机构就其性质而言，绝大多数是商业性的，即以盈利为目的，在某一领域以特定方式筹集和运用资金。它在一国金融体系中，起着重要的补充作用。

1. 保险公司

保险是以社会互助的形式，对因各种自然灾害和意外事故造成的损失进行补偿的一种方式。保险公司是专门经营保险业务的金融机构。它的主要经营活动包括财产、人身、责任、信用等方面的保险与再保险业务及其他金融业务。保险业的发源地在英国，1668 年英国就有了海上保险业务，1871 年成立"劳埃德保险社"(简称"劳合社")，保险公司才登上历史舞台。保险公司的资金来源是，以保费形式聚集起来的保险基金以及投资收益。保费是保险公司按照大数定律对被保险标的发生损失风险的概率进行精确计算后所确定的。由于发生意外损失的风险是必然的，但是具体发生在何时、何地、何人却是偶然的，因此，人们才会有被保险的要求，保险公司也才会有经营和发展保险业务的可能性和积极性。

(1) 按所有权不同，保险公司分类：保险公司的组织形式因各国(地区)的社会制度、经济制度、经济状况不同而有所区别。按照所有权的不同可分为以下几种形式。

① (营)保险公司。这类公司是由国家投资经营的保险公司，它既是保险业的经营机构，又是国家保险事业的管理机构。它往往是办理国家强制保险或某种特殊保险，以达到社会经济保障的目的。

② 股份制保险公司。这是多数国家保险经营机构的主要组织形式。具体可分为两种

情况：一是私人股份制保险公司，这是主要形式，在美国90%以上的人寿保险公司是以股份公司形式组织起来的；二是公私合股保险公司，即由国家和私人共同投资经营。

③ 合作保险公司。也称互济公司，是指保险需要者采取互助合作形式，来满足全体成员对保险保障之需求。这类公司按其经营方式，可分为摊收保费制和永久保险制等类型。在美国，最大的保险公司(包括谨慎保险公司和城市人寿保险公司)是以互济形式组织而成的。

④ 自保险公司。是指某些大企业集团，为节省保费，减少或免除税负而设立的旨在为本系统内提供保险服务的保险公司。

(2) 按保险标的不同，保险公司分类：由于保险业是个专业性极强的行业，因此以保险标的划分的公司类别多种多样。如财产保险公司、人寿保险公司、火灾和事故保险公司、老年和伤残保险公司、信贷保险公司、存款保险公司等。通常，按保险的标的不同，保险公司可分为两大类：寿险公司、财产和灾难保险公司。

① 人寿保险公司。人寿保险公司是为投保人因意外事故或伤亡造成的经济损失提供经济保障的金融机构。人寿保险公司的部分保费实为储蓄金。人寿保险单的种类包括终生险保单、定期险保单、万能险保单、可转换险保单和单一保险费保单等。其中定期险是最便宜的一种纯保险，其保单只是对风险防护的支付，保费中不含储蓄累积成分。其他保单的保费中均含有储蓄的成分。因此说，人寿保险公司兼有储蓄银行的性质，是一种特殊形式的储蓄机构。由于寿险的保险金支付具有可预期性，一般只有当规定的事件发生或到了约定的日期才支付保险金，因此，寿险公司的可运用资金比较稳定，可用于长期投资，如持有公司债券、抵押贷款和政府长期债券等流动性较低而营利性较高的资产。

在西方国家，普遍以人寿保险公司的规模最大。如在美国的各类保险公司(包括人寿保险公司和财产及灾难保险公司)中，人寿保险公司发展的速度最快，其资产约占保险公司总资产的3/4，是目前美国最大的一种契约性储蓄机构。此外，英国和日本也都是寿险公司制度发达、寿险普及率高的国家，其中日本的寿险普及率高达90%以上。

② 财产和灾难保险公司。财产意外险公司是对法人单位和家庭住户提供财产意外损失保险的金融机构。世界上最著名的财产意外险公司是英国的劳合社。

财产和灾难保险公司的主要资金来源是保费收入。由于财产意外险的发生有较大意外性，其费率也难以计算，因此理赔支付也难以预期，所以财产意外险公司的一部分资金投资于有较高流动性和安全性且又有较高收益的国库券、商业票据和银行大额存单等。此外，为了防范通货膨胀以保障该行业的收益与净值，其还投资于公司股票。

财产和灾难保险公司的品种也很多，主要有：汽车责任险、汽车物质损害险、医疗事故险、其他非汽车责任险、火灾保险、房主各种风险保险、商业各种风险保险、农场主各种风险保险、工人工资以及其他财产意外保险。

2．信托投资公司

信托投资公司也称信托公司，是以资金及其他财产为信托标的，根据委托者的意愿，以受托人的身份管理及运用信托资财的金融机构。信托是指财产的所有者为本人或他人的利益，将其财产交与受托人，委托受托人根据一定的目的对财产作妥善的管理和有利的经营。信托投资公司受委托人的委托，为受托人的利益管理、支配信托财产。经营风险由委托人或受益人承担，收益一般归受益人，公司收取手续费。

现代信托业务源于英国，但历史上最早办理信托业务的经营机构却产生于美国。在西方国家中，美国、英国、日本、加拿大等国信托业比较发达。当今，信托公司的业务活动范围相当广泛，几乎涉足所有金融领域的业务。就其信托业务而言，主要包括两大类：第一类是货币信托，包括信托存款、信托贷款、委托存款、委托贷款、养老金信托、投资信托、养老金投资基金信托等。第二类是非货币信托，包括有价证券信托、债权信托、动产与不动产信托、公益事业信托、私人事务信托等。

除信托业务外，一些国家的信托公司还兼营银行业务，大多数国家的信托公司兼营信托之外的服务性业务即其他业务，如财产保管、不动产买卖及货币借贷之媒介，公债、公司债及股票的募集，债款、息款及税款的代收代付，股票过户及债务清算等。由于信托公司在经营信托业务的过程中，表现出来的突出特征在于其投资性，而且，信托投资、委托投资等属于信托公司的传统业务，所以一般的信托公司又都称为信托投资公司。

3．金融公司

金融公司也称财务公司，是指以经营消费信贷及工商企业信贷为主的非银行金融机构。金融公司起源于18世纪的法国，后来英美等国相继出现。目前，包括我国在内的世界许多国家均设有此类机构。

金融公司和银行不同之处在于它们较少接受存款而依赖于长短期负债。财务公司资金的主要来源是银行贷款、发行债券筹资、卖出公开市场票据(商业本票)筹资、发行公司本身的股票及定期大额存款筹资等。在资金运用上，或专营抵押放款业务，或依靠吸收的大额定期存款进行贷款或投资(通常是小额的)，或专营耐用品的租购及分期付款销货业务，或兼而营之。规模较大的财务公司还兼营外汇、证券包销、投资咨询和不动产抵押贷款等。在西方国家，财务公司与投资银行的差别已经不大。财务公司与商业银行在贷款上的区别在于：商业银行是小额(分散)借入，大额贷出；财务公司则是大额借入，小额贷出。由于财务公司同商业银行相比，实际的管制较松，因而它的业务范围仍在继续扩大，同商业银行的区别逐渐缩小。

4．租赁公司

租赁公司是指专门经营融资租赁业务的机构。一般说来，融资租赁活动通过直接融物满足客户实际上的融资需要，或者说，它是融融资融物为一个统一过程的信用活动。所以租赁公司也便成为一国金融机构体系中的特殊部门。

作为金融机构的租赁公司，其组织形式主要有两种类型：第一种是银行或与银行有关的金融机构所属的租赁公司；第二种是独立经营的租赁公司。租赁公司的业务范围相当广泛，几乎涉及从单机设备到成套工程设备、从生产资料到工业产权、从工商业设施到办公设备各个领域。而且，许多公司不仅经营国内租赁业务，还大量经营国际租赁业务。

现代租赁机构起源于美国。1952 年 5 月，第一家专业租赁公司——美国金融贴现公司在旧金山设立，这就是现在的美国国际租赁公司。不久，美国又有许多租赁公司相继设立。20 世纪 60 年代后，英、日等世界主要工业化国家都先后设立了专门化的租赁公司，租赁业务得到迅速发展。

5. 基金组织

基金组织是指筹集、管理、运用某种专门基金的金融机构。基金组织起源于 19 世纪的英国，盛行于 20 世纪后特别是第二次世界大战后的美国。目前，世界各国，尤其是主要西方国家，基金组织是其现代金融机构体系的重要组成部分。比较重要的基金组织主要有三类，即养老(退休)基金组织、互助基金组织和货币市场互助基金。

(1) 养老基金组织。养老基金组织是向参加养老基金计划的公司雇员以年金形式提供退休收入的金融机构。其基金来源是政府部门、雇主的缴款及雇员个人自愿缴纳的款项；运用基金投资的收益。由于养老基金是按事先商定的数额提取的，其支付完全可以预测，需要的流动性很低，所以，像人寿保险公司一样，养老基金组织多投资于股票、债券及不动产等高收益资产项目。

在许多国家，保险公司、商业银行的信托部门、独立的资产管理公司(即不附属于保险公司或银行的公司)都可以管理养老基金。养老基金管理者的收入来源于管理资产收取的费用。在美国，养老基金的年费率一般按资产总额的 0.01%～0.75%收取。

(2) 共同基金组织。共同基金组织也可称为投资基金组织或投资公司，它是一种间接的金融投资机构或工具，在不同的国家也有不同的称谓，如在美国称为共同基金或互助基金，在英国则称为单位投资信托。它通过向许多小投资者发行股份来聚集资金，用于购买证券。通过发行小面额股份并购买大量证券这一资产转换过程，互助基金组织可以在经纪人手续费上得到大量购买证券的折扣，也可以购买和持有多样化的证券。这使小额投资者得以使其持有的证券资产多样化，从而降低购买证券的交易成本，并使风险减少。

(3) 货币市场互助基金。在美国，出现一种新颖的基金组织称货币市场互助基金。它既具有一般共同基金组织的特征，又在一定程度上发挥着存款机构的功能。像大多数共同基金一样，它依靠出售股份获取资金，然后用资金投资于既安全又富有流动性的货币市场金融工具，如短期国债、银行存款证等，再把这些资产的利息收入付给股份持有者。

6. 信用合作社

信用合作社是由社员自愿集资结合而成的互助合作性金融机构。信用合作社成员之间一般具有共同联系的基础，如同属于某一社会团体、同为某一公司雇员、居住在同一地区等。最早的信用合作社创建于德国。1849 年，莱茵河畔出现了世界上第一个农村信用合作社。此后，信用合作社经历了自由发展、国家干预、调整变革等三个阶段。目前，这类机构的规模一般仍不大，但数量众多，分布广泛，种类多样。

信用合作社的宗旨是促进社员储蓄，并以简便的手续和较低的利率向社员提供优惠贷款。其资金来源主要是社员交纳的股金，其次是存款、公积金及借入资金。在资金运用方面，主要为社员提供短期生产贷款尤其是消费信贷。目前，一些资金充裕的信用合作社已开始为解决生产设备更新、改进技术等提供以不动产或有价证券为担保的中长期贷款。美国的信用合作社已获准投资州政府和地方债券。

第三节　中国的金融机构

目前，中国的金融体系已形成了以金融管理机构为核心、以国有商业银行为主体、多种金融机构并存、分工协作的格局。具体包括金融管理机构、政策性银行、国有控股商业银行、其他商业银行、农村信用社、其他非银行金融机构、保险公司和在华外资金融机构。

一、金融管理机构

金融管理机构主要由负责制定和执行货币政策的中国人民银行(央行)、强化中国人民银行宏观审慎管理和系统性风险防范职责的国务院金融稳定发展委员会(金稳委)、对金融业实施分业监管的中国银行保险监督管理委员会(银保监会)和中国证券监督管理委员会(证监会)构成。

二、政策性银行

政策性银行是由政府投资设立的，根据政府的决策和意向专门从事政策性金融业务的银行。它们的活动不以营利为目的，并根据具体分工的不同，服务于特定的领域，所以也称政策性专业银行。1994 年以前，中国的政策性金融业务，分别由 4 家国有专业银行承担。1994 年，为了适应经济发展的需要以及政策性金融与商业性金融相分离的原则，相继成立了国家开发银行，中国进出口银行和中国农业发展银行 3 家政策性银行。它们从事业务活动时均贯彻不与商业性金融机构竞争、自主经营与保本微利的基本原则。虽然国家开发银行在 2007 年成立了国家开发银行集团，树立了商业化运营的模式，但仍发挥着重要的政策性银行职能。

三、国有控股商业银行

国有控股商业银行在中国的金融机构体系中处于主体地位，具体包括中国工商银行、中国农业银行、中国银行、中国建设银行、中国交通银行和中国邮政储蓄银行。前4家国有银行的前身是政策性银行组建前的国家4大专业银行，其主体地位在作为专业银行时就已奠定。从2005年至今，这4大商业银行已顺利完成了股份制改造，从国有独资转变为国有控股。中国交通银行在1987年经过重新组建后，成为中国第1家全国性的国有股份制商业银行。中国邮政储蓄银行是在邮政储蓄管理体制改革的基础上组建的商业银行，前身是邮政储蓄机构，2019年2月，银保监会将其列为国有大型商业银行。目前无论人员数量及机构网点数量，还是资产规模及市场占有份额，国有控股商业银行不仅在整个金融领域处于举足轻重的地位，而且在世界大型银行排序中也处于前列。虽然就资产规模来说，国有控股商业银行的绝对优势毋庸置疑，但其市场份额已经出现了明显下降的趋势。这是国家广开融资渠道、打破垄断、引进竞争以及深化改革的必然结果。当然，在今后一段相当长的时期内，国有控股商业银行在中国金融领域举足轻重的地位不会改变。在我国，商业银行可以跨省设立分支机构，形成了分支机构遍布全国的大银行，虽然银行的数目较少，但整体规模庞大。

四、其他商业银行

1986年，国家陆续建立了一批商业银行，如中信实业银行、中国光大银行、华夏银行、中国投资银行、中国民生银行、广东发展银行、深圳发展银行、招商银行、福建兴业银行、上海浦东发展银行、海南发展银行(已于1998年清理)、烟台住房储蓄银行和蚌埠住房储蓄银行等。它们在筹建之初大多由中央政府、地方政府、国有企业集团或公司以及集体和合作组织等出资创建，近几年先后实行了股份制改造。伴随着对外开放的不断深入，中国已开启允许国外资本参股国内银行的大门，国际性金融企业已经开始入股中国的商业银行。尽管这些商业银行在资产规模等方面还远远不能同国有控股商业银行相比，但其资本、资产及利润的增长速度已经高于国有控股商业银行，并表现出了强劲的增长势头和良好的经济效益，成为中国银行体系和国民经济发展中的一支重要力量。20世纪90年代中期，中央以城市信用社为基础，组建了一批城市商业银行。城市商业银行是在中国特殊历史条件下形成的，是中央金融主管部门整合城市信用社、降低地方金融风险的产物。经过近十几年的发展，城市商业银行已经逐渐发展成熟，相当多城市的商业银行已经完成了股份制改革。

表 6-2　全球银行业排名前 10 名

排名	银行名称	总部所在地	一级资本(10 亿美元)
1	中国工商银行	中国	324
2	中国建设银行	中国	272
3	中国银行	中国	224
4	中国农业银行	中国	218
5	摩根大通	美国	209
6	美国银行	美国	191
7	富国银行	美国	178
8	花旗集团	美国	165
9	三菱日联金融集团	日本	153
10	汇丰控股	英国	151

五、信用联合社

信用联合社也称为信用合作社，是指一类规模较小的互助性质的合作金融组织。信用合作社分为城市信用合作社和农村信用合作社。城市信用合作社是以城市手工业者、小工商业者为主的居民组合而成的。农村信用合作社则是由经营农业、渔业和林业的农民组合而成的。信用合作社的资金来源于会员缴纳的股金和存入的存款，放款的对象也主要是本社的社员。

我国的农村信用合作社是 20 世纪 50 年代中期在农村普遍组建起来的，但长期并不具有"合作"性质。改革开放后，我国对农村信用合作社进行了多次整顿和改革。2003 年后，各地农村信用合作社纷纷改制为农村商业银行。城市信用合作社是在改革开放初期发展起来的。实践中绝大部分城市信用合作社从一开始，其合作性质就不明确，其中不少由于靠高息揽储支持证券、房地产投机，先后陷入困境。20 世纪 90 年代中期之后，我国着手整顿，先是合并组建城市合作银行，随即在 1998 年完成了将约 2300 家城市信用社纳入 90 家城市商业银行的组建工作。截至 2015 年年底，共有 1373 家农村信用社、71 家农村合作银行和 859 家农村商业银行，共有城市商业银行 133 家。

六、乡村银行

乡村银行是指为本地区的居民或企业提供小额信贷服务的银行机构。中国习惯将乡村银行称为村镇银行。根据《村镇银行管理暂行规定》，村镇银行具备以下几个特点：一是地域和准入门槛。村镇银行的一个重要特点就是机构设置在县、乡镇。在地(市)设立的村镇银行，其注册资本不低于人民币 5000 万元；在县(市)设立的村镇银行，其注册资本不得低于 300 万元人民币；在乡(镇)设立的村镇银行，其注册资本不得低于 100 万元人民币。二是市场定位。村镇银行的市场定位主要在于满足农户的小额贷款需求和服务于当地中小型企业。

2007 年 3 月 1 日，我国首家村镇银行——四川仪陇惠民村镇银行正式开业。该村镇银行是由南充市商业银行发起，5 家公司共同出资组建的，注册资本为 200 万元人民币。2007 年 12 月 14 日，国内首家外资村镇银行——湖北随州曾都汇丰村镇银行有限责任公司正式开业，汇丰成为首家进入中国农村市场的国际性银行。村镇银行的发展壮大，能够有效地解决我国农村地区金融机构覆盖率低、金融供给不足、竞争不充分、金融服务缺位等"金融抑制"问题，为广大的农村金融市场注入了新鲜的血液。截至 2015 年 12 月，全国共有村镇银行 1311 家。

七、其他非银行金融机构

目前中国的其他非银行金融机构主要包括信托投资公司，证券公司，财务公司和金融租赁公司等。

(1) 信托投资公司是在经济体制改革后创办的，1979 年中国国际信托投资公司(即现在的中信集团)成立以后，又陆续设立了一批全国性信托投资公司。信托主要业务包括资金信托计划、企业年金信托业务、信贷资产证券化、不动产信托和事务管理型信托等；兼营业务包括并购重组、财务顾问、投资咨询、证券承销和代保管等投行业务以及中介业务。中国信托业曾经历过多次治理整顿，其频率之高、次数之多是其他行业所没有的。信托投资公司的主要代表有中国国际信托投资公司和平安信托投资有限责任公司(平安集团的成员之一)。

(2) 证券公司的业务范围一般包括代理证券发行业务、自营或者代理证券买卖业务、代理证券还本付息和红利的支付、证券代保管和签证、接受委托代收证券本息和红利、接受委托办理证件的登记和过户、证券抵押贷款及证券投资咨询等业务。可见，中国的证券公司可同时经营证券市场上的 3 种业务，即证券公司同时是证券经纪人、证券交易商和投资银行，主要代表有中信证券、国泰君安、申银万国、国信证券、招商证券、光大证券和广发证券等。

(3) 财务公司是由企业集团内部筹资组建的，其宗旨和任务是为本企业集团内部筹资和通融资金，促进技术改造和技术进步。财务公司在业务上受中国人民银行和银监会领导、管理、监督与稽核，在行政上则隶属于各企业集团，是自主经营及自负盈亏的独立企业法人。财务公司的主要代表有华能集团财务有限公司、中国化工进出口财务公司、中国有色金融工业总公司财务公司和一汽集团财务公司等。

(4) 金融租赁公司创建时，大都是由银行、其他金融机构及一些行业主管部门合资设立的。根据中国金融业实行分业经营及管理的原则，租赁公司也要求独立经营。金融租赁公司的主要代表有交行租赁、上海融联租赁股份有限公司等。

八、保险公司

保险业是个极具特色又具有很大独立性的系统，之所以将保险业纳入金融体系，是因为按国际惯例经办保险业务的大量保费收入用于金融投资，而运用保险资金进行金融投资的收益又可积累成为更雄厚的保险基金。保险公司的业务范围分为两大类：一是财产保险业务，二是人身保险业务。目前中国有代表性的保险公司包括中国平安、中国人寿、中国太平洋保险、中国国际、民安控股和安华农业保险等。

九、在华外资金融机构

随着对外开放的不断深入，中国开始引进外资金融机构(包括外资独资、中外合资)。目前在中国境内设立的外资金融机构有两类。一类是外资金融机构在华代表处。一般只可设在北京和中国经济特区，其工作范围包括工作洽谈、联络、咨询和服务，不得从事任何直接营利的业务活动。还有一类是外资金融机构在华设立的营业性分支机构，主要设在经济特区等国务院批准的城市。在华外资金融机构的发展前景是：逐步建立以外资银行分行为主，以中外合资银行和财务公司为辅，并有少量保险机构和投资银行的多样化结构体系。截至 2014 年年底，15 个国家和地区的银行在华设立了 38 家外商独资银行(下设分行 296 家)，2 家合资银行(下设分行 3 家)和 1 家外商独资财务公司；26 个国家和地区的 66 家外国银行在华设立了 97 家分行。外资银行在我国 27 个省份的 69 个城市设立了机构，形成具有一定覆盖面和市场深度的总行、分行、支行服务网络，营业网点达 1000 家。

【专栏6-2】主要发达国家的金融体系

在美国的金融体系中，货币发行和监管机构是联邦储备系统。商业金融体系是市场主导型金融体系。商业银行大致分为两类：国民银行和各州立银行，前者一般实力雄厚。金融监管系统由联邦储备系统、财政部货币监督管理局和联邦存款保险公司等依法对银行、金融机构和金融市场进行监管。面对着 20 世纪 80 年代后期越来越激烈的来自日本和欧洲的银行竞争压力以及"经济一体化"浪潮，美国银行业在 20 世纪 90 年代初进行了一些实质性的调整，打破了美国金融史上占统治地位的"单一银行制度"和"单一州原则"的限制，为银行业跨国并购开了绿灯。

日本的金融体系中货币发行和监管机构是日本的中央银行——日本银行。商业金融体系是以主办银行制度为特征的产业金融模式。在日本普遍存在一种"主要往来银行"的惯例，它确实普遍存在，其具体表现为某一企业与特定银行的长期业务往来。但这种金融体系已经不能适应新的环境变化的要求了。1996 年，日本政府推出的"大爆炸"金融改革，即金融混业改革，表明未来日本金融改革的方向是确立市场主导的直接金融体制，它的目标是建立一种以市场为导向，以自由竞争为特征的金融体系。

英国的金融体系主要由中央银行、各类金融中介机构和金融市场三大部分组成，以财政部和英格兰银行为核心，以零售性银行、商业银行、海外银行、贴现行、房屋互助协会、保险公司、信托投资公司和单位信托公司等各类金融机构为主体，以英镑货币市场、资本市场、保险市场、欧洲货币市场及伦敦外汇市场等为依托的多层次、多功能的金融机构和金融市场并存的多元化综合体系。

德国的金融体系由银行、保险、证券交易所及金融服务公司组成。德国的银行体系由中央银行、全功能银行和专业银行组成。德意志联邦银行是德国的中央银行，也是欧洲中央银行体系的组成部分，遵循欧洲中央银行的指示和方针，落实欧洲中央银行制定的相关货币政策，协助欧洲中央银行完成德国的事务，总部在法兰克福。全功能银行是实行混业经营的代表，除经营传统意义上的存贷款银行业务外，还可经营证券、保险等非银行金融业务，具体又分为信贷银行、储蓄银行和合作银行。专业银行是办理特殊业务的银行，只能从事其营业许可证上规定的特定业务，主要包括建设信贷银行、抵押银行、投资银行、投资公司、担保银行、不动产信贷银行、经济振兴信贷银行等。非银行金融机构包括保险公司和金融服务公司等。监管机构包括德意志联邦银行、联邦金融监督管理局、经纪审计公司以及公共监督机构。银行实行全能化经营，证券市场相对较小。

(资料来源：陈伟鸿.金融学，北京：机械工业出版社，2012)

本 章 小 结

中央银行商业银行和专业银行等银行金融机构与非银行金融机构构成了一国的金融机构体系。了解中国的金融机构体系，熟知中央银行是一国金融体系的核心商业银行，是一国金融机构体系的主体，对整个金融体系具有举足轻重的作用。

复习思考题

一、问答题

1. 如何理解金融机构体系？
2. 简述非银行金融机构体系的构成。
3. 投资银行与商业银行的主要区别有哪些？

二、分析思考题

谈谈现阶段我国金融机构体系，你对我国金融机构体系的发展有什么看法？

第七章

商　业　银　行

学习目标

通过本章学习，了解和掌握商业银行是金融机构体系中的重要组成部分，具有信用中介、支付中介、信用创造和金融服务的职能。掌握商业银行的主要业务资产业务、负债业务和表外业务。了解商业银行作为一种特殊的企业，在经营活动中必须遵循营利性、安全性和流动性三条原则，通过对银行资产和负债的管理，在确保资金安全性的同时，力求获得最大利润。

关键概念

商业银行(commercial bank)　银行同业拆借(inter-bank offered credit)　派生存款(derivative deposit)　中间业务(middleman business)　预期收入理论(anticipated income theory)

第一节　商业银行概述

商业银行是以经营工商企业存款、放款和汇兑为主要业务，并以利润为主要经营目标的金融机构。商业银行是现代金融体系中的主体，对国民经济的发展起着重要的作用。

一、商业银行的产生

商业银行是商品经济发展到一定阶段的产物，是为适应市场经济发展和社会化大生产而形成的一种金融组织。几个世纪以来，商业银行作为金融体系的主体组成部分，在资本主义市场经济的成长和发展过程中，发挥了重大作用。随着我国市场经济的深入发展，商业银行也必将在我国社会主义市场经济的发展中，发挥重大作用。

最早的商业银行产生于英格兰。英文 Bank(银行)一词来源于意大利语 Banca 或者 Banco。Banca 或者 Banco 的原意是指商业交易所用长凳和桌子。英文的 Bank，原意是指存放钱财的柜子，后来就泛指专门从事存、贷和办理汇兑、结算业务的金融机构。中文中的"银行"是指专门从事货币信用业务的机构。鸦片战争以后，外国金融机构随之侵入，

"银行"就成为英文"Bank"的对应中文翻译。

从历史发展的顺序来看，银行业最早的发源地应该是意大利。早在1272年，意大利的佛罗伦萨就出现过一个巴尔迪银行，稍后于1310年又有佩鲁齐银行成立。1397年，意大利设立了麦迪西银行，10年后又出现了热那亚乔治银行，当年的这些银行都是为方便经商而设立的私人银行。比较具有近代意义的银行则是1587年设立的威尼斯银行。

到了14—15世纪，欧洲由于优越的地理环境和社会生产力的较大发展，各国与各地之间的商业往来也渐渐扩大起来。然而，由于当时的封建割据，不同国家和地区之间所使用的货币在名称、成色等方面存在着很大的差异。要实现商品的顺利交换，就必须把各自携带的各种货币进行兑换，于是就出现了专门的货币兑换商，从事货币兑换业务。

随着商品经济的迅速发展，倾向兑换和收付的规模也不断扩大，各地商人为了避免长途携带大量金属货币带来的不便和风险，货币兑换商在经营兑换业务的同时，又出现了货币保管业务，后来又发展到委托货币兑换商办理支付和汇兑。由于货币兑换和货币保管业务的不断发展，货币兑换商借此集中了大量货币资金，当货币兑换商的这些长期大量积存的货币余额相当稳定，可以用来发放贷款，获取高额利息收入时，货币兑换商便开始了授信业务。货币兑换商由原来被动接受客户委托保管货币转而变为积极主动揽取货币保管业务，并且通过降低保管费或不收保管费，后来还给委托保管的客户一定好处时，保管货币业务便逐步演变成了存款业务。由此，货币兑换商逐渐开始从事信用活动，商业银行的萌芽开始出现。

17世纪以后，随着资本主义经济的发展和国际贸易规模的进一步扩大，近代商业银行雏形开始形成。随着资产阶级工业革命的兴起，工业发展对资金的巨大需求，客观上要求有商业银行发挥中介作用。在这种形势下，西方现代商业银行开始建立。1694年，英国政府为了同高利贷作斗争，以维护新生的资产阶级发展工商业的需要，决定成立一家股份制银行——英格兰银行，并规定英格兰银行向工商企业发放低利贷款，利率大约在5%～6%。英格兰银行的成立，标志着现代商业银行的诞生。

二、商业银行的发展

1．商业银行形成的途径

西方国家商业银行产生的条件和发展环境各不相同，但归纳起来主要有以下两条途径。

1) 从旧的高利贷银行转变而来

早期的银行是在资本主义生产关系还未建立时成立的，当时贷款的利率非常高，具有高利贷性质。随着资本主义生产关系的建立，高利贷因利息过高影响资本家的利润，制约着资本主义的发展。此时的高利贷银行面临着贷款需求锐减的困境和关闭的威胁。为了自身的利益，高利贷银行顺应时代的变化，降低贷款利率，转变为商业银行。不少高利贷银行通过这种转变而成为商业银行。这种转变是早期商业银行形成的主要途径。

2) 以股份公司形式组成现代商业银行

大多数商业银行是按这一方式建立的。最早建立资本主义制度的英国，也最早建立资本主义的股份制银行——英格兰银行。当时的英格兰银行宣布以较低的利率向工商企业提供贷款。由于新成立的英格兰银行实力雄厚，很快动摇了高利贷银行在信用领域的地位，也因此成为现代商业银行的典范。英格兰银行的组建模式被推广到欧洲其他国家，商业银行也开始在世界范围内得到普及。

现代商业银行在商品经济发展较快的国家和地区得到了很快发展。但是在不同的国家商业银行的名称各不相同，如英国称之为存款银行、清算银行，美国称之为国民银行、州银行，日本称之为城市银行、地方银行等。

2．商业银行发展的模式

经过几个世纪的发展，商业银行经营业务和服务领域也发生了巨大变化，但纵观世界商业银行发展过程，归纳起来大致可以分为以下两种模式。

1) 以英国为代表的传统模式的商业银行

这一传统模式深受实质票据论的影响和支配，资金融通有明显的商业性质，因此主要业务集中于短期的自偿性的贷款。银行通过贴现票据发放短期、周期性贷款，一旦票据到期或承销完成，贷款就可以自动收回。这种贷款由于与商业活动、企业产销相结合，所以期限短、流动性高，商业银行的安全性就能得到一定保证，并获得稳定的利润。但是这种传统的模式也有不足，使商业银行的业务发展受到一定的限制。

2) 以德国为代表的综合式的商业银行

与传统模式的商业银行相比，综合式的商业银行除了提供短期商业性贷款以外，还提供长期贷款，甚至可以直接投资股票和债券，帮助公司包销证券，参与企业的决策与发展，并为企业提供必要的财务支持和咨询服务。至今，不仅德国、瑞士、奥地利等少数国家采用这种模式，而且美国、日本等国的商业银行也在向综合式商业银行转化。这种综合式的商业银行有"金融百货公司"之称，它有利于银行展开全方位的业务经营活动，充分发挥商业银行的经济核心作用，但也有加大商业银行风险等不足。

三、商业银行的职能

商业银行作为金融企业，具有信用中介职能、支付中介职能、信用创造职能和金融服务职能。

1．信用中介职能

信用中介职能是商业银行最基本、最能反映其经营活动特征的职能。这一职能的实质，

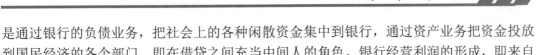

是通过银行的负债业务，把社会上的各种闲散资金集中到银行，通过资产业务把资金投放到国民经济的各个部门，即在借贷之间充当中间人的角色。银行经营利润的形成，即来自吸收资金所花费的成本与发放贷款所获得的利息收入、投资净收益及其他手续费支出和收入之间的差额。

商业银行通过发挥信用中介职能，把资金从盈余者手中转移到短缺者手中，使闲置的资金资源得到了充分的利用。具体而言，商业银行的信用中介职能反映在以下三个方面。

1) 变小额资本为大额资本

商业银行通过开办活期存款和储蓄存款等业务，把居民手中的闲散货币聚集起来，投放到生产流通部门，成为生产流通部门的货币资本，从而扩大社会资本的规模，促进生产和流通的发展。

2) 变闲置资本为职能资本

商业银行通过吸收存款、发放贷款，把从再生产流通过程中游离出来的暂时闲置的货币资本转化为生产资本、商品资本等职能资本，从而在社会资本总量不变的情况下，实现了社会资本内涵的扩大与效率的提高。

3) 变短期资金为长期资金

商业银行的活期存款等短期资金在此存彼取的过程中会形成一个相对稳定的余额，这一相对稳定的货币余额可供银行长期运用，通过发放长期贷款等满足社会对长期借贷资本的需求，从而实现短期资金向长期资金的转化。

2．支付中介职能

所谓支付中介，主要是指商业银行为商品交易的货币结算提供一种付款机制。在现代经济生活中，各种经济活动如商品交易、国际贸易、对外投资等所产生的债权债务关系，最终都要通过货币的支付来清偿。由于现金支付手段的不便和局限，商业银行便通过账户间的划拨和转移，最大限度地降低了现金的使用成本，加快了结算过程和货币的周转，从而成为现代经济中支付体系的中心。

支付中介职能是指商业银行在活期存款账户的基础上，为客户办理货币结算、货币收付、货币兑换和存款转移等业务活动。支付中介是商业银行的传统职能。从历史上看，货币支付和货币汇兑以货币的兑换收付、货币的保管为前提，而存贷款业务是上述业务的延伸与发展，因而，商业银行支付中介职能的产生要早于信用中介职能。但是，信用中介职能形成后，货币支付和货币汇兑要通过活期存款账户进行，因此，信用中介职能反而成为支付中介职能的前提与基础。借助支付中介职能，商业银行成了工商企业、政府、家庭和个人的货币保管人、出纳人和支付代理人，商业银行因此成为社会经济活动的出纳中心和支付中心。由于商业银行所提供的转账结算、支付汇兑等服务主要是面向其存、贷款客户的，因此，支付中介职能的发挥又反过来促进了商业银行存、贷款业务的扩大，从而促进银行信用中介职能的更好发挥。

商业银行发挥支付中介职能有两个主要作用。

(1) 节约社会流通费用，增加社会生产资本投入。商业银行通过办理货币支付和货币汇兑业务，既可以大大减少现金的发行费、保管费、运输费等社会流通费用，相应增加社会生产资本的投入，又可以加速社会资金周转，促进社会再生产的顺利进行。

(2) 扩大银行的资金来源，降低银行的筹资成本。客户要通过银行获得转账结算等服务便利，必须先在商业银行开立活期存款账户，并存入一定的资金。商业银行因此集中了大量低息甚至无息的资金，这降低了银行的筹资成本，使银行拥有比较稳定的廉价资金来源。

3. 信用创造职能

商业银行的信用创造职能，是在支付中介和信用中介职能的基础上产生的。

信用创造职能是指商业银行通过吸收活期存款、发放贷款以及从事投资业务衍生出更多存款货币，从而扩大社会货币供给量。通过信用创造职能形成的存款也叫派生存款。信用创造是商业银行的特殊职能，这一职能是在信用中介职能得以发挥的基础上派生出来的。商业银行以外的金融机构不具有这一职能。由于商业银行发挥信用职能会对整个社会的信贷规模及货币供给产生直接影响，因而商业银行成为货币管理当局监管的重点，商业银行的业务活动受到货币当局的极大关注。商业银行发挥信用创造职能的作用主要有以下方面：

(1) 通过创造存款货币等流通工具和支付手段，既可以节约现金使用，减少社会流通费用，又能满足社会经济发展对流通手段和支付手段的需要。

(2) 通过增加或减少存款货币等流通工具和支付手段的供应，可以调节社会货币流通规模，进而影响与调节国民经济活动。

但是，商业银行不可能无限制地进行信用创造，更不能凭空进行信用创造，它受以下3个因素的制约：

(1) 商业银行的信用创造，要以存款为基础。

(2) 商业银行的信用创造，要受中央银行存款准备金率、自身现金准备率及贷款付现率的制约。商业银行的信用创造能力与上述比率成反比。

(3) 商业银行的信用创造，要以有贷款需求为前提。

4. 金融服务职能

金融服务是指商业银行利用其在充当信用中介和支付中介过程中所获得的大量信息，借助电子计算机等先进手段和工具，为客户提供其他金融服务，这些服务主要有现金管理、财务咨询、代理融通、信托、租赁、计算机服务等。商业银行作为支付中介和信用中介，同国民经济的各个部门、各个单位以及个人发生多方面的联系，它同时接受宏观调控和市场调节，掌握了大量的宏观信息和市场信息，成为国家经济和金融的信息中心，能够为社会的各个方面提供各种金融服务。也就是说，金融服务职能也是从支付中介职能和信用中介职能中派生出来的。

随着经济生活的日益现代化，银行服务已深入到百姓家庭和各个方面，如代理支付水电费、电话费、转账结算、为企业代发工资等，给商业银行提供了广大的服务空间。在日益激烈的竞争压力下，各商业银行也在不断地开拓服务领域，推出新的服务项目，提高服务质量，促使商业银行向更高层次发展。

在商业银行的上述四项职能中，最能代表商业银行特点的是中介职能，即信用中介职能和支付中介职能。

商业银行通过提供这些服务，既提高了信息与信息技术的利用价值，加强了银行与社会的关系，同时也为银行增加了很多业务收入，提高了银行的盈利水平。而且，随着信息技术日新月异的发展，商业银行金融服务职能将发挥越来越大的作用，并对社会经济生活产生更加广泛而深远的影响。

第二节　商业银行业务

为了便于理解商业银行的各项业务，我们首先分析一下商业银行的资产负债表。资产负债表是反映银行资产、负债和资本金总体状况的报表，也是任何一家银行的最基本的报表之一。

资产负债表是商业银行使用最多的财务报表，其结构和平衡原理与一般工商企业的资产负债表基本相同，只是在反映的内容上稍有区别。一般的商业银行资产负债表科目可用表7-1简要表示。

表7-1的负债部分，即为银行资金的来源。资金来源由3部分组成：资本账户、存款、借款和其他负债。资本账户包括银行成立时所招募的股本，再加上储备金和未分配利润。商业银行的资金来源除自身的资本外，主要是客户的存款及从金融市场上借来的款项。

表7-1中的资产部分，即银行资金的运用情况。表7-1中的现金资产包括库存现金、法定准备金、同业存款、在途资金。这些现金资产，构成银行的流动资产。资产中最重要的构成部分是贷款，依贷款对象的不同可分为工商业贷款、不动产贷款、消费者贷款等。银行若有剩余储备，还可经过同业拆借市场拆放给同业。银行也将部分资金运用于投资，其对象多为政府债券。

以上介绍的是商业银行的资产负债表，但由于各个商业银行的经营状况和所处金融环境的不同，其资产负债表也存在很多差异。表7-1应被看成是一家"平均"的商业银行的资产负债表，从这家"平均"商业银行的资产负债表中，我们能够了解导致商业银行资产

负债的这一特定结构的经济原因。

表 7-1　商业银行资产负债表的结构

资产部分	负债部分
现金资产	资本账户
库存现金	自有资本
法定准备金	资本盈余
同业存款	未分配利润
在途资金	资本储备金
贷款	存款
工商业贷款	活期存款
其他贷款	定期存款
投资	储蓄存款
政府债券	借款
其他有价证券	向中央银行借款
其他资产	同业拆借
	其他借入资金
	其他负债

商业银行的业务种类繁多，大体可分为负债业务、资产业务、中间业务、表外业务和网上银行业务。

一、商业银行的负债业务

商业银行负债业务是指形成其资金来源的业务。其全部资金来源包括自有资本和吸收存款两部分。

1. 自有资本

自有资本，又称银行资本或资本金，是指银行为了正常运营而自行投入的资金，它代表着对银行的所有权。商业银行的自有资本主要由资本金、盈余、准备金和未分配利润等构成。

资本金是商业银行成立时所招募的股本，是银行资本的主要部分和基础，是银行的原始资本，包括普通股和优先股。

盈余是由于银行内部经营和外部规定而产生的，分为资本盈余和营业盈余两种。资本盈余是商业银行在发行股票时，发行价格超过面值的部分，即发行溢价。营业盈余是商业

银行从每年的营业利润中逐年累积而形成的。

准备金是商业银行为了应付意外事件而从税后收益中提取的资金。未分配利润则表示历年盈余在派发股息、红利和提取公积金后的余额。

在现代银行中，自有资本往往是商业银行资金来源的一小部分，而其资金来源的大部分主要是靠外来资金。但自有资本在保护存款人的利益和保持银行业务的持续发展方面具有保护性、经营性和管理性 3 大功能。

(1) 保护性功能，即保护存款人利益。由于商业银行的经营资金绝大部分来自存款，当银行资产遭受损失时，自有资本可以及时补充，起到缓冲器的作用，以便保护存款人的利益。

(2) 经营性功能。自有资本是银行经营的最初资金来源，银行自有资本扣除用于购置固定资产后的剩余资金可作为银行的营运资金。营运资金的多少对银行业务的发展和盈利都有一定的影响。

(3) 管理性功能，即金融管理当局通过规定和调整自有资本的各种比率，限制银行任意扩张其资产规模，实现对商业银行的监督和管理。

一般而言，拥有较大的资本，不仅有助于银行的安全，而且有助于银行业务的发展。因为资本代表补偿损失的资金，从而显示银行向债权人偿还债务的能力。较高的资本比率，使存款人对银行感到放心，有利于银行吸收存款。而工商企业更乐意向实力雄厚的银行借款。因此，银行可以通过发行额外股票，即扩股或扩大留存收益的方式使资本账户增值。然而，这并不意味着银行资本越多越好，当资本与总资产之比超过一定限度时，追加资本而产生的边际收益会转趋下降，这也是银行的股东们所难以接受的。因此，每家银行都必须考虑资本对资产的最恰当比率。

另外，各国的银行监管当局亦将商业银行资本对资产之比率即资本充足率作为衡量其经营稳健性的一个重要指标。目前，西方国家普遍采用"巴塞尔协议"所规定的银行资本充足率标准，即银行资本与其风险资产之比率应不低于 8%。

【专栏 7-1】商业银行的设立条件和程序

商业银行设立条件包括：

(1) 发起人符合法定人数。即应当有 5 人以上为发起人，其中须有过半数的发起人在中国境内有住所。

(2) 发起人认缴和社会公开募集的股本达到法定资本金最低限额。股份有限公司注册资本的最低限额为 1 000 万元人民币，股份商业银行的资本金最低限额符合公司法规定的这一标准。以募集设立方式设立的股份商业银行，发起人认购的股份不得少于银行股份总额的 35%，其余股份应当向社会公开募集。发起人向社会公开募集股份时，必须向国务院证券管理部门递交募股申请，并报送如下文件：批准设立文件，商业银行章程；经营估算书；发起人姓名或名称，发起人认购的股份数、出资种类及验资证明；招股说明书；代收股款银行名称及地址，承销机构名称及有关协议。

(3) 股份发行、筹办事项符合法律规定。

(4) 发起人制订银行章程，并经创立大会通过。发行股份的股款缴足后，发起人应当在 30 日内主持召开创立大会，创立大会由认股人组成。创立大会须有代表股份总数 1/2 以上的认股人出席。创立大会行使下列职权：审议发起人关于商业银行筹办的报告、通过银行章程、选举董事会和监事会成员、审核银行的设立费用、审核发起人用于抵作股权的财产的作价、做出不设立银行的决议。

(5) 有商业银行名称，建立符合股份有限公司要求的组织机构，如董事会、监事会等。

(6) 有固定的经营场所和经营条件。

一般程序如下：

(1) 申请登记。填写《申请登记书》，并递交申请。

(2) 招募股份。按照《公司法》规定发行股票招募股份。

(3) 验资开业。向有关部门报送《验资证明书》，达到要求后发放营业执照。

2. 吸收存款

吸收存款是商业银行的传统业务，也是商业银行最重要的负债业务。可以说，吸收存款是银行与生俱来的基本特征。银行的自有资本总是有限的，如果没有存款，银行的经营将受到极大限制，也不可能获得较高的收益。

西方各国商业银行存款种类划分很灵活，各国银行划分标准也不尽相同。一般来说，常用的传统分类是将存款概括为活期存款、定期存款和储蓄存款 3 大类。

1) 活期存款

活期存款是一种不需要事先通知，凭支票便可随时提取或支付的存款，因而也称支票存款。开立活期存款账户一般是为了交易和支付，所以存款人主要是企业和个人。活期存款的特点是，存户可以随时存取、流动性强。由于活期存款存取频繁，银行需要花费较多的人力、物力来处理此项业务，成本较高。因此，在多数国家，银行通常不计付活期存款利息或以较低的利率支付利息，有的甚至还要收取手续费。所以，银行在吸收活期存款时，不能以利率作为竞争手段，只能以优质服务取胜。

2) 定期存款

定期存款是存户预先约定期限，到期前一般不能提取的存款。定期存款的特点是稳定性强、流动性低。定期存款是商业银行获得稳定资金来源的重要手段。定期存款的利率与存款期限的长短有密切的关系，一般存款期限越长，利率越高。在存款到期前，若存款人要求提前支取，则对提前支取的部分按活期存款付利息。存款期限因银行而异，较常见的有 3 月、6 月、1 年、2 年等。

定期存款多采用定期存款单的形式，也有采用存折形式的。传统的定期存款单是不能转让的。20 世纪 60 年代以后，由于金融业的激烈竞争，商业银行为了更广泛的吸收存款，推出了可转让的定期存单，这种存单于到期日前可在市场上转让。

3) 储蓄存款

储蓄存款主要是为居民个人积蓄货币而开设的存款账户。这种存款通常由银行发给存款人一张存折，以此作为存款和提取存款的凭证。储蓄存款不能签发支票，支用时只能提取现金或先转入存款人的支票存款账户。储蓄存款也分为定期存款和活期存款，但以定期存款居多。无论是什么样的存款，银行必须向存款人支付利息，当然定期存款的利息比活期存款的利息要高一些。储蓄存款的存折不具有流动性，即存折不能转让和贴现。

【专栏 7-2】存款保险制度

存款保险制度是指由符合条件的各类存款性金融机构作为投保人，按一定存款比例，向特定保险机构(存款保险公司)缴纳保险费，建立存款保险准备金。当成员机构发生经营危机或破产倒闭时，由存款保险机构按规定的标准及时向存款人予以赔付，并依法参与或组织清算。存款保险制度的核心在于通过建立市场化的风险补偿机制，合理分摊因金融机构倒闭而产生的财务损失。截至 2011 年底，全球已有 111 个国家建立存款保险制度。2015 年 5 月 1 日，我国《存款保险条例》正式实施，最高偿付限额为人民币 50 万元。

国际上通行的理论是把存款保险分为隐性(impiicit)存款保险和显性(explicit)存款保险两种。目前存款保险制度是指后一种形式，即使国家以法律的形式对存款保险的要素、机构设置以及有问题机构的处置等做出明确规定。存款保险制度有利于保护存款人的利益、提升社会公众对银行体系的信心，避免挤兑并维护整个金融体系的稳定。存款保险制度的消极影响在于它可能诱发道德风险。从已经实行该制度的国家来看，主要有 3 种组织形式：由政府出面建立、由政府与银行界共同建立、在政府的支持下由银行同业联合建立。美国在 20 世纪 30 年代最早建立了存款保险制度，此后不少国家纷纷引入这一制度。尤其是在 20 世纪 80—90 年代，世界许多国家出现较严重的银行危机或金融危机以后，存款保险制度进入快速发展阶段。

(资料来源：赵鸣霄，孙光惠，史安玲.金融学，北京：中国人民大学出版社，2016)

3. 银行借款

各类非存款性借款也是商业银行负债业务的重要构成部分。银行用借款的方式筹集资金，其途径主要有以下几条。

1) 向央行再贴现或借款

中央银行作为银行的银行，必须执行最后贷款人的职能，所以，当商业银行资金不足时，可以向中央银行借款。西方国家中央银行对商业银行所提供的贷款一般是短期的。商业银行向中央银行借款一般采取再贴现和抵押借款两种方式。再贴现系指商业银行以对工商企业贴现而来的合格票据向中央银行申请再贴现，即把票据转让给中央银行，由此获得资金。

在美国，商业银行一般不太愿意向中央银行办理再贴现，因为联邦储备银行对票据的审查非常严格，手续复杂，有时还要求审查贴现企业的财务报表。同时，银行也担心企业误认为银行办理再贴现是财务计划不周的表现，从而影响银行的信誉。所以，商业银行通常都以政府债券或合格票据作担保来抵押贷款。

向中央银行借款按现行的贴现率计息。在贷款紧缩时，由于中央银行提高再贴现率，商业银行向中央银行取得资金成本提高，在此情形下，商业银行会尽可能地通过其他低成本的渠道借入资金。

2) 银行同业拆借

银行同业拆借是指商业银行之间以及商业银行与其他金融机构之间相互提供的短期资金融通。在这种拆借业务中，借入资金的银行主要是用以解决本身临时资金周转的需要，期限较短，多为1～7个营业日。利息按日计算，利率根据市场资金供求状况随行就市。同业拆借一般不需要抵押品，全凭银行信誉。

传统的同业拆借是为了调剂准备。拆借资金主要来源于超额准备，拆借的目的是为了补充法定准备的不足。如今，同业拆借已成为商业银行调节短期资产和负债的重要手段。现在许多商业银行已减少持有短期高流动性资产，而通过同业拆借来解决额外的偿付，且把同业拆借作为扩大资产业务的途径。早期的同业拆借仅限于商业银行之间，近年来，其他银行、非银行金融机构及外国银行在境内的分支机构也加入，使同业拆借的规模不断扩大。

同业拆借一般都通过各商业银行在中央银行的存款准备金账户，由拆入银行与拆出银行之间，用电话或电传方式进行。

3) 证券回购协议

证券回购协议是指商业银行通过出售证券，取得即时可用资金。但同时银行又以书面协议，承诺在将来的某一日期按原来议定的价格重新购回这些证券。从性质上说，此类交易实际上是银行以证券担保而获得的一种借款。

大多数的证券回购协议是以政府债券为交易对象的，期限从1天至几个月不等。通常的做法是，交易双方同意银行按相同的价格出售及购回证券，同时约定银行在购回时所应支付的利息。另一类的做法是，交易双方约定的购回价格高于售出价格，但银行不需另支付利息。

与商业银行订立证券回购协议的主要是企业、政府机构和境内外金融同业。因为它们通常会保持相当数额的活期存款，通过证券回购协议将暂时闲置资金短期放贷给商业银行，从而赚取利息收益，当然是它们愿意采用的方式。对商业银行而言，虽然其负债并未增加，但由于以政府债券为担保的证券回购协议不属于中央银行所界定的存款，因而无须提取存款准备金，这就使利用此类借款的成本减少。近年来，商业银行已经普遍利用证券回购协议取得资金。此类交易不仅成为商业银行调整短期准备金头寸的有力工具，而且还被某些银行视为取得长期贷款资金的一条重要途径。

4) 国际货币市场借款

近年来，各国商业银行在国际货币市场上尤其是在欧洲货币市场上广泛地通过办理定期存款，发行大额定期存单，出售商业票据、银行承兑票据及发行债券等方式筹集资金，以扩大国内的贷款和投资规模。欧洲货币市场自形成之日起，就对世界各国商业银行产生了很大的吸引力，其主要原因在于它是一个完全自由、开放的、富有竞争力的市场。欧洲货币市场资金调度灵活、手续简便、管制宽松，同时该市场不受存款准备金和存款利率最高额的限制，因而其存款利率相对较高，贷款利率相对较低，所以具有交易量大、成本低、利润高等特点。

5) 发行金融债券

发行金融债券是商业银行筹集资金来源的主要途径。金融债券具有不记名、可转让、期限固定、收益较高的特点。对银行来说，发行金融债券有利于筹集稳定的长期资金，提高负债的稳定性，从而提高银行资金使用效率和效益。

总之，近年来商业银行的负债业务已不限于消极地接受活期存款，并以此作为其唯一的资金来源，而是既积极吸收存款，又在存款以外的负债业务上显示出很大的创新精神。这一切，对于商业银行在持有较高比例的生息资产的同时又保证其资金流动性，具有重要的意义。

二、商业银行的资产业务

商业银行资产业务，是指商业银行对通过负债业务所集聚起来的资金加以运用的业务，是其取得收益的主要途径。商业银行的资产业务主要有现金资产、贷款、贴现和证券投资。

1. 现金资产

现金资产，也称第一准备，是满足银行流动性需要的第一道防线。现金资产是银行资产中最具流动性的部分，是银行的非营利性资产。现金资产包括库存现金、在中央银行的存款、存放同业资金和托收未达款。

1) 库存现金

库存现金是银行金库中的现钞和硬币，主要用于应付日常业务支付的需要(如客户以现金形式提取存款等)。因为库存现金属于不产生利润的资产，因此，银行一般只保持必需的数额。库存现金太多，影响银行收益；太少，不能应付客户提取现金的需求，甚至造成挤提存款，增加银行风险。

2) 在中央银行的存款

在中央银行的存款是指商业银行的法定存款准备金和超额准备金。法定存款准备金是商业银行按法定存款准备金比率，把吸收的存款缴存中央银行的部分。规定缴存存款准备金的目的主要有两个：最初是为了保证商业银行有足够的资金应付客户的存款提现，保证存款人的利益和维护银行业的稳定。现在调整法定存款准备金比率，是中央银行进行宏观金融调控的一种重要的政策工具。超额准备金是商业银行的总准备金减去法定存款准备金的差额。由于法定准备金一般不能动用，商业银行能动用的只是超额准备金部分。通常，超额准备金的多少，决定了商业银行能够再度进行贷款和投资规模的大小。商业银行保留超额准备金的目的，主要是为了银行之间票据交换差额的清算，应付不可预料的现金提存和等待有利的贷款和投资机会。

3) 存放同业资金

存放同业资金是银行为了自身清算业务的便利，在其他银行经常保持一部分存款余额而相互开立的活期性质的存款账户。

4) 托收未达款

托收未达款是指银行应收的清算款项。具体来讲，是商业银行收到以其他商业银行为付款人的票据，已向票据交换所提出清算或已向其他商业银行提出收账，但尚未正式记入存放同业或记入在中央银行存款账户中的款项。这部分款项在收妥前不能抵用，但收妥后，或增加同业存放的存款余额，或增加该银行在中央银行准备金账户上的存款余额，成为可以动用的款项，因此与现金的作用差不多。

2. 贷款

贷款是银行将其所吸收的资金，按一定的利率贷放给客户并约期归还的业务。贷款是商业银行最主要的、也是传统的资产业务。贷款是商业银行利润的主要来源。从社会的角度看，银行也有扶助工商业、促进社会经济发展的义务。银行如果不放贷款，则会丧失其社会功能。所以，商业银行有 50%以上的资产是用于放款。商业银行贷款最初是以短期的自偿性放款为对象，即补充企业再生产过程中发生的流动资金暂时不足。随着银行贷款理论的发展及现代经济发展的要求，商业银行贷款的对象越来越广泛，种类也越来越多。

1) 按贷款的期限划分

按贷款的期限划分，商业银行贷款可分为短期贷款、中期贷款和长期贷款。

短期贷款是指贷款期限在 1 年以内的贷款，如季节性贷款、临时性贷款。这种贷款，反映了最初的商业贷款理论，即贷款应是短期的、能自动清偿的。现在，虽然商业银行发放了许多期限较长的贷款，但短期的流动资金贷款或季节性工商业贷款仍然占很大的比重。

中期贷款的期限为 1 年以上，通常可长达 8—10 年。这种贷款一般是在贷款期内分期偿还。

　　长期贷款一般是指超过 10 年的贷款。商业银行的长期贷款主要是不动产抵押贷款。

　　短期贷款属于周转性贷款，中长期贷款属于投资性贷款。短期贷款的流动性比较强，风险比较小，但利息收入也比较少。中长期贷款流动性比较差，风险较大，但可能获取较多的利息收入。因此，将贷款划分短期、中期和长期的作用就是有利于银行掌握资产的流动性，使商业银行长、短期贷款保持适当的比例，避免为了追求营利性而牺牲流动性，或单纯为了流动性而放弃盈利的时机这两种偏向。

　　2)　按贷款的保障程度划分

　　按贷款的保障程度划分，商业银行贷款可分为抵押贷款、担保贷款和信用贷款三种。

　　抵押贷款是指借款人以特定的抵押品作抵押保证的贷款。抵押品包括商品或商品凭证(如提单)、不动产和动产以及各种有价证券等。贷款需要抵押品，是为了保护贷款的安全，使银行免遭损失。如果借款人不依约偿还借款，银行有权处理用作担保的抵押品，以此抵偿贷款。通常抵押品的价值必须大于贷款的金额，抵押贷款根据抵押品不同又分为票据抵押贷款、商品抵押贷款和证券抵押贷款若干种。

　　担保贷款是指由借贷双方以外的有相应经济实力的第三方为担保人而发放的贷款。这种贷款无须提供抵押品，银行凭借客户与担保人的双重信誉而发放。如果借款人不能按期偿还贷款，由担保人承担偿还责任。

　　信用贷款是指无抵押品作保证，也无担保人担保，银行完全凭借客户的信誉而发放的贷款。也就是说，这种贷款完全以借款人的信誉、财务状况、预期未来收益和过去的偿债记录为依据。从理论上说，这种贷款风险比较大，但实际上银行发放的贷款有相当一部分是无担保品的信用贷款。银行之所以会发放这类贷款，主要是因为许多客户与银行保持经常性的往来关系，包括存款、贷款和使用银行其他各种服务，银行了解这些客户的实力、资信状况、获利能力等。对于资本雄厚、资信良好、获利能力强的客户，银行可以提供信用放款，既简化手续，又有利于与客户建立良好的信用关系。

　　3)　按贷款对象的不同划分

　　按贷款对象的不同划分，商业银行贷款可分为工商业贷款、农业贷款、不动产贷款和消费者贷款若干种。按照贷款对象的不同来划分贷款种类，也是西方国家商业银行比较通行的划分方法。

　　(1)　工商业贷款。工商业贷款是指商业银行对工商企业发放的贷款。这种贷款一般在商业银行贷款总额中比重最大，是商业银行最主要的贷款，商业银行通常把这种贷款看作是优先项目。工商业贷款适用对象很广泛，包括季节性的短期商品库存贷款，对机器、设备、建筑物的基本建设投资的长期贷款等。

　　(2)　农业贷款。农业贷款是指商业银行发放给农业企业、个体农户和农村个体工商户的贷款。短期的农业贷款主要用于资助农民的季节性开支，如购买种子、化肥、农药、饲料等。中长期农业贷款主要用于改良土壤、水利设施、购置各种机器设备等。从整个商业银行的贷款规模来看，农业贷款规模很小。农业贷款的主要提供者是专门从事农业贷款的金融机构，包括政府的某些专门机构。

(3) 不动产贷款。不动产贷款是以土地、房屋等不动产作为抵押品而发放的贷款。这类贷款主要用于土地开发、住宅公寓、大型设施购置等。这类贷款包括对建房承包人的短期贷款，一般在房屋建成或出售后还贷，贷款以建筑项目作抵押。土地开发贷款是用于取得未开发或已稍作开发的土地，然后将土地细分出售，作为建筑用地。土地开发贷款期限一般比较长，属中长期贷款，以不动产作抵押。不动产贷款的特点是期限长(最长可达 30 年)，风险较大，但收益高。商业银行的不动产贷款中有相当部分是住宅用地的出售，所归还的贷款都要高于其分摊额，这样，在最后一块场地出售之前，银行已全部收回贷款。

(4) 消费贷款。消费贷款是指商业银行发放给个人消费者用于生活消费方面的贷款。大多数消费贷款是用于购买高档耐用消费品，如住房、汽车等，而且这些耐用消费品又成为贷款的抵押品。消费贷款按用途可分为住宅贷款、汽车贷款、助学贷款、度假旅游贷款等。消费贷款又可分为直接和间接两种形式。前者是直接发放贷款给消费者，后者是银行以资金融通给工商企业购买赊销合同，支持消费者以分期付款的形式购买消费品。间接消费贷款的好处在于，可以节省银行的人力和财力，扩大贷款数额。但同时也增大了银行的风险，若消费者无力偿付，商业企业就要收回已出售的商品，银行贷款也就无法收回。消费贷款是银行在第二次世界大战以后发展的新业务，随着金融业竞争的日益激烈及人民生活水平的提高，消费信贷发展很快，在经济发达的国家和地区，已成为商业银行贷款的重要组成部分。目前，消费者贷款在许多发达国家商业银行贷款中的比重已占到 20%~30%，在有些国家，如美国，消费贷款的比重更是达到了 40%左右。

3. 贴现

票据贴现是一种特殊的贷款，是指银行买入未到期的票据，借以获取利息收益的一种信贷业务。票据持有人在票据到期之前急需现金，可以将票据转让给银行，从而获得银行的资金融通。从表面上看，这是一种票据的购买，实际上是银行资金的贷出，因为银行要等到票据到期时，才能向票据的债务人收回款项，所以，银行要向票据贴现的申请者收取一定的利息，即贴现息或折扣。

贴现业务是商业银行重要的资产业务。贴现业务的做法是，银行应客户的要求，买进未到期的票据，银行从买进日起至到期日止，计算票据的贴现利息，从票面金额中扣除贴现利息以后，将票面余额付给持票人，银行在票据到期时，持票人向票据载明的付款人索取票面金额的款项。

从资金运用的角度看，银行票据贴现实际上是一种短期贷款，但它与一般的短期贷款又有以下区别。

(1) 资金投放的对象不同。贷款以借款人为对象；贴现则以票据为对象，是一种票据的买入。

(2) 资金使用范围和条件不同。贴现使贴现人获得了资金使用权和所有权，其使用不受贴现银行的任何限制；贷款的所有权没有改变，银行为了能到期安全及时收回贷款，往往都在贷款合同中明确规定了资金的用途。

(3) 信用关系的当事人不同。贷款业务的当事人有借款人、贷款银行、贷款担保人；贴现的当事人则为银行、贴现人及票据上的各个当事人，如出票人、付款人、背书人等。

(4) 资金贷放与融通的期限不同。贷款的期限可以长达 1 年或数年，均须到期才能收回；贴现期限一般较短，不超过 6 个月，且贴现可以向其他银行转贴现，向中央银行再贴现，能随时收回资金。

(5) 利息率和利息收取不同。贴现的利率一般都比贷款的利率要低，贴息是由贴现银行在买入票据交付本金的同时就从其款项中扣除。而银行贷款的利息都在贷款到期时或按约定时期收取，先贷款后收息。

(6) 资金的安全程度不同。贴现的票据期满，付款人很少有违约情形，即使主债务人违约，也可向其他债务人索取票款，不至于造成资金损失；而普通贷款常因借款者经营失败而不能收回资金，造成损失。

(7) 对社会资金总量的影响不同。贴现的实质是资金在不同人手中的转移，是商业信用向银行信用的转化，并不改变社会总资金的规模；贷款是生息资本转化为职能资本，使生产和流通领域中的资金总量增加，从而使社会资金总量的增加。

4．证券投资

证券投资是指商业银行在金融市场上运用其资金购买有价证券。证券投资是商业银行重要的资产业务，也是利润的主要来源之一。商业银行进行证券投资的目的有以下内容。

1) 提高资产的流动性

由于政府债券和其他流动性较强的有价证券，可以在几乎不受损失的情况下及时抛售出去，换回现金，所以投资有价证券可以提高资产的流动性，即充当二级准备。当一级准备不足支付时，可以及时变现以补充一级准备。而且投资有价证券有收益，这比增加库存现金和在中央银行的存款来维持流动性更为有利，可以提高银行资金的运营效率。

2) 为了取得较高的收益

商业银行通过证券投资可以把资本投向能够取得较高利息或股息的金融资产上，以取得较高收益。同时，在贷款需求下降或贷款收益率较低时，证券投资也是商业银行维持盈利水平的重要途径。

3) 实现资产多样化以分散风险

商业银行的贷款往往局限于其经营所在地，如果银行将全部资金都用于发放贷款，则银行的业务经营在很大程度上要依赖于当地经济，有可能因地区性经济困难和顾客层次集中而招致风险。而银行投资于有价证券，既不受地区的限制，也不受行业限制，可以使投资风险得到普遍分散。

商业银行投资的有价证券主要有政府债券、公司债券和股票三种。政府债券的最大特点是安全性好，流动性强，特别是短期的政府债券如国库券，还本付息期短，又有活跃的二级市场，可以随时变现，是商业银行调节资产流动性的绝好工具。而且在国外，政府债券的收益可以免税，其实际收益率往往要高于公司债券。所以，政府债券是商业银行投资的主要对象，通常占其证券投资总额的60%以上。

目前，我国商业银行投资的证券主要有国库券、中长期国债、地方政府债券、政府机构债券和公司债券等若干种。

【专栏7-3】绿色金融跨越式发展，银行创新成为重要推动力量

绿色金融是指金融部门把环境保护作为一项基本政策，在投融资决策中考虑潜在的环境影响，把与环境条件相关的潜在回报、风险和成本融合进银行的信贷决策中，通过对社会经济资源的引导，促进社会的可持续发展的一种融资模式。根据2016年8月31日中国人民银行等七部委发布的《关于构建绿色金融体系的指导意见》，绿色金融是指为支持环境改善、应对气候变化和资源节约高效利用的经济活动，即对环保、节能、清洁能源、绿色交通、绿色建筑等领域的项目投融资、项目运营、风险管理等所提供的金融服务。

作为推动绿色发展的重要力量，2016年绿色金融发展更为迅速，绿色信贷、绿色金融创新、绿色债券等均取得显著成绩。《绿色金融半年报》显示，仅在2016年上半年，中国绿色债券市场共计发行549亿元人民币。仅在两个月后，这一数据便上升为1100亿元人民币，约占全球绿色债券市场份额的35%，遥遥领先于其他经济体。

绿色金融债券的发行突飞猛进。自2016年以来，多家银行不约而同将绿色金融债券的发行作为抢抓发展机遇的重要途径，这也使得绿色债券的发行持续快速放量。例如，2016年12月21日，农行正式发行其首单绿色金融债券。据悉，这是迄今为止境内债券市场通过公开招标发行的最大规模绿色金融债券，也是第一只政策性涉农绿色金融债券。本次发行绿色金融债券所募集的资金将投放于《绿色债券支持项目目录(2015年版)》中的绿色产业项目，主要用于5个省的林业资源保护开发、林业生产基地建设以及林业基础设施建设等。

绿色信贷业务持续推进。除创新绿色投融资机制外，加大绿色信贷投放力度，也是银行发展绿色金融的重要内容。截至2015年年底，我国银行业金融机构的绿色信贷余额已达8.08万亿元。其中，21家主要银行业金融机构的绿色信贷余额达7.01万亿元。较当年年初增长16.42%，占贷款余额的9.3%，绿色信贷对推动可持续发展发挥了重要作用。

绿色金融产品创新层出不穷。在实践中，商业银行还持续加大绿色金融产品的创新力度，从单一的绿色信贷逐步扩展到涵盖企业客户和个人客户的多元化产品体系。例如，兴

业银行围绕绿色金融设计了一系列更为全面的解决方案，包括碳交易解决方案、排污权交易解决方案、节能量交易解决方案、水资源利用和保护解决方案、产业链综合服务解决方案、行业整合解决方案、特定项目融资综合解决方案等。而与以往相比，在绿色金融产品和创新方面，一些银行已进行了大胆尝试。2016 年 8 月，农行成功为金风科技发行的绿色资产支持证券产品，引进国际知名绿色认证机构挪威船级社(DNV)进行绿色认证，邀请国际金融公司(IFC)对项目的绿色绩效进行评估。该项目获得包括专业绿色投资者在内的众多市场投资机构的青睐，发行认购倍数达 2.64 倍。

(资料来源：蒋先玲.货币金融学，北京：机械工业出版社，2017)

三、商业银行的中间业务

中间业务是指商业银行不用或较少运用自己的资金，以中间人的身份代理客户承办支付和其他委托事项，提供各类金融服务并收取手续费的业务。中间业务主要包括支付结算类业务、代理类业务、信托业务、租赁业务、银行卡业务、信息咨询业务等。

1. 支付结算类业务

支付结算类业务是指商业银行为客户办理因为交易、劳务等原因引起的债权债务关系而发生的与货币支付、资金划拨有关的收费业务。支付结算类业务是在商业银行的存款业务的基础上衍生出来的一种业务。企业、个人在商业银行开立活期存款账户的主要目的，就是利用银行在转账结算方面的便利。商业银行为了吸收更多的存款资金，提高资金运营能力，就应该不断加强和完善支付结算类业务，为客户提供良好的结算服务。

商业银行的经营结算业务通常使用本票、汇票和支票等结算工具。这些票据，都记载了一定的金额、一定的期限、收款人和付款人等内容，是收款人或执票人向付款人要求无条件支付的信用凭证。

商业银行的结算业务可以分为同城结算和异地结算两种。

1) 同城结算

同城结算是指收款人和付款人同在一个城市或一个地区的结算，也就是说货币的收付发生在同一个区域。目前商业银行同城结算的主要方式为支票结算，支票结算就是银行的活期存款户根据其在银行的存款额和透支限额开出支票，银行根据支票所载内容从其账户中支付一定款项给收款人或持票人，从而实现资金调拨的过程。此外银行同城结算还可以借助于票据交换自动转账系统来实现。参加这个系统的银行之间发生的同业拆借、外汇买卖以及划汇款项等，只要将有关数据输入到自动转账系统终端机上，相关银行就可以立即收到信息，并进行相关的账务处理。

2) 异地结算

异地结算是指收款人和付款人不在同一个城市或地区的结算，此时货币的收付要通过银行间的转账来进行。商业银行主要采用汇款、托收、信用证和电子资金划拨系统等几种方式进行异地结算。

2. 代理类业务

代理类业务是指商业银行接受客户委托，代为办理客户指定的经济事务、提供金融服务并收取一定费用的业务。

商业银行的代理类业务主要包括代理收付款业务、代客买卖业务、代理融通业务、代理保管业务等。

1) 代理收付款业务

代理收付款业务是指商业银行接受客户的委托，根据各种凭证代替客户收取或支付相应款项的业务。代理收费业务中最常见的是银行代收支票，客户将收到的由其他银行付款的支票交给自己的开户行委托其代为收取款项。另外银行还代理客户收取各种费用，如电话费、上网费、水电费等。此外银行还经常代替企业进行许多相对定期的款项支付，代理企事业单位支付职工工资、离退休人员退休金、房租等。

2) 代客买卖业务

代客买卖业务是指商业银行接受客户的委托，代替客户买卖有价证券、贵金属和外汇的业务。其中最主要的是代理发行有价证券业务。为了获取代理发行费用，银行一般在有价证券的发行中充当承销商的角色，代替发行人发行股票、债券、基金等有价证券，可以采用代销或包销的方式。

3) 代理融通业务

代理融通业务是指商业银行接受委托人的委托，以代理人的身份代为收取应收账款，并为委托人提供资金融通的一种业务。在代理融通业务中，委托人一般为赊销的企业，企业在进行了商品赊销后，为了资金周转的需要，把应收账款转让给银行，由银行提供给其资金，当应收账款到期时银行作为收款人要求付款人支付账款。

4) 代理保管业务

代理保管业务是指商业银行接受客户的委托，代为保管各种财物并收取保管费的业务。保管的财物可以是价值昂贵的东西，也可以是重要的资料、文件、印章等东西，一般采用出租保管箱的方式。

3. 信托业务

信托是指委托人基于对受托人的信任，将其财产权委托给受托人，由受托人按委托人的意愿以自己的名义，为受益人的利益或特定目的进行管理或处理的行为。信托是一种以信任为基础、以财产为中心、以委托为方式的财产管理制度。

在信托业务中，商业银行充当的是受托人的角色，接受客户(委托人)的委托，对信托财产进行管理处理，产生的收益向受益人进行支付，商业银行获得事先约定的报酬。此外，在信托期间商业银行可以对信托资金进行占用，以利于其扩大经营。

商业银行从事信托业务可以从不同的角度划分为不同的类型。按照委托人的不同，信托可以划分为个人信托与法人信托；按照信托关系发生基础的不同，信托可以划分为自由信托与法定信托，其中自由信托又可以细分为合同信托和遗嘱信托，合同信托是信托中的基本形式；按照信托目的的不同，信托可以划分为民事信托与商事信托；按照受益人的不同，信托可以划分为私益信托与公益信托；按照信托标的物的不同，信托可以划分为资金信托、实物信托、债券信托与经济事务信托；按照地理区域的不同，信托可以划分为国内信托与国际信托。

4．租赁业务

租赁是以特定物件为标的，物件的所有者以收取报酬为条件，让渡物件使用权的一种经济行为。租赁具有信用的基本特征，是价值的单方面转移。在租赁期限内租赁物件的所有权与使用权相分离，通过租金的分期回流实现资金运动与实物运动的直接结合。商业银行在租赁业务中一般是出租人，通过提供租赁服务获得长期租金收入。

从租赁目的和投资回收方式的角度，租赁划分为经营性租赁和融资性租赁。

经营性租赁是一种短期的租赁形式，使出租人对承租人短期出租设备，并提供设备保养维修服务，租赁合同可以中途解约，出租人需要通过不同承租人反复出租才可以收回对租赁设备的投资。

融资性租赁又称金融租赁，指租赁的当事人之间约定，由出租人根据承租人的决定，向承租人选定的第三方(供货商)购买承租人选定的设备，以承租人支付租金作为条件，将该物件出租给承租人使用，并在一个不间断的长期租赁期间内，通过收取租金的方式，收回全部或大部分投资。融资性租赁是融资与融物的结合，其本质上是以租赁为形式的融资行为，是一项融贸易、金融为一体的综合性金融服务，借租赁物件这一载体，对金融与贸易创新。

5．银行卡业务

银行卡是由银行发行，供客户办理存取款业务的新型服务工具。随着现代信息技术的迅猛发展、银行业务的不断扩大，这两者相结合创造出了银行卡这种金融工具。

银行卡的形式有很多，信用卡是银行卡中数量最多的一种，是金融机构向具有一定信用的顾客发行的一种授予其信用的证明工具。信用卡的发卡人可以是银行，也可以是信用卡公司。它可以代替现金和支票使用，持卡人通过信用卡进行购物、旅游等消费，可以获得先消费、后还款的好处。

信用卡的发行银行一般只向持卡人收取少量服务费，其发行和管理信用卡的费用支出，主要依靠向特约经销商收取回扣，以及从长期信贷中获得利息来补偿。目前我国的商业银行都在发行各种信用卡，比如交通银行发行的太平洋卡、中国建设银行发行的龙卡、中国农业银行发行的金穗卡、中国工商银行发行的牡丹卡以及中国银行发行的长城卡等。

6. 信息咨询业务

在现代社会经济条件下，客户的需求多种多样，而且转变很快，开展信息咨询业务就成为商业银行生存和发展的需要。商业银行的信息咨询业务，是指商业银行凭借其在信誉、信息、人才等方面的优势，收集和整理有关信息，并通过对这些信息以及银行和客户资金运动的记录与分析，最后形成系统的资料和方案，以收取费用的形式提供给客户，以满足其业务发展需要的活动。在信息咨询业务中，商业银行可以为客户提供货币政策、利率、汇率、证券市场行情和金融法律法规等方面的信息，一方面可以提高收入，另一方面可以扩大与社会的联系。

四、商业银行的表外业务

根据巴塞尔委员会提出的判断标准，表外业务可以分为广义和狭义两种。广义的表外业务，包括所有不在资产负债表中反映的业务，它由中间业务和狭义表外业务构成。狭义的表外业务是指商业银行从事的按国际会计准则不计入资产负债表内，因而不影响其资产负债总额，但能改变银行损益和运营资金状况的业务。表外业务是在一定条件下会转变为资产或负债业务，因此，表外业务构成了商业银行的或有资产和或有负债。这里所指的表外业务，是狭义的表外业务，包括贸易融通类业务、金融保证类业务和金融衍生工具交易业务。

1. 贸易融通类业务

在贸易融通类业务中，银行介入贸易中，不仅为双方提供资金结算等中间服务，还要在承担一定风险的前提下，为双方提供资金融通以代替商业信用，包括银行承兑业务和商业信用证业务。

1) 银行承兑业务

银行承兑业务是指商业银行为客户开出的远期商业汇票进行签章承诺，保证到期一定付款给收款人或持票人的业务。在商业汇票到期前或到期时，付款人应将票据上所记载数额的款项送交银行或由其自己办理兑付。如果票据的付款人到期无力支付款项，那么进行承兑的银行就要承担付款责任。经过承兑的票据信用等级加强，更有利于实现资金的融通和票据的转让。

一般情况下，票据的付款人都能按期支付票款。在承兑业务中商业银行通常不需要投入自有资金，而是用客户的资金来办理。银行经办承兑业务，就是用银行的信用来加固客户的信用。同时已申请承兑的客户要向银行支付相应的承诺费，作为银行的非利息收入。

2)　商业信用证业务

商业信用证是银行开出的一种支付保证书，是结算业务的一种，主要用于国际贸易。在进出口业务中最常使用的商业信用证结算方式是商业跟单信用证。其操作程序是：进口商根据出口商的要求，请求当地银行开出以出口商为受益人的支付保证书，授权出口商所在地银行通知出口商，在出口商提交符合信用证规定的全套单据的条件下，开证行愿意承兑或承购出口商交来的汇票单据，保证出口商能够得到货款支付。信用证业务使出口商无须承担进口商的违约风险，极大地促进了国际贸易的发展。在此过程中，商业银行不必占用自有资金，仅依靠自身的信誉作担保，同时还可以获得一笔可观的开立信用证手续费等收入，扩大了其收入来源。

2.　金融保证类业务

保证业务即为承诺业务，是银行向客户保证对未来交易承担某种信贷支持的业务。银行的金融保证类业务，包括贷款承诺、票据发行便利、备用信用证、贷款出售、银行保函等。

1)　贷款承诺

贷款承诺是商业银行与借款人之间达成的一种具有法律约束力的契约。银行承诺在有效期限内，按照事先约定的金额、利率，随时准备应客户的要求向其提供贷款的一种业务。由于机会成本的存在，商业银行要按照承诺金额的一定比例向客户收取承诺费，即使在规定的期限内客户并未申请贷款，也需要缴纳承诺费。

贷款承诺可以分为：①定期贷款承诺。指借款人在承诺期限内只能一次性提取款项，不管是否提完，剩余部分作废。②备用贷款承诺。使借款人可以在借款期限内多次提用资金，只要不超过承诺总额即可。③循环贷款承诺。指在承诺期内，借款人在满足特定条件的情况下，可以循环使用承诺的额度，边借边还，本金偿还后会相应增加承诺额度的余额。

2)　票据发行便利

票据发行便利是商业银行与借款人之间签订的，在未来一段时间内由银行以承购持续性短期票据的形式，向借款人提供信贷资金的协议。在该协议下，如果拟发行的票据不能以约定的最高利率在发行期内销售完毕了，承购银行则负责购买剩余的票据，或者向借款人提供等额的银行贷款。票据发行便利中的票据期限较短，一般为3～6个月，但在该业务中银行承诺的期限通常为5～7年，因此，票据发行者其实是借票据发行便利这种形式，获得了银行的中期信用。因此，企业通过发行短期票据获得了中长期资金，票据发行便利具有信用创造功能，并使风险进一步分散，使得表内业务表外化。

票据发行便利的优越性，在于把传统的欧洲银行信贷风险由一家机构承担的方式，变为由多家机构承担。票据发行便利对借款人和承购银行都有好处，借款人据此可以稳定地获得连续的资金供给，承购银行则无须增加投资即可增加佣金费用。

3) 备用信用证

备用信用证也称担保信用证，是商业银行以贷款融资或担保债务偿还为目的为客户开立的信用证明文件。备用信用证是一种特殊的信用证，开证银行保证在开证申请人不能按照约定付款时，受益人只要提供单据证明债务人未履行基础交易，就能得到开证银行的偿付。备用信用证一般需要附着交易的相关单据，开证银行要收取一定的开证费。

4) 贷款出售

贷款出售是商业银行将已经发放的贷款出售给其他金融机构或者投资者的行为。贷款出售后，银行继续提供与贷款有关的一些服务，如为贷款购买者收取本息、监督借款人的财务状况等。贷款出售包括有追索权的贷款出售和没有追索权的贷款出售两种形式。贷款出售的目的主要是通过出售或者证券化，将商业银行流动性较差的资产变成流动性较强的资产，同时还可降低银行风险资产所占的比重。

贷款证券化是把流动性较差的小额同质贷款捆成一个贷款组合，并以其为担保发行证券，出售给投资者，提高资产的流动性。

5) 银行保函

银行保函是指银行以开立保函的形式为客户的借款或其他金融活动提供信用担保，并据此收取担保费用。如果该客户到期无力偿还业务债务，银行将承担连带偿还责任。

3. 金融衍生工具交易业务

随着金融自由化范畴的推进，20 世纪中期以后金融衍生工具的交易日益成为商业银行的一项重要表外业务。金融衍生工具交易主要有金融远期交易、金融期货交易、金融期权交易以及互换等。

五、网上银行业务

网上银行业务是指银行在现代科技手段的有力支持下，通过互联网所提供的金融服务。自从 1995 年 10 月美国的安全第一的网络银行，作为全世界第一家网上银行成立以来，网上银行业务在世界各国形成了迅猛发展的势头。一般说来网上银行的业务品种主要包括基本服务、企业银行服务、个人理财服务、网上购物服务、网上投资服务以及其他金融服务。

1. 基本服务

商业银行提供的网上银行基本服务包括转账结算、账户余额查询、交易记录查询、资料下载及更新、汇款、代缴费用和网上支付等。

2. 企业银行服务

企业银行服务是网上银行业务中最重要的部分之一，商业银行通常把能够为企业提供网上银行服务视为其实力的象征之一。企业银行服务的品种比个人客户的服务品种更多也更复杂，一般包括余额查询、转账、交易记录查询、账户管理、在线支付、信用卡等服务。有的网上银行还提供网上贷款和投资服务。

3．个人理财服务

个人理财助理是网上银行重点发展的一个业务品种。银行将传统银行业务中的个人理财服务转移到网上进行，通过互联网为客户提供理财的各种咨询建议、技术援助或解决方案，有利于扩大商业银行的服务范围，降低服务成本。

4．网上购物服务

商业银行的网上银行设立的网上购物服务，它的方便的客户通过网络购买商品，通过为客户购买商品提供便利的金融服务或相关信息，增强了商业银行在传统领域的竞争优势。

5．网上投资服务

随着金融服务市场的发展，可以投资的金融产品的种类越来越多，从国际范围来看，网上银行一般提供股票、债券、期货期权、基金等多种金融工具的投资交易服务。

6．其他金融服务

除了银行自身提供网上金融服务以外，大型商业银行的网上银行普遍与其他金融服务网站进行联合，为客户提供多种金融服务的产品，如保险、信托等，以扩大网上银行的业务范围。

第三节　商业银行经营管理

一、商业银行的经营原则

商业银行的经营原则概括起来说，主要是安全性、流动性和营利性3个方面。

1．商业银行的安全性原则

安全性原则是指商业银行应努力避免各种不确定因素对它的影响，以保证商业银行的稳健经营和发展。商业银行之所以必须坚持安全性原则，是因为其经营管理的特殊性。

由于商业银行作为特殊企业，自有资本较少，经受不起较大的损失。商业银行是以货币为经营管理对象的信用中介机构，不直接从事物质产品和劳务的生产流通活动，不可能直接获得产业利润。商业银行的贷款和投资所取得的利息收入只是产业利润的一部分，如果商业银行不利用较多的负债来支持自己的运作，商业银行的资金利润率就会大大低于工商企业利润率。同时，作为一个专门从事信用活动的中介机构，商业银行比一般企业更容易取得社会信用,接受更多的负债。因此,在商业银行的经营中就有可能保持比一般企业更高的资本杠杆率,由此使得商业银行承受风险的能力要比一般企业小得多。由此可见,为了保证银行的正常经营管理,对资金业务的安全性给予充分关注是极其必要的。

由于商业银行经营管理条件的特殊性,尤其需要强调它的安全性。一方面,商业银行以货币为经营管理对象,它们以负债的形式把居民手中的剩余货币集中起来,再分散投放出去,从中赚取利润。对于商业银行来说,对居民的负债是有硬性约束的,既有利息支出方面的约束,也有到期还本的约束。如果商业银行不能保证安全经营,到期按时收回本息的可靠性非常低,则商业银行对居民负债的按期清偿也就没有了保证,这会大大损害商业银行的对外信誉,接受更多负债的可能性将失去;更有甚者,若居民大量挤提存款,可能导致商业银行倒闭。另一方面,在现代信用经济条件下,商业银行是参与货币创造过程的一个非常重要的媒介部门,如果由于商业银行失去了安全性而导致整个银行体系混乱,则会损伤整个宏观经济的正常运转。

商业银行在经营过程中会面临各种风险,因此,保证安全性经营就必须控制风险。概括起来,商业银行面临的风险主要有以下几种。

(1) 国家风险。这是指由于债务国政治动乱或经济衰退或政府采取某些政策和行动而导致债务人无法清偿债务,使债权人蒙受损失的可能性。

(2) 信用风险。这是指借贷双方产生借贷行为后,借款方不能按时归还贷款方的本息而使贷款方遭受损失的可能性。信用风险的存在非常广泛,商业银行的所有业务都有可能面临信用风险,其中以信贷业务的信用风险最大。近年来世界性的银行呆账、坏账问题就反映出信用风险对商业银行影响的严重性。

(3) 利率风险。金融市场上利率的变动使经济主体在筹集或运用资金时选择的时机或方式不当,从而不得不付出比一般水平更高的利息或收到比一般水平更低的收益。

(4) 汇率风险或市场风险。对于既有本币资产又有外币资产的商业银行来说,汇率风险是无处不在的。

(5) 流动性风险。这是传统商业银行的主要风险之一,指商业银行掌握的可用于即时支付的流动性资产不足以满足支付需要,从而使其丧失清偿能力的可能性。虽然流动性风险经常是商业银行破产倒闭的直接原因,但实际情况往往是由于其他种类风险长时间隐藏、积累,最后以流动性风险的形式爆发出来,因此流动性风险的防范必须与其他风险控制结合起来。

(6) 经营风险或管理风险。它是指由于金融机构的交易系统不完善、管理失误、控制缺失、诈骗或其他一些人为错误而导致的潜在损失。金融机构工作人员越权或从事职业道德不允许或者风险过高的业务时,也可能引发此类风险。

(7) 法律风险。它是指当交易对手不具备法律或监管部门授予的交易权力时而导致的损失的可能性。法律风险往往与信用风险直接相关。法律风险还包括合规性风险和监管风险，即违反国家有关规定如市场操作、内幕交易等导致的风险。

2. 商业银行的流动性原则

流动性原则是指商业银行能够随时满足客户提现和必要的贷款需求的支付能力，包括资产的流动性和负债的流动性两重含义。资产的流动性是指资产在不发生损失的情况下迅速变现的能力，它既包括速动资产，又指速动资产不足时其他资产在不发生损失的情况下转变为速动资产的能力。同时，商业银行是典型的负债经营，资金来源的主体部分是客户的存款和借入款。存款是以能够按时提取和随时对客户开出支票支付为前提的，借入款是要近期归还或随时兑付的。资金来源流动性这一属性，决定了资金运用即资产必须保持相应的流动性。

资金运用的不确定性也需要资产保持流动性。商业银行所发生的贷款和投资会形成一定的占用余额，这个余额在不同的时点上是不同的。一方面，贷款逐步收回，投资到期收回；另一方面，在不同的时点上又会产生各种各样的贷款需求和投资需求，也就是说，商业银行又要一定的资金来源应付贷款发放和必要的投资。贷款和投资所形成的资金的收和付，在数量上不一定相等，时间上也不一定对应，即带有某种不确定性，这就决定了商业银行资产也应具有一定程度的流动性，以应付商业银行业务经营的需要。

商业银行资产的流动性各不相同，因而必须分层次搭配资产，形成多层次的流动性储备，以满足资产流动性的需要。速动资产是商业银行资产中最具流动性的，它包括现金资产、存放于中央银行的准备金存款和存放同业的款项。如何合理分配商业银行的资产结构，保持流动性、安全性和营利性的和谐统一，是现代银行理论的重要内容之一。

通常商业银行的速动资产被称为第一级准备，它的特点是流动性强，而兼顾流动性和收益率的证券资产，特别是短期证券资产以及随时可以收回的通知贷款等，则构成了商业银行流动性的第二道防线，称为第二级准备。

商业银行负债的流动性则是通过创造主动负债来进行的，如向中央银行借款、发行大额可转让存单、同业拆借、利用国际货币市场融资等。

3. 商业银行的营利性原则

营利性原则是商业银行经营活动的最终目标，要求商业银行的经营管理层在可能的情况下，追求银行效益即利润最大化。商业银行通过吸收存款、发行债券等负债业务，把企事业单位和个人的闲置资金集中起来，然后再通过发放贷款、经营投资等资产业务，把集中起来的资金运用出去，弥补一部分企事业单位和个人的暂时资金不足。这不仅对社会经济的发展起到有益的促进作用，而且商业银行也从资金运用中得到利息收入和其他营业收入。这些收入扣除付给存款人的利息、支付给职工的工资及其他有关费用，余下的部分形成商业银行的利润。

商业银行追求利润最大化，首先能够使投资人获得较高的收益，国家得到更多的税收收入。其次，盈利的增加可以增强商业银行的自身积累能力和竞争能力，提高银行信誉，使商业银行对客户有更大的吸引力。最后，商业银行盈利水平的提高意味着增强了商业银行承担风险的能力，可以避免因资产损失而给商业银行带来的破产倒闭的风险。

4．安全性、流动性、营利性三原则的关系

营利性目标和安全性、流动性目标在一定意义上是统一的。但是在实际经营活动中，营利性目标和安全性、流动性目标之间又存在着一定的矛盾和冲突。在商业银行的经营活动中，安全性是前提，流动性是条件，营利性是最终目的。

首先，安全性与流动性之间具有统一性。流动性强的资产，安全程度就高；反之相反。

其次，安全性与营利性之间具有统一性。银行要增加盈利，首先以安全经营为前提，如果失去安全，出现大量亏损或面临倒闭的风险，营利性就无从谈起；反之，银行盈利增加为银行的安全经营创造了物质条件。只有在保持较高盈利水平的条件下，银行才有可能增加自有资本的积累，增强抵抗风险和履行付款责任的能力。

再次，安全性与营利性之间又具有对立性。越是期限短的资产，其风险越小，但盈利水平也较低；反之相反。

最后，流动性与营利性之间具有对立性。流动性强的资产营利性较弱，流动性差的资产营利性较强。

二、商业银行的管理理论

为体现商业银行的经营管理原则，西方商业银行提出了很多经营管理理论。从发展过程来看，主要有资产管理理论、负债管理理论和资产负债综合管理理论三类。

1．资产管理理论

20世纪60年代以前，西方商业银行经营管理的重点都放在了资产管理上。因为当时非银行金融机构力量薄弱，金融资产单一，市场化程度低，企业与居民对银行的依赖性强，银行的负债来源稳定，且早期的银行家认为银行的这种负债主要取决于客户，银行没有决定权，是被动的。而银行可以主动安排自己的资金运用、资产结构，通过资产业务获得最高的利润并保证资产的流动性和安全性。因此，资产管理理论也就成为这一时期商业银行管理理论的主流。随着金融环境的变化，资产管理理论经历了以下几个阶段。

1）商业贷款理论

商业贷款理论(commercial-loan theory)源自于亚当·斯密1776年发表的《国富论》，是一种确定银行资金运用方向的理论。这一理论认为，商业银行的资产业务应主要集中于短期的自偿性贷款，即基于商业行为能自动清偿的贷款，主要指短期的工商业流动资金贷款。

因为这类贷款能随着商品周转、产销过程的完成，从销售收入中得到偿还。其理由是，银行大多数存款是活期存款，流动性要求高，只有发放短期的自偿性贷款，才能保证银行资金的流动性，不致发生挤兑风险。因此，商业银行不宜发放长期贷款和消费者贷款，即使有必要发放，其数额也应严格限制在银行自有资本和储蓄存款总额范围内。同时，该理论强调，办理短期贷款一定要以商业行为为基础，并以真实商业票据作抵押，因此这一理论也被称为"真实票据论"。

商业贷款理论强调银行资产的流动性和安全性，为商业银行安全经营、降低风险提供了依据，在相当长的时期内，一直占主流地位。但随着资本主义经济的发展，其局限性也逐渐表现出来。第一，没有考虑贷款需求的多样化。经济的发展使得企业对长期贷款的需求越来越多，消费者对消费信贷的需求也不断扩大，商业性贷款理论限制了银行自身业务的发展。第二，没有考虑银行存款的相对稳定性。银行活期存款尽管流动性强，但不可能所有存款人在同一时间里提取，且不断有新的存款人存入款项，因此，银行存款总会形成一个稳定的余额。这个余额可用于发放一部分长期贷款而不会影响资金的流动性。第三，忽视了贷款清偿的外部条件。贷款清偿，既受制于贷款性质，又与企业的生产状况与经济景气与否有关。在经济不景气时，贷款期限再短也未必能按期自动偿还。

2)　资产转移理论

资产转移理论(shift-ability theory)最早是由美国的莫尔顿于 1918 年在《政治经济学》杂志上发表的《商业银行及资本形成》一文中提出的。该理论认为：流动性要求仍是商业银行须特别强调的；商业银行保持资产流动性的最好办法是持有能随时在市场上变现的可转换资产，这类资产一般具有信誉高、期限短、易于出售的特点，使银行在需要时可随时转让它们，获取所需现金。

资产转移理论的出现与短期证券市场的发展密切相关。高度市场化的有价证券，成为银行资产流动性的最好来源。尤其是政府发行的短期债券，为银行提供了新的流动性资产。该理论突破了商业贷款理论对商业银行资产运用的狭窄局限，使银行在注重流动性的同时扩大了资产组合的范围，丰富了银行资产结构，同时也增加了银行收益。其不足之处首先在于过分强调通过可转换资产保持资产的流动性，限制了银行高盈利资产的运用；其次是可转换资产的变现能力在经济危机时期或证券市场需求不旺的情况下会受到损害，从而影响流动性和营利性的实现。

3)　预期收入理论

预期收入理论(anticipated-income theory)产生于 20 世纪 40 年代，由美国经济学家普鲁克诺于 1949 年在《定期存款及银行流动性理论》一书中提出。该理论认为：贷款并不能自动清偿，银行资产的流动性取决于借款人的预期收入而非借款期限的长短。借款人的预期收入有保障，期限较长的贷款也可以安全收回；反之，借款人的预期收入不稳定，期限短的贷款也会丧失流动性。因此，只要借款人的预期收入有保障，银行就可以通过对各种期限贷款的合理安排来保证其流动性。

预期收入理论依据借款人的预期收入来判断资金投向，突破了以前的资产管理理论依据资产的期限和可转换性来决定资金运用的做法，为银行拓展营利性的新业务提供了理论依据。其不足之处在于，借款人的预期收入难以预测，尤其是在贷款期限较长的情况下，由于客观经济条件变化或突发事件，借款人实际收入与银行的主观预期可能会相差甚远，从而增加了银行的风险。

2. 负债管理理论

20 世纪 60 年代后，商业银行的业务重心转移到了负债业务上。其原因有以下几方面。

(1) 进入 20 世纪 50—60 年代，世界经济发展迅速，社会对资金需求急剧增加，商业银行仅通过调整资产结构已不能满足客户的贷款需求，必须寻找和开辟新的资金来源以增加放贷能力。

(2) 金融市场进一步发展，金融市场较高的利率对商业银行资金来源造成很大冲击，出现了"脱媒"状况，银行的负债很不稳定。

(3) 金融创新为商业银行扩大资金来源提供了可能性。1961 年，美国花旗银行率先发行了大额可转让定期存单，为商业银行开辟了新的筹资渠道，并巧妙地逃避了政府的利率管制，标志着以负债业务为核心的负债管理方式的开端。

负债管理理论主张银行不能单纯地依靠吸收存款这种被动的负债方式，完全可以积极主动地通过借入资金的方式来维持资产的流动性，支持资产规模的扩张，获取更高的盈利。借入资金的途径主要有发行大额可转让定期存单、向中央银行借款、同业拆借、向国际货币市场借款等。负债管理使传统的以流动性为先的经营管理理念转变为流动性、安全性、营利性并重，使银行能够根据资产的需要调整负债结构，在管理手段上有了质的变化。但同时也应看到，负债管理依赖货币市场借入资金维持流动性，必然会受到货币市场资金供求状况的影响，增加了银行的经营风险；同时，借入资金要付出较高的利息，增大了银行的经营成本。因此，负债管理不利于银行的稳健经营。

3. 资产负债综合管理理论

商业银行的资产负债综合管理理论产生于 20 世纪 70 年代中后期。这一时期，市场利率大幅上升，使得负债管理在经营风险增加和负债成本提高方面的局限性越来越明显，负债管理已不适应商业银行经营管理的需要；与此同时，各国金融管制放松，商业银行的资产和负债业务不断多样化。因此，商业银行由单纯偏重资产管理或负债管理转向资产负债综合管理。

资产负债综合管理理论认为：单靠资产管理或单靠负债管理都难以形成商业银行安全性、流动性和营利性的均衡，只有根据经济金融情况的变化，通过资产结构和负债结构的共同调整，才能达到预定的经营管理目标。

与资产管理理论和负债管理理论相比较，资产负债综合管理理论有以下特点。

1) 流动性管理手段有所扩展

资产负债综合管理理论强调从资产和负债两方面预测流动性需求，寻找满足流动性需求的途径，并指出分析把握流动性的关键是控制、调节流动性资产与易变负债之间的缺口，以及贷款增长额之间的差距。

2) 营利性目标的实现基础有所增强

商业银行的目标是在安全性和流动性的前提下追求利润最大化，其利润主要来自利差。资产负债综合管理理论的核心内容就是加强利差的管理。

3) 安全性管理措施得到加强

资产负债综合管理理论不仅强调商业银行资产要在种类、期限、规模等方面进行分散，避免信用风险、减少坏账损失，而且指出可通过期货、期权等衍生金融工具规避风险，这都有利于增强商业银行经营的安全性。

资产负债综合管理理论既吸收了资产管理理论和负债管理理论的精华，又克服了其缺陷，从资产、负债平衡的角度去协调银行安全性、流动性和营利性三者之间的矛盾，使银行经营管理更为科学。

本 章 小 结

商业银行是一国金融结构体系的主体，对整个金融体系具有举足轻重的作用。商业银行作为一种特殊的企业，在经营活动中必须遵循营利性、安全性和流动性三条原则，通过对银行资产和负债的管理，在确保资金安全性的同时，又能获得最大利润。随着国际经济的发展，商业银行未来将向着业务的综合化、电子化、国际化，规模的集中化，融资的证券化方向发展。

复习思考题

一、问答题

1. 商业银行的主要职能有哪些？
2. 商业银行的资产可分为哪几类？
3. "三性"原则的内容是什么？

二、案例分析题

伊利诺斯银行的倒闭

(一)案例资料

20 世纪 80 年代初期，美国能源业蓬勃发展，对石油开采和生产的贷款需求旺盛。美国的伊利诺斯银行的一些官员与俄克拉荷马州某产油区的一家小银行建立饿狼密切的工作关系。伊利诺斯银行以为，俄州这家银行通晓关于石油贷款的一切事项，于是居然同意买进后者不能维持的银行贷款。伊利诺斯银行还超越自己法定贷款限制参与其他银行的贷款业务。伊利诺斯银行自己没有认真做信贷分析，也没有注意审查有关文件就接受了俄州银行的贷款。当俄州这家银行因坏账损失而倒闭时，伊利诺斯银行的麻烦开始明朗化。伊利诺斯银行的账目上有几亿美元的不良贷款，此外，还有几千万没有的其他坏账，能源贷款及更加常规的工商贷款也是在这种信贷政策不充分、程序不当、授信不妥的制度下操作的。伊利诺斯银行因坏账过多、资金无保险的存款人和一般债权人的挤提而出现了严重的流动性危机。

(二)回答问题

结合伊利诺斯银行的案例，论述商业银行应如何处理资产流动性、安全性和营利性之间的关系？

第八章

中央银行与货币政策

学习目标

通过本章学习，了解中央银行的产生与发展；明确中央银行的性质；全面掌握中央银行的职能；掌握中央银行的主要业务；正确认识中央银行的相对独立性；了解和掌握货币政策的最终目标及各目标之间的关系，货币政策工具、中介指标，我国货币政策的实际操作情况。

关键概念

中央银行(central bank)　货币政策(monetary policy)　存款准备金(deposit reserves)　再贴现(rediscount)　公开市场业务(open-market operation)

第一节　中央银行概述

一、中央银行的产生与发展

中央银行是专门从事货币发行、办理对银行的业务、监督和管理金融业、执行国家经济政策的特殊金融机构。中央银行是在商业银行的基础上，经过长期发展逐步形成的。历史上，中央银行制度产生、发展到基本完善，经历了三个阶段：中央银行制度的初创时期(17～19 世纪)、中央银行制度的普遍推行时期(19 世纪末至 20 世纪中叶)、现代中央银行制度的形成时期(20 世纪中叶以后)。世界各国中央银行的形成基本上循着两条道路：一是由商业银行逐步演变而成的传统功能型的中央银行，英国的英格兰银行就是一个典型的例子；二是成立之时就履行中央银行职责，20 世纪以后建立的中央银行多是这种形式。

二、中央银行的性质

中央银行的性质是由它在国民经济中所处的地位决定的，并随着中央银行制度的发展而不断变化。现代中央银行已成为代表国家管理金融的特殊机关，处于一国金融业的领导地位。因此，现代中央银行有区别于其他金融机构的独特性质。

1．中央银行处于特殊地位

中央银行既是金融市场的参与者，又是金融市场的管理者，在金融市场上处于支配地位。一方面，中央银行通过公开市场操作，直接参与金融市场活动，调节社会的货币供应量，影响社会信用规模；另一方面，通过对金融市场进行必要的行政干预，以及社会公众对中央银行操纵下的利率、贴现率涨跌的反应，引导信用活动按中央银行的政策意向来进行。

2．中央银行不以营利为目的

中央银行虽然也从事货币信用业务，但其经营目的不是为了盈利，而是根据经济发展的客观需要，运用货币政策工具来影响商业银行的信用行为，达到控制社会信用规模，调节信用结构的目的。

3．中央银行不经营普通银行业务

中央银行在原则上不经营一般商业银行业务，因为中央银行在一国金融体系中处于特殊地位，享有许多特权，而且还承担着控制全国货币信用，对商业银行实施监管的职责。所以，不对社会上的企业、单位和个人办理存贷、结算业务，只与政府或金融机构发生资金往来。

【专栏8-1】中央银行独立性

中央银行独立性是指中央银行履行自身职责时，法律赋予或实际拥有的权力、决策与行动的自主程度，其实质是中央银行与政府之间的关系问题。这一关系包含两方面的含义：中央银行应对政府保持一定的独立性，同时这种独立性只能是相对的。

首先，中央银行在与政府关系上必须保持一定的独立性，能够独立地制定和实施货币政策，而不受政府的干预、影响和控制。这是由于中央银行在金融体系和国民经济中处于特殊的地位，其工作的特殊专业性和重要性要求法律授权，使中央银行具有一定的独立性，防止政府滥用职权。中央银行保持一定的独立性，这是保持经济金融稳定和维护社会公众信心的一个必要条件。

其次，中央银行对政府的独立性又是相对的，中央银行不能完全独立于政府控制之外，不受政府的约束，也不能凌驾于政府之上，而应接受政府的一定监督和指导，并在国家总体经济政策的指导下，独立地制定和执行国家的货币金融政策，并且与其他政府机构相互配合。

(资料来源：郑玉峰.金融学理论与实务.北京：北京大学出版社，2011)

三、中央银行的职能

1. 中央银行是发行的银行

中央银行是发行的银行。这一职能是指中央银行服务于社会和经济发展，供应货币、调节货币量、管理货币流通的职能。

首先，中央银行必须根据经济发展和商品流通扩大的需要，保证及时供应货币。现代中央银行所发行的货币是法定通货，由中央银行垄断发行货币有利于货币流通的集中统一，有利于节约货币成本，符合商品货币经济发展要求。其次，中央银行必须根据经济运行状况，合理调节货币数量：一方面为经济发展创造良好的货币环境，促进经济和社会稳定；另一方面，推动经济持续协调增长。最后，中央银行要加强货币流通管理，保证货币流通的正常秩序，为此，中央银行要依法管理货币发行基金，严格控制货币投放，加强现金管理。作好货币印制、清点、保管、运输、收兑等方面工作。

2. 中央银行是银行的银行

中央银行是银行的银行。这一职能是指中央银行服务于商业银行和整个金融机构体系，履行维持金融稳定、促进金融业发展的职责。中央银行是银行的银行具体体现在以下方面。

1) 中央银行集中商业银行的存款准备

按现行制度，中央银行负责保管商业银行法定存款准备金和一部分超额存款准备。这种存款准备制度的意义在于，一方面保证商业银行的清偿能力，应付客户提存需要，从而保护存款人利益和保障商业银行自身安全；另一方面，相对节约整个社会存款准备数量，同时为中央银行调节信用规模、控制货币供应量创造条件。

2) 中央银行充当最后贷款人

在商品经济发展过程中，不可避免地会由于经济波动引发金融危机。这不但会影响经济的健康发展，还会对经济造成破坏。为避免这种事情的发生，中央银行充当最后贷款人，通过再贷款、再贴现等手段，向资金周转困难的商业银行提供流动资金，补充其流动性的不足。

3) 中央银行是全国资金划拨与清算中心

如前所述，中央银行对全国范围内的电子资金划拨系统、商业银行各应收应付款项进行清算，同时对商业银行调拨资金提供划转服务。这不但有利于加快社会资金周转，节约资金成本，而且对于提高资金使用效率具有重要意义。

3. 中央银行是国家的银行

中央银行是国家的银行，是指中央银行对一国政府提供金融服务，同时中央银行代表国家从事金融活动，实施金融监管。中央银行是国家的银行具体从以下几方面表现出来。

1) 中央银行代理国库收支

从世界范围来看，大多数国家中央银行都负有代理国库的职责。各级财政部门在中央银行开立账户，国库资金的收缴、支出、拨付、转账结算等均委托中央银行无偿办理。此外，中央银行还代理国库办理公债券、国库券的发行和还本付息事宜。

2) 中央银行向政府融资

中央银行不仅代理国库存款执行国库出纳与结算，而且对国家提供贷款，在国家财政状况稳定的情况下，中央银行以国库券贴现或国家债券抵押的形式向国家提供贷款。这通常是解决财政年度内的收支不平衡。当国家财政状况出现经常性赤字时，中央银行贷款就会成为国家财政弥补财政赤字、平衡财政收支的手段。在现代经济社会中，中央银行向国家提供信贷的主要形式，是中央银行利用自己的资金购买国家公债，或以公债为抵押提供贷款，特殊情况下也直接向国家提供信用放款和透支。

3) 中央银行保管国家黄金外汇储备

一国黄金外汇储备数量的多少是一国国力强弱的标志，也是一国维持对外经济活动稳定的物质条件。中央银行负有持有和管理国家黄金外汇储备的责任。为此，中央银行应随时研究国际收支及外汇市场动态，保持适当的国际储备，及时调整储备结构，避免外汇风险。

4．中央银行是管理金融的银行

所谓管理金融的银行，是指中央银行有权制定和执行货币政策，并对商业银行和其他金融机构的业务活动进行领导、管理和监督。中央银行的这一职能主要体现在以下 3 个方面。

(1) 制定和执行货币政策。这是中央银行之一职能的主要职责之一，目的是控制货币供应量。

(2) 制订和执行金融法规与银行业务基本规章，监督和管理各金融机构的业务活动。

(3) 管理境内金融市场。通过金融立法，借助货币政策工具等来维护境内金融市场优质、高效、有序地运行。

中央银行是管理金融的银行，这一职能是在上述 3 个职能的基础上产生和发展起来的，是中央银行代表国家进行金融控制、运用各种手段管理一国整个金融业的职责。

【专栏8-2】中国人民银行的职责

《中国人民银行法》规定了中国人民银行的职责是：①发布与履行和职责有关的命令和规章；②依法制定和执行货币政策；③发行人民币，管理人民币流通；④监督管理银行间同业拆借市场和银行间债券市场；⑤实施外汇管理，监督管理银行间外汇市场；⑥监督管理黄金市场；⑦持有、管理、经营国家外汇储备、黄金储备；⑧经理国库；⑨维护支付、清算系统的正常运行；⑩指导、部署金融业反洗钱工作，负责反洗钱的资金监测；⑪负责金融业的统计、调查、分析和预测；⑫作为国家的中央银行，从事有关国际金融活动；⑬国务院规定的其他职责。

四、中央银行的制度形式

中央银行的制度形式，是指中央银行的组成形式。尽管各国的中央银行在性质、职能、作用方面存在着基本一致性，但其存在形式由于各国的经济发展水平相差很大，中央银行的成长历史及其所处的地位不尽相同，因此在制度形式上也不一样。

1. 单一制中央银行制度

单一制中央银行制度，是指在这个国家中行使中央银行职能的银行只有唯一的一家。这类中央银行制度的特点是权力集中，职能齐全，根据需要在全国各地建立数量有限的分支机构。世界上大多数国家的中央银行都是实行单一制的中央银行制度。

2. 复合中央银行制度

复合中央银行制度，即不设专门行使中央银行职能的银行，而是由一家经营一般银行业务的大银行兼任中央银行职责，这种银行同时具有商业银行和中央银行双重特征。苏联和东欧国家以及 1984 年以前的中国，都曾实行这种体制。

3. 准中央银行制度

准中央银行制度，是指在这个国家或地区还没有建立通常意义上的中央银行制度，或者由政府授权某个或几个商业银行行使部分中央银行的权力，或者建立了中央银行，但只是它的初级形式，缺少基本的中央银行职能。显而易见，这种意义上的中央银行只能称为准中央银行。其特点是：一般只有发行货币、为政府服务、提供最后贷款援助和资金清算职能。例如新加坡和中国的香港特别行政区等。

4. 跨国中央银行制度

跨国中央银行，是指两个以上主权独立国家共有的中央银行。其职能主要有：发行货币、为成员国政府服务、执行共同的货币政策及其有关成员国政府一致决定授权的事项，这种中央银行组成形式的最大特点是跨越国界行使中央银行职能。例如欧盟中央银行、西非货币联盟、中非货币联盟、东加勒比海通货管理局等。

第二节　中央银行的主要业务

一般而言，根据银行资产负债表所反映的资金运动关系，银行业务可以分为负债业务、资产业务和其他业务，中央银行虽然是一个特殊的银行，但其资金运动仍不失这种关系。所以，中央银行的业务仍然可以分为负债业务、资产业务和其他业务。中央银行的负债是指"社会集团和个人在一定时点上持有的对中央银行的债权"。中央银行的资产是指"中央银行在一定时点上所拥有的各种债权"。中央银行的性质和职能决定了中央银行的业务不是为了追求盈利，而是为了调节金融借以实现对金融活动的管理，即所谓的"用经济的办法管理经济"。

中央银行资产负债表是中央银行全部业务活动的综合会计记录。中央银行正是通过自身的业务操作来调节商业银行的资产负债和社会货币总量。表 8-1 给出一个中央银行资产负债平衡表的一般格式。简化的中央银行资产负债表一般由资产项目和负债项目两部分组成。

表 8-1　简化的中央银行资产负债表

资 产 项 目	负债和资本项目
贴现及放款	流通中货币
各种证券及财政借款	各项存款
黄金外汇储备	政府和公共机构存款
其他资产	商业银行等金融机构存款
	其他负债
	资本账户
资产项目合计	负债及资本项目合计

由于中央银行的资产和负债是它在一定时点上所拥有的债权和债务，那么按照复式记账的会计原理编制的资产负债表中，中央银行资产负债各项目之间存在这样的恒等关系：

资产=负债+资本项目

负债=资产-资本项目

资本项目=资产-负债

中央银行可以通过调整自身的资产负债结构来进行宏观金融调控。

一、中央银行的负债业务

中央银行的负债业务也就是其资金来源的业务，是形成资产业务的基础，主要有以下几种。

1. 货币发行业务

货币发行是中央银行的职能之一，也是中央银行的主要负债业务。货币发行业务是指中央银行向流通领域投放货币的活动，中央银行所发行的货币主要是中央银行券，即信用货币，此外还有一小部分现钞纸币和用作辅币的金属铸币。无论是哪一种货币都是一种债务凭证。所以，中央银行银行券的发行构成了中央银行的一项重要负债。通过这项业务，中央银行既为商品流通和交换提供流通手段和支付手段，也相应筹集了社会资金，满足中央银行履行其各项职能的需要。

1）货币发行的含义

货币发行具有双重含义：从微观而言，是指货币从中央银行发行库，通过各家银行业务库流向社会；从宏观而言，则是指货币从中央银行流出的数量大于流入的数量。

2）货币发行的原则

中央银行的货币发行必须遵循 3 个原则：第一，要坚持垄断发行。坚持垄断发行，有利于避免发行银行券分散的诸种弊端，有利于对货币流通的管理，有利于增强中央银行的实力，有利于实现国家货币金融政策的推行，有利于增加货币发行的收益。第二，要有可靠的信用保证。即发行要有一定的黄金或证券作保证，建立一定的发行准备制度，该原则在西方被称为"消极原则"。第三，要具有一定的弹性，也就是说货币发行要具有高度的伸缩性和灵活性，不断适应社会经济状况变化的需要，既要防止通货不足，又要避免通货过量，这在西方被称为"积极原则"。

在现代信用货币制度下，货币发行成为发行者的一项长期占有的稳定收益。为了使这一收益归国家所有，各国都通过法律程序规定由中央银行垄断货币发行权，独占发行利益。比如《中华人民共和国中国人民银行法》第十七条规定："人民币由中国人民银行统一印制、发行"。正因为货币发行是各国中央银行的重要资金来源，各国为保持本国货币流通的基本稳定，防止中央银行滥用发行权，造成过多货币流通量，分别采用了不同方法对银行券发行数量加以限制。例如十足准备发行制度、固定保证准备发行、最高发行制度、比例发行准备制度等。我国人民币货币发行并无发行保证的规定，但我国人民币货币坚持信用发行的原则，因而，实际上我国货币保证是国家信用和中央银行信用。

2. 存款业务

中央银行存款业务完全不同于商业银行和其他金融机构的存款业务，中央银行的存款主要来自以下几个方面：一是来自商业银行缴纳的存款准备金，这是最大的存款项目。该存款包括法定准备金存款和超额准备金存款，在现代存款准备制度下，中央银行集中保管商业银行和其他金融机构的法定存款准备金。此外，商业银行和其他金融机构通过中央银行办理它们之间的债务清算，所以为清算需要也必须把一定数量的存款存在中央银行，这部分存款称为超额准备金存款。二是来自政府和公共部门的存款，政府和公共部门在中央银行存款包括两部分，即财政金库存款、政府和公共部门经费存款。由于中央银行代理国家金库和财政收支，所以国库的资金以及财政资金在收支过程中形成的存款也属于中央银行存款。三是来自外国存款，这项存款属于外国中央银行或是属于外国政府，他们持有这些债权构成本国的外汇，随时可以用于贸易结算和清算债务。

中央银行吸收存款主要有以下几个方面意义：第一，中央银行吸收商业银行的存款准备金，有利于调节和控制信贷规模和货币供应量；第二，中央银行集中保管存款准备金，充当商业银行的最后贷款人，有利于维护金融企业的安全；第三，商业银行和财政把存款存入中央银行，使中央银行成为全国资金清算中心，有利于资金清算的顺利进行。

二、中央银行的资产业务

中央银行的资产业务，是指中央银行运用货币资金的业务。资产业务是中央银行发挥自身职能的重要手段。一般来说，主要有以下几项。

1. 贷款业务

在中央银行的资产负债表中，贷款是一个大项目，它充分体现了中央银行作为"最后贷款人"的职能作用。

中央银行的贷款业务主要有几类：第一，对商业银行的放款。这是最主要的种类，一般是短期，采用政府证券或商业票据为担保的抵押贷款。第二，对财政部的放款，包括对财政部的正常借款，对财政部的透支，证券投资性放款(即在二级市场上购买公债)。第三，其他放款。其中包括中央银行对外国银行和国际性金融机构的贷款以及对国内工商企业少量的直接贷款等。

中央银行经营放款业务应注意以下几点：

(1) 中央银行发放贷款不能以盈利为目的，而只能以实现货币政策为目的。

(2) 中央银行应尽量避免直接对个人或工商企业发放贷款，而应集中精力发挥其最后贷款人的职能。

(3) 中央银行放款应坚持短期为主，一般不得经营长期性放款业务，以防中央银行资产的高度流动性受到影响，从而妨碍其有效而灵活的调节和控制货币供应量。

(4) 中央银行应控制对财政的放款，目的是为了保证其相对独立性。

2. 再贴现业务

再贴现是指商业银行为弥补营运资金的不足，将由贴现取得的未到期的商业银行票据提交中央银行，请求中央银行以一定的贴现率对商业票据进行二次买进的经济行为。中央银行再贴现是解决商业银行短期资金不足的重要手段，同时也是中央银行实施货币政策的重要工具之一。中央银行是通过对再贴现价格——再贴现率的调节，来影响商业银行借入资金的成本，刺激或抑制资金需求，实现对货币供应量的控制和调节。因此，再贴现率对市场利率影响很大。

3. 证券买卖业务

中央银行买卖证券一般都是通过公开市场业务进行的，主要买卖证券种类有国家债券，包括国库券和公债券，其中尤其以国库券为主。因为国库券流动性强、发行数量大、便于市场操作。偶尔中央银行会以其他类型的有价证券作为买卖对象，但局限于信誉比较高的公司股票、公司债券和商业票据。

中央银行买卖证券一是可以调节和控制货币供应量，进而对整个宏观经济产生积极的影响；二是中央银行可以通过对进行证券买卖的公开市场业务与存款准备率和再贴现率这两大政策工具的配合运用，可以抵消或避免后两种效果猛烈的货币政策工具对经济、金融产生的震动性影响。

4. 保管金银、外汇储备

保管金银、外汇储备是中央银行的基本职责之一，也是中央银行主要的资产业务。当今世界各国间经济往来频繁，中央银行保管黄金外汇储备有着特别重要的意义：第一，中央银行所拥有的黄金白银和外汇储备可作为国内货币发行的准备，保持国内货币的币值稳定；第二，中央银行通过买进或抛售国际通货，可以稳定本国货币的汇率；第三，在国际收支发生逆差时，可以动用黄金、外汇储备来清偿外债。

三、中央银行的其他业务

除了严格的负债业务和资产业务，中央银行还从事着一些其他业务，如资金清算业务、代理国库业务。

1. 资金清算业务

作为银行的银行，各商业银行等其他金融机构都在中央银行开立账户，它们之间的资金往来和债权债务关系自然就要由中央银行来办理。所谓清算，即指一定经济行为所引起的货币关系的计算和结清，亦称"结算"。清算又分现金清算和转账清算。现金清算是指直接用现金进行支付清算，转账清算是指收付双方通过银行账户将款项从付款人账户划到收款人账户的货币支付行为。

中央银行的资金清算业务大体分为三类：一是集中票据交换。一般是由中央银行组织票据交换所，各商业银行持本行应付票据参加交换。二是清算交换的差额。各商业银行之间应收应付款的差额，利用其在中央银行的存款账户划转。三是组织异地之间的资金转移。

中央银行担负的资金清算业务，对于整个社会经济生活的正常运行，具有十分重要的意义。由中央银行主持一国的资金清算事宜，有利于加速资金周转，提高资金效益；有利于节约社会劳动；有利于提高银行工作效率，增强银行信誉；有利于中央银行掌握全社会的金融状况和资金运动趋势，正确制定和执行金融政策，有效地进行金融宏观调控。

2. 经理国库业务

国库是国家金库的简称，是专门负责办理国家预算资金的收纳和支出的机关。国家的全部预算收入都由国库收纳入库，一切预算支出都由国库拨付。

中央银行经理国库业务，是指国家委托中央银行经营和办理国家预算开支的保管和出纳工作。中央银行经理国库业务是其履行政府银行职能的具体体现。中央银行经理国库收缴方便，调拨灵活，资金安全，数字准确，有利于中央银行的宏观调控，有利于发挥银行的监督作用。

中央银行经理国库业务，主要有以下几项基本职责：

(1) 办理国家预算收入和入库的有关具体事务，督促检查所收款项的尽快入库；

(2) 办理国家预算支出拨付的具体事项；

(3) 办理有关退库业务的具体事项；

(4) 对国家预算情况、国库资金及国情情况进行核算、分析和反映。

第三节　货币政策

货币政策是中央银行为实现特定的经济目标，运用政策工具调节和控制货币供应量，进而影响宏观经济的方针和措施的总称。货币政策的主要内容包括货币政策最终目标、货币政策中介目标、货币政策工具以及货币政策传导机制等。这些要素紧密联系，构成货币政策的有机整体。

一、货币政策最终目标

1. 货币政策最终目标的内容

货币政策目标又称货币政策最终目标，是一国的中央银行据以制定和实施货币政策的依据，它与一国宏观经济目标保持一致。货币政策最终目标包括物价稳定、经济增长、充分就业和国际收支平衡。

1) 物价稳定

物价稳定就是保持物价总水平在短期内不发生剧烈波动，物价稳定的实质是稳定币值。币值不稳定有两种表现，一是出现通货膨胀，二是出现通货紧缩。抑制通货膨胀和避免通货紧缩是物价稳定的货币政策目标不可分割的两个方面。

2) 经济增长

经济增长是指一个国家商品和劳务及生产能力的增长，即国内生产总值的增长保持合理、较高的速度。经济增长是提高人民生活水平、增进社会福利、国家经济实力增强的物质保障。一国为了保持经济持续增长，必须有效地利用各种资源，并为增加生产潜力而进行投资。货币政策作为国家干预经济的重要手段，有责任保持国民经济的长期稳定增长。

3)　充分就业

充分就业是指凡有工作能力并愿意工作者，都能在合理的条件下找到适当的工作。非充分就业表明存在社会资源特别是劳动力资源的浪费，失业者生活质量的下降，并导致社会的不稳定。在引起失业的众多原因中，与货币政策直接相关的是总需求不足而造成的失业。中央银行要实现充分就业的货币政策目标，就要通过货币政策的操作，消除由于总需求不足而造成的失业，促进资源的充分利用和经济的较快增长。

4)　国际收支平衡

国际收支平衡是指一定时期内(通常指一年)，一国对其他国家或地区的全部货币收支持平。平衡国际收支，就是采取各种措施，纠正国际收支差额，使之趋于平衡。因为国际收支失衡，无论是逆差还是顺差，都不利于本国经济的发展。但由于逆差的危害更大一些，各国调节国际收支失衡的主要目标是减少以至消除逆差。货币政策的目标之一，就是通过本外币政策的协调，实现国际收支的平衡。

2．货币政策目标之间的统一性与矛盾性

1)　货币政策目标之间的统一性

(1)　充分就业与经济增长之间的统一性。充分就业与经济增长之间通常存在正相关关系，充分就业意味着资源的充分利用，意味着企业有较高的投资积极性，进行设备更新以提高生产率，从而有利于经济增长。可见，充分就业与经济增长之间关系密切，经济增长是充分就业的前提；反过来，充分就业又促进了经济增长，而经济增长又能提高就业水平。

(2)　物价稳定与经济增长之间的统一性。物价稳定是经济增长的基础，只有稳定物价，才能为经济的持续、稳定增长提供良好的货币金融环境；经济增长又是物价稳定的物质基础，只有经济增长，才能不断增加有效供给，实现供求平衡，从而保持物价稳定。

(3)　国际收支平衡与经济增长的统一性。当经济较快增长时，国家经济实力也能相应增长，这会在扩大出口的同时减少进口，必然有利于国际收支平衡。同样国际收支平衡有利于汇率的稳定，也有利于国内物价的稳定，并促进经济增长。

2)　货币政策目标之间的矛盾性

(1)　稳定物价与充分就业之间的矛盾。失业率与物价上涨之间存在着此消彼长的关系。也就是说，一个国家要减少失业或实现充分就业目标，必然要增加货币供应量，以此刺激总需求的增长。而增加货币供应量或增加总需求，在一定程度上将引起物价总水平的上升。相反，要降低物价水平，就要缩减货币供应量，以此抑制社会总需求的增加。而社会总需求缩减，又将导致失业率的上升。

(2)　稳定物价与经济增长的矛盾。稳定物价与经济增长是货币政策目标的核心内容，但短期内这两个目标往往存在着矛盾。例如，在经济衰退时期需要采取扩张性货币政策，以刺激需求、促进经济增长，但这常常造成流通中的货币数量大于与经济增长相适应的货币需求量，导致物价上涨。相反，在经济扩张时期，为了抑制通货膨胀，保持物价稳定而采取紧缩性货币政策，减少货币供应量，这又往往会阻碍经济增长。可见，物价稳定与经济增长之间有一定的矛盾。

(3) 稳定物价与国际收支平衡的矛盾。一般说来，当一国出现通货膨胀时，说明总需求超过了总供给，使得本国的物价水平高于外国的物价水平，从而使得国内出口商品的价格和进口紧俏商品的价格等都高于外国商品的价格，这样，必然使得国内出口减少，进口增加，从而增加本国的贸易逆差，或者减少本国的贸易顺差，对本国的国际收支状况产生不利的影响。相反，当本国物价稳定时，如果其他国家出现了通货膨胀，则会使本国的物价水平相对地低于其他国家的物价水平，从而使得本国的出口商品价格相对地低于其他国家的商品价格，这样，必然使得本国的出口增加，进口减少，增加本国贸易顺差。只有在各国都维持大致相同的物价稳定程度，并且贸易状况不发生大的变动，这样稳定的物价目标和平衡国际收支目标才能同时并存，如果这两个条件不能具备，稳定物价目标和平衡国际收支目标就随时可能出现矛盾。

(4) 经济增长与平衡国际收支的矛盾。一般说来，要促进国内经济增长，就要增加投资，提高投资率。在国内储蓄不足的情况下，必须借助于外资。这种外资的流入，必然带来国际收支中资本项目的差额。国际收支出现逆差，通常要压缩国内的总需求，随着总需求的下降，国际收支逆差可能被消除，但同时会带来经济的衰退；国内经济衰退，通常采用扩张性的货币政策，随着货币供应量增加，社会总需求增加，受到刺激的经济可能增长，但也可能由于进口的过快增加而导致国际收支失衡。

货币政策目标内容之间存在着互补性，但各目标之间又有矛盾性。处理货币政策目标之间的冲突，要求中央银行：一是要统筹兼顾，力求协调；二是应视经济环境的需要而突出重点。各国政治经济环境在不断变化，货币政策目标重点的选择也会发生变化。

3. 我国货币政策的目标

我国理论界对于中国货币政策最终目标的选择，一直存在争论。有单一目标论者，这些学者认为应该确立一个唯一的目标，这其中又分为相对立的两种意见，即一种是以稳定物价作为唯一目标，另一种则以经济增长作为唯一目标。除此之外，还有双重目标论者和多重目标论者，前者要同时兼顾物价稳定和经济增长，后者则选择更多的目标。在1995年以前，中国人民银行认为货币政策目标不应是单一的，而应当同时兼顾发展经济和稳定物价的要求，并且两者是缺一不可、相辅相成的。但从我国的实践来看，同时实现这两大目标又是非常困难的，所以1995年颁布实施的《中国人民银行法》做了一个很大的转折，法律规定：货币政策目标是保持货币币值的稳定，并以此促进经济增长。在2003年的银行法修正案中，对此仍然保留。这就说明，我国央行执行货币政策的首要目标是保持币值的稳定，但币值稳定的最终目标是促进经济增长。

二、货币政策中介目标

1. 货币政策中介目标的含义及作用

货币政策最终目标是一个长期的、战略性的目标，它为中央银行制定货币政策提供指导思想。实现货币政策最终目标需要运用各种货币政策工具来完成，而从货币政策工具的运用到最终目标的实现之间有一个相当长的作用过程，在这一过程中有必要及时了解政策工具是否得力，估计政策目标能否实现，这就需要借助于中介目标的设置。货币政策中介目标是指受货币政策工具的作用，影响货币政策最终目标实现的一系列传导性金融变量指标。中介目标大多是一些短期的、数量化的、能够进行日常观测和分析的金融变量，通过对它们的调节和控制，能够最终实现货币政策最终目标。中介目标又可分为操作指标和中间目标两类。其中，操作指标是直接受政策工具调控的金融变量，其特点是中央银行能够对其进行控制，但它与最终目标的因果关系不大稳定。中间目标是距离政策工具较远，但离最终目标较近的金融变量，其特点是中央银行能够对其进行间接控制，它与最终目标间的因果关系较为稳定。

设立货币政策中介目标的意义在于，及时监测和调控货币政策的实施，使之朝着正确的方向发展，保证货币政策最终目标的实现。因为最终目标的统计资料需较长时间汇集整理，而中央银行需要连续监测货币政策实施的效果，中介变量就是能够反映政策实施过程和效果的指标。当货币政策工具无法直接作用于中介目标时，操作指标则弥补了这一缺陷。操作指标作为短期指标，是中央银行日常货币政策调控的对象，它能够将政策工具与中间目标联系起来。

2. 货币政策中介目标的选择标准

要使中介目标能够有效地反映货币政策效果，从技术上考虑，在选取上要符合以下标准。

1) 可测性

可测性即所选择的金融变量必须具有明确而合理的内涵和外延，其指标能够数量化，且数据资料容易获得，以便于中央银行日常观察、分析和监测。

2) 可控性

可控性即中央银行通过政策工具的运用，能够较准确、及时、有效地对该金融变量进行控制和调节。

3) 相关性

相关性指中央银行选择的中介目标必须与货币政策最终目标有密切的、稳定的统计数量上的联系。它们可以是正相关，也可以是负相关，但相关系数越高越好。这样，中介变量的变动就能对最终目标起到显著的影响和制约作用。

根据中介目标的选择标准，可供选择的中间目标主要是货币供应量和利率，在一定条件下，贷款规模、汇率、通货膨胀率也可作为中介目标。可供选择的操作指标主要有准备金、基础货币、短期利率等。

3．我国的货币政策中介指标

我国曾长期将贷款规模既作为操作工具，又作为中介指标，这与当时"大一统"的银行体制是相适应的，并且在治理 20 世纪 80 年代中后期及 90 年代初期的通货膨胀中起了重要作用。但随着金融体系的扩展和信用形式的多样化，银行信用就越来越表现出只是全社会信用的一部分，通过银行贷款转化形成的货币供应量也只是货币供应总量的一部分。况且，控制贷款规模的做法，带有很强的计划经济和行政干预色彩，存在诸多弊端。因此，这一操作工具和中介指标开始被否定，到 1998 年，中国人民银行宣布取消对贷款规模的控制。目前，比较符合我国国情的货币政策中介指标主要有以下两个。

1) 货币供应量

1994 年 9 月，中国人民银行首次根据流动性的高低定义并公布了中国的 M0、M1、M2 3 个层次的货币供应指标。到 1995 年，中央银行做了把货币供应量纳入货币政策中间目标的尝试，1996 年央行正式将货币供应量作为中间指标，并宣布"九五"期间，货币供应量控制目标为 M2 年平均增长 23%左右，M1 年平均增长 18%左右。但从我国的实践来看，货币供应的内生性较强，央行对其调控能力较差，相关性也不理想。而且，对于选择哪个层次的货币供应量作为主要的监测指标，目前还有很多争议。

2) 同业拆借利率

随着 1996 年 1 月全国同业拆借中心的建立和利率市场化进程的加快，同业拆借利率越来越发挥出反映货币市场总供求状况、调节短期资金拆借的作用。但是，由于我国的经济主体对利率变动的敏感程度较低，并且，受到利率管制的约束，以同业拆借利率作为中介指标的条件目前还不成熟。

三、货币政策工具

货币政策工具是中央银行为实现货币政策目标而采取的措施和手段。根据其作用范围和运用方式的不同，货币政策工具可分为一般性货币政策工具、选择性货币政策工具、直接信用控制和间接信用指导。

1．一般性货币政策工具

一般性货币政策工具是对货币供应总量或信用总量进行调节和控制的政策工具，主要包括法定存款准备金率、再贴现率和公开市场业务，俗称货币政策"三大法定"。

1)　法定存款准备金政策

它是中央银行规定存款货币银行吸收的存款必须缴纳一定比率的准备金的要求。法定存款准备金制度的建立为存款货币银行派生存款规定了一个量的界限。法定存款准备金率的调整直接影响存款货币银行创造派生存款的能力，从而影响货币乘数。当中央银行提高法定存款准备金率时，存款货币银行法定准备金增加，超额准备减少，存款货币创造能力降低；反之亦然。法定存款准备金率是中央银行调节货币供应量、实施货币政策的强力工具。我国存款准备金率的历次调整情况：2003 年上调 1 次，至 7%；2004 年上调 1 次，至 7.5%；2006 年上调 3 次，至 9%；2007 年上调 10 次，至 14.5%；2008 年上调 5 次，至 17.5%；下调 3 次，至 15.5%；2010 年上调 6 次，至 18.5%；2011 年上调 6 次，至 21.5%；2011 年 6 月 20 日，大型金融机构存款准备金率为 21.5%。

2)　再贴现政策

它是中央银行通过提高或降低再贴现率的办法，影响存款货币银行从中央银行获得再贴现贷款，进而影响超额准备，达到调节货币供应量、实现货币政策目标的一种政策措施。再贴现政策一般包括两方面的内容：一是调整再贴现率，二是规定向中央银行申请再贴现的资格。再贴现率的升降会影响存款货币银行从中央银行融资的成本，从而影响它们的贷款量和货币供应量。

3)　公开市场业务

公开市场业务是指中央银行在金融市场上公开买卖有价证券，用以调节基础货币和货币供应量的一种政策手段。如果实行扩张的货币政策，中央银行可以通过在公开市场上购进有价证券，投出基础货币，从而增加货币供应量。如果实行紧缩的货币政策，中央银行则通过出售有价证券，收回基础货币，从而减少流通中的货币供应量。

具体的一般性货币政策工具及其基本操作，详见表 8-2。

表 8-2　一般性的货币政策工具及其基本操作

经济形势 政策工具	通货膨胀 (总需求＞总供给)	经济萧条 (总需求＜总供给)
法定存款准备金政策	提高法定存款准备金比率	降低法定存款准备金比率
再贴现政策	提高再贴现率	降低再贴现率
公开市场业务	卖出证券，回笼基础货币	买进证券，投放基础货币

2．选择性货币政策工具

选择性货币政策工具是指中央银行针对某些特殊的经济领域或特殊用途的信贷而采取的信用调节工具。其主要包括消费者信用控制、证券市场信用控制、不动产信用控制和优惠利率等。

1) 消费者信用控制

它是中央银行对不动产以外的耐用消费品销售融资予以控制，目的在于影响消费者对耐用消费品有支付能力的需求。它主要包括：规定用消费信贷购买耐用消费品的首期付款额、规定消费信贷的期限、规定可用消费信贷购买的耐用消费品种类等。

2) 证券市场信用控制

它是中央银行对涉及证券交易的信贷活动进行控制。通常是对以信用方式购买有价证券的贷款比率实施限制，因而也称为证券交易的法定保证金比率控制。中央银行可根据金融市场的状况，调整法定保证金比率。当证券市场投机过度时，中央银行可提高法定保证金比率，控制资金流入证券市场的数量。当证券市场交易萎缩、市场低迷时，中央银行可调低保证金比率，刺激证券市场交易的活跃。

3) 不动产信用控制

它是中央银行对商业银行等金融机构向客户提供不动产抵押贷款的管理措施，包括规定贷款的最高限额、贷款最长期限和首次付款的最低金额等。其目的在于防止因房地产及其他不动产交易的投机过度导致的信用膨胀，以及大量房地产泡沫的形成。

4) 优惠利率

它是指中央银行对国家拟重点发展的某些部门、行业和产品规定较低的利率，以鼓励其发展，从而促进国民经济产业结构和产品结构调整和升级换代。

3. 直接信用控制

直接信用控制是中央银行用行政手段或其他方式对金融机构的信用活动进行直接控制。其主要方式有以下几种。

1) 信用配额管理

信用配额管理是中央银行根据一定时期国民经济发展的需要，测算出该时期所需要的贷款量，再据此确定各金融机构的最高贷款额度，从而实现对整个信用规模的控制。

2) 利率上限控制

利率上限控制是中央银行对金融机构的存、贷款利率等规定最高限度。对存、贷款利率规定最高限度，可以防止金融机构竞相抬高利率争夺存款，并减少投机性风险贷款，防止社会资金成本过高。

3) 流动性比率管理

流动性比率管理是中央银行为了保障商业银行的支付能力，规定流动资产对存款或总资产的比率。规定的流动性比率越高，商业银行能够发放的贷款特别是长期贷款的数量就越少，可以起到限制信用扩张的作用。此外，提高流动性比率还具有降低商业银行经营风险，维护金融稳定的作用。

4．间接信用指导

间接信用指导是中央银行采用非直接的控制方法，对信用变动方向和重点实施间接引导。

1) 窗口指导

窗口指导是中央银行根据产业发展、物价走势和金融市场动向，提出商业银行的贷款重点投向和贷款增减数量，以指导的方式要求商业银行执行。窗口指导不具有法律约束力，但由于中央银行对不接受指导者可以采取相应的制裁措施，因而能够收到政策成效。

2) 道义劝告

道义劝告是指中央银行利用其声望和地位，对金融机构发出通告、指示或与金融机构负责人进行座谈，交流信息，宣传近期货币政策取向，解释货币政策意图，使金融机构自动采取措施来贯彻中央银行的各项政策。

5．我国的货币政策工具

在 1998 年以前，我国的货币政策工具主要以信贷计划和资金分配为主。这是缘于计划经济体制下的信贷、现金计划，其核心在于通过指令性计划对全社会的信用总量和货币总量做出安排。应该说，这种强调直接控制的货币政策工具对于中央银行来说，是非常方便和有效的，并且在改革后历次的通货膨胀中发挥了重要作用，但随着经济、金融体制改革的深化，社会主义市场经济运行模式的逐步确立，它的弊端也日益显露出来。信贷计划工具的运用，一方面限制了微观金融主体的自主经济活动，不利于专业银行的商业化改革；另一方面，随着金融业务的创新、金融机构数量的增加和市场的活跃，单靠控制专业银行的信贷规模已经难以控制社会信贷总量。因此，从 1994 年开始，中央银行开始缩小信贷规模的控制范围，逐步向以三大工具为主的间接调控方式转变。1998 年 1 月 1 日，中国人民银行取消了对商业银行贷款规模的限额控制，稳步推行资产负债比例管理和风险管理。

我国银行的准备金制度是从 1984 年开始实施的。它在加强人民银行资金实力、巩固中央银行地位、调节金融机构信贷规模等方面发挥了积极的作用。但由于 1998 年以前，中央银行对金融机构的年度贷款规模太大，虽然准备金率比较高，但存入央行的准备金又通过再贷款大量回流到商业银行，致使这一工具的实际作用并不显著。1998 年 3 月 21 日，中国人民银行对原有的存款准备金制度进行了改革，将法定准备金账户与备付金两个账户合并成准备金账户，并将准备金率由 13% 下调到 8%，1999 年，为进一步拉动内需，又将该比例下调到 6%。2004 年 4 月，当经济出现通货膨胀压力时，央行又将准备金率上调了 0.5 个百分点，同时开始对不同的金融机构实行差别准备金率。超额准备金利率从 2005 年 3 月 17 日起又调整为 0.99%。

再贴现业务自 1986 年正式开办以来，由于票据市场发展滞后，在一个较长时期内，票据贴现和再贴现的总量很小，1993 年年末再贴现余额仅为 48.28 亿元，相对于近万亿元的再贷款余额来说，其政策效果小得可以忽略不计。直到 1994 年以后，中国人民银行加大开展再贴现业务的力度，出台了相应的法规，使全国再贴现业务得以长足发展，再贴现总额迅速增加，其政策效果逐步明显。

公开市场业务对一国金融环境的要求较高。1994 年，中国人民银行正式开始在上海银行间外汇市场通过买卖外汇进行公开市场业务，由于汇率刚刚并轨，又缺乏经验，在运用这一工具时未能兼顾好币值和汇率的稳定，一度出现被迫大量买入外汇、投放基础货币的局面，成为通货膨胀的重要诱因。在积累经验的同时，央行积极地会同财政部等相关部门，做好公开市场业务的各项准备工作。1996 年 4 月 9 日，中国人民银行的本币公开市场业务正式启动。目前，公开市场业务已经成为央行的一项经常性业务，央行通过调整该市场的参与机构、丰富其操作工具、完善其交易方式，实现其政策意图。

总之，1995 年 3 月《中国人民银行法》颁布后，中央银行制定和执行货币政策的独立性得到了较好的保障，调控方式由直接调控为主向间接调控为主转化，对货币政策工具的运用也日趋成熟。

【专栏 8-3】我国央行使用的结构性货币政策工具

1. 常备借贷便利

常备借贷便利(standing lending facility,SLF)是全球大多数中央银行都设立的货币政策工具，中国人民银行于 2013 年年初也创设了常备借贷便利。它是央行的流动性供给渠道，其主要功能是满足金融机构期限较长的大额流动性需求。其对象主要为政策性银行和全国性商业银行，期限为 1~3 个月。其利率水平根据货币政策调控、引导市场利率的需要等综合确定。SLF 以抵押方式发放，合格抵押品包括高信用评级的债券类资产及优质信贷资产等。其主要特点是：①由金融机构主动发起，金融机构可根据自身流动性需求申请。②中央银行与金融机构"一对一"交易，针对性强，即精准投放流动性。③它的交易对手覆盖面广，通常覆盖存款金融机构。

2. 中期借贷便利

中期借贷便利(medium-term lending facility, MLF)是中央银行 2014 年创设的提供中期基础货币的货币政策工具，对象为符合宏观审慎管理要求的商业银行、政策性银行，采取质押方式发放，并需提供国债、央行票据、政策性金融债、高等级信用债等优质债券作为合格质押品。例如，2017 年 1 月 24 日，中国人民银行发布公告称，为维护银行体系流动性基本稳定，结合近期 MLF 到期情况，人民银行对 22 家金融机构开展 MLF 操作共 2455亿元，其中 6 个月 1385 亿元、1 年期 1070 亿元，中标利率分别为 2.95%、3.1%，分别较上期上升 10BP。

3. 短期流动性调节工具

短期流动性调节工具(short-term liquidty operations，SLO)是逆回购的一种。如前所述，

回购操作分成两种，即正回购和逆回购。正回购是央行向金融机构卖出有价证券，并约定在未来特定日期买回有价证券的交易行为。正回购为央行从市场收回流动性的操作，正回购到期则为央行向市场投放流动性的操作。而逆回购即央行向金融机构购买有价证券，并约定在未来特定日期将有价证券卖给该金融机构的交易行为。逆回购为央行向市场投放流动性的操作。通俗地说，逆回购就是央行主动借钱给银行，正回购则是央行把钱从银行抽走。那么，SLO 就是超短期的逆回购，这是央行于 2016 年 1 月引入的新工具，以 7 天期以内短期回购为主，遇节假日可适当延长操作期限，采用市场化利率招标方式开展操作。人民银行根据货币调控需要，综合考虑银行体系流动性供求状况、货币市场利率水平等多种因素，灵活决定该工具的操作时机、操作规模及期限品种等。该工具原则上在公开市场常规操作的间歇期使用。

(资料来源：蒋先玲.货币金融学.2 版，北京：机械工业出版社，2018)

四、货币政策传导机制

中央银行从操作货币政策工具到对货币政策最终目标产生影响的过程由三个阶段构成：第一阶段是政策工具的运用影响货币政策的操作指标，即使基础货币和银行体系的超额准备金发生变化；第二阶段是通过操作指标的变动影响中介目标变量发生变化，即使货币供应量、利率等发生变动；第三阶段是通过中介目标变量的变动影响货币政策最终目标发生变动，即使产出水平、物价水平、就业状况和国际收支发生变动。

货币政策传导机制是指中央银行确定货币政策目标之后，从操作一定的货币政策工具开始，到实现预期目标之间，所经过的各个中间环节相互之间的有机联系及其因果关系。一般说来，中央银行操作货币政策工具首先对准备金(操作变量)发生作用，然后引起货币供应量(中介变量)的变化，继而影响到投资和消费的变化，最终影响到物价和经济增长(最终目标)发生变化。可见，一个完整的货币政策传导过程，既包括各经济主体之间的作用过程，又包括政策要素和金融、经济变量之间的因果联系。

货币政策传导机制理论最早产生于 18 世纪，在 200 多年的发展中引起众多经济学家的关注，看法不尽相同。综合各学派的观点，其核心问题是分析货币供应量的变动通过哪些途径影响产出和物价水平。下面介绍几种影响较大的货币政策传导机制理论。

1. 凯恩斯主义的传导机制理论

凯恩斯主义的货币政策传导机制为

$$R \rightarrow M \rightarrow r \rightarrow I \rightarrow E \rightarrow Y$$

式中 R 为准备金，M 为货币供应量，r 为利率，I 为投资，E 为总支出，Y 为总收入。不难看出，凯恩斯主义是把利率看作货币政策传导机制的核心，他们认为，直接对产量、就业和国民收入产生影响的是投资，而货币对经济增长的影响是间接的，货币变动只有通过改变利率从而改变投资需求，才能引起国民收入等因素的变动。换言之，中央银行货币供给的增加，使货币市场出现供大于求的局面，结果市场利率降低，企业融资成本下降，鼓励企业扩大投资，从而增加了投资品与劳务的需求量，并进而影响到消费需求的扩大，最终达到刺激经济增长的目的。

2. 货币主义的传导机制理论

货币主义的货币政策传导机制为

$$R \rightarrow M \rightarrow L \rightarrow F_A \rightarrow H \rightarrow Y$$

式中 R 为准备金，M 为货币供应量，L 为银行的放款与投资，F_A 为金融资产，H 为实物资产，Y 为产出。这一传导机制可以具体描述为，在总供给与总需求均衡状态下，如果中央银行实施了扩张性的货币政策，银行体系的准备金就会相应增加，从而增强了放款能力。于是商业银行必然设法改变融资条件，如降低利率以增加放款和投资。利率的降低使得各种盈利资产价格上升，使公众减少各种盈利资产的持有，增加银行借款，从而使货币供应量增加。随着名义货币供应量的增加，人们会感觉比过去更富有，这时他们会把增加的货币转向价格尚未上涨的其他资产，从而引起金融资产价格上涨。这种货币购买力的转移和金融资产价格上涨的趋势，将逐渐地从金融领域扩大到实物资产领域，包括投资品、消费品及存货等。实物资产需求的增加和价格上涨，必然刺激生产者增加生产，从而使名义收入和产出增加。

3. 资产负债表传导机制理论

在信贷市场上，由于存在着信息不对称情况，信贷市场的逆向选择和道德风险总是难以避免的。银行在不能完全掌握借款人信息的情况下，会参考借款人的资产负债表状况决定信贷决策。一方面，如果借款人资产负债状况良好，意味着借款人有更多的资源可以用于项目投资；另一方面可以作为抵押物的资产数量较多，因而更易于得到银行信赖，获得贷款支持，反之则难以得到银行贷款。如果中央银行实施扩张性货币政策，增加货币供应量，流动性效应将导致利率下降，并会使股票价格上升，企业的资产净值增加，企业可用于抵押的资产价值上升，资产负债表状况改善，信贷市场的逆向选择和道德风险问题将减少，有效信贷需求增加，银行将增加信贷供给。这样，货币政策便通过资产负债表的渠道实现了传导。其传导机制为

$$M \rightarrow P_e \rightarrow N_W \rightarrow L \rightarrow I \rightarrow Y$$

式中 M 为货币供应量，P_e 为股票价格，N_W 为企业资产净值，L 为贷款量。即货币供应量增加，股票价格上升，企业资产负债表状况改善，道德风险和逆向选择问题减少，贷款增加，投资增加，产出水平提高。

4. 托宾的 q 值传导机制理论

美国经济学家詹姆斯·托宾在研究金融市场的变化影响企业的支出决策问题过程中，提出了有关股票价格和投资支出相互关联的理论，通常称作托宾的 q 值理论。托宾把 q 值定义为企业资本的市场价值与企业的重置成本之比。如果 q 值较高，那么上市企业资本的市场价值就高于资本的重置成本，投资新厂房和设备的资本要低于企业的市场价值。在这种情况下，上市公司可以增发股票，而且能在股票上得到一个比他们准备购买的厂房和设备更高的价格。由于公司可以发行较少股票而买到较多新的投资品，投资支出就会增加，并直接导致产出的增加。相反，如果 q 值较低，由于企业的市场价值低于资本的重置成本，企业就不会购买新的投资品，而是以低价去购买其他企业而得到已经存在的资本，这种情况就单个企业来看资本是增加了。但从整个社会来看，只是资本存量的转移，新投资品的购买将会很少。根据托宾的 q 值理论，货币政策的传导可表述为

$$M \rightarrow r \rightarrow P_e \rightarrow q \rightarrow I \rightarrow Y$$

式中 M 为货币供应量，P_e 为股票价格，q 为资本比值，I 为投资，Y 为收入。上式表明，随着中央银行货币政策的改变，例如，实行扩张的货币政策，会导致货币供应量的增加，市场利率下降而股票价格上升，q 值上升，投资品需求增加，通过乘数作用，提高整个社会的就业量和国民收入水平。在上述的货币政策传导过程中，托宾特别强调企业真实资本的当期证券市场价值与当期重置成本比率的关键作用。他认为只有实际资本的当期证券市场价值大于其当期重置成本时，即 q 值大于 1 时，货币供应量的增加才能通过资产结构调整影响实体经济活动。

五、货币政策的效果分析

1. 货币政策效果的衡量

货币政策效果即有效性问题，是货币政策的最终目标与实际运行效果之间的偏差。这种偏差如果较小，则货币政策有效性较高；这种偏差如果又明显偏大，则货币政策的有效性较低。这就现实地提出了货币政策效果如何衡量的问题。

货币政策效果可以从两个方面来衡量：一是从数量方面看货币政策发挥作用的大小，即货币政策的数量效果；二是从时间方面看货币政策发挥作用的快慢，即货币政策的时间效果。也就是说，衡量货币政策效果，就是分析和测算货币政策解决社会经济问题的效力强弱程度，以及这个效力在货币政策实施后多长时间才会发挥出来。

对货币政策的数量效果大小的判断，一般着眼于实施的货币政策所取得的效果与预期所要达到的目标之间的差距。以评估为了实现物价稳定和经济增长为目标而实施的紧缩性货币政策为例，如果通货膨胀是由社会总需求大于社会总供给造成的，而货币政策正是以纠正供求失衡为目标，那么这项紧缩性货币政策是否有效以及效应的大小，可以从这样几

个方面考察：①如果通过货币政策的实施，紧缩的货币供给，从而平抑了价格水平的上涨，或者促使价格水平回落，同时又不影响产出或供给的增长率，那么可以说这项紧缩性货币政策的有效性最大；②如果通过货币供应量的紧缩，在平抑价格水平上涨或促使价格水平回落的同时，也抑制了产出数量的增长，那么货币紧缩政策有效性的大小，则要视价格水平变动与产出变动的对比而定。③若产出数量虽有减少，但减少规模还不算大，而抑制价格水平的目标接近实现，可视为货币紧缩政策的有效性较大；④若产出量的减少非常明显，而价格水平目标的实现并不理想，货币紧缩政策的有效性只能判定较小；⑤如果货币紧缩政策无力平抑价格上涨或促使价格回落，却抑制了产出的增长，甚至使产出的增长为负，则可判定货币紧缩政策无效。衡量其他类型的货币政策的效果，也可采用类似的思路。

但是现实生活中，宏观经济目标的实现，往往有赖于多种政策，如收入政策、价格政策等方面的配套进行。因此要准确的检验货币政策的效果，必须结合与其他政策之间的相互作用及作用大小进行分析。

2. 货币政策效果的影响因素

货币政策的效果主要受到货币政策的时滞、货币流通速度、微观主体的心理预期以及其他经济政治因素这 4 大因素的影响。

1) 货币政策的时滞

任何政策从制定到获得主要的或全部的效果，必须经过一段时间，这段时间叫做"时滞(time lag)"。如果收效太迟或难以确定何时生效，则货币政策的有效性就成了问题。仔细观察一下十字路口的红绿灯变化后的车流变化情况，就很容易理解时滞了。并不是红灯一变成绿灯，在那里排队的汽车就可马上启动过十字路口的，越排在后面，等候的时间就越长。这就是时滞的一个类比。货币政策的时滞(time lag of monetary policy)是决定货币政策效果中发挥作用时间长短问题的决定性因素，可分为内部时滞和外部时滞。

(1) 内部时滞(inner time lag)是指从政策制定到货币当局采取行动的这段时间。可再分为两个阶段：从形势变化需要货币当局采取行动到认识到这种需要的时间距离，称为认识时滞(这段时间之所以存在，主要有两个原因：一是收集各种信息资料需要耗费一定的时间；二是对各种复杂的社会经济现象进行综合性分析，做出客观的、符合实际的判断需要耗费一定的时间；从认识到需要改变政策，到提出一种新的政策所需花费的时间距离，称为决策时滞(这段时间之所以存在，是因为货币当局根据经济形势研究对策、拟订方案，并对所提方案做可行性论证，最后获得批准，整个制作过程的每一个步骤都需要耗费一定的时间)。内部时滞的长短，取决于货币当局对作为决策依据的各种信息资料的占有程度和对经济、金融形势的分析、判断能力，体现了货币当局决策水平的高低和对金融调控能力的强弱以及货币当局的独立性的大小。

(2) 外部时滞(outer time lag)又称影响时滞，是从货币当局采取行动开始直到对政策目标产生影响为止的这段过程。它可再分为两个阶段：从调整政策工具到其对中介目标发生作用所耗费的时间，称为操作时滞；从中介变量发生反应到其对目标变量产生作用所耗费的时间，称为市场时滞。外部时滞的长短，主要取决于政策的操作力度和金融部门、企业部门对政策工具的弹性大小。外部时滞较为客观，它不像内部时滞那样可由货币当局掌握，是一个由社会经济结构与产业结构、金融部门和企业部门的行为等多种因素综合决定的复杂变量。因此，货币当局很难对这段时滞进行实质性控制。

2) 货币流通速度

对货币政策有效性的另一主要限制因素是货币流通速度。对于货币流通速度一个相当小的变动，如果政策制定者未曾预料到或在估算这个变动幅度时出现偏差，都可能使货币政策效果受到严重影响，甚至有可能使本来正确的政策走向反面。假设，在预测的年度，GNP 将增长 20%；再假设，根据以前一些年份有关数据的实证规律，只要包括货币流通速度在内的其他条件不变，货币供给等比增加即可满足 GNP 增长对货币的追求追加需求。如果货币流通速度在预测的期间加快了 10%，不考虑其他条件的变化，货币供给则只需增加 9.1% 即可。要是货币当局没有预见到货币流通速度的变化，而是按流通速度没有多大变化的考虑决定增加货币供给 20%；那么新增的货币供给量则将成为助长经济过热的因素。但是，在实际生活中，对货币流通速度变动的估算，很难做到不发生误差。因为使之发生变动的因素太多。这当然也就限制了货币政策的有效性。

3) 微观主体的心理预期

对货币政策有效性构成挑战的另外一个因素是微观主体的预期。当一项货币政策提出时，微观经济行为主体，会立即根据可能获得的各种信息预测政策的后果，从而很快地做出对策，而且极少有时滞。面对微观主体广泛采取的对消其作用的对策，货币当局推出的政策很可能归于无效。例如，当货币当局拟采取扩张性货币政策时，人们通过各种信息预期社会总需求会增加、物价会上涨，在这种情况下，工人会通过工会与雇主谈判，要求提高工资，企业因预期工资成本将增大而会及时提高产品价格，却不愿进一步扩展经营。最后的结果是只有物价的上涨而没有产出的增长。鉴于微观主体的预期，似乎只有在货币政策的取向和力度没有或没有完全为公众知晓的情况下，才能生效达到预期效果。但是货币当局不可能长期不让社会知道它要采取的政策；即使采取非常规的货币政策，不久之后也会落在人们的预期之内。假如货币当局长期采取非常规的货币政策，则将导致微观经济主体做出错误判断，并会使经济陷入混乱之中。但实际的情况是，公众的预测即使是非常准确，实施对策意识很快，其效果的发挥也要有个过程。这就是说，货币政策仍可奏效，只是公众的预期行为会使其效果打很大的折扣。

4) 其他经济政治因素

除货币政策的时滞、货币流通速度和微观主体的预期等因素的影响外，货币政策的效果也会受到其他外来的或体制的因素所影响。

在一项既定的货币政策出台后的一段时间内，如果客观经济条件发生了变化，而货币政策又难以做出相应的调整时，就可能出现货币政策效果下降甚至失效的情况。比如，在实施扩张性货币政策中，生产领域出现了生产要素的结构性短缺。这时纵然货币、资金的供给很充裕，由于瓶颈部门的制约，实际的生产也难以增长，扩张的目标即无从实现。再如，实施紧缩性货币政策以期改善市场供求对比状况，但在过程中出现了开工率过低、经济效益指标下滑过快等情况。这就是说，紧缩需求的同时，供给也减少了，因此改善供求对比的目标也不能实现。

政治因素对货币政策效果的影响也是巨大的。由于任何一项货币政策方案的贯彻，都可能给不同阶层、集团、部门和地方的利益带来一定的影响。这些主体，如果在自己利益受损时做出强烈的反应，就会形成一定的政治压力。如果这些压力足够有力时，则会迫使货币政策进行调整。

六、我国货币政策的传导过程和效果分析

从 1983 年中国人民银行专门行使中央银行的职能，到 1993 年国务院发布《关于金融体制改革的决定》这一时期，中央银行根据经济形势的变化及经济发展的需要，实行或松或紧的货币政策，其政策工具以直接调控为主，主要体现为信贷规模控制与再贷款的组合，同时配合使用准备金和利率等调节工具。这一阶段货币政策的传导过程如下：

综合信贷计划或再贷款↑→信贷规模↑→投资↑→产出↑

在 1994—1995 年，治理通货膨胀、保持币值稳定成为金融宏观调控的首要任务，货币当局综合运用外汇市场操作、再贷款与信贷规模的组合，并辅之以准备金和利率等调节工具，取得了明显的成效。到 1996 年经济"软着陆"目标基本实现，宏观经济运行出现了"高增长、低通胀"的局面，货币政策的传导过程基本与前一阶段相同。可见，在这段时间内，货币政策主要都是通过商业银行的信贷规模即贷款数量传导的。

1998 年之后，针对国内经济持续下滑、增长乏力、通货紧缩及国际经济环境不利的宏观经济形势，货币政策的取向是防止通货紧缩，但也要防止通货膨胀重新抬头。同时中央银行取消了信贷计划控制，全面转向间接调控，逐步将公开市场操作作为今后主要的货币政策工具。但是，在货币市场不完善和国有商业银行改组未完成的情况下，中央银行通过公开市场操作并没有达到其预期的目的，不得不再一次使用了窗口指导与再贷款的政策组合，即中央银行通过窗口指导，要求国有商业银行扩大信贷，并从再贷款上给予支持。事实证明，在金融体系尚未发展成熟的情况下，货币政策的传导是离不开贷款数量的，然而货币政策的效果仍然不明显。仔细分析便可发现，在传导机制中起关键作用的商业银行和企业，在前一段时期内对货币政策都能迅速做出反应，而在这一段时期内却反应迟缓。从国有商业银行来看，1997 年亚洲金融危机过后，商业银行的风险意识骤然增强，纷纷加强

了集中化管理。国有银行向现代商业银行制度转变的改革进展极其缓慢，银行资产质量恶化、不良资产问题严重、经济效益持续下降，这些都使得国有商业银行在放贷方面更加谨慎，从而阻碍了商业银行的贷款扩张。与此同时，1997 年以后，国内外的经济环境都发生了很大变化，不容乐观的经济形势严重影响了企业的预期，使企业对未来的预期下降。因此，虽然贷款利率的降低使得企业的债务负担减轻，但企业扩张投资的意愿并不强烈。一方面商业银行惜贷，另一方面企业投资意愿不强，导致了货币政策传导机制的阻塞，从而影响了货币政策的有效性。

本 章 小 结

(1) 中央银行是一国信用制度的枢纽，是一国金融体系的核心。中央银行的职能概括的表现为中央银行是发行的银行、政府的银行及银行的银行。中国人民银行作为我国的中央银行，体现了中央银行的一般特征，发挥了中央银行的基本职能。随着我国经济体制和金融体制的进一步改革，必须不断强化我国中央银行的职能，以适应社会主义市场经济发展的需要。

(2) 西方国家货币政策的最终目标有四个，即稳定物价、充分就业、经济增长及国际收支平衡。但是，这四个目标之间却充满了矛盾，使中央银行无法通过实行同一货币政策而同时实现多个目标。根据 1995 年及 2003 年颁布的《中华人民共和国中国人民银行法》规定，我国货币政策的最终目标是保持货币币值的稳定，并以此促进经济增长。

(3) 中央银行的货币政策工具可分为一般性货币政策工具、选择性货币政策工具及其他货币政策工具。其中，一般性的货币政策工具有三种，即法定存款准备金政策、再贴现政策和公开市场业务。选择性政策工具和其他政策工具的种类较多，各国中央银行可根据本国实际和货币政策的目标加以选择和运用。

(4) 货币政策的传导机制是指从货币政策工具的运用到最终目标的实现所经过的各个环节和具体的过程。

复习思考题

一、问答题

1. 中央银行有何职能？试分析中央银行在现代经济中的作用。
2. 什么是货币政策？货币政策体系主要包括哪些内容？
3. 货币政策的最终目标有哪几个？说明其含义及相互之间的关系。

二、综合分析题

中央银行是现代金融体系的核心，是一国最高的金融管理机构，在各国金融体系中居于主导地位。因此，中央银行作为国家干预经济的重要机构，具有发行的银行、银行的银行、国家的银行等职能。

试对中央银行的上述职能进行分析。

三、材料分析题

货币政策目标包括物价稳定、充分就业、经济增长、国际收支平衡。它们之间的关系是比较复杂的，有的在一定程度上具有一致性，如充分就业与经济增长，二者呈正相关关系；有的则相对独立，如充分就业与国际收支平衡；但更多的是诸目标之间的冲突性，如物价稳定与充分就业的矛盾、物价稳定与国际收支平衡的矛盾、经济增长与国际收支平衡的矛盾。

试对上述诸目标之间的矛盾性进行分析。

第四部分

对 外 金 融

● 第九章　国际收支与外汇

● 第十章　国际金融体系

第九章

国际收支与外汇

学习目标

通过本章学习，在掌握国际收支基本定义的基础上，熟悉国际收支平衡表的构造，了解国际收支失衡的原因，掌握国际收支调节方法。在掌握外汇、汇率的基础上，理解汇率的决定及其对经济的影响，了解几种主要的汇率决定理论，并且能够运用所学的汇率理论分析现实生活中的汇率问题。掌握国际储备的构成、作用和管理。

关键概念

外汇(foreign exchange)　汇率(exchange rate)　国际收支(balance of payments)　国际收支平衡表(statement for balance of payments)　外汇市场(foreign exchange market)　外汇管理(exchange regulation)　国际储备(international reserve)

第一节　国　际　收　支

一、国际收支与国际收支平衡表

1. 国际收支的定义

国际收支是一国居民与外国居民在一定时期内各项经济交易的货币价值总和。对于国际收支这一概念，应从以下几个方面理解：

(1) 国际收支是一个流量概念，表现为对一定时期内的交易总和。

(2) 国际收支反映的内容是以货币记录的交易。有些交易可能不涉及货币支付，但这些未涉及货币收支的交易须折算成货币加以记录。

(3) 国际收支记录的是一国居民与非居民之间的交易。在国际收支统计中，居民是指一个国家的经济领土内具有经济利益中心的经济单位。

2. 国际收支平衡表

国际收支平衡表是指将国际收支按照复式记账原则和特定的账户分类编制出来的

报表。

根据复式记账原则，国际收支平衡表把全部对外经济交易活动划分为借方、贷方和差额3栏，分别反映一定时期内各项对外经济活动的发生额。一切收入项目(财物、服务和资产)的减少，负债的增加，记入平衡表的贷方；一切支出的项目(财物、服务和资产)的增加，负债的减少，记入平衡表的借方。由于每笔经济交易同时记入有关项目的借方和贷方，数额相等，因此，国际收支平衡表的借方总额与贷方总额总是相等的。

一般把国际收支平衡表的具体内容划分为3大项：经常项目、资本项目和平衡项目。

1) 经常项目

经常项目反映一国与他国之间实际资源的转移。经常项目通常包括以下几项。

(1) 贸易收支。它记录一国的商品进口和出口所引起的收支。商品进出口的差额称为贸易差额。按照国际货币基金组织的规定，商品进出口均按离岸价格计算。

(2) 劳务收支。它记录一国与他国所提供劳务发生的收支。劳务收支所包括的内容相当广泛，通常下设若干重要细目，主要有运输、旅行、通信、保险、银行、服务、建筑、计算、信息服务、专利转让等；同时，劳务收支还记录着因生产要素在国际的流动而引起的要素报酬收支。

(3) 转移收支。记录一国与他国之间单方面的转移收支，包括政府转移和私人转移。政府转移有政府间的债务豁免、无偿援助、赔款、捐款等，私人转移有侨民汇款、年金、赠予等收支。

2) 资本项目

资本项目反映资本在一国与他国之间的转移，包括资本的流出和流入。资本的流动是要偿还的，但偿还需要一定时间，在资本的投放与偿还的这段时间内就存在着债权与债务关系，资本项目就是反映这种债权债务在国际的转移。资本项目一般分为：

(1) 长期资本。它是指偿还期在1年以上的资本，它又分为政府长期资本和私人长期资本。政府长期资本是指政府间贷款、投资及政府向国际金融机构借款等，私人长期资本是指私人直接投资、私人证券投资和私人贷款等。

(2) 短期资本。它是指偿还期在1年以内的资本，它也分为政府短期资本和私人短期资本。短期资本流动形式多样，原因复杂，流动频繁。它主要包括各项银行间的资金拆借、国际贸易中的短期资本融通、短期资本的外逃和在外国银行的活期存款等。

3) 平衡项目

当一国的国际收支中的经常项目和资本项目收支合计出现差额时，就运用平衡项目进行调节，以取得收支平衡。平衡项目包括：

(1) 错误与遗漏。由于各种国际经济交易的统计资料来源不一，有的数据还来自估算，加上一些人为的因素等，使国际收支平衡表出现了净的借差或贷差。所以设置此项目可以解决所产生的不平衡。

（2）官方储备。它是国家所持有的储备资产，包括黄金储备、外汇储备、国际货币基金组织分配的特别提款权和其他提款权等。

3．国际收支平衡表的编制

国际收支平衡表是采用复式记账原理、借贷记账法编制的。编制国际收支平衡表时，借方登记一切对外支出项目或资产的增加、负债的减少，贷方登记一切对外收入项目或负债的增加、资产的减少。

应记入借方的项目具体有下列几项：①商品进口。②外国提供的交通运输等劳务。③本国居民去国外旅游。④向国外支付利息、利润。⑤向国外提供的赠予和援助。⑥向国外的投资。⑦货币黄金的输入。

应记入贷方的项目具体有下列几项：①商品出口。②向国外提供的交通、运输等各项劳务。③向国外旅游者提供的劳务。④本国对外投资所获得的利息、利润收入。⑤从国外获得的赠予和援助。⑥外国向本国投资。⑦货币黄金的输出。

为了便于理解，现假设以美国发生的国际收支情况说明国际收支平衡表的编制方法。

（1）德国商人从美国购买价值 3000 万美元的纺织品，并以美元存款支付。对美国来说，这属于商品的出口，应记入贸易收支项目的贷方；同时收到货款，流动资产增加，应记入借方。

借：短期资本流动　　　3000

　　贷：贸易收支　　　　　3000

（2）美国进口商进口商品 6000 万美元，美国进口商以支票支付。对美国来说，这属于商品的进口，应记入贸易收支项目的借方，同时支付货款，流动资产减少，应记入贷方。

借：贸易收支　　　　　6000

　　贷：短期资本流动　　　6000

（3）外国人在美国旅游，花销 100 万美元，美国将旅游所得 100 万美元存入银行。

借：短期资本流动　　　100

　　贷：劳务收支　　　　　100

（4）美国人去国外旅游，以旅行支票支付 250 万美元。

借：劳务收支　　　　　250

　　贷：短期资本流动　　　250

（5）国外居民购买美国公司长期债券 400 万美元，以国外银行在美国的短期存款支付。

借：短期资本流动　　　400

　　贷：长期资本流动　　　400

（6）美国政府动用外汇储备 120 万美元向国外提供无偿的援助。

借：单方面转移收支　　120

　　贷：官方储备　　　　　120

根据以上业务可编制该年底美国的国际收支平衡表(表9-1)。

表9-1 国际收支平衡表

单位: 万美元

项 目	借 方	贷 方	差 额
a. 贸易收支	6 000	3 000	−3 000
b. 劳务收支	250	100	−150
c. 单方面转移	120		−120
1. 经常项目合计(a+b+c)	6 370	3 100	
d. 长期资本流动		400	+400
e. 短期资本流动	3 500	6 250	+2 750
2. 资本项目合计(d+e)	3 500	6 650	
f. 错误与遗漏			
g. 官方储备		120	+120
3. 平衡项目合计(f+g)			
总计	9 870	9 870	0

从这个简化的国际收支平衡表中,我们可以理解国际收支平衡表的总差额、局部差额、总差额与局部差额之间的关系。

① 从总差额来看,国际收支平衡表的借方总额与贷方总额相等,都是9870万美元,总差额为0。

② 从局部来看,各个项目借贷双方是不相等的。如贸易收支项目是进口6000万美元,出口3000万美元,进口大于出口,差额为−3000万美元;同样劳务收支及单方面转移收支也为负号,长期资本项目为负号,短期资本项目为正号,经常项目与资本项目进行汇总,借方合计数是9870万美元,贷方合计数是9750万美元,则该国国际收支发生逆差120万美元,表明必须通过平衡项目来达到国际收支的平衡,从储备项目来看,最终动用120万美元的官方储备来达到了国际收支的平衡。

③ 储备账户借方和贷方所表示的含义与经常项目与资本项目不同。储备账户借方增加,既不意味国际收支逆差增加,也不意味国际收支顺差减少,而是表示储备增加。同样,储备账户之所以同其他账户不同,是因为它是平衡账户的一种,其数字的增减正好同其他账户的数字相互对冲,从而起到平衡的作用。

表 9-2　2018 年中国国际收支平衡表　　　　　　　　单位：亿元人民币

项　目	差　额	项　目	差　额
1. 经常账户	3527	1.A.b.10 其他商业服务	1266
贷方	193053	贷方	4377
借方	−189526	借方	−3111
1．A 货物和服务	7054	1.A.b.11 个人、文化和娱乐服务	−161
贷方	175694	贷方	63
借方	−168640	借方	−225
1．A．a 货物	26366	1.A.b.12 别处未提及的政府服务	−180
贷方	160237	贷方	116
借方	−133871	借方	−295
1．A．b 服务	−19312	1.B 初次收入	−3394
贷方	15457	贷方	15526
借方	−34769	借方	−18920
1.A.b.1 工服务	1137	1.B.1 雇员报酬	535
贷方	1155	贷方	1193
借方	−18	借方	−657
1.A.b.2 维修和维修服务	307	1.B.2 投资收益	−4046
贷方	475	贷方	14197
借方	−168	借方	−18243
1.A.b.3 运输	−4429	1.B.3 其他初次收入	117
贷方	2805	贷方	137
借方	−7234	借方	−20
1.A.b.4 旅行	−15657	1.C 二次收入	−133
贷方	2668	贷方	1833
借方	−18325	借方	−1966
1.A.b.5 建设	327	1.C.1 个人转移	−25
贷方	896	贷方	408
借方	−569	借方	−433
1.A.b.6 保险和养老金服务	−441	1.C.2 其他二次收入	−108
贷方	325	贷方	1425
借方	−766	借方	−1533

续表

项　目	差　额	项　目	差　额
1.A.b.7 金融服务	82	2.资本和金融账户	7231
贷方	221	2.1 资本账户	−38
借方	−139	贷方	20
1.A.b.8 知识产权使用费	−1992	借方	−58
贷方	368	2.2 金融账户	7269
借方	−2360	资产	−24436
1.A.b.9 电信、计算机和信息服务	428	负债	31705
贷方	1988	2.2.1 非储备性质的金融账户	8306
借方	−1559	资产	−23399
负债	31705	2.2.1.3 金融衍生工具	−415
2.2.1.1 直接投资	6964	2.2.1.3.1 资产	−326
2.2.1.1.1 资产	−6393	2.2.1.3.2 负债	−89
2.2.1.1.1.1 股权	−5244	2.2.1.4 其他投资	−5198
2.2.1.1.1.2 关联企业债务	−1149	2.2.1.4.1 资产	−13199
2.2.1.1.1.a 金融部门	−1376	2.2.1.4.1.1 其他股权	0
2.2.1.1.1.1.a 股权	−1326	2.2.1.4.1.2 货币和存款	−4716
2.2.1.1.1.2.a 关联企业债务	−49	2.2.1.4.1.3 贷款	−5355
2.2.1.1.1.b 非金融部门	−5017	2.2.1.4.1.4 保险和养老金	−35
2.2.1.1.1.1.b 股权	−3918	2.2.1.4.1.5 贸易信贷	−4530
2.2.1.1.1.2.b 关联企业债务	−1100	2.2.1.4.1.6 其他	1437
2.2.1.1.2 负债	13357	2.2.1.4.2 负债	8002
2.2.1.1.2.1 股权	10203	2.2.1.4.2.1 其他股权	0
2.2.1.1.2.2 关联企业债务	3154	2.2.1.4.2.2 货币和存款	3416
2.2.1.1.2.a 金融部门	1161	2.2.1.4.2.3 贷款	2056
2.2.1.1.2.1.a 股权	989	2.2.1.4.2.4 保险和养老金	15
2.2.1.1.2.2.a 关联企业债务	172	2.2.1.4.2.5 贸易信贷	2776
2.2.1.1.2.b 非金融部门	12196	2.2.1.4.2.6 其他	−261
2.2.1.1.2.1.b 股权	9214	2.2.1.4.2.7 特别提款权	0
2.2.1.1.2.2.b 关联企业债务	2982	2.2.2 储备资产	−1037
2.2.1.2 证券投资	6954	2.2.2.1 货币黄金	0

续表

项　目	差　额	项　目	差　额
2.2.1.2.1 资产	−3481	2.2.2.2 特别提款权	2
2.2.1.2.1.1 股权	−1138	2.2.2.3 在国际货币基金组织的储备头寸	−47
2.2.1.2.1.2 债券	−2343	2.2.2.4 外汇储备	−992
2.2.1.2.2 负债	10435	2.2.2.5 其他储备资产	0
2.2.1.2.2.1 股权	3997	3.净误差与遗漏	−10758
2.2.1.2.2.2 债券	6439		

(资料来源：国家外汇管理局网站，www.safe.gov.cn)

二、国际收支失衡及其调节

1．国际收支失衡的原因

国际收支失衡是指一国与他国之间出现经常项目和长期资本项目的自主性交易所产生的借方金额与贷方金额不相等的现象，包括经常性收支和资本收支的结构不平衡、周期性不平衡、货币性不平衡及偶发性不平衡等。其中若收入大于支出而有盈余，则称为顺差；反之，则为逆差。

【专栏9-1】自主性交易和调节性交易

反映在国际收支平衡表中的各项经济交易按其性质不同，可分为自主性交易和调节性交易两类。前者是个人、公司或官方机构等基于某种经济目的，以及政治等方面的考虑而自动进行的交易，如商品的进出口、投资、赠予、援助等；后者则是为了弥补国际收支中自主性交易造成的差额而被动进行的交易，如国际资金融通、动用黄金和外汇储备等。由于自主性交易具有自发性，因此，通常会产生差额，不是顺差就是逆差，收支不可能相抵。所以，自主性交易是否平衡，便成为一国国际收支是否平衡的关键，也是判断一国国际收支是否平衡的标准。如果自主性交易收支正好相抵或基本相抵，则说明这个国家的国际收支是平衡的；相反，自主性交易收支不能相抵，出现差额，就被认为是国际不平衡。自主性交易的失衡，必然引发调节性交易。因此，当一国的自主性交易出现明显的、较大数额的不平衡，就需要分析其原因，并采取相应措施加以调节。

(资料来源：盖锐，金融学概论.2 版，北京：高等教育出版社，2013)

引起国际收支失衡的原因多种多样，概括起来主要有以下几种。

1）季节性失衡和偶然性失衡

季节性失衡是由生产或消费的季节性造成的国际收支的失衡。这种失衡常出现在许多以农作物作为主要出口的发展中国家。因为农作物的收获具有很强的季节性，使得出口相应具有很强的季节性，而发展中国家所需的许多进口商品，如农业生产资料、工业原材料等却无季节性，所以在农作物收获的季节，其国际收支顺差，而其他季节则逆差。

偶然性失衡是由于天灾人祸造成的一次性的无规律的失衡。例如，一个国际收支基本持平的国家，由于自然灾害不得不大量进口粮食等农产品造成的逆差就属于偶然性失衡。

2) 周期性失衡

周期性失衡是因经济周期而使国际收支发生盈余和赤字交替出现的国际收支失衡。实行市场经济的国家，经济发展都具有周期性特点，周而复始地出现繁荣、衰退、萧条和复苏四个阶段。在经济繁荣时期，生产上升、各种资源得到充分利用，国内需求增加，进出口规模都相应扩大，资本流入也增加，国际收支可能形成顺差；而在经济危机时，生产下降、资源利用率低，进口需求减少，资本流出增加，国际收支可能出现逆差。

3) 货币性失衡

货币性失衡是因一国货币价值变动引起国内物价水平变化而导致的国际收支失衡。在汇率一定的条件下，一国国内物价水平普遍上升，将会使该国产品在国际市场的价格相应升高，导致该国出口受到抑制，而进口则会受到鼓励，其经常项目收支便会恶化，造成国际收支逆差。反之，则会造成国际收支顺差。所以货币性失衡是由一国国内发生通货膨胀与通货紧缩引起的。

4) 收入性失衡

收入性失衡是由于国民收入的变动引起的国际收支的失衡。国民收入的变动主要有两种情况：一是国民收入周期性变动，这会引起国际收支的周期性失衡。二是国民收入的变动是由于经济增长引起的，具有长期性。通常情况下，一国的经济增长率高，国民收入增加，会导致进口需求的增长，国际收支容易出现逆差；反之，一国的经济增长率低，国民收入减少，则会减少对进口的需求，减少外汇支出，国际收支容易出现顺差。

5) 结构性失衡

结构性失衡是由于一国生产结构不能适应世界市场上供需结构的变化而造成的国际收支失衡。当今世界科技发展迅速，生产技术日新月异，产品不断更新换代，新资源不断开发，国际市场变化万千，一个国家如果不能随着国际经济结构和国际市场的变化及时调整本国的经济结构和进出口商品结构，其国际收支就可能发生结构性失衡。

2. 国际收支失衡对经济的影响

1) 国际收支逆差对经济的影响

一国如出现国际收支逆差，会引起本国货币汇率下浮，如逆差严重，则会使本币汇率急剧下降，在国际市场上该国货币成为弱势货币或软通货；同时，会消耗本国的外汇储备，削弱该国的对外支付能力，损害国家的国际信誉；还会促使利率水平上升，导致本国经济增长率的下降，严重的将导致经济危机或政治危机。

2)　国际收支顺差对经济的影响

一国的国际收支顺差，会增加其外汇储备，加强对外支付能力，货币的汇率变得坚挺，在国际市场上成为强势货币或硬通货。国际收支顺差有时也有负面影响，如不利于出口贸易的发展，会使本国货币供应量增长，造成输入的通货膨胀，打破了国内总供给与总需求的平衡；一国国际收支顺差同时，还会带来相关国家国际收支发生逆差，进而导致国际贸易冲突。

3．国际收支失衡的调节

国际收支失衡的调节，可以从以下 6 方面着手。

1)　财政政策

财政政策主要通过增减财政开支和调整宏观税率来影响对外贸易，从而影响国际收支。

当一国国际收支出现逆差时，政府宜实行紧缩性财政政策，抑制公共支出和私人支出，从而抑制总需求和物价上涨。总需求和物价上涨受到抑制，将有利于改善贸易收支和国际收支。当一国出现国际收支出现顺差时，政府宜实行扩张性的财政政策，以扩大总需求，起到鼓励进口、限制出口的作用，从而使贸易收支和国际收支顺差减少直至恢复平衡。

2)　货币政策

货币政策主要是通过调整汇率和利率，改变存款准备金率和再贴现率以及公开市场业务等手段来实现的。当一国出现国际收支逆差时，可采用紧缩的货币政策；而当一国出现国际收支顺差时，可采用扩张的货币政策。

(1)　汇率变动对国际收支发生的作用。

当国际收支出现逆差时，通过外汇市场有意促使本国货币汇率下降，即使本币对外贬值，也可起到刺激出口、抑制进口的作用，能改善国际收支的状况。反之，作用正好相反。当然，如果依靠货币贬值来达到扩大出口的目的，往往会招致其他国家的抵制。

(2)　利率的变动对调节国际收支的作用。

一方面，利率的高低影响国内投资规模的大小，从而影响工商业的兴衰、国内消费的增减、物价的涨跌，直接影响进出口的变化，使国际收支得到调节。另一方面，利率的变动可以在短期内起到促进资本流动的作用。如果一国利率高于其他国家，则会引起外国资本流入本国，而本国资本则减少外流，从而使资本项目出现顺差，以调节经常项目的逆差，使国际收支得以平衡。相反，如果本国利率低于其他国家则可调节国际收支的顺差。

3)　财政政策和货币政策的搭配

一国为削减国际收支逆差，可采用紧缩性经济政策，但会影响一国经济增长。一国为对付国际收支顺差，可采用膨胀性经济政策，但这样会导致物价上涨等不利于经济和社会发展的现象产生。这就是一国内部平衡与外部平衡的一对矛盾。内部平衡是指国内物价稳定、就业充分、经济适度增长；外部平衡是指国际收支的平衡和汇率的稳定。为了实现双重平衡，往往将财政政策和货币政策配合运用。为了达到外部平衡，一般采用货币政策，因为货币政策对国际收支影响较大，能影响汇进出口商品价格及资本的流动。为了达到内部平衡，往往采用相应的财政政策，因为财政政策对内影响大，而对国际收支影响较小。

4) 利用外汇平准基金

对付国际收支的短期性不平衡，可由专门设立的机构运用中央银行的外汇平准基金，在外汇市场上直接买卖外汇，来影响外汇汇率，把汇率稳定在一定的水平，以促进出口和改善国际收支。

5) 直接管制

直接管制是指一国政府以财、金融与贸易管制的行政命令办法，直接干预外汇自由买卖和对外贸易的自由输出入。金融管制是从外汇方面限制国际经济交易，如实行外汇管制以限制输入，促进输出。财政管制包括关税和出口信贷、出口补贴等"奖出限入"政策。贸易管制是对进出口实行直接限制，采取各种措施鼓励出口以增加收入(如减免税收等)、限制进口以减少支出(如许可证和进口配额等)。直接管制通常能起到迅速改善国际收支的效果，但是它必然会影响到有经济联系的其他国家，招致相应的报复，从而影响实施的效果。

6) 国际经济合作

上述各项调节措施只是供一个国家相机选择，而这些措施又不可避免地在一定程度上对其他国家产生不利影响。受到影响的国家也必将采取报复措施，因而国际常常会爆发贸易战、汇率战等经济摩擦。随着经济全球化的发展，广泛而深入的国际合作能谋求各国之间贸易自由，促进生产要素自由转移，使生产资源在国际达到优化配置，从而提高各国生产能力，有助于彻底、全面解决国际收支的不平衡问题。因此，国际经济合作对各国经济发展起到起越来越重要的作用。

【专栏9-2】中美贸易战

自1979年中美建交和1999年签订《中美双边贸易协定》以来，中美之间的贸易摩擦不断，尤其是2016年，特朗普当选美国总统以来，美国以美中货物贸易巨额逆差为由，对中国采取了一系列的行动，挑起了中美之间的摩擦。

美国以货物贸易巨额逆差为由，对中国发动贸易战，其根本原因是美国对迅速崛起的中国持有戒心，并对中国至关重要的高新技术产业进行战略压制。中美之间的贸易收支失衡具有结构性、复杂性和长期性的特点，短期内是不可能轻易解决的。

贸易的本质是基于比较优势的国际分工，中美两国在劳动力成本上存在巨大差异，这决定了中国在中低端劳动密集型制造领域具有比较优势，美国在高新技术领域具有更强的比较优势，中美贸易结构由此决定。自1949年以来，美国控制的巴黎统筹委员会对华一直实行歧视性出口管制政策，2007年美国商务部发布了《对华出口管制清单》，规定了航空发动机和先进导航系统等20类美国高科技产品不得向中国出口。中国经济发展需要大量进口高新技术产品，中国顺势而动，将自身具有比较优势的产品对美国出口不断扩大；而美国逆势而为，将自身具有竞争优势的高新技术产品进行出口管制，直至今日也并未放松。美国对中国高新技术产品出口贸易被严重抑制，导致美国在该类产品上长期保持对华贸易逆差，逆差数额不断扩大。

从历史上大国之间的战略竞争与博弈来看，中美贸易战的实质是作为世界霸主的美国与快速发展的中国之间的全球战略竞争。从更长远的视角看，这是中国模式与华盛顿模式之争，重点在于争夺世界经济的主导权和经济全球化游戏规则的制定权。美国对中国贸易进行压制，遏制中国的崛起，继续主导世界经济的发展，防止中国在世界话语权的增强。为了达到这个目的，美国在挑起贸易战的同时，在经济、政治、军事、地缘政治和文化上对中国进行了全面施压、围堵和遏制。

在不断强化的中美贸易战背后，绝不仅仅是两国经济利益的冲突，而是中国模式与华盛顿模式的对立。中美贸易战是大国博弈的开始，同时也是一场"持久战"的序幕。因此，为应对中美贸易争端，中国不能过于计较眼前输赢，而应以历史的和发展的眼光顺势而为，以外部压力为契机和动力，促进中国制度改革和经济转型，以推动中国持续崛起。

(资料来源：陈继勇，中美贸易战的背景原因、本质及中国对策，武汉大学学报(哲学社会科学版)，2018.5)

第二节　外汇与汇率

一、外汇、汇率的概念

1. 外汇

外汇是国际汇兑的简称。它有动态和静态之分。动态意义上的外汇，是指经过银行等金融机构把一国货币兑换成另一国货币的行为。静态意义上的外汇，是指以外币表示的，可用于国际结算的支付手段。国际货币基金组织(IMF)曾将外汇定义为"货币行政当局(中央银行、货币管理机构、外汇平准基金组织及财政部)以银行存款、国库券、长短期政府债券等形式所保有的在国际收支逆差时可以使用的债权"。

我国1996年1月发布，1996年4月1日起实行，1997年1月修正的《中华人民共和国外汇管理条例》中的外汇定义，包括以下内容：①外国货币，包括纸币、铸币。②外币支付凭证，包括票据、银行存款凭证、邮政储蓄凭证等。③外币有价证券，包括政府债券、公司债券、股票等。④特别提款权、欧洲货币单位(欧元)。⑤其他外汇资产。

从上面的外汇定义中，我们可以总结出外汇的3个典型特征：①外币性。即外汇必须是以外币表示的国外资产。②可兑换性。即外汇必须能够自由地兑换成其他形式的资产或支付手段。③普遍接受性。即外汇必须被国际承认，且普遍接受的。正是由于外汇的这些特征，才使得外汇作为国际支付手段，实现国际债权债务的偿付与资本的国际转移。

外汇按照能否自由兑换可分为自由外汇和记账外汇。所谓自由外汇，是指不需要经过货币发行国的货币当局批准，可以自由地兑换为其他货币，或可向第三国办理支付的外汇。显然作为自由外汇的货币，一个根本的特征就是可兑换货币。例如美元、英镑、欧元、日元等货币均属自由外汇。所谓记账外汇，是指未经货币发行国批准，不能自由兑换成其他货币，或对第三国进行支付的外汇。记账外汇只能根据两国政府间的清算协定，在双方银行开立专门账户记载使用。这种在两国银行清算账户上记账的外汇，不能转给第三国使用，也不能随意兑换成自由外汇。

表9-3 中国的外汇名称、标准代码及习惯写法

货币名称	国际标准代码	习惯写法
美元	USD	$/US$
欧元	EUR	€
英镑	GBP	£
日元	JPY	JP¥
瑞士法郎	CHF	SF
新西兰元	NZD	NZ$
港元	HKD	HK$
新加坡元	SGD	S$
加拿大元	CAD	C$
菲律宾比索	PHP	PeSo
俄罗斯卢布	SUR	Rbl
韩元	KRW	₩
泰铢	THB	฿
澳大利亚元	AUD	A$

注：我国人民币的国际标准代码为CNY，习惯写法为RMB¥。

2. 汇率及其标价法

汇率是指一国货币兑换成另一国货币的比率。对一国而言，汇率即本币和外币之间的兑换比率。在外汇市场上，汇率又常常被称为汇价、外汇行情或外汇行市。

汇率有两种标价方法：直接标价法和间接标价法。

1) 直接标价法

直接标价法是以外币为标准的标价方法，即把一定单位的外国货币表示为等于若干单

位的本国货币。

在直接标价法下，外币数额固定不变，汇率的涨跌都以相应的本国货币数额的变化来表示。一定单位的外币折算本国货币增多，则说明外币汇率上涨和本币汇率下跌；反之亦然。

例如：人民币汇价(1999 年 5 月 31 日)

外币名称　中间价

100 美元　827.86 元

100 港元　106.73 元

100 日元　　6.8511 元

世界上大多数国家包括我国在内都采用直接标价法。

2)　间接标价法

间接标价法是以本国货币为标准的标价方法，即把一定单位的本国货币表示为若干单位的外国货币。在间接标价法下，本币的数额固定不变，汇率的涨跌都以相对应的外国货币数额的变化来表示。如果一定单位的本币折算的外币增多，则说明外币汇率下跌，本币汇率上涨。目前世界上采用间接标价法的只有英国和美国。

例如：纽约外汇市场(1999 年 5 月 28 日)收盘价

1 美元/瑞士法郎　1.5270 瑞士法郎

1 美元/加拿大元　1.4710 加元

1 美元/日元　120.80 日元

以上表述的汇率的两种标价方法所说明的内容是一样的，但标价方法正好相反，反映在外汇汇率涨跌上正好具有两种相反的意义。此外，目前国际银行间对外汇的报价，一般都以美元为标准，报出美元对各国货币的汇价，被称为美元标价法。

3．汇率的分类

从不同的角度，按照不同的原则，可以将汇率作以下分类。

1)　基本汇率和套算汇率

汇率按是否通过第三国货币套算，可以分为基本汇率和套算汇率。

基本汇率，指选择某种国际上通用的货币(通常是美元)，作为基准货币，公布本币对这种基准货币之间的汇率。它是套算本币对其他外币汇率的基础。

套算汇率，又称交叉汇率，指根据两种货币的基本汇率套算货币之间的汇率。条件是这两种货币的基本汇率都选用同一种基准货币。

例如，港元对美元的基本汇率：

USD1=HKD7.788 60

新加坡元对美元的基本汇率：

USD1=SGD1.840 5

套算汇率:

SGD1= HKD4.230 4

2) 电汇汇率、信汇汇率和票汇汇率

汇率按汇兑方式不同,可分为电汇汇率、信汇汇率和票汇汇率。

电汇汇率,是指银行以电报或电传的方式通知国外付款时使用的汇率。由于电汇交付时间最短,银行难以利用汇款资金,加上国际电讯的费用,故电汇汇率高于其他汇率。由于目前国际支付多使用电汇,故外汇市场通常以电汇汇率为基础制定其他汇率。

信汇汇率,是指银行在经营外汇时以航邮方式通知国外付款所使用的汇率。

票汇汇率,是指银行开立由国外分支机构或代理行付款的汇票在国外所使用的汇率。票汇汇率可分为即期票汇汇率和远期票汇汇率。

3) 即期汇率和远期汇率

汇率按是否在成交时及时交割可以分为即期汇率和远期汇率。

即期汇率是买卖双方成交后在两个营业日内进行资金交割时使用的汇率。

远期汇率是指买卖双方约定在将来的某日进行交割,事先签订有关合同并已达成协议的汇率。

远期汇率是在即期汇率的基础上加减而制定的。升水表示远期汇率比即期汇率高;贴水表示远期汇率比即期汇率低;平价则两者相等。直接标价法下的远期汇率等于即期汇率加上升水(或减去贴水),间接标价法下的远期汇率等于即期汇率减去升水(或加上贴水)。

按照汇率形成的不同方式,汇率还可分为官方汇率和市场汇率,按照一国汇率是否统一,汇率可分为单一汇率和复式汇率等。

4) 买入汇率与卖出汇率

按银行买卖外汇的价格不同,汇率分为买入汇率、卖出汇率和中间汇率。

买入汇率,又称买入价,是指银行向客户买入外汇时使用的汇率。在直接标价法下,外币折合成本币数额较少的价格为买入汇率;在间接标价法下,本币折合成外币数额较多的价格为买入汇率。

卖出汇率,又称卖出价,是指银行向客户卖出外汇时所使用的汇率。在直接标价法下,外币折合成本币数额较多的价格为卖出汇率;在间接标价法下,外币折合成本币数额较少的价格为卖出汇率。

中间汇率,又称中间价,是指买入汇率与卖出汇率的平均数。中间汇率不是外汇买卖的执行价格,它通常适用于报刊和统计报表对外报道汇率消息以及汇率的综合分析。

其计算公式为

$$中间汇率=(买入汇率+卖出汇率)/2$$

这里有几点值得注意:①买入或卖出都是站在报价银行的立场来说的,而不是站在进出口商或询价银行的角度。②买价与卖价之间的差额，是银行买卖外汇的收益。

另外，我们还有一种特殊的汇率，叫现钞汇率。一般国家都规定，不允许外国现钞在本国流通，只有将外币现钞兑换成本国货币，才能够购买本国的商品和劳务，因此产生了买卖外汇现钞的兑换率，即现钞汇率。按理现钞汇率应与外汇汇率相同，但需要把外币现钞运到各发行国去。由于运送外币现钞要花费一定的运费和保险费，因此银行在收兑外币现钞时的通汇率通常要低于外汇买入汇率，即现钞买入汇率低于现汇(如外币存款或外币支票等)买入汇率，而银行卖出外汇现钞时使用的汇率则等于外汇现汇卖出汇率。

5) 官方汇率和市场汇率

按外汇管制情况不同，汇率分为官方汇率和市场汇率。

官方汇率又称法定汇率，是指一国外汇管理当局规定并予以公布的汇率。在外汇管制较严的国家，官方汇率就是实际使用的汇率，一切外汇收支、买卖均按官方汇率进行。官方汇率中有的是单一汇率，也有的是多种汇率。

市场汇率是指由外汇市场供求关系决定的汇率。市场汇率随外汇的供求变化而波动，同时也受一国外汇管理当局干预外汇市场的影响。在外汇管制较松或不实行外汇管制的国家，如果也公布官方汇率的话，此时的官方汇率只起基准汇率的作用，市场汇率才是该国外汇市场上买卖外汇时实际使用的汇率。

6) 名义汇率和实际汇率

按衡量货币价值的角度不同，汇率分为名义汇率和实际汇率。

名义汇率又称现时汇率，是指在外汇市场上由外汇的供求关系所决定的两种货币之间的汇率，也是指在社会经济生活中被直接公布、使用的表示两国货币之间比价关系的汇率。名义汇率并不能够完全反映两种货币实际所代表的价值量的比值，它只是外汇银行进行外汇买卖时所使用的汇率。

实际汇率又称真实汇率，是指将名义汇率按两国同一时期的物价变动情况进行调整后所得到的汇率。设 S_r 为实际汇率，S 为直接标价法下的名义汇率，P_a 为本国的物价指数，P_b 为外国的物价指数，则

$$S_r = S \times (P_b/P_a)$$

计算实际汇率主要是为了分析汇率的变动与两国通货膨胀率的偏离程度，并可进一步说明有关国家产品的国际竞争能力。

【专栏9-3】人民币汇率指数

中国外汇交易中心(CFETS)网站(中国货币网)，2015 年 12 月 11 日发布了 CFETS 人民币汇率指数，有助于引导市场改变过去主要关注人民币对美元双边汇率的习惯，逐渐把参考一篮子货币计算的有效汇率作为人民币汇率水平的主要参照系，有利于保持人民币汇率在合理均衡水平上的基本稳定。

　　CFETS 人民币汇率指数参考 CFETS 货币篮子，具体包括中国外汇交易中心挂牌的各人民币对外汇交易币种，主要包括美元、日元、欧元等 13 种样本货币，样本货币权重采用考虑转口贸易因素的贸易权重法计算而得。这表明，CFETS 反映的是经常账户的人民币有效汇率，中国进出口的汇率贸易条件。

　　长期以来，市场观察人民币汇率的视角主要是人民币对美元的双边汇率。由于汇率浮动，旨在调节多个贸易伙伴的贸易和投资，因此仅观察人民币对美元的双边汇率并不能全面反映贸易品的国际比价。也就是说，人民币汇率不应仅以美元为参考，也要参考一篮子货币。汇率指数作为一种加权平均汇率，主要用来综合计算一国货币对一篮子外国货币加权平均汇率的变动，能够更加全面地反映一国货币的价值变化。参考一篮子货币与参考单一货币相比，更能反映一国商品和服务的综合竞争力，也更能发挥汇率调节进出口、投资及国际收支的作用。

（资料来源：蒋先玲，货币金融学，北京：机械工业出版社，2018）

二、汇率的决定及其变动

1. 汇率决定的基础

　　汇率作为不同货币之间的兑换比率，其决定的基础是什么?这是国际金融学研究的核心理论之一。根据马克思主义的分析方法，认识汇率决定的基础必须从两个层面来进行，即具体层面和抽象层面。与此相适应，汇率决定的基础分为直接基础和最终基础。

　　1) 汇率决定的直接基础。在不同的货币制度下，汇率决定的直接基础是不同的。因此，需要按照不同的货币制度进行研究。

　　(1) 金本位制度下汇率决定的直接基础。

　　金本位货币制度是以黄金作为本位货币的一种货币制度，包括金币本位制、金块本位制和金汇兑本位制。金币本位制是典型的金本位制，金块本位制和金汇兑本位制是削弱了的、没有金币流通的金本位制。通常，金本位制度主要是指金币本位制。

　　在金币本位制度下，各国都规定了每一金铸币单位包含的黄金重量与成色，即含金量。在这种制度下，两国货币间的比价要用各自包含的含金量来折算。因此，含金量是决定两国货币汇率的直接基础。两种货币含金量的对比叫铸币平价。因此，也可以说铸币平价是决定两种货币汇率的直接基础。比如，在 1929—1933 年的世界性经济大危机之前，世界各国普遍实行金本位制，英国规定每 1 英镑含纯金 7.3224 克，美国规定每 1 美元含纯金 1.504 656 克，这样，英镑对美元的铸币平价为

$$1 \text{ 英镑} = \frac{7.322\,4}{1.504\,656} = 4.866\,5 \text{ 美元}$$

　　也就是说，1 英镑的含金量是 1 美元含金量的 4.8665 倍，这就是英镑和美元两种货币

之间汇率决定的直接基础。需要指出的是，在金本位制时期，实行金本位制度的国家虽然在法律上认定两国货币的汇率是铸币平价，但铸币平价并不是外汇市场的实际汇率。在外汇市场上，由于受外汇供求关系的影响，汇率行市有时高于、有时低于铸币平价。当某种货币供过于求时，该货币的汇率就会跌到铸币平价以下；当求大于供时，该货币汇率就会上升到铸币平价以上。

然而，外汇市场上的实际汇率的波动不会是漫无边际，而是有一定限度的。这个界限就是黄金输送点，简称黄金输点。黄金输点是指在金本位制度下汇率涨跌引起黄金输出输入的界限。黄金输点分为黄金输出点和黄金输入点。黄金输出点是指汇率上涨引起黄金输出的界限。黄金输入点是指汇率下跌引起黄金输入的界限。由于铸币平价一般是不会变动的，因此，决定黄金输点的因素是输金费用。即

$$黄金输出点=铸币平价+黄金运费$$
$$黄金输入点=铸币平价-黄金运费$$

例如，第一次世界大战以前，按 1 英镑计算，英国与美国之间运送黄金的费用为 0.03 美元(包括包装费、运费、保险费、化验费、铸造费、运送期间的利息等)。从美国来看，黄金输点就等于英镑对美元的铸币平价加减 0.03 美元。即黄金输出点为 1 英镑=4.8665+0.03=4.8965 美元。黄金输入点为 1 英镑=4.8665-0.03=4.8365 美元。就是说，在美国，英镑外汇汇率波动的上限为 1 英镑合 4.8965 美元，波动的下限为 1 英镑合 4.8365 美元。如果英镑汇率上涨超过黄金输出点，美国进口商宁愿直接运送黄金到英国清偿债务，而不愿在市场上购买英镑外汇。这样，汇率的上限不可能超出 1 英镑=4.8965 美元。同理，如果英镑汇率下跌到黄金输入点以下，则美国出口商就不愿按此低汇率将英镑换成美元，而宁愿用英镑在英国购进黄金，再运回本国。

例如，一个美国进口商从英国进口价值 100 万英镑的商品，付款时，市场汇率上涨到 1 英镑=4.900 0 美元。这时若用汇付的方法，向英国支付 100 万英镑就得付出 490 万美元。如果采用直接运送黄金的现金结算方式，只需付出 489.65 万美元(按黄金输出点 1 英镑=4.8965 美元计算)。因此，美国商人宁愿在美国购买黄金输送到英国。这样美国商人可节约 3500 美元。

反之，一个美国出口商向英国出口价值 100 万英镑的商品。英国进口商付款时，市场汇率下跌到 1 英镑=4.820 美元。美国商人收到 100 万英镑。由于汇率对美国商人不利，若出售英镑外汇，只能兑换 482 万美元。因此，美国商人就不会出售英镑外汇，而宁愿在英国购买黄金运送到美国。因为采用运送黄金的方法收回 100 万英镑的债权，在美国可以兑换到 483.65 万美元(按黄金输入点 1 英镑=4.8365 美元计算)，多收入 16500 美元。

黄金输点之所以成为汇率波动的上下限，是因为在金本位制度下，各国间办理国际结算可以采用两种方式，既可以采用直接运送黄金的现金结算方式，也可以采用外汇票据的非现金结算方式。当汇率发生变动后，如果汇率有利，则利用外汇办理国际结算。当汇率

不利时，就可以不利用外汇，而改用直接运送黄金办理国际结算的方式。

由此可见，在金本位时期，铸币平价是汇率决定的直接基础，黄金输点是汇率浮动的界限。最高不超过黄金输出点，最低不低于黄金输入点。汇率变动的幅度相当有限，且总是趋近于铸币平价。因此，汇率是比较稳定的。

第一次世界大战爆发后，金币本位制陷于崩溃。战后，一些国家又建立了金块本位制和金汇兑本位制，这是已经削弱了的和没有金币流通的金本位制，而且黄金的输出输入受到了限制。铸币平价作为汇率决定的直接基础遭到削弱，黄金输点不复存在。在1929—1933年世界经济大危机的冲击下，金本位制度彻底崩溃。此后，各国普遍开始实行不兑现的纸币流通制度。

(2) 纸币流通下汇率决定的直接基础。金本位制度崩溃以后，纸币本位货币制度的发展，到目前曾出现过两种情况。

① 具有法定含金量的纸币流通时期。纸币流通的初期，各国官方用法令垄断纸币发行，并参照过去流通中金属货币的含金量，规定了单位纸币的含金量。例如，1934年美国政府规定1美元的含金量是0.888 671克黄金，英国政府也规定1英镑的含金量是3.881 344克黄金。用法律规定纸币的含金量，称作纸币的黄金平价。所以，在纸币流通情况下，如果纸币真正代表所规定的黄金平价时，则两种货币的黄金平价之比，是决定汇率的直接基础。两种货币的汇率则是围绕着黄金平价并受外汇供求影响上下波动。但由于纸币不能兑现黄金，黄金也不能自由输出输入，汇率波动失去黄金输点的限制。为了保护汇率的稳定，各国政府经常参与外汇市场业务，调节外汇供求，力求使汇率在很小的幅度内波动，甚至通过协商规定汇率波动的上下限。当汇率的变动超过规定的界限时，各国政府有义务进行干预，将汇率的波动控制在规定的界限内。

然而，纸币由于不能与黄金兑换，又没有储藏手段的职能，所以在纸币发行量过大时，通货膨胀就会发生。在这种情况下，汇率决定的直接基础就不是纸币的黄金平价，而应是纸币实际代表的金量。一旦纸币实际所代表的含金量与名义上规定的含金量相差太远，以至于使各国中央银行难以用有限的外汇平准基金来干预外汇市场，并使汇率稳定在规定的限度之内时，各国政府就会宣布本国纸币的贬值或升值。

在纸币具有法定含金量的纸币流通时期，汇率决定的情况在"二战"后布雷顿森林货币体系中得到充分体现。各国通过协商，在各自单位纸币法定含金量基础上确定各国货币与美元的固定比价，并规定汇率波动的限度，如果超过这个限度，各国政府负责干预管理或实行法定的升值或贬值。因此，此时期汇率基本稳定，波动不大，故也称为固定汇率制。

② 不规定纸币含金量的纸币流通时期。布雷顿森林国际货币制度崩溃以后，各国普遍实行浮动汇率制，政府不再规定货币的含金量。由于黄金的非货币化，各国纸币间的兑换比率不再以其所代表的含金量作为直接基础，而是以它的购买力来衡量的。就是说，在这种情况下，两种货币之间汇率的直接基础是这两种货币的购买力。比如，在美国1吨小

麦卖 200 美元，在香港 1 吨小麦卖 1 560 港元，美元与港元的汇率即为 1 美元=7.8 港元。如果美国发生通货膨胀，1 吨小麦卖 400 美元，而中国香港的物价保持稳定，汇率即为 1 美元=3.9 港元。如果国内物价上涨，货币的对内购买力下降，而汇率仍保持不变，则表明高估本币的对外价值。本币币值的长期高估必然影响本国的国际收支，经过一段时间，就必须调整到与国内购买力基本一致的水平。所以，在纸币不规定含金量的纸币流通情况下，一国货币的国内购买力是该货币对外汇率的直接基础。两种货币购买能力的对比，叫购买力平价。所以也可以说购买力平价是在纸币不规定含金量的纸币本位制度下汇率决定的直接基础。购买力强的货币汇率就高，购买力弱的货币汇率就低，汇率浮动随行就市，不再有波动的界限，因此称为浮动汇率制。

2) 汇率决定的最终基础

研究汇率决定的基础，仅仅看到它的直接基础，在理论上是不彻底的。因此，还必须分析这些直接基础背后的决定因素。这种背后的决定因素就是货币具有的或所代表的价值。价值量是汇率决定的最终基础。不同国家的货币之间之所以有比值是因为它们有可比性。各种货币的可比性来自货币本身具有的价值或所能代表的价值。因此，两种货币所具有或所代表的价值之比就是汇率决定的最终基础。代表价值量多的货币，汇率就高，代表价值量小的货币，汇率就低。但价值作为一般的人类抽象劳动，是看不见摸不着的。不同货币的价值量不能作为比较的直接依据或直接基础，必须通过具体的形式体现出来。货币价值体现的形式构成了不同货币比价确定的直接基础。在金本位制度下，货币的价值量直接通过含金量来体现。在纸币具有法定含金量的纸币本位制度下，货币的价值量是间接地通过货币所代表的含金量表现出来。在不规定纸币含金量的纸币本位制度下，货币的价值量直接以货币购买力(即通过商品价格形式)表现出来。

2. 影响汇率变动的因素

如上所述，货币本身的价值或货币所代表的价值是汇率决定的最终基础。货币的价值量发生变化必然带来汇率的变化，这是影响汇率变动的根本因素。但汇率的变动还受许多因素的影响。在固定汇率制度下，由于汇率波动不大，比较稳定，影响汇率变动的因素显得并不十分的明显和重要。而在浮动汇率制度下，影响汇率变动的因素不仅复杂而且显得非常明显和重要。总之，不管是金本位制度还是纸币流通条件下的货币制度，汇率都不可能是不变的，只是变动的大小而已。下面主要分析浮动汇率制度下影响汇率变动的因素。

1) 经济增长率

一方面，一国的经济发展状况主要是从其经济增长率来观察。经济增长率比较高，说明该国经济发展较快，经济实力在增强，投资利润率高，出口旺盛，该国货币稳定，这会加强外汇市场上人们对该国货币的信心，该国货币的汇率一般会呈上升趋势。反之，经济增长率下降，经济发展不景气，出口乏力，币值不稳而下降，会带来外汇市场上人们对该国货币信心不足，该国货币汇率一般会呈下降的趋势。所以，人们在研究某国货币汇率变化时，往往十分重视该国的经济增长率状况。

另一方面，一国经济增长率的提高也有导致该国货币币值下降的情况。这是由于一国经济在高速增长的情况下，会促使国内进口需求的增加，若出口保持不变，或出口增长缓慢，国际收支经常项目的盈余会减少甚至出现逆差，这样该国货币币值就有下降的趋势。

2) 国际收支状况

一国国际收支状况直接影响该国货币币值的升降。一国国际收支持续顺差，外汇收入增多，国际储备随之增加，外汇市场对该国货币的需求增加，必然推动该国货币币值的上浮，使该国货币成为世界上的强势货币或者硬货币。反之，若一国国际收支经常处于逆差状态，以至于对外债务增加，外汇储备减少，必然导致该国货币价值的下浮，使该国货币成为弱势货币或者软货币。但需要指出的是，国际收支与汇率具有互为因果关系，即国际收支的顺差和逆差会影响汇率的变动，而汇率的变动又会影响国际收支的变化。

3) 通货膨胀

如前所述，在纸币不规定含金量的纸币本位制度下，决定两国货币汇率的直接基础是货币的购买力。在通货膨胀条件下，货币购买力会下降，两国通货膨胀率的差异必然导致汇率发生变动。比如，甲国的通货膨胀率超过乙国，甲国的货币汇率就会下跌；反之，甲国货币汇率就会上升。当然，若两国通货膨胀率的变化情况一样，其汇率的数值不会有很大的变化。

通货膨胀对汇率的影响，一般要经过一段时间(比如半年甚至更长时间)才能表现出来。这是因为一国货币的内部贬值转移到货币外部贬值要通过一些间接渠道。从商品劳务市场看，即通货膨胀首先是削弱一国商品和劳务的出口能力，进而影响到国际收支经常项目的盈余，再影响到汇率。从资本市场上看，通货膨胀也是先影响一国的实际利率，从而影响国际资本流动，最后影响市场上的汇率。从实际情况看，一般来说，通货膨胀率较低的国家，其货币汇率长期处于坚挺状态，如德国、日本等。而通胀率较高的国家，其货币汇率长期处于疲软状态，如意大利等。

4) 利率水平

利率的高低，决定投资者的收益水平。在各国货币(主要指可自由兑换的货币)利率出现差异时，投资者必然将短期资金从低利率货币兑换成高利率货币，并投放到收益大的国家去，这势必带来国际金融市场上不同货币的供求变动，从而影响汇率的变动。一般来说，一国利率提高，可吸引大量资本流入，促使本币汇率上升，外汇汇率相对下跌。一国利率降低，会促使大量资本外流，本币汇率下降，外汇汇率上升。

【专栏 9-4】利率与汇率的关系

我们以美元的变化为例，解释利率变动与美元价值变化之间的关系。美元在 20 世纪

70 年代后期疲软，1980—1985 年间大幅上升，自 1985 年之后又下降。当时的利率情况是，70 年代后期，真实利率处于低位。从 1980 年开始，美国的真实利率急剧攀升，同期美元也大幅升值。1984 年以后，真实利率下降，美元也大幅贬值。为什么会发生这种情况呢？当美国国内的真实利率上升时，美元存款的预期回报率也上升，结果导致对美元存款的需求增加，从而对美元的买入增加，这样使得汇率提高了。这是美国在 1980—1984 年间发生的情况。随后的真实利率下降，使得美元存款的预期回报率下降，人们纷纷卖出美元，买进外币，这样导致美元贬值。此外，美元汇率的变动与真实利率的变化之间的关系较为密切，而名义利率变动和汇率变动之间似乎反映不出如此密切的对应关系。例如，20 世纪 70 年代后期名义利率提高了，但美元汇率(间接标价法)并没有因此而升值，反而大幅贬值。这是因为名义利率的上升只是反映了通货膨胀率的上升，并没有反映真实利率的上升，因此反而使得人们预期美元将会贬值，纷纷抛售，使得美元汇率大幅下调。

5) 投机因素

外汇市场上，当投机者预测某种货币汇价将要上升时，就在市场上买进该种外汇，等到汇价真的上升后，就在市场上卖出；当预测到某种货币价格将要下降时，就在外汇市场上卖出该外汇，等到真的下跌后，即在市场上买进，从中获取投机利益。投机因素和市场预期心理有密切关系。因此，从一定意义上讲，投机因素对汇率的影响是市场预期心理对汇率的影响。另外，外汇市场上，投机者为了从汇率涨跌中获取利润，往往故意设置陷阱，制造谣言，兴风作浪，使外汇市场发生波动，引起汇率的大起大落。

6) 各国中央银行的直接干预

由于汇率变动对一国经济有很大的直接或间接的影响，所以国家为了避免汇率变动对国内经济造成不利影响，往往对汇率进行干预。基本做法就是由中央银行在外汇市场上买卖外汇，使汇率变动有利于本国经济。外汇干预一般有三种情况：一是在汇率变动剧烈时使它趋于缓和；二是使汇率稳定在某个水平；三是使汇率上浮或下浮到某个水平。

7) 各国的宏观经济政策

一国为了实现其经济发展目标，往往要采取一系列的货币政策和财政政策，以及必要的汇率政策。这些政策会对经济增长率、物价上涨率、利息率和对外收支情况产生一定影响，最终必然影响到汇率的变动。紧缩性的货币和财政政策往往会使该国货币汇率上升，而扩张性的货币和财政政策则可能会使该国货币汇率下降。

影响汇率变动的因素很多，除以上几种因素之外，还有其他许多因素。比如，一国的投资利润率水平，国际政治经济局势的动荡，股票、债券、外币期货等价格的变动，石油价格的变动和黄金价格的变动，还有一国的货币供应量等。由于影响汇率的因素很多，也很复杂，它们的作用有时互相抵消，有时互相促进，所以，我们只有按照实际情况，对有关各项因素进行综合考察，具体分析，才能得出正确的结论。

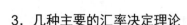

3. 几种主要的汇率决定理论

主要的汇率决定理论有以下几种。

1) 国际借贷说

国际借贷说是由英国学者葛逊于 1861 年提出的，在第一次世界大战前被推为解释汇率的主要学说，即使在今天亦有其不可忽视的地位。葛逊认为外汇汇率决定于外汇供求，而外汇供求则取决于国际借贷，因而国际借贷是影响外汇汇率变动的最主要的因素。国际借贷分为固定借贷和流动借贷，其中流动借贷对外汇供求会产生影响。当一国流动借贷相等时，外汇供求相等，汇率不发生变动；当一国流动债务大于流动债权时，外汇需求量大于供给量，外汇汇率将上升；反之，当一国流动债权大于流动债务时，外汇供大于求，外汇汇率将下降。葛逊所说的流动借贷是指已进入支付阶段的借贷，它与狭义的国际收支意义相同，因此，国际借贷说又被称为国际收支说或外汇供需说。

国际借贷说流行于第一次世界大战前的国际金本位制黄金时代，正好可以解释金本位制下的汇率变动。同时，该学说以国际借贷所产生的外汇供求变动来说明汇率的变动，可说是道出了影响汇率变动的深层客观因素——国际收支。但该学说忽略了影响汇率变动的其他因素，其理论实际上是一种汇率的供求决定论，只能用来解释短期汇率的形成，并不能用来解释长期汇率的决定。

2) 购买力平价说

购买力平价说是瑞典经济学家卡塞尔(G.Cassel)于 1922 年系统提出的。其产生背景是第一次世界大战爆发后，金本位制逐渐变为不兑现纸币本位制，由于纸币具有滥发天性，引起通货膨胀，汇率变动幅度超过黄金输送点，而国际收支差额学说未能令人信服地解释此现象。购买力平价理论认为，本国人之所以需要外国货币是因为外国货币在本国也具有购买力，两国货币购买力之比就是决定汇率的首要的最根本依据，汇率的变化也由两国货币购买力之比的变化而决定。

购买力平价有两种具体形态，即绝对购买力平价和相对购买力平价。绝对购买力平价论认为汇率变动的结果是由两种货币购买力所决定的，其具体表现就是所谓的"一价定率"，即同一产品在不同国家以不同货币所表示的物价，在经过调整后的均衡汇率兑换后，必然相等。可见，根据绝对购买力平价，汇率是两国国内物价指数的比率。

相对购买力平价论则认为汇率变动的决定性因素是不同国家货币购买力之间的相对变化。也就是说，汇率变动与同一时期两国物价水平的相对变动成比例，当两国购买力比率发生变化时，两国货币之间的汇率就必须进行调整。如以 $P_{a(0)}$、$P_{b(0)}$、代表两国基期物价指数，$P_{a(t)}$、$P_{b(t)}$ 代表经过 t 时间变动后的物价指数，R_0 代表本国基期均衡汇率，R_t 代表经过 t 时间变动后的汇率，则相对购买力平价说的汇率计算公式可以写成：

$$\frac{R_t}{R_0} = \frac{P_{a(t)}/P_{a(0)}}{P_{b(t)}/P_{b(0)}} \quad \text{或者} \quad R_t = R_0 \times \frac{P_{a(t)}/P_{a(0)}}{P_{b(t)}/P_{b(0)}}$$

购买力平价理论是在物价剧烈波动、通货膨胀严重的时期提出来的，它将两国货币的国内购买力或一般物价水平的比较作为决定两国货币汇率的主要因素，能够相对合理地体现两国货币的对外价值，因此具有相当重要的意义。同时，购买力平价理论比较令人满意地解释了长期中汇率变动的原因，并在两国贸易关系新建或恢复时提供了一个均衡汇率的基础。因此，购买力平价理论是西方最重要的传统汇率决定论，也是纸币本位制下的最主要的理论之一。

然而，购买力平价理论也存在一定的局限性。

(1) 它的两个假设前提未必正确。第一个假设即单位货币购买力是由货币发行数量决定的，是一种典型的货币数量论，与货币的基本职能并不符合；第二个假设即按购买力平价折算后，一种商品的价格在任何国家都是一样的，也即"一价定律"，在国家主权、各国生产条件、国际运费、关税等因素不同的情况下并不成立。

(2) 购买力平价理论把汇率变动完全归于购买力的变化，而忽视了国民收入、资本流动、贸易条件等其他因素的影响。

(3) 购买力平价理论在技术上存在诸多问题。例如，物价指数的选择不同，可以导致不同的购买力平价；商品分类上的主观性，可以扭曲购买力平价；相对购买力平价基期年的选择难以客观、合理等。

3) 汇兑心理说

汇兑心理说是法国学者阿夫达里昂(A.Aftalion)于1927年提出的。该学说认为汇率固然由外汇供求决定，但外汇供求的原因，则是个别经济主体对外汇所做的主观评价。由于外国货币可以用以购买外国商品与劳务来满足人们的欲望，因此，外国货币对个人具有不同的边际效用，而个人对外国货币也有不同的主观评价。根据边际效用理论，外汇供给增加，单位外币的边际效用递减，外汇汇率下降。这种主观评价下外汇供求相等时所形成的汇率，就是外汇市场上的实际汇率。

汇兑心理说以人们对外币的主观评价说明汇率的决定与变动，带有浓厚的唯心论成分，其片面性显而易见。但它在说明客观事实对主观判断产生影响，主观判断反过来又影响客观事实这一点上，有其独到之处。该学说将影响主观评价的一切直接、间接因素都考虑进去，可以弥补国际借贷说和购买力平价说之不足。

4) 资产市场论

资产市场论是20世纪70年代以来发展起来的货币学派的汇率理论，其代表人物是芝加哥大学教授弗兰克尔等。该学说将"货币"视为一种金融资产，强调货币市场均衡对汇率的决定作用。汇率是两种资产(货币)的相对价格，并由货币市场的货币存量决定。金融资产的供求决定汇率，若对一国金融资产需求超出供给，则通过该国物价水平的下降以及

"一价定律"所揭示的国际商品套购机制就会使该国货币汇率上升；反之，需求小于供给，则汇率下跌。金融资产的持有与出售而形成的国际资本流动比经常账户差额更能决定短期汇率。汇率变动是一种货币现象，其他因素如国民收入、利率、通货膨胀、宏观经济政策、政治局势、信息与心理预期等则是通过影响货币需求而作用于汇率。

资产市场论以购买力平价说为基础，采用现代货币学派的货币供求理论来分析汇率的决定，对于说明长期汇率的决定具有一定的意义。但它仍然未能回答货币供求均衡时，货币价值、汇率由何决定的问题。此外，它对货币的看法过于绝对化，忽视了国际收支的结构因素对汇率的影响。

5) 资产组合平衡论

资产组合平衡论出现于 20 世纪 70 年代中后期，它把凯恩斯学派和货币学派观点综合为一体，强调财富和资产结构平衡在汇率决定过程中的作用。其主要内容是：商品市场和货币市场的均衡决定均衡汇率，两国均衡汇率的差异导致资产流动，而均衡汇率又随着货币供应或实际货币需求的改变而相应改变。资产组合论的许多观点与货币学派相似，但它把货币学派轻视的经常项目、商品市场提到了同等对待的地位，因此更具有全面性。

三、外汇市场与外汇交易

1. 外汇市场

外汇市场是从事外汇买卖的交易场所，它是金融市场的重要组成部分。在外汇市场上，外汇的买卖既包括本币与外币之间的相互买卖，也包括外币之间的相互买卖。通过外汇买卖，为国际清算或转移债权债务提供重要媒介，同时也为外汇长期保值或进行外汇投机的金融活动提供了便利条件。外汇市场有广义和狭义之分。狭义上的外汇市场，即外汇批发市场，是指银行同业之间的外汇交易市场，广义上的外汇市场，即外汇零售市场，是指除了包括狭义的外汇市场外，还包括银行同一般客户之间的外汇交易市场。

外汇市场有有形和无形之分。有形外汇市场是指有具体的固定的场所和统一的营业时间，外汇交易各方在每个营业日的营业时间内聚集在交易所内进行外汇买卖活动。无形外汇市场是指买卖通过现代化的通信设备进行接触和联系来实现交易的网络。现代外汇市场的主体是无形市场，它的交易量占外汇市场总交易量的绝大部分。

外汇市场的构成主体有以下几个。

(1) 外汇银行，是指经本国中央银行批准经营外汇业务的银行。外汇银行是外汇市场的主要角色。

(2) 外汇经纪人，是指为外汇买卖双方牵线搭桥以收取佣金的中介人。

(3) 顾客，即外汇的需求者和供应者，包括进出口商、跨国资金借贷者、投机者、出国旅游者、出国留学者等。

(4) 中央银行。中央银行负有稳定、维持外汇市场运行的责任。一般根据外汇市场的运行状况采取各种干预措施，一方面维持汇率稳定；另一方面维持外汇流量和外汇储备存量的稳定。

外汇市场各主体的交易活动相互影响、相互制约，由此形成以下三个交易层次。

(1) 外汇银行与顾客之间的外汇交易。顾客出于各种各样的动机，需要向外汇银行买卖外汇。银行在与顾客的外汇交易中，一方面从顾客手中买入外汇；另一方面又将外汇卖给顾客。实际上是在外汇的终极供给者与终极需求者之间起中介作用，赚取外汇的买卖差价。

(2) 外汇银行间的外汇交易。银行在为顾客提供外汇买卖的中介服务中，难免会在营业日内出现各种外汇头寸"多头"或"空头"。为了避免外汇变动的风险，银行需要借助同业间的交易及时进行外汇头寸调整。即将多头抛出、将空头补进。同时银行还出于投机、套利、套汇等目的从事同业的外汇交易。银行同业间的外汇买卖差价一般要低于银行与顾客之间的买卖差价。

(3) 中央银行与外汇银行之间的外汇交易。中央银行干预外汇市场所进行的交易是它与外汇银行之间进行的。通过这种交易，中央银行可以使外汇市场自发供求关系所决定的汇率相对地稳定在某一期望的水平上。如果某种外币兑本币的汇率低于期望值，中央银行就会向外币银行购入这种外币，增加市场对该外币的需求量，促使银行调高其汇率；反之，如果中央银行认为某种外币的汇率偏高，就向外币银行出售该外币，促成其汇率下降。

2．外汇(市场的)交易

按合同的交割期限可分为即期外汇交易和远期外汇交易。

即期外汇交易和远期外汇交易是外汇买卖的两种基本方式。

1) 即期外汇交易

即期外汇交易又称现汇交易，是指买卖双方成交后，在两个营业日内办理交割的外汇买卖。

2) 远期外汇交易

远期外汇交易又称期汇交易，是指买卖双方成交后，在超过两个营业日以上的未来某一特定期间内或特定日期进行交割的外汇买卖。远期外汇交易为进出口商和资金借贷者提供了一种有效的规避风险和套期保值的手段，同时也为套利者和投机者提供和创造了抛补套利的机会和外汇投机的工具。

3) 掉期交易

掉期交易是指在买进或卖出某种货币的同时，卖出或买进交割期不同的同种货币。进行掉期交易的目的也在于避免汇率变动的风险。

3．套汇和套利

套汇是指利用同一时刻不同外汇市场上的汇率差异，通过买卖外汇而赚取利润的行为。在各个不同的外汇市场上，由于对种类繁多的各国货币的供求情况不一致，往往会存在某种程度的汇率差异。这就是套汇活动存在的原因。套汇者在低价市场买进，在高价市场卖出的结果，是使各地外汇市场的汇率差异趋于消失。随着现代通信设备的迅速发展，各地外汇市场的汇率通过电视传递，很快趋于一致，套汇机会也会转瞬即逝。

套利是指在两国短期利率出现差异的情况下，将资金从低利率的国家调到高利率的国家，赚取利息差额的行为。同时，为了防止资金在投放期间的汇率变动的风险，可以将套利交易与掉期交易结合进行。这种在进行套利交易的同时进行外汇抛补以防汇率风险的行为，称为抛补套利，它是相对于非抛补套利(具有投机性质的纯粹套利交易)而言的。这种不断抛补套利最终会使高利率货币的现汇汇率上升，期汇汇率下降，该货币贴水额加大，套利成本也由此相应提高，套利利益逐渐减少。这种趋势继续到利差与贴水接近平衡，套利活动即会停止。

【专栏9-5】做市商制度

国家外汇管理局2005年11月份发布《银行间外汇市场做市商指引(暂行)》，决定在银行间外汇市场引入人民币做市商制度，凡符合条件的外汇指定银行均可申请做市商资格。

做市商制度是一种市场交易制度，由具备一定实力和信誉的法人充当做市商，不断地向投资者提供买卖价格，并按其提供的价格接受投资者的买卖要求，以其自有资金和证券与投资者进行交易，从而为市场提供即时性和流动性，并通过买卖价差实现一定利润。

中国工商银行深圳市分行投资分析师肖雄文称，做市商制度对银行、企业和即期、远期人民币汇率市场都将带来重大影响：

(一)人民币汇率日间波动范围有可能加大。但目前还不允许超过央行规定的每日波幅±3‰的限制，今后会放宽，这有个"渐进"的过程。

(二)企业面临的汇率风险增加，银行的业务机会增多。随着企业规避汇率风险意识的增强，对银行远期、掉期等套期保值产品的需求将增加，银行即期、远期结售汇以及掉期业务市场前景看好。

(三)银行的外币资金营运要求提高。做市商制度推出后，对银行综合头寸管理的限制将放宽，最终可能取消强制结汇政策，商业银行的外币头寸增多，操作空间增大，外币资金运用和保值增值问题将凸现。

北京师范大学金融研究中心主任钟伟也表示，推出做市商有几大好处：一是机器撮合报价浮动过大，做市商报价可以保证外汇报价的平稳；二是做市商机制可以分流外汇储备，但我国引入做市商机制初期分流作用不会非常明显，只有当交易量增大后，才有可能发挥这一作用；三是有利于使人民币汇率制度更具弹性，人民币汇率形成更为市场化。

(资料来源《世华财讯》2005年12月30日)

四、外汇管理

外汇管理，又称外汇管制，是指一个国家指定或授权某一政府机关(如财政部、中央银行或专设的外汇管理机构)制定并通过法规、制度、办法，对境内的本国及外国的机关、企业、团体、个人的外汇收付、买卖、借贷、转移，对本国货币的汇价以及外汇市场的活动实行管理。

1. 外汇管理的目的和作用

1) 稳定汇率

实行外汇管制，外汇买卖由国家控制，可以维持汇率基本稳定。

2) 改善国际收支状况

国家可以通过外汇管制来调节汇率从而调节国际收支。

3) 保护和增强本国经济的发展

外汇管制可以结合贸易政策，保护本国经济的协调发展，避免国际市场对国内市场的冲击，维持国内经济的稳定。

2. 外汇管理的类型

根据世界各国对外汇管理的严格程度，外汇管理大体上可以分为以下 3 种类型。

1) 实行严格的外汇管理

这类国家对贸易、非贸易收支和资本项目收支都加以严格的限制。多数发展中国家采用这一类型。

2) 实行部分的外汇管理

这类国家对非居民办理经常项目的收付，原则上不加限制，而对资本项目的收支则仍加以管理，如日本、澳大利亚、丹麦等国采用此种类型。

3) 基本不限制外汇管理

外汇管理较少或基本没有限制的国家和地区，如美国、英国、瑞士和我国的香港地区等。

第三节 国 际 储 备

一、国际储备的概念与构成

国际储备是指一国政府所持有的，可用于弥补国际收支赤字，维持本国货币汇率的国际可以接受的一切资产。它是国家宏观调控能力强弱的标志。根据国际货币基金组织的规定，它包括以下内容。

1．黄金储备

它是一国货币当局作为金融资产持有的黄金。在金本位制度下，黄金是国际储备的实体。在纸币流通制度下，虽然纸币不再能兑换黄金，但是，黄金依然是重要的国际储备形式，黄金储备的多少，既关系一国的国际支付和平衡国际收支的能力，又涉及一国在国际金融领域中的经济实力。

2．外汇储备

它是一国货币当局持有的对外流动资产，是国家作为清偿国际收支逆差，维护本国货币汇率的重要手段。一般包括国际广泛使用的可兑换的货币，其具体形式包括政府在国外的短期存款，或者其他可以在国外兑现的各种支付手段。不断增长的贸易顺差和资本流入，导致中国外汇储备迅速猛增。2009 年年底，中国的外汇储备已达到 23991.52 亿美元，相当于当年 GDP 的 48.9%，为当年月度进口总额的 27 倍。这些庞大的外汇储备，只能投资于美国国债和其他国外资产。

表 9-4　国际货币基金组织成员国黄金储备分布　　　　　（单位：百万盎司）

年　份	所有成员国	工业国家	发展中国家	中　国
2009	862.38	687.66	174.72	33.89
2010	867.71	687.44	180.27	33.89
2011	879.95	688.54	191.41	33.89
2012	894.11	689.39	204.72	33.89
2013	905.22	689.89	215.32	33.89
2014	913:47	689.80	223.67	33.89
2015	941.37	689.61	251.76	56.66
2016	943.93	689.31	254.63	59.24
2017	957.56	689.18	268.39	59.24
2018	965.98	688.93	277.05	59.56

（资料来源：Wind 数据库）

3．普通提款权

它是指国家在国际货币基金的储备头寸，是指成员国按规定从普通资金账户提款的权力。它是国际货币基金向成员国提供的一种普通贷款，专门用以解决因国际收支逆差而产生对短期资金的需要。其资金来源主要是各成员国所缴的份额。这些份额的 75% 以本币缴纳，25%以外汇缴纳。贷款方式是成员国用本币向国际货币基金申请购买外汇。

4．特别提款权

它是国际货币基金创造的账面资产，按照成员国所缴纳的份额进行分配。可用于政府间的结算，可充作国际储备，用于归还国际货币基金贷款和成员国之间平衡国际收支逆差，但不能用于私人贸易和非贸易的支付。

【专栏9-6】人民币加入 SDR

2015 年 11 月 30 日，国际货币基金组织宣布将人民币纳入 IMF 特别提款权 SDR 货币篮子，决议将于 2016 年 10 月 1 日生效。

人民币作为可自由使用货币，成为 SDR 货币篮子中除了美元、欧元、日元、英镑之外的第 5 种货币。这是自欧元诞生后首次在 SDR 货币篮子中纳入新货币，反映了人民币在国际货币体系中不断上升的地位，是人民币融入全球金融货币体系的重要一步，也是中国长期推进国际货币体系改革的一大重要事件。

中国经济体量的增长，金融体系的韧性和抵抗风险能力稳步提高，以及人民币汇率形成机制愈加成熟，都为人民币加入 SDR 奠定了基础。人民币距离真正一流的储备货币还存在一些差距，在信用卡、第三方支付、支付清算系统、托管系统以及市场的开放程度等方面都有待完善。易纲提出："我们要找到这些差距，使之成为我们进步的动力。我们今后的方针是要进一步改革和开放，不断地缩小同真正的储备货币和一流的金融市场之间的差距，不断地进步"。

对于中国经济领域下一步如何改革开放，易刚认为，贸易投资、金融业对外开放，人民币汇率形成机制改革，以及减少外汇管制，这"三驾马车"相辅相成、互为条件并且缺一不可，必须协同推进。

人民币加入 SDR 是中国经济改革开放之路，是一个里程碑，同时也是一个新起点。

(资料来源：易纲，《人民币加入 SDR 之路》演讲，2017 年 12 月)

二、国际储备的作用

国际储备是衡量一国经济实力的重要标志。各国为了保证国内经济稳定和对外经济交往的顺利进行，都必须维持一定数量的国际储备。国际储备具有以下作用。

1．国际储备可以在一国发生国际收支困难时起缓冲作用

当一国因出口价格下跌或某些偶发性事件而发生暂时的国际收支逆差时，动用国际储备加以弥补，可避免采取损害经济增长的调整行动。当一国因贸易条件长期恶化等结构性原因发生持续性国际收支不平衡而不得不采取调整行动时，动用国际储备可以缓和调整过

程，以尽量减少调整的代价。

2．国际储备可用于干预外汇市场，稳定本币的汇率

布雷顿森林体系瓦解以后，汇率由于种种因素经常发生波动，为了将汇率控制在一定的幅度内，中央银行往往动用国际储备，公开在外汇市场上通过买进卖出外汇，影响供求，从而达到稳定汇率的目的。

3．国际储备可作为外债还本付息的最后信用保证，并有助于提高国际资信

国际所发生的货币债权债务，必须在一定期限进行清偿，这是关系到一个国家信誉的重要问题。一国的外债清偿能力主要取决于出口收入状况，当出口减少或出口价格下跌时，当局往往首先考虑采取压缩进口或设法取得新贷款等措施来保证还本付息。如果这些措施仍无济于事，作为最后的手段，则可动用国际储备。因此，国际金融界除将偿债作为衡量债务国资信的指标外，往往还十分关注该国的国际储备持有量，足够的国际储备持有量将有助于提高其资信度。

三、国际储备的管理

国际储备必须控制在适度的规模上，合理的国际储备有利于促进经济的发展。国际储备的管理包括规模管理和结构管理两个方面。

1．国际储备的规模管理

国际储备的规模管理是发挥国际储备使用效益和作用的前提条件。国际储备不是越多越好，也不是越少越好，规模适度才好。如果国际储备过多，超过平衡国际收支的需要，等于放弃了利用这项资金的机会，造成资源的浪费；如果国际储备过少，则会削弱其平衡国际收支和应付各种支付的能力。因此，必须确定适度的国际储备规模。按照国际惯例，国际储备的总额应相当于当年进口额的25%，以能满足三个月的进口需要为宜。

2．国际储备的结构管理

国际储备的结构管理包括：外汇储备货币结构的管理，即实现储备货币的多元化和币种结构的合理性；国际储备货币资产运用形式的管理，即中央银行将储备货币适当地运用于不同的资产形式；黄金储备数额的管理。国际储备资产的管理归根到底是处理好国际储备资产在安全性、流动性和营利性三者之间的关系。所谓安全性是指储备资产的价值不因汇率变动或其他政治、经济等不测事件的影响而遭受损失；所谓流动性是指储备资产可在需要动用时立即兑换成所需外币并进行灵活调拨，不受任何限制；所谓营利性是指储备资产作为一种金融资源，能够取得相应的收益。

本 章 小 结

(1) 外汇是指以外国货币表示的、能用来清算国际收支差额的资产。汇率则是两国不同货币之间的比率或比价。直接标价法和间接标价法是汇率的两种基本标价方法。汇率根据不同标准可划分为多种类型。不同的货币制度下汇率有着不同的决定基础，汇率制度也有不同的表现形式。汇率的变动受诸多因素的影响，也作用于一国经济运行的多个方面。自改革开放以来，汇率调节已经成为我国重要的经济政策手段。

(2) 国际收支是指一国在一定时期内全部对外经济活动的收入与支出的总和。国际收支平衡表是指一定时期内一个国家与其他国家所发生的国际收支按项目分类统计的一览表，主要包括经常项目、资本项目和平衡项目。一国的国际收支失衡表现为顺差和逆差，主要是自主性交易的不平衡。国际收支有自动调节机制，对国际收支不平衡采取调节措施时，应根据具体情况加以正确选择与搭配。

(3) 国际储备是一国在对外收支发生逆差时，其金融当局能直接利用或通过同其他资产的转换来支持其货币汇率的一切资产。国际储备由黄金、外汇、普通提款权和特别提款权四部分构成。

复习思考题

一、问答题

1. 简述外汇的含义和种类。
2. 简述汇率的种类和两种主要标价法。
3. 影响汇率变动的主要因素有哪些？
4. 简述国际收支平衡表的组成内容。
5. 简述国际收支失衡的含义、影响及调节的主要方法。
6. 国际储备的作用有哪些？

二、理论归纳题

汇率是一种重要的经济杠杆，汇率的变动对经济有重要作用，特别是对一个国家的进出口贸易活动、资本的流出流入、国际储备以及对国内物价等都产生明显的、甚至较大的影响。

试对汇率的作用与影响进行分析说明。

三、案例分析题

中国外汇储备大幅度增长意味着什么

(一)案例资料:

2002年是中国加入世贸组织的第一年。年初时人们预计,由于我国调低关税、削减非关税壁垒及全球经济形势欠佳等因素影响,可能造成我国出口量下滑,国际贸易顺差减少,从而给国际收支带来压力,影响外汇储备的增长速度。但一年来的事实并非如此,至11月末的外汇储备额比上年底增长了近30%。统计显示,我国2002年外汇储备稳居世界第二。

(二)回答问题:

1. 2002年度我国外汇储备大幅度增加的原因是什么?
2. 中国的外汇储备大幅度增长对经济意味着什么?

第十章

国际金融体系

学习目标

通过本章学习，了解国际货币制度的基本内容，国际金融机构的类型及作用；理解和掌握国际金融市场的概念及构成；掌握国际资本流动的原因和特征。

关键概念

国际金融市场(international financial market)　国际金融机构(international financial institution)　国际货币基金组织(International Monetary Fund, IMF)　国际资本流动(international capital flow)　国际货币体系(international monetary system)　欧洲货币市场(european monetary market)

第一节　国际金融市场

一、国际金融市场的含义

国际金融市场是指进行金融资产国际交易的场所。它有广义和狭义之分：广义的国际金融市场指进行各种国际金融业务的场所，有时又称传统的国际金融市场，包括货币市场、资本市场、外汇市场、黄金市场以及金融衍生品市场等。狭义的国际金融市场主要是指离岸金融市场，即非居民间从事国际金融交易的市场。离岸金融市场以非居民为交易主体，资金来源于所在国的非居民或来自于国外的外币资金。离岸金融市场基本不受所在国的金融监管机构的管制，并可享受税收方面的优惠待遇，资金出入境自由。国际金融市场一般表现为无形市场，由众多的国际金融机构组成，通过电话、电传、网络等现代通信工具进行各种交易。

二、国际金融市场的具体构成内容

1. 国际货币市场

国际货币市场是国际短期货币金融资产进行交换的场所。在这个市场上，资金暂时盈余的单位与赤字单位相互满足需求。一方面，该市场为短期资金的需求单位提供了从隔夜到一年的各种短期资金；另一方面，一些希望利用暂时闲置的资金获取收益的资金持有人获得了投资的渠道。该市场可在世界范围内进行短期资金的合理配置，提高了货币资金的效率。同时，由于在该市场上交易的资金数额巨大且流动性强，因而易对国际金融秩序造成猛烈的冲击，容易引发金融危机。

国际货币市场由国际短期信贷市场、国际短期证券市场、国际贴现市场所构成。

(1) 国际短期信贷市场，是国际银行业对客户提供 1 年或 1 年以内短期贷款的市场，目的在于解决临时性的资金需要和以风险管理为目的的头寸调剂。贷款的期限最短为 1 天，最长为 1 年，也可以 3 天、1 周、1 个月、3 个月、6 个月等。

(2) 国际短期证券市场，其交易对象是期限为 1 年以内的短期证券，例如，短期国库券，可转让银行定期存单，银行承兑汇票等。

(3) 国际贴现市场，是对未到期的信用凭证(短期国库券、存单、汇票等)按贴现方式进行融资的国际性交易场所。

2．欧洲货币市场

欧洲货币市场是指经营欧洲货币借贷业务的市场，它是一种以非居民为国际资金借贷对象的离岸国际金融市场。

欧洲货币市场和与本书金融市场一章中所讲述货币市场的内涵有所差异，既包括 1 年期以内的货币市场，也包含 1 年期以上的资本市场。它起源于 20 世纪 50 年代的欧洲美元市场。

从 20 世纪 60 年代开始，在欧洲美元市场上交易的货币种类增加，地理位置扩大到亚洲的新加坡、中国香港。进入 80 年代，欧洲美元市场演变为欧洲货币市场。广义的欧洲货币市场形成。欧洲货币市场集结了大量境外美元与境外欧洲货币。大的跨国公司、企业从这个市场借取其所需要的资金，外国的中央银行与政府机构也从这个市场进行资金融通，以调节本国金融市场。欧洲货币市场主要具有管制较松、可选货币多样、资金来源广泛等特点。欧洲货币市场的主要业务，可具体分为 3 类：①欧洲短期信贷，主要是银行间同业拆借。②欧洲中长期信贷，主要为国际银团贷款。③欧洲债券市场。欧洲货币市场交易规模巨大，对世界经济具有重大的作用和影响。

3．国际资本市场

国际资本市场又称中长期资金市场，是提供期限在 1 年以上的中长期资金借贷和投资的场所。它并不是一个统一的市场，而是一组相互之间紧密联系的市场集合，在这个市场集合中发生着国际范围的资本交换。国际资本市场的主要参与者有国际金融组织、跨国银行、国际证券机构、跨国公司及各国政府等。国际资本市场主要由国际信贷市场、国际证券市场和其他市场组成。

(1) 国际信贷市场。信贷市场是政府机构(包括国际经济组织)和跨国银行向客户提供中长期资金融通的市场。政府贷款的基本特征是期限长、利率低、附带条件，属于一种约束性贷款；银行贷款一般是一种无约束的贷款，贷利率视市场行情和借款人的信誉而定。对于数额比较巨大的贷款，银行一般为分散风险而采取联合(银团)贷款或辛迪加贷款方式。

(2) 国际证券市场。证券市场主要由债券业务和股票业务构成。债券发行人包括政府机构、国际组织、企业、公司或银行。大多数债券的发行都由银行或证券商作为中介。在20世纪80年代前期发展迅速。到90年代以后，以股权为对象的国际融资业务也开始活跃。

(3) 其他市场。其他市场主要包括从事外汇买卖的国际外汇市场、从事黄金实物和期权交易的世界黄金市场，以及风险情况复杂的金融衍生品市场。

三、国际金融市场的作用

国际金融市场主要是由电子技术和通信手段连接而成的无形的交易网络。现在正在发挥着越来越重要的作用。

(1) 促进了生产力和资本的全球化。国际金融市场通过世界各国的银行和非银行金融机构，广泛地组织和吸收世界各国(地区)以及国际社会的各种资金，把大量闲散资金积聚起来变为有效资本。特别是跨国公司和跨国银行的发展，互联网技术和电子商务在金融业的广泛运用以及贸易和金融自由化的持续推进，生产和金融资本已能够在全球统一规则下实现全球范围内优化配置并能提供各种形式的不同的高效能和国际结算服务。

(2) 改善了国际收支状况。国际金融市场在调节国际收支方面发挥着重要作用。国际收支出现逆差的国家越来越多地利用国际金融市场筹借资金以弥补逆差；同时，国际金融市场还可以通过汇率变动来影响国际收支状况。

(3) 支持了世界各国的经济发展，有力地推动了各国经济乃至世界经济的发展。国际金融市场积极发挥世界资本再分配的职能，为各国经济发展提供了资金。如战后形成的欧洲美元市场和欧洲货币市场为促进西欧和日本等国家的经济复兴发挥了重要的作用。

(4) 国际金融市场的迅速发展，也产生了一些负面作用。"国际游资"规模庞大，促使汇率和利率频繁大幅度波动，强化了国际金融市场的不确定性，这些都会削弱政府经济与金融政策的有效性，诱发金融危机，降低了全球范围内金融资源的配置效率。

四、国际金融市场的发展趋势

进入新的世纪，从20世纪70年代开始的金融发展创新浪潮丝毫没有放慢的迹象，放松管制、信息与通信技术的推动下，国际金融市场不断发生着新的变化。

一是金融市场全球一体化，宏观而言，各地区金融市场通过网络形成全球市场，如中国香港、新加坡、巴林等目前已经成为世界上重要的离岸金融市场，与发达国家原有的国际金融市场通过网络相互贯通，构成了全球性的金融市场。微观而言，投融资主体与方式国际化，如在主要发达国家的股票市场上，有大量的外国公司股票上市，近年来我国企业也纷纷到纽约、新加坡和中国香港上市。二是国际融资证券化，目前已发行各种证券进行的融资差不多要占到全球融资总额的 70%以上。三是交易方式电子化，网上交易打破了交易在地理上和时间上所受的局限。四是国际金融市场风险扩大化，20 世纪 90 年代短短的10 年，大的危机就爆发过 4 次，如 1997 年的亚洲金融危机，2007 年美国的次贷危机。

第二节　国际金融机构

一、国际金融机构概述

1．国际金融机构概念

国际金融机构是指从事国际性金融管理及国际融资业务的超国家性质的组织机构。它的成员通常由参加政府或政府机构组成，是一种政府间的金融合作组织。

世界上最早出现的国际金融机构，是 1930 年在瑞士巴塞尔成立的国际清算银行。第二次世界大战后相继建立了一系列的国际金融机构，如国际货币基金组织(1945 年)、世界银行(1945 年)、国际金融公司(1956 年)及国际开发协会(1960 年)。20 世纪 50 年代到 70 年代又先后建立一些区域性国际金融机构。

2．国际金融机构类型

国际金融机构大致可分为以下三种类型。

(1) 全球性的国际金融机构，如国际货币基金组织、世界银行、国际开发协会及国际金融公司，其成员来自世界的大多数国家。

(2) 区域性国际金融机构，如欧洲投资银行、阿拉伯非洲经济开发银行以及欧洲中央银行，其成员由一定区域内的国家组成。

(3) 半区域性国际金融机构，如国际清算银行、亚洲开发银行、泛美开发银行及非洲开发银行，其成员主要由某一区域内的国家组成，同时也吸收部分区域外的国家参加。

3．国际金融机构的作用

国际金融机构在世界经济与金融、区域经济与金融方面作用重大，主要表现在：组织商讨国际经济和金融领域中的重大事项，协调各国间的行动；提供短期融资、缓解有关国家的国际收支困难，稳定汇率；提供长期贷款，促进成员国的经济发展。

二、几个重要的国际金融机构

目前比较重要的国际金融机构有以下几个。

1. 国际货币基金组织(简称 IMF)

IMF 是成立于 1945 年 12 月的政府间的国际金融机构,是最重要的、具有企业经营性质的全球性国际金融机构之一。其总部设在华盛顿,最高权力机构是理事会,其成员由各会员国中央银行行长或财政部长组成。截至 2012 年 4 月,该组织有 188 个成员,拥有来自 140 个国家和地区的约 2700 名员工。

中国本是国际货币基金组织的创始国之一。中华人民共和国成立之后,由于美国等少数国家的阻挠,直到 1980 年 4 月,国际货币基金组织才通过了恢复中国代表权的决定。在开始时,我国认缴的基金份额为 47 亿特别提款权,投票权占总投票权数的 2.22%,经过增资和认购份额的调整,在 2010 年最新一轮 IMF 改革之后,中国成为 IMF 第三大股东国,特别提款权份额增至 6.39%,投票权上升到 6.07%,仅次于美国和日本,居世界第三位。1991 年国际货币基金在北京设立常驻代表处。2011 年 7 月 26 日,朱民正式出任国际货币基金副总裁。2012 年 3 月,中国籍雇员林建海担任该组织秘书长,林建海成为该组织成立以来首位获任此重要职位的中国籍雇员。

IMF 的宗旨是:促进会员国在国际货币问题上的协商与合作;促进国际贸易的扩大与平衡发展,以利于会员国的经济成长;促进汇率的稳定,维持国际外汇市场的秩序;协助会员国建立多边支付和汇兑制度,消除妨碍世界贸易发展的外汇管制;为会员国融资,协助会员国克服国际收支困难。

IMF 业务的资金来源主要由会员国认缴的基金份额、借入资金和信托基金构成。主要业务是以发放贷款方式向会员国融资,贷款对象仅限于会员国政府。

【专栏 10-1】IMF 贷款

IMF 贷款与其他国际信贷最大的不同在于,它是"不情愿的贷款人"。利润导向型的银行欢迎长期借款,但 IMF 鼓励成员国尽快还款。不仅如此,IMF 往往是在其他贷款机构不愿冒险的情况下为成员国提供资金支持。

资金从哪里来?

IMF 贷款资金主要来自成员国认缴份额(quota)组成的资金库。一国份额由其相对于他国的经济和金融地位决定,主要考虑该国的 GDP、经常账户交易和官方储备。一国的份额规模决定它在 IMF 的投票权。成员国以主要国际货币(美元、欧元、日元或英镑)和 SDRs 支付份额缴款的 25%,其余以本币支付。在 IMF 需要资金时,国际收支和储备状况良好的成员国有义务支付本币兑换成主要国际货币。

IMF 还与官方贷款人签订了两项常设借款安排，即借款总安排和新借款安排。具体是指一组成员国(及其机构)同意在特殊情况下，按市场利率将一定金额本币贷放给 IMF。1998年以来 IMF 没有从中提款。IMF 也可以从私人资本市场借款，但从未真正实现过。

可贷规模有多大?

IMF 自有资金中可用于贷款的部分，少于 IMF 的资金总额(约为 3 000 亿美元)。只有国际收支和储备状况良好的成员国能够向 IMF 提供主要国际货币，用于发放 IMF 贷款。2003年初，基金组织的贷款资金由 44 个成员提供，但这组债权国不是固定的。比如，印度、马来西亚等国就在 2003 年从债务国转变为债权国。到 2003 年 4 月 30 日，IMF 贷款余额达到910 亿美元(合 660 亿特别提款权)。

(资料来源: IMF Survey)

2. 世界银行

世界银行成立于 1945 年，是最重要的全球性国际金融机构之一。其成员国须具有国际货币基金组织成员国的资格。世界银行建立之初有 39 个会员国，至 2011 年末会员国增至187 个。

世界银行是按股份公司原则建立起来的金融机构。世界银行的最高权力机构是理事会，负责处理日常业务的机构是执行董事会，执行董事会选举行长。

世界银行的资金来源主要有:

(1) 会员缴纳的股金;

(2) 向国际金融市场借款，特别是发行中长期债券;

(3) 出让债权，即将其贷出款项的债权转让给私人投资者(主要是商业银行)，以收回部分资金;

(4) 经营中的利润收入。

世界银行的主要任务是向发展中国家提供开发性贷款，资助其兴办特定的长期建设项目，促进资源开发与经济增长。世界银行的组织机构及运作与国际基金组织相似，贷款对象限于会员国，只向会员国政府或由政府、中央银行担保的机构贷款。世界银行与国际金融公司、国际开发协会、多边投资担保机构共同组成世界银行集团，以协调相互的行动。

世界银行有两个附属机构，即国际开发协会和国际金融公司，三者统称世界银行集团。国际开发协会是专门对较穷的发展中国家发放条件优惠的长期贷款的金融机构。国际金融公司的主要任务是对属于发展中国家会员国中私人企业的新建、改建和扩建等提供资金;促进外国私人资本在发展中国家的投资;促进发展中国家资本市场的发展。

中国于 1945 年加入世界银行，是该组织的创始国之一。1980 年 5 月 15 日，中国恢复了在世界银行的合法席位。2010 年世界银行会议通过的改革方案，使中国在世界银行的投票权从 2.77%提高到 4.42%。中国成为世界银行第三大股东，仅次于美国和日本。

表 10-1 世界银行投票权前 10 位国家(%)

国家	美国	日本	中国	德国	法国	英国	印度	俄罗斯	沙特阿拉伯	意大利
名次	1	2	3	4	5	6	7	8	9	10
改革后	15.85	6.84	4.42	4.00	3.75	3.75	2.91	2.77	2.77	2.64
改革前	15.85	7.62	2.77	4.35	4.17	4.17	2.77	2.77	2.77	2.71

(资料来源：世界银行网站)

3. 其他国际金融机构

除了上述全球性国际金融机构外，还有一些区域性和半区域性的国际金融机构，在国际经济和金融活动中发挥重要作用。

1) 国际清算银行

国际清算银行成立于 1930 年，总行设在瑞士的巴塞尔。该行是以欧洲国家中央银行为主建立的国际金融机构，建行目的是在国际清算中更多地充当受托人或代理人，为各国中央银行提供清算和其他业务服务，并成为国际金融问题的研究中心及国际金融领域合作的论坛。目前，世界上多数国家的中央银行都与该行建立了业务联系。中国人民银行与 1996 年成为该行的正式成员。

2) 亚洲开发银行与亚洲基础设施投资银行

(1) 亚洲开发银行。在区域性的国际金融机构中，亚洲开发银行，习称亚行，与我国关系密切。亚行于 1966 年 12 月在东京成立，行址设在菲律宾的马尼拉，成立初期有 34 个成员，2007 年增加到 67 个。成员来自亚洲和太平洋地区的称为本地区成员，来自欧洲和北美的少数国家称为非本地成员。其宗旨是促进亚洲和太平洋地区的经济发展和合作。其业务活动主要提供贷款和技术援助赠款。

中国于 1986 年 3 月 10 日正式成为亚行成员，目前为亚行第三大股东国，持股 6.40%，拥有 5.45%的投票权。到 2011 年底，中国共获亚行贷款项目 148 个，承诺金额约 220 亿美元。中国还是亚行技术援助赠款的累计第一大使用国，截至 2011 年，共获技术援助赠款 3.2 亿美元，涉及 647 个项目。

(2) 亚洲基础设施投资银行(亚投行)。亚洲基础设施投资银行(Asian Infrastructure Investment Bank，简称亚投行，AIIB)是一个政府间性质的亚洲区域多边开发机构。重点支持基础设施建设，成立宗旨是为了促进亚洲区域的建设互联互通化和经济一体化的进程，并且加强中国及其他亚洲国家和地区的合作，是首个由中国倡议设立的多边金融机构，总部设在北京，法定资本 1000 亿美元。截至 2017 年 5 月 13 日，亚投行有 77 个正式成员国。

2013 年 10 月 2 日，习近平主席提出筹建倡议，2014 年 10 月 24 日，包括中国、印度、新加坡等在内 21 个首批意向创始成员国的财长和授权代表在北京签约，共同决定成立投行。2015 年 12 月 25 日,亚洲基础设施投资银行正式成立。2016 年 1 月 16 日至 18 日,亚投行开业仪式暨理事会和董事会成立大会在北京举行。

亚投行的治理结构分理事会、董事会、管理层三层。董事会有 12 名董事,其中域内 9 名,域外 3 名。管理层由行长和 5 位副行长组成。

2018 年 5 月 2 日,亚洲基础设施投资银行理事会批准巴布亚新几内亚和肯尼亚加入。

亚投行致力于促进亚洲地区基础设施建设和互联互通,与"一带一路"战略高度契合,如果说"一带一路"是战略目标,那么,亚投行就是战略手段。(一带一路是由中国国家主席习近平于 2013 年 9 月和 10 月分别提出来的"丝绸之路经济带"和"21 世纪海上丝绸之路"战略构想的简称。)

3) 非洲开发银行

是由非洲国家合办的互助性、区域性国际金融组织,1996 年 7 月开业,行址设在科特迪瓦的阿比让。也吸收非洲以外的国家为成员。其宗旨是促进成员国的经济和社会发展。业务活动主要有普通业务贷款和特别业务贷款两种。

截至 2011 年 6 月,非洲开发银行有 77 个成员,非洲 53 个国家全部为成员,此外还有包括中国在内的区外成员 24 个。我国与非洲进行了一定规模的双边合作。2007 年 5 月,第 42 届非洲开发银行集团理事会年会在中国上海举行。这是非洲开发银行年会第一次在非洲以外地区举办。

4) 泛美开发银行

1960 年 10 月开业,行址设在美国华盛顿。该行是由拉美国家、一些西方国家,日本和南斯拉夫等合办的区域性国际金融组织,宗旨是促进拉丁美洲国家的经济发展和合作,贷款也分普通业务贷款和特种业务基金贷款两种。

5) 伊斯兰开发银行

1975 年 10 月开业,行址设在沙特阿拉伯的吉达。是伊斯兰国家共同组建的,其宗旨是加强区域合作,为成员国及其他穆斯林共同体提供无息贷款和技术援助,以促进经济发展和社会进步。

第三节　国际资本流动

一、国际资本流动的概念

国际资本流动是指资本从一国或地区转移到另一个国家或地区,既可以指货币形态资金的国际转移,也可以指生产要素(或实物资本如设备、技术、劳动力等)的国际转移,统计上一般将实物资本折成货币价值来计量。近几十年来,国际资本流动成为非常引人注目的经济现象,对全球经济的稳定和发展发挥着重要的作用。

国际资本流动的种类很多，根据不同的标准，可以做出不同的划分。按资本流动的期限，可分为长期资本流动和短期资本流动；按资本流动的方式，可分为国际直接投资、国际金融投资(主要是股票和债券)、其他国际投资(如贸易信贷、贷款、存款负债等)；按资本所有者的性质，可分为官方资本流动和私人资本流动。上述资本流动种类的划分只有相对意义，有时它们是可以相互交叉的。国际资本流动是当前世界经济领域的一个非常值得研究的重要问题。对国际资本流动的研究一般涉及资本流动的原因、特点、利弊分析以及通过什么方式引进外资等。

【专栏 10-2】人民币汇率波动

　　从图 10-1 的人民币实际汇率变化趋势图可以看出，从 1994 年 1 月到 2019 年 4 月，人民币实际有效汇率从 65.81 上升至 124.11，在波动中整体呈现出稳步上升的趋势，即人民币持续贬值，但是在汇率波动期间存在许多循环周期。

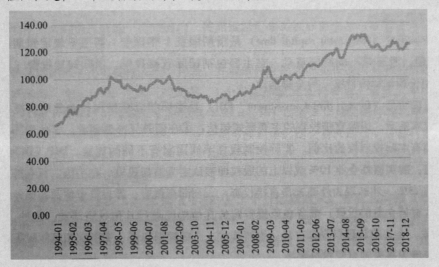

图 10-1　人民币实际汇率变化趋势

　　从 1994 年汇率并轨至 2002 年，人民币实际有效汇率总体保持稳中趋升的走势。汇率并轨即人民币官方汇率与外汇调剂市场汇率并轨，实行以市场供求为基础的单一汇率，被称为"有管理的浮动汇率制"。并轨以后人民币兑美元的汇率是 8.7，而在亚洲金融危机期间，中国政府对外承诺人民币不贬值，因此从 1998 年起，人民币对美元的汇率大致稳定在 8.28 左右。也就是说，在汇率并轨后，人民币汇率经历过波动幅度比较窄的时期。

　　在 2005 年 7 月 21 日人民币汇率改革重启之前，人民币实际有效汇率保持低速下降态势，由于汇率受外汇市场供求关系的影响，人民币的实际有效汇率随着市场的变化而波动。2005 年 7 月 21 日后，中国实行以市场供求为基础、参考一揽子货币调节且有管理的浮动汇率制度,使得人民币一次性升值 2.1%。

2005 年汇改以后,人民币汇率弹性快速增强,但是 2008 年受美国次贷危机演变成的全球金融海啸的冲击,人民币兑美元的汇率波动一度又开始收窄。受 2008 年全球金融危机的影响,人民币面临升值的压力,实际有效汇率在 2009 年 2 月暂时达到 107.63 的最高值,然后迅速下降,到 2009 年 12 月已经降至 97.26,不到一年的时间有效汇率下降了 9.63%。

2010 年 1 月至 2014 年 2 月,人民币实际有效汇率保持波动上升的趋势,在 2014 年 3 月汇率改革把人民币汇率的浮动区间从 1% 进一步扩大至 2% 后,人民币实际汇率增速较强,贬值速度较快。2015 年 4 月至 2016 年 2 月,人民币实际有效汇率保持在 130 左右,达到暂时均衡。其中,中央银行于 2015 年 8 月 11 日发布公告,进一步改革汇率制度,优化人民币兑美元汇率中间价的报价机制,更多地参考市场汇率。在"811 汇改"后,人民币经过全球市场的多轮考验,既有来自美国、英国各种"灰犀牛"和"黑天鹅"以及新兴市场货币贬值的风险侵袭,也有人民币国际化和市场化改革过程中伴随的问题,人民币汇率维持基本稳定。

自 2016 年 2 月之后,人民币实际有效汇率迅速下降,即人民币面临升值的压力。2018 年 3 月,美国总统特朗普签署了对中国输美产品征收关税的总统备忘录,中美贸易战的开启以及美联储加息的影响,导致人民币实际汇率又开始呈现下降趋势,人民币面临较大的升值压力。自 2019 年以来国民经济开局平稳,积极因素逐渐增多,市场信心逐渐增强,人民币兑美元汇率和对一揽子货币汇率都有所升值。根据 2019 年第一季度中国货币政策执行报告,2019 年以来,人民币汇率以市场供求为基础,参考一篮子货币汇率变化,有贬有升,双向浮动,在合理均衡的水平上保持了基本稳定。

由上述分析可知,汇率一直处于波动中,且受多种因素的影响,但只要中国经济继续保持韧性,即使人民币汇率短时振幅增大,也不会引发巨大问题。人民币汇率波动是市场变化下的动态调整。从人民币汇率形成机制看,人民币汇率波动属于正常现象。

(资料来源:丁志国,金融学.2 版,北京:机械工业出版社,2019)

二、国际资本流动的原因

目前,国际资本流动的规模大大超过了国际贸易的规模。导致国际资本流动迅速增长的主要原因有以下几个方面。

1.追逐利润

国际资本流动最重要的原因是为了获得比在国内投资更高的利润。不同国家的经济发展水平不同,投资利润率也不同。因此,出于追逐利润的原因,资本从投资回报率低的地区流动到投资回报率高的地区。

同样,利率也是引导资本流向的指示器。不同国家利率水平存在差异,当国外金融市场的利率高于国内金融市场的利率时，为了获得更高的金融资产收益率，国内的资本就会流向国外。反之，国外的资本就会流向国内。此外，汇率变化也会导致投机资本的国际流动。

2. 资本需求

对于大多数发展中国家，资本不足是困扰经济发展的一个重要因素。而发达国家却存在大量相对过剩的资本。为了缓解国内资金短缺的困难，发展中国家一般都以优惠政策鼓励外商到国内投资办厂，或以其他途径吸引外资流入。发展中国家对国际资本的大量需求，成为国际资本流动的重要原动力。2016年我国对外直接投资增势强劲，创下了1961.5亿美元的历史最高值，蝉联全球第2位。

3. 防范风险

政治、经济风险的存在，对国际资本流动有很大影响。如果一国国内政治动荡，经济状况恶化，本币币值持续下跌，就会导致资本外逃到币值相对稳定的国家寻求保值，形成保值性资本流动。从投资策略看，投资者不仅将资本分散于国内不同的行业，而且分散于不同的国家和地区，这样有助于保证投资资本的安全性和投资收益的稳定性。同样，资本持有者防范汇率风险的动机也会导致国际资本流动。资本持有者将持有的货币资产转换成汇率稳定或有汇率上升可能的国家或地区的货币资产，从而导致资本从一个国家或地区流向另一个国家或地区。

4. 降低生产成本

随着科学技术的进步和生产国际化的进程，国际分工体系也发生了深刻变革。为了降低生产成本，发挥综合优势，许多产品的生产已经不是由一个国家或地区，而是由多个国家和地区共同完成，实行分散生产、集中装配。生产的国际化大大降低了产品的生产成本，促进了国际资本的流动。

三、当代国际资本流动的特征

进入20世纪90年代以来，世界经济一体化、国际贸易集团化以及金融服务国际化获得了突飞猛进的进展。这一阶段国际资本流动呈现出以下几个方面的特点。

(1) 国际资本的流动相对于国际贸易和世界生产的独立性日益增强，并成为影响世界经济发展的主导因素。这可以从当代跨国银行与跨国公司在推动当今国际经济发展中所发挥的作用显示出来。尤其是20世纪80年代以来席卷全球的"金融革命"，不仅促进了各国金融国际化的发展趋势，而且也使国际金融市场资本流动规模日益扩大。

(2) 国际资本投资主体多元化。自20世纪80年代以来，随着各国经济的发展和国际资本流动出现的新变化，国际资本投资主体多元化的特征越来越明显。这些投资主体可分为四个层次：一是西方工业国家构成了投资主体的第一层次，其特点是资本雄厚、投资迅速、规模大、投资领域广；二是石油输出国及新兴工业化国，如沙特阿拉伯等石油输出国和新加坡、韩国等其他新兴工业化国家和地区，其特点是潜力大、开拓性强、不断扩大对外规模；三是一般的国家，其特点是资本少、实力弱，但积极参与区域内的国际分工与交换，以小规模的条件参与对外投资；四是中国、俄罗斯及东欧各国，其特点与一般发展中国家对外投资基本相同，但投资的后劲足。

(3) 以证券投资为主的间接投资规模不断扩大，如跨国的股票投资。目前，证券投资已经成为资本流动的主流。与此同时，国际资本尤其是跨国公司的资本以股权参与形式参与对外投资的活动日益增强。跨国流动的巨额短期资本同实物经济越来越脱节，变化大大快于实物经济的变化，具有投机性强、流动性强、破坏性大的特点，因此存在着较大的风险。

【专栏 10-3】国际资本流动证券化的原因

信用深化是国际资本流动证券化的根本原因。货币经济发展到一定阶段必然出现信用深化。国际资本流动本身就是信用跨越国界、信用关系主客体范围扩展的表现，而证券方式更提供了复杂多样、灵活便利的信用工具和高效率的变现渠道。所以证券化是国际信用深化的内在要求。

利益驱动是国际资本流动证券化的原动力。在金融自由化和牙买加国际金融体系下，金融环境更加动荡，投资风险不断增大。然而，当投资者的资产选择范围从一国国内扩展到全球资本市场时，就可以通过国际证券组合降低风险，提高收益。

金融自由化为国际资本流动证券化创造了制度条件。发达国家的利率自由化、金融市场一体化、金融业务综合化等措施，在很大程度上便利了各国之间金融资产的相互比较，拆除了证券跨国流动的障碍，促成了 20 世纪 90 年代发达国家之间大规模的国际证券投资。而发展中国家的金融自由化尽管以金融深化为主要目的，但也创造了金融与国际接轨的宽松环境，使资本流入规模和结构都发生了巨大变化。随着证券投资规模超过国际贷款，年均增长速度超过直接投资，发展中国家同样深深地卷入了国际资本证券化的洪流中。

(4) 跨国公司在全球范围内加强了市场地位，降低成本、提高效率、优化资源配置的竞争使产业资本和金融资本的国际并购、重组更活跃，高潮迭起。随着经济和科技全球化的纵深发展，产业升级和科技进步的加快，跨国公司在东道国投资的成功及其持续发展将更多地取决于能否便捷而有效地利用东道国的本地智力和社会综合资源来加强其适应市场的竞争能力。

(5) 从行业分布来看，基础设施和服务业领域已成为外资投资发展中国家的热点和重点领域。从地区分布来看，亚太地区成为国际资本流动热点地区。

四、国际资本流动的经济影响

整体上看，国际资本流动促进了世界经济的增长和稳定，表现在如下一些方面。

(1) 国际资本流动在一定程度上打破了国与国之间的界限，使资本得以在全球范围内进行有效配置，有利于世界总产量的提高和经济福利的增加。

(2) 通过各种方式的投资和贷款，使得国际支付能力有效地在各国间进行转移，有助于国际贸易的顺利开展和全球性国际收支的平衡。

(3) 特别是国际直接投资有效地促进了生产技术在全球范围的传播，使科学成为人类的共同财富。

(4) 国际证券投资可以使投资者对其有价证券资产进行更为广泛的多元化组合，从而分散投资风险。

国际资本流动给世界经济也带来了一些不利影响，主要是冲击了所在国的经济，便捷了国际金融风险的传递。

国际资本流动，无论是对输入国经济还是对输出国经济，其影响都是多渠道、多方面的，而且任一方面的影响大多是有利有弊，必须衡量得失，判明主导方面。

第四节　国际货币体系

一、国际货币体系的概念

1. 国际货币体系的含义与构成

1) 国际货币体系的含义

国际货币体系是指各国政府为适应国际贸易与国际支付的需要，对各国货币在国际范围内发挥货币职能所确定的原则、采取的措施和建立的组织形式的总称，或者说，是世界各国对货币的兑换、国际收支的调节、国际储备资产的构成等问题，共同做出的安排和确定的原则，以及为此而建立的组织形式等的总称。

2) 国际货币体系的构成

一般包括以下四个方面的内容。

(1) 国际储备资产的确定，即国际交往中使用什么样的货币。

(2) 汇率制度的确定，即一国货币与其他国家的货币之间的汇率应如何决定和维持。

(3) 国际收支不平衡的调节方式。当出现国际收支不平衡时，各国政府应采取什么方法弥补这一缺口，各国之间的政策措施又如何互相协调。

(4) 各国经济政策与国际经济政策的协调。在国际经济合作日益加强的过程中，一国经济政策往往波及相关国家，造成国与国之间的利益摩擦，因而一国经济政策以及各国经济政策之间的协调，也成为国际货币体系的重要内容。

2. 国际货币体系的作用

理想的国际货币体系能够保障国际贸易的发展，世界经济的稳定与繁荣。国际货币体系的作用主要体现在以下 3 个方面。

1) 建立相对稳定合理的汇率机制，防止不必要的竞争性贬值。

2) 为国际经济的发展提供足够的清偿力，并为国际收支失衡的调整提供有效的手段，防止个别国家清偿能力不足，引发区域性或全球性金融危机。

3) 促进各国经济政策的协调。在国际货币体系的框架内，各国经济政策都要遵守一定的共同准则，任何损人利己的行为都会遭到国际压力和指责，因而各国经济政策在一定程度上得到了协调和相互谅解。

二、国际货币体系的类型

根据国际货币体系的历史演变过程，国际货币体系大体可分为国际金本位制、布雷顿森林体系(美元本位制)以及当前的管理浮动汇率制。

1. 国际金本位制

历史上出现最早的国际货币体系是国际金本位制，主要存在于 19 世纪下半叶到第一次世界大战前。

国际金本位制的主要内容包括以下 3 方面。

(1) 黄金是国际货币的基础，是各国的主要储备资产。

(2) 各国货币间的汇率由它们各自的法定含金量之比，即铸币平价来决定，波动幅度控制在黄金输出入点的范围内。

(3) 各国的国际收支不平衡可通过黄金在各国间的输出入得到自动调节。

由于国际金本位制存在着过于"刚性"的致命缺点，当 1929—1933 年资本主义经济大危机到来时，各主要资本主义国家逐渐开始追求独立的国内经济政策，不再愿意为遵循金本位制的要求而牺牲国内经济目标，国际金本位制便走向崩溃。

2. 布雷顿森林体系

1) 布雷顿森林体系的产生和主要内容

1944 年 7 月 1 日，在美国北部小镇布雷顿森林 44 国代表参加的联合国货币金融会议签订了《国际货币基金协定》和《国际复兴开发银行协定》，确立了以美元为中心的国际货币体系，即布雷顿森林体系。

布雷顿森林体系的基本内容有以下几个方面。

(1) 储备资产。布雷顿森林体系的主要储备资产是黄金与美元。美元与黄金挂钩，各国政府或中央银行可用美元按官价向美国兑换黄金。其他国家的货币则不能兑换黄金。

(2) 汇率。其他成员国政府根据自身情况规定各自货币的含金量，通过含金量的比例确定同美元的汇率。会员国也可以不规定货币的含金量而只规定同美元的汇率。各国实行固定汇率制。成员国有义务随时干预外汇市场，使本国货币与美元的市场汇率的波动幅度保持在一定幅度内。

(3) 国际收支的调节机制。布雷顿森林体系建立了统一的国际货币基金组织。国际货币基金组织各会员国的份额25%以黄金或可兑换黄金的货币交纳。另外的75%则以本国货币缴纳。当会员国发生国际收支逆差时，可用本国货币向基金组织按规定程序购买(即认贷)一定数额的外汇，并在规定的时间内以购回本国货币的方式偿还借款。会员国所认缴的份额越大，得到的贷款也越多。贷款只限于会员国用于弥补国际收支逆差，即用于经常项目的支付。

在布雷顿森林体系中，美元与黄金挂钩，其他货币与美元挂钩和各国实行的固定汇率制度的所谓"双挂钩、一固定"制度，是其两大支柱，国际货币基金组织则是这一货币体系正常运转的中心机构。

2) 对布雷顿森林体系的评价

(1) 布雷顿森林体系的作用。布雷顿森林体系同国际金本位制相比，有了明显的改进。主要表现在：建立了世界性的组织机构，制定了具有一定结束力的国际协议，建立了统一的、完整的规章制度。客观地说，在布雷顿森林体系运行时期，是资本主义世界经济得到迅速恢复和发展的时期。在这一时期内，布雷顿森林体系对各国间的经济交往迅速扩大，经济增长快，对"二战"后稳定国际金融和发展世界经济确实起到了较大的作用，具体表现在促进了国际贸易和世界经济的发展，保证了国际货币关系的相对稳定，缓解了国际收支危机，促进了各国经济的发展等。

(2) 布雷顿森林体系的缺陷。维持布雷顿森林体系的运转，必须具备两个基本条件：一是美国国际收支保持顺差，美元对外价值稳定；二是美国的黄金储备充足。由于资本主义各国发展的不平衡性，主要资本主义国家经济实力对比发生变化，以美元为中心的国际货币制度本身固有的矛盾和缺陷也就日益暴露出来。主要表现在：金汇兑制本身的缺陷、储备制度不稳定的缺陷和固定汇率制度下一国内外政策的矛盾等方面。所以布雷顿森林体系很难维持，最终走向崩溃。从1960年10月到1971年间共发生过三次严重的美元危机。1973年，欧共体国家先后对美元实行"联合浮动"，宣告了布雷顿森林体系的最终解体。

3. 牙买加体系

布雷顿森林体系崩溃之后，世界各国就职国际货币关系达成了"牙买加体系"，由此形成了国际货币关系的新格局。

1) 牙买加体系的产生和主要内容

1976 年 1 月国际货币基金组织"临时委员会"在牙买加首都金斯顿举行会议，讨论修订了《国际货币基金协定》的条款，1978 年 4 月 1 日正式生效。这就是著名的《牙买加协定》，它标志着国际货币制度迈进了一个新阶段。

牙买加体系除保留并加强了基金组织的作用外，与布雷顿森林体系有较大的区别，其主要内容包括：①黄金非货币化。②浮动汇率合法化。③扩大基金份额。国际货币基金组织的份额由原来的 292 亿特别提款权增加到 1999 年 2 月底的 2 120 亿特别提款权。

(4) 特别提款权作为主要国国际储备资产。

(5) 扩大对发展中国家的资金融通。

2) 对牙买加体系的评价

(1) 牙买加体系的积极作用：①储备货币的多元化，缓解了清偿能力不足的问题。②灵活的汇率体系有助于世界经济发展。③促进了国际收支的调整。④促进了国际金融创新和国际贸易的新发展。

(2) 牙买加体系的缺陷：①多元化的储备体系不稳定性加剧了外汇市场的动荡。②汇率波动频繁。③缺乏有效的国际收支调节机制。④监管机制严重滞后于国际金融市场发展。

4. 欧洲货币体系

1) 欧洲货币体系的建立

欧洲货币体系建立过程较为复杂和漫长。1950 年欧洲支付同盟成立，标志着欧洲货币一体化的开始。1958 年 1 月 1 日欧共体正式成立，随后欧共体首脑会议决定筹建欧洲经济与货币联盟。到 20 世纪 70 年代后期，欧共体的货币金融一体化逐渐完善。1978 年 4 月在哥本哈根的欧共体首脑会议上提出建立欧洲货币体系的新建议，同年 12 月 5 日欧共体各国首脑在布鲁塞尔达成协议。1979 年 3 月，欧洲货币体系正式实施。它的建立标志着国际货币秩序发生了很大变化，也标志着欧共体在经济一体化道路上的决定性进展。

2) 欧洲货币体系的主要内容

欧洲货币体系主要有以下内容。

(1) 创设欧洲货币单位。欧洲货币单位是欧洲货币联盟下欧洲计算单位的发展。它由欧共体 12 个成员国的货币(德国马克、法国法郎、英镑、意大利里拉、荷兰盾、比利时法郎、西班牙比塞塔、丹麦克朗、希腊德拉克马、爱尔兰镑、葡萄牙埃斯库多和卢森堡法郎)各占一定比重加权计算定值的复合货币单位。

(2) 稳定汇率机制。欧洲货币体系实行稳定的汇率体系。成员国都使用中心汇率。各国相互间的货币比价允许波动的幅度是中心汇率的上下各 2.25%。当成员国货币比价允许波动的幅度超过允许波动程度时，就要进行干预。

(3) 建立欧洲货币基金。EMF 是在原来欧洲货币联盟下欧洲货币合作基金(EMCF)的基础上发展而成的。它的建立是为了稳定各成员国货币汇率，并提供政府间的清偿手段，以便对国际收支困难的成员国提供信贷支持。

3) 欧洲货币体系的发展及欧元

欧元登上国际经济舞台，是世界货币制度发展历程的一个重大标志。

欧元是由欧洲货币联盟操作推出的。1998 年，欧洲中央银行正式成立；1999 年，欧元正式启动；2002 年，欧元纸币和硬币进入流通，全面取代原来欧元区各国的货币。欧元币制的建立完成了其全过程。

欧元货币制度的建立是区域性货币一体化成功的首例。所谓区域性货币一体化是指：一定地区内的国家和地区，在货币金融领域实施国际协调，并最终形成统一的货币体系。区域性货币一体化的理论依据是由蒙代尔所提出的最适货币区理论。这一理论的核心内容是：在具备一定条件的区域内，各国放弃本国的货币，采取统一的区域货币，这样有利于安排汇率，以实现就业、稳定和国际收支平衡的宏观经济目标。

欧元的长远命运需要继续观察。欧元的思路并非针对解决全球货币本位问题，但在西欧发达工业化国家这个领域中，在超国界的货币本位问题上进行了实验，取得了突破。无论如何，这对全球货币本位的市场供应是一个很大的刺激。

本 章 小 结

(1) 国际金融市场是指进行金融资产国际交易的场所。国际金融市场包括国际货币市场和国际资本市场。国际金融市场一般表现为无形市场，由众多的金融机构组成，通过现代通信工具进行各种金融交易。

(2) 国际货币基金组织和世界银行集团是第二次世界大战后建立的全球性国际金融组织。亚洲开发银行、泛美开发银行、非洲开发银行都是为了促进区域经济发展而建立的区域性国际金融机构。它们的建立都为各成员国经济的发展提供了重要的政策指导和资金支持。

(3) 当前国际资本流动的一般规律：国际资本流动的规模迅速扩大，国际资本流动的地区趋向多样化，国际资本流动的机构投资主体多元化，国际资本流动的结构与形式发生了巨大变化。造成国际资本流动的原因是：追逐利润，资本需求，投资风险，降低生产成本等因素。

(4) 国际货币体系是国际经济体系的一个组成部分，是国际经济交往中有关国际货币流通方面的制度安排和组织形式。国际货币体系从时间先后看，经历了国际金本位体系、布雷顿森林货币体系和牙买加货币体系三个阶段。布雷顿森林货币体系主要内容概括为：

建立了一个永久性的国际金融组织；建立以美元为中心的国际货币体系；实行可调整的固定汇率制。牙买加协定主要内容包括：浮动汇率合法化；废除黄金官价；扩大基金组织份额；扩大对发展中国家的资金融通。国际金本位制是最早的国际货币体系；布雷顿森林体系，是第二次世界大战后建立的国际货币体系；现行的国际货币体系即牙买加体系是对布雷顿森林体系改革的结果。

复习思考题

一、问答题

1. 国际金融市场是由哪些内容构成的？
2. 简述国际金融机构的类型及主要机构的内容。
3. 国际资本流动的特点是什么？
4. 试对比评价布雷顿森林体系和牙买加体系。

二、案例分析

布雷顿森林体系的形成及崩溃

(一)案例资料:

1944 年 7 月，在美国新罕布什尔州的布雷顿森林召开了有 44 个国家参加的联合国与联盟国家国际货币金融会议，通过了以"怀特计划"为基础的《联合国家货币金融会议的最后决议书》以及《国际货币基金组织协定》和《国际复兴开发银行协定》两个附件，总称为《布雷顿森林协定》。

布雷顿森林体系主要体现在两个方面：第一，美元与黄金直接挂钩。第二，其他会员国货币与美元挂钩，即同美元保持固定汇率关系。布雷顿森林体系实际上是一种国际金汇兑本位制，又称美元——黄金本位制。它使美元在第二次世界大战后的国际货币体系中处于中心地位，美元成了黄金的"等价物"，各国货币只有通过美元才能同黄金发生关系。从此，美元就成了国际清算的支付手段和各国的主要储备货币。

以美元为中心的布雷顿森林体系的建立，使国际货币金融关系又有了统一标准和基础，结束了第二次世界大战前货币金融领域里的混乱局面，并在相对稳定的情况扩大了世界贸易。美国通过赠予、信贷、购买外国商品和劳务等形式，向世界散发了大量美元，客观上起到了扩大世界购买力的作用。同时，固定汇率制在很大程度上消除了由于汇率波动而引起的动荡，在一定程度上稳定了主要国家的货币汇率，这有利于国际贸易的发展。据统计，世界出口贸易总额的年平均增长率，1948—1960 年为 6.8%，1960—1965 年为 7.9%，1965—1970 年为 11%；世界出口贸易的年平均增长率，1948—1976 年为 7.7%，而战前的 1913

—1938 年，平均每年只增长 0.7%。货币基金组织要求成员国取消外汇管制，也有利于国际贸易和国际金融的发展，因为它可以使国际贸易和国际金融在实务中减少许多干扰或障碍。

布雷顿森林体系是以美元和黄金为基础的金汇兑本位制。它必须具备两个基本前提：一是美国国际收支能够保持平衡，二是美国拥有绝对的黄金储备优势。但是，进入 20 世纪 60 年代后，随着资本主义体系危机的加深和政治、经济发展不平衡的加剧，各国的经济实力对比发生了变化，美国的经济实力相对减弱。1950 年以后，除个别年度略有顺差外，其余各年度都是逆差，并且有逐年增加的趋势。截至 1971 年，仅上半年，逆差就高达 83 亿美元。随着国际收支逆差的逐步增加，美国的黄金储备也日益减少。1949 年，美国的黄金储备为 246 亿美元，占当时整个资本主义世界黄金储备总额的 73.4%，这是第二次世界大战后的最高数字。此后，逐年减少，至 1971 年 8 月尼克松宣布"新经济政策"时，美国的黄金储备只剩下 102 亿美元，而短期外债为 520 亿美元，黄金储备只相当于积欠外债的 1/5。美元大量流出美国，导致"美元过剩"。1973 年年底，游荡在各国金融市场上的"欧洲美元"就达 1000 多亿美元。由于布雷顿森林体系前提的消失，也就暴露了其致命弱点，即"特里芬难题"。布雷顿森林体系本身发生了动摇，美元的国际信用严重下降，各国争先向美国挤兑黄金，而美国的黄金储备已难以应付，这就导致了从 1960 年起，美元危机迭起，货币金融领域陷入日益混乱的局面。为此，美国于 1971 年宣布实行"新经济政策"，停止各国政府用美元向美国兑换黄金，这就使西方货币市场更加混乱。在 1973 年的美国危机中，美国再次宣布美元贬值，导致各国相继实行浮动汇率制，以代替固定汇率制。美元停止兑换黄金和固定汇率制的垮台，标志着第二次世界大战的以美元为中心的货币体系瓦解。

(二)分析提示：

对于布雷顿森林体系，美国有两个基本责任：一是保证按固定官价兑换资金，维持各国对美元的信心；二是要提供充足的国际清偿手段，即美元。然而这两个责任是有矛盾的，很难解决。试运用国际货币制度的有关知识和原理加以分析和说明。

(三)回答问题：

1. 什么是"特里芬难题"？
2. 为什么货币与黄金的联系最终会被切断？

第五部分

金 融 发 展

- 第十一章 金融与经济发展
- 第十二章 金融风险与金融监管

第十一章

金融与经济发展

学习目标

通过本章学习，理解金融与经济的关系，了解金融深化理论、金融压制理论和金融约束理论的基本内容，掌握金融创新的含义和金融创新的内容，了解和掌握金融可持续发展的理论及实现金融可持续发展与经济可持续发展的协调方式。

关键概念

金融发展(development)　金融深化(financial deepening)　金融压制(financial repression)
金融创新(financial innovation)

第一节　金融与经济发展的关系

一、金融发展及其衡量

在金融发展的概念上，麦金农和肖将其看作是金融市场形成与完善的过程，戈德史密斯把金融发展视为金融结构的变化，不论是金融结构的变化还是金融市场的完善，都是金融发展的基本构成要素，两者在实际发展过程中往往相互渗透，金融结构的优化离不开金融市场的健全，金融结构的扭曲总是与金融市场的不完全相伴随。金融发展实质上就是金融结构的优化与金融市场效率的提高。

金融结构的优化包括两层含义：一是金融工具种类与规模的扩展。作为金融机构的金融商品，金融工具种类与规模的扩展反映了金融机构创新能力的提高，以及对社会经济更深层次的介入。二是金融机构类别与构成的优化。金融机构类别的扩展与构成上的此消彼长，反映了金融服务日趋走向完善。

金融市场效率的提高也包括两层含义：一是金融资源使用效率的提高，二是金融资源配置效率的提高。这两种效率的提高依赖于金融市场制度的变革和金融结构的优化。所以金融发展内含了全部金融要素的进化，金融机构是金融交易的主体，金融工具是金融交易的客体，金融市场是金融交易制度的集合。金融发展是在全部金融要素共同演进中得以实现的，并且只有通过考察这些金融要素的成长和优化，才能更好地研究金融发展水平。

衡量金融发展程度的指标可分为两大类：一是金融内部结构状态的数量指标，二是金融发展状态与经济增长的相互关系指标。

(1) 金融内部结构状态的数量指标。主要有：①主要金融资产占全部金融资产的比重。这里的主要金融资产可以是短期债券、长期债券和股票等。②分成比率。分成比率是指各类金融机构的资产分别占全部金融机构总资产的比率，可以用来衡量金融机构间的相互程度。

(2) 金融发展状态与经济增长的相互关系指标。主要有：①金融相关率。金融相关率是指某一日期，一国全部金融资产价值与该国经济活动总量的比值。其中金融资产总量包括广义货币 m2 股票市值债券余额三部分。在实际统计时，常常用国民生产总值或国内生产总值来表示经济活动总量。②货币化率。货币化率是指一国通过货币进行交换的商品与服务的值与国民生产总值的比率。比率越高，说明一国的货币化程度越高。

二、经济发展决定金融发展

在金融与经济发展的基本关系上，首先表现为经济发展对金融发展起决定性作用。这种决定性作用主要表现在以下 4 个方面。

1. 金融随经济发展而产生和发展

货币的产生是商品生产与交换发展的必然产物，信用也是随着商品经济的发展而逐步发展完善的。只有在以交换为基本关系的商品经济中，才存在着为交换而生产的劳动产品或为交换而提供的劳动服务，才需要货币这种一般等价物来体现各自平等独立的商品生产者之间等价交换的原则；才出现用货币信用的各种形式和工具来解决交换中价值盈余和赤字部门之间的调剂、债权债务关系的频繁变换以及清算支付等困难；才形成银行等各类专门经营货币信用业务的金融机构；才有必要建立宏观金融管理机构，来协调解决全社会商品交换的价值总量平衡问题。因此，商品经济越发展，交换关系越复杂，金融就越发达，脱离了商品经济，金融就成了无源之水，无本之木。

2. 经济发展的阶段决定着金融发展的阶段

尽管任何国家或地区的经济发展总体水平与金融发展总体水平不可能完全一致，但总的来讲基本上是相适应的。在经济发展的低级阶段，只有简单的金融需求，金融活动只能解决货币流通、资金融通和支付清算等基本的融资需求，金融机构的经营范围窄，金融市场上只有简单少量的金融交易活动，金融发展亦处于初始阶段。当经济发展进入发达的高级阶段时，产生出许多复杂的金融需求，金融规模也随之日益扩大。金融机构必须通过产业现代化的途径才能向社会提供各种所需的金融产品与服务；金融市场上必须推出大量的新工具和新交易手段才能满足广大投资者和筹资者的需求；金融当局必须不断完善金融宏观调控与监管体系，才能调控金融总量与结构，保持金融运作的安全与秩序，金融发展也由此而进入高级阶段。

3．经济发展的规模和速度决定着金融发展的规模和速度

一定时期的货币供给量主要受制于当期的商品可供量；而当期信用总量或金融总量的多少与经济发展的规模成正比。一个国家或地区的经济发展规模大，经济增长速度快，那么这个国家或地区相应就会金融资产规模大，增长速度快，反之亦然。此外，一国金融机构的数量、分支机构、从业人员的数量一般也都与该国的经济规模直接相关。尽管两者在规模和速度上有时背离，但金融发展的规模、速度最终都要以经济发展的规模、速度为基础相应地发生变化。

4．经济发展的结构、方向和重点决定着金融发展的结构、方向和重点

宏观经济发展的结构决定了金融发展的结构，比如：现代部门与传统部门并存的二元经济结构决定了同期二元金融结构的存在；经济中开放部门与非开放部门的结构决定了金融业的开放比例；企业的组织结构和商品结构决定了金融的业务结构；市场结构决定了金融体系的组织结构和金融总量的结构，等等。同时，一个国家或地区的经济发展方向和重点与金融发展的方向和重点总体上是一致的，经济体制的市场化将带来金融体制的市场化，而经济体制的国际化亦将带来金融发展的侧重点逐步转向国际金融舞台。

三、金融发展对经济增长的推动作用

在现代经济生活中，金融在经济发展中的作用日益增大。金融业作为国民经济的一个重要组成部分，其产值占国民生产总值的比重在不断提高。主要发达国家20世纪60年代时这个比值大约占10%左右，到90年代初已上升到15%～20%，是第三产业中增长最快的行业。金融业产值的快速增长，直接增加了国民生产总值，提高了经济发展的水平。除了通过金融业自身的产值增长直接为经济发展做出贡献，金融发展对经济增长的推动作用更多的是通过影响储蓄转化为投资的比例、提高资本配置效率和提高储蓄率，这3条途径来推动影响经济增长的。

1．金融发展为经济发展提供基础条件

现代经济是高度发达的货币信用经济，一切经济活动都离不开货币信用因素。商品和劳务交易要以货币计价并通过货币来实现，各部门的资金余缺调剂要通过银行或金融市场，各种对经济活动实施调节的经济政策也都与货币信用相关。现代金融为现代经济活动提供正常的交易媒介，提供信用支持，提供转账支付与汇兑等金融服务，等等。因此，金融发展为现代经济发展提供必要的基础条件。

2. 金融发展促进更高比例的储蓄转化为投资

金融体系的首要功能是把储蓄转化为投资，但在动员众多分散的居民将储蓄转化为投资的过程中，金融体系需要吸收一部分资源，这包括从分散的个体那里集中储蓄时发生的交易成本和为克服信息不对称，使储户放心地放弃对其积蓄的控制权而支付的信息成本。金融机构的充分发展、金融市场的发育完善、政府管制的逐渐放松必然会使金融部门的运作效率大大提高，减少在动员储蓄过程中的交易成本和信息成本，所吸收的资源也相应大大减少，使储蓄转化为投资的比率提高，进而促进经济增长率的提高。

3. 金融发展提高资本配置效率

金融体系的第二个重要功能是把资金配置到资本边际效率最高的项目中去。金融中介可以选择最适合于当前冲击的技术项目进行投资，资本市场则可以将流动性强的金融工具的投资转化为非流动性的生产效率高的项目所需要的长期资本。金融发展能够降低高度的专业化条件下的交易成本和信息成本从而持续地提高专业化与激活创新活动，通过提供跨期交易和降低跨期交易成本为人力资本投资所需的借贷活动提供便利，有助于人力资本的积累，这些活动最终都会提高资本配置效率，促进经济增长率的提高。

【专栏11-1】金融与经济发展之间关系的不同理论观点

长期以来，金融与经济发展之间的关系一直存在争论。按照"供给自动创造需求"的萨伊定律，货币对实体经济而言不过是一层"面纱"，货币数量的变化只会造成物价水平等比例地上升或下降，对生产供给、产出和就业没有什么实质性的影响。理性预期学派的代表人物罗伯特·卢卡斯则宣称经济学家"过分强调"了金融因素在经济增长中的作用，理性的经济人在货币供给量变化之前就已调整了自己的行为，金融市场最多只不过在经济增长中起到极其微小的作用。与"面纱"论不同，另一些经济学家则认为金融是经济发展的"引擎"。亚当-斯密强调了金融的媒介功能，约瑟夫·熊彼特从银行支持创新的角度论证了金融对经济的促进作用，约翰-希克斯强调金融在提供流动性以分散风险方面的功能，他发现金融体系对资本形成，从而对英国工业化起了非常关键的作用。雷蒙德 w. 戈德史密斯论证了金融结构对一国经济发展的重要作用。罗纳德 I. 麦金农和爱德华 S. 肖则阐述了一国金融体制与该国 09 经济发展之间存在一种互相刺激、互相制约的关系。

对于金融与经济发展之间的关系，美国耶鲁大学经济学家休 T. 帕特里克曾提出两种模式：一种是"需求追随"(demand—following)模式。他认为随着经济的增长，经济主体会产生对金融服务的需求，作为对这种需求的反映，金融体系不断发展。也就是说，经济主体对金融服务的需求，导致了金融机构、金融资产与负债和相关金融服务的产生，它强调的是金融服务的需求方。另一种是"供给引导"(supply—leading)模式。金融机构、金融资产与负债和相关金融服务的供给先于需求，它强调的是金融服务的供给方对于经济的促进作用。帕特里克还认为，在经济的不同发展阶段，金融发展的路径有所差异。对发展中国家而言，在经济发展的早期，供给引导型金融居主导地位，而随着经济的发展，需求追随型金融逐渐居于主导地位。

四、现代经济发展中金融发展可能出现的不良影响

现代金融业的快速发展在有力推动经济发展的同时，出现不良影响和副作用的可能性也在增大。当这种可能变成现实时，就会阻碍甚至破坏经济发展。概括而论，在现代经济发展中，金融发展可能出现的不良影响主要表现在以下方面：

(1) 因金融总量失控出现通货膨胀、信用膨胀，导致社会总供求失衡，危害经济发展。在当代不兑现的信用货币制度下，由于货币发行不受贵金属储备的硬约束，在技术上具有无限供应的可能性，而在信用货币的供给完全由人为因素确定的状态下，一旦人们的认识发生偏差或操作失当，就可能引发货币供大于求的状态，导致通货膨胀。同样，由于当代信用关系已经渗透到经济生活的各个方面，信用形式日益丰富发展，信用不仅能解决盈缺部门间的调剂问题，还可以创造需求。当社会总供给大于总需求时，信用的扩张可以发挥扩大社会总需求、提高经济均衡点的作用，但若信用过度膨胀或经济已进入总需求大于总供给时，信用扩张只会 3n,N 供求矛盾。当信用膨胀导致经济过度扩张时，就会出现泡沫经济，引发通货膨胀、信用危机和金融危机，对生产、流通、分配和消费带来诸多不良影响。

(2) 因金融机构经营不善使金融风险加大和失控，导致金融危机甚至引发经济危机。金融业是高负债经营的行业，自有资金所占比重小，现代金融机构均采用部分准备金制度，从事短借长贷的期限变换及证券投资等高风险经营，另一方面则必须随时满足客户提款或支付的需要，其正常运转高度依赖公众的信任，因此金融机构的经营具有内在的风险性。在营运过程中，金融机构也面临利率风险、流动性风险、信用风险和汇率风险等各种系统性风险和非系统性风险。这些风险的存在直接威胁着金融业的安全，必须严加防范和控制。但由于金融机构的管理工作人员因涉及利益或能力所限，往往不能充分评估和有效控制自身存在的问题和风险，一旦风险失控，就会出现债务危机、清偿力危机。通过连带的"多米诺骨牌"效应，使大批金融机构破产倒闭，整个国家将陷入金融危机之中，破坏整体经济运作和社会经济秩序，甚至引发经济危机。

(3) 因金融市场信用过度膨胀产生金融泡沫，剥离金融与实质经济的血肉联系。20 世纪 50 年代以来西方金融创新出现持续高潮后，大量新型金融工具不断涌现，新型金融市场不断形成，新业务、新交易层出不穷。这些创新成果在活跃金融、推动金融发展的同时，也加大了信用膨胀的可能性和现实性，特别是从虚拟资本中衍生出来的那些衍生性金融工具与市场。这些虚拟资本衍生品的市场价值变动，正如马克思指出的那样："只是幻想的，它们的价值额的涨落，和它们有权代表的现实资本的价值变动完全无关。"日它们在金融市

场上通过反复易手而自我膨胀，成为最有刺激性的投机工具，在交易量几何级数的放大过程中，拉大有价证券与真实资本价值的差距，滋生金融泡沫，膨胀虚拟资本，刺激过度投机，增大投资风险。虚拟资本在价格暴涨中的泡沫膨胀，只能通过价格暴跌、泡沫破灭来消肿，这种膨胀与消肿将造成金融市场的动荡和整体经济运转的失常，拉大经济波动的幅度并可能引发经济危机。

(4) 资本流动国际化、金融发展进程过快促使金融危机在国际迅速蔓延。金融全球化使国际资本流动更加便捷，规模更大，在给发展中国家带来好处的同时也使其遭受巨大风险。国际金融投机势力挟巨资造市，借垄断优势以牟取暴利。过度的投机人为地扭曲了市场，不仅有悖于平等互利的竞争原则，且超越了正常经济行为规则，把许多国家和地区，特别是发展中国家和地区推入灾难的深渊，成为投机者的取款机。发达国家不遗余力地强迫发展中国家开放市场，鼓吹和支持其所谓的自由市场原则，而发展中国家过快的和不当的自由化进程增强了金融体系的脆弱性，极易引发金融风险的发生。金融全球化又使得全球经济在一定程度上"一荣俱荣，一损俱损"，金融边缘地区的危机同样会殃及中心地段，金融危机的传染力在一个全球化的年代得到了空前的扩张。

正因为在现代经济发展中金融可能带来的这些不良影响有巨大的破坏性，所以当代各国都十分重视金融宏观调控和金融监管，力图通过有效的宏观调控实现金融总量与经济总量的均衡，通过有效的外部监管、内部自律、行业互律和社会公律来控制金融机构的经营风险，防止金融泡沫，保持金融安全与健康，实现经济的持续、稳定、协调发展。

【专栏 11-2】东南亚金融风暴与 2007~2009 年全球金融危机

1997 年 7 月份以来，一场金融风暴席卷了东南亚国家，泰国、菲律宾、马来西亚与印度尼西亚四国的货币大幅度贬值，股市跌至最低点，经常项目赤字剧增，经济增长速度明显放慢。这场危机迅速波及亚洲"四小龙"，随后引起了国际金融市场的全面震荡。时隔 10 年，2007—2009 年全球金融危机由美国次贷危机点燃，随着 2008 年 9 月 15 日美国主要投资银行雷曼兄弟公司破产进入全面爆发阶段。其冲击波蔓延全球，影响深远，堪称"金融海啸"。美国次级抵押贷款危机爆发后，相关证券化产品市场出现冻结，各类金融资产市场承受巨大压力。这导致持有大量次贷及其他相关资产的金融机构出现严重的流动性危机和信用危机，许多大型金融机构破产或被政府接管。由于金融衍生品市场牵连广泛，源于美国的金融风险通过各类渠道扩散到全球。随着信贷急剧紧缩、市场信心迅速恶化，实体经济也受到严重影响，金融危机逐渐转变为全球性经济危机，世界各国经济都出现不同程度的放缓或衰退，失业率明显上升。

(资料来源：钱水土，货币银行学(第 2 版)，北京：机械工业出版社，2015)

第二节　金融发展理论

20 世纪下半叶以来，许多经济学家开始把金融发展问题作为特定的研究对象，从金融理念、金融体制、金融总量、金融结构、金融创新等方面研究金融发展及其与经济发展之间的关系，并提出了相应的金融改革建议，其中较有代表性的有金融压制论、金融深化论、金融结构与发展理论等。这些研究成果对于各国特别是发展中国家的金融发展具有重要的参考借鉴价值。

当代西方主流经济学派的货币金融理论，大都以发达国家为研究对象而建立。就是说，隐含的研究对象是经济发达、市场机制、金融制度健全、金融市场活跃的国家，对于经济欠发达、经济金融制度落后、金融活动约束的发展中国家来说，适用性和操作性较差。随着发展中国家经济实力的增强和国际地位的提高，经济学家开始注意对发展中国家经济与金融的研究，许多学者试图把正统的西方金融理论加以改造，使之适应于发展中国家的国情。美国经济学家罗纳得·麦金农(Ronald McKinnon)和爱德华·肖(Edward Shaw)在 20 世纪 70 年代提出的金融深化论和金融压制论就是这样一种尝试。他们的理论以发展中国家为研究对象，重点探讨金融与经济发展之间的相互作用问题，提出了相应的政策主张，不仅在西方经济学界具有较大影响，而且引起了发展中国家的高度重视，被认为是对发展经济学和货币金融理论的重要贡献。

一、发展中国家货币金融发展的特征

麦金农和肖认为，要建立一套适合于发展中国家的货币金融理论与政策，首先必须了解发展中国家金融发展的现状与特征，在此基础上研究金融与经济发展之间的关系以及应采取的对策。他们将发展中国家金融发展的现状与特征，概括为四个方面：货币化程度低下、金融体系二元结构、金融市场比较落后和政府对金融过度干预。

货币化程度是衡量一个国家商品经济和金融发展程度的重要指标。货币化程度低下，表示该国尚未摆脱"自然经济"和"外物交换"的原始落后状态，货币的作用范围小，货币供应量、利率、汇率等金融变量的功能难以发挥，金融宏观调控的能力差。

金融体系二元结构，即现代化金融机构与传统金融机构并存。发展中国家这种二元金融体系结构，是由二元经济结构和二元社会结构决定的。现代化金融机构是指以现代化管理方式经营的大银行与非银行金融机构，它们有雄厚的资本和资金实力，精良的设备和技术，先进的制度与管理方式，主要集中在大城市。传统金融机构是指以钱庄、放债机构、当铺为代表的小金融机构，它们经营规模小，风险大，在商品经济发展中的作用力较弱，这些机构主要分布在广大的农村和经济落后或偏远的小城镇。

金融市场比较落后，在发展中国家主要表现是，由于部门之间处于割裂状态，大部分经济单位之间相互隔绝，他们面临的生产要素及产品的价格不同，所处的技术条件不一，收益率差异很大，缺乏一种市场机制使之趋于一致。这种市场的不完全表现在金融方面就是各经济单位之间的货币资金是难以相互融通的，有的发展中国家根本没有金融市场，有的国家即使有，也是低级的，并由行政机关来组织活动，大量的小企业和居民被排斥在形式化的金融市场之外。大部分发展中国家的资本市场十分落后，金融工具品种少，数量小，交易方式落后，交易活动呆滞，价格机制失灵，市场管理薄弱，投机过度，市场稳定性很差，因而无法通过金融市场来多渠道、多方式、大规模地组织和融通社会资金，并顺利使储蓄转化为投资，导致资本供给不足资金使用效率低下。

政府对金融实行过度干预，主要表现对金融活动做出种种限制。一是对利率和汇率实行严格管制和统一调整，导致利率和汇率出现扭曲，失去了反映调节资金或外汇供求的功能。二是对一般金融机构的经营活动进行强制性干预，划定金融机构的经营领域，甚至强迫金融机构贷款方向和数量。三是采取强制措施对金融机构实行国有化，国有金融机构在金融体系中占绝对优势，在金融机构中，商业银行又占绝对优势，从而在整个金融机构体系中使国家银行保持绝对垄断的地位，其结果是金融业缺乏竞争和官方金融作风盛行，金融机构经营效率很低。

以上 3 个特征一般在发展中国家或多或少存在，差别只在于程度不同。金融深化论和金融压制论就是以具备这些特征的发展中国家为分析研究对象。

二、金融压制对经济发展的阻滞

现代经济社会中金融与经济发展之间存在着一种相互影响和相互作用的关系。若由于政府对金融业实行过分干预和管制政策，人为压低利率和汇率，并强制实行银行信贷配给，造成金融发展的落后和缺乏效率，从而制约经济的发展，而经济的呆滞又制约了金融业的良性发展时，金融和经济发展之间就会陷入一种相互掣肘的恶性循环状态，这种状态称作金融压制。

从目前世界上大多数发展中国家的金融现状分析，确实都存在不同程度的金融压制问题。主要表现在以下几点。

(1) 金融机构高度国有化，但占垄断地位的大国有银行经营和服务效率低下，缺乏金融创新的环境和动力。

(2) 金融市场尤其是资本市场不发达，金融资产存量和品种少，储蓄者和投资者相互隔绝，企业的市场融资困难，大量的中小企业融资渠道极其狭窄，严格的融资条件限制和高昂的民间信用成本，使中小企业普遍使用内源性融资的方式。

(3) 在政府规定的低利率水平下，金融体系很难有效地吸收各种闲散资金，与此同时，由于资金使用成本极低(通货膨胀时为负数)，形成旺盛的资金需求。在资金供不应求的情况下，金融体系只能在政府控制下，以"配给"方式提供信贷，能获得贷款的多数是享有特权的国有企业，或与官方金融机构有特殊关系的企业，贷款是最珍贵的稀有资源，成为政府控制经济发展和社会稳定的手段，不讲经济效益。这种资金集聚困难和使用浪费的状况，严重阻碍了经济的发展，极易引发通货膨胀。

(4) 在经济方面，因资金不能进行最优配置，加上"分割经济"中资产报酬率存在着不合理的差异，使生产要素难以最优组合，资源得不到充分利用，导致经济发展的迟缓和经济效益低下，落后的经济又限制了资金的积累和对金融服务的需求，制约着金融业的发展，最终出现金融与经济发展互相制约的恶性循环。

由发展中国家货币金融特征造成的金融压制，加剧了金融体系发展的不平衡，极大地限制了金融机构的业务活动，束缚了金融市场的形成和发展，降低了社会储蓄并阻滞其向社会投资的顺利转化，制约了国民经济的发展，并通过消极的反馈作用加重了金融业的落后，因此，解除金融压制成为发展中国家活跃金融和发展经济的必要条件。

三、金融深化对经济发展的促进

金融深化是指一个国家金融和经济发展之间呈现相互促进的良性循环状态。发展中国家要实现金融深化，应具备两个前提条件：第一，政府放弃对经济活动特别是金融体系和金融市场的干预和管制；第二，政府允许市场机制特别是利率汇率机制自由运行。这样，一方面，健全的金融体系和活跃的金融市场，能有效动员社会闲散资金向生产性投资转化，引导资金流向高效益的部门和地区，优化资源配置促进经济发展；另一方面，经济的蓬勃发展，通过增加国民收入和提高各经济单位对金融的需求，刺激了金融业的发展，由此形成金融——经济发展互动的良性循环。

金融深化的积极作用已经被许多发展中国家的经济发展所检验，加快金融深化是优化金融资源和提高经济效益的条件。麦金农和肖提出，衡量一个国家金融深化程度主要有四个指标：利率、汇率的弹性与水平，金融资产的存量和流量，金融体系的规模和结构以及金融市场的运行和功能。

利率、汇率的弹性与水平是金融深化的重要标志，主要体现在利率和汇率的市场化程度。因为只有市场利率和汇率才是富有弹性的，才能真实反映资金的供求情况，标明投资的机会成本，从而增强各种经济变量对利率和汇率的弹性。在通货膨胀得到有效控制以后，实际利率应该保持为正数。

金融资产的存量和流量是金融深化的微观表现。一个国家金融资产存量的品种增多、范围扩大，期限多样、利率弹性大，表明金融深化程度高。金融资产作为储蓄或投资对象，具有较强的吸引力，其更多地来源于国内各部门的储蓄。金融深化使经济增长对通货膨胀和外债的依赖性下降；经济发展中货币化程度稳定上升；金融资产与国民收入或有形物质财富的比值，即经济金融化程度逐渐提高。

金融体系的规模和结构是金融深化的宏观标志。现代金融机构已经取代传统金融机构，金融体系机构增多，网点分布均匀，出现各种类型的金融机构并存的局面，特别是非银行金融机构和非国有金融机构的存在和发展，有利于打破国有银行的垄断特权，金融机构在平等基础上层开竞争，金融业的经营效率大大提高。

金融市场的运行和功能是金融深化的积极贡献。金融深化的国家，外源性融资十分便利，金融市场上参与者众多，金融工具选择性强，市场容纳量增大，交易活跃，运作规范，竞争有序管理有方，市场的投融资功能发挥充分，黑市或利用官价牟利的不合理现象因失去生存基础而销声匿迹。

麦金农和肖认为，发展中国家要实现金融深化，政府应该实施以下政策：①尽量减少对金融业的干预，允许非国家、非银行金融机构的存在和发展；放松对金融市场的管制，鼓励各类金融机构、企业、居民和外国投资者积极参与金融市场的活动。②取消对存贷款利率的硬性规定，使利率能正确反映资金的供求状况和稀缺程度。只要政府放弃利率管制，就可以消除负利率，而保持实际利率为正数有利于扩大储蓄、提高资金使用效益。③放弃以通货膨胀刺激经济增长的做法，不能靠增加货币供给来解决资金供求的矛盾，应该力求稳定通货平抑物价，为金融体系有效吸收资金和运用资金创造条件，通过金融深化增加储蓄、扩大投资、提高就业和总收入来促进经济增长。根据上述理论，对于大多数发展中国家来说，在经济发展过程中解除金融压制，推行金融深化政策是极为重要的。

四、对金融压制论及金融深化论的简要评价

金融压制论和金融深化论的提出，引起了许多发展中国家政府的重视，一些国家以此理论为依据，推行了以金融自由化为核心的金融改革。从实践的结果来看，取得了一定的成效，但未能达到该理论所描述的理想目标，因此，对该理论的评价也褒贬不一。特别是20世纪90年代以来金融危机在发展中国家频繁爆发，更引起了经济学家的认真反思，对金融压制论和金融深化论中的一些观点和主张产生了质疑，因此，需要认真辨析，才能取其精华，正确对待和借鉴。

概括而言，金融压制论和金融深化论的主要贡献在于以下几方面。

(1) 揭示了现代市场经济中金融与经济发展之间相互影响的重要关系，明确提出了金融与经济发展之间双向作用的理论，特别是强调金融在经济发展中的作用以及金融的落后或发达对于经济发展影响的分析，这对研究现代货币信用经济发展的问题有重大理论和实践价值。

(2) 弥补了西方主流经济理论对发展中国家研究不足的缺陷，否定了西方主流经济理

论中若干论点，提出了更适应发展中国家实际情况的理论与政策，丰富了金融理论和发展经济学。

(3) 论证了市场机制在推动金融——经济发展进入良性循环过程中的作用，强调了在现代金融运作中市场机制的功能，阐述了金融自由化和市场化对于经济与金融发展的促进原理，分析了金融管制和行政干预造成的不良后果，在此基础上提出的对策建议，对于普遍忽视市场机制的发展中国家有较强的针对性和适用性。

金融压制论和金融深化论的不足主要是：

(1) 过分强调金融自由化。核心观点和政策主张是要全面推行金融自由化，取消政府对金融机构和金融市场的一切管制与干预。当然，发展中国家为了促进金融和经济的迅速发展，解除不合理的管制或过度干预十分必要，但因此要求实行完全自由放任的金融政策则欲速不达。因为大多数发展中国家的市场经济体制和运作机制还不完善，市场运作中的制约机制、调控机制、自我稳定机制都不健全，在对外开放中的议价能力、竞争能力和抵御外部冲击的能力薄弱，全面实行金融自由化的条件不充足。特别是由于在现代经济中金融的特殊性和重要性，即使在发达的市场经济国家，政府也需要对金融业实施严格监管，规范金融运作和金融秩序，以防范金融风险和金融危机。因此，为了保证金融业的安全营运和稳健发展，发展中国家不仅要审慎对待金融自由化问题，还需要强化对金融业的有效监管。这也是 20 世纪 90 年代以来，爆发金融危机的发展中国家共同的经验教训之一。

(2) 过分夸大金融在经济发展中的作用。"金融二论"把发展中国家经济发展落后的主要原因归结为金融落后，有些以偏概全。导致发展中国家经济发展落后的原因有多方面，其中历史的、社会的、政治的、经济的，包括文化的因素都有重要影响，金融落后只是原因之一，仅仅解决金融问题远远不够。过分强调金融在经济发展中的作用很可能出现误导，忽视社会物质生产能力的提高、社会真实资本的增长和经济结构的改善，热衷于刺激金融机构和金融市场的扩大、虚拟资本的增长，极易导致信用危机和金融危机，最终危害经济发展。

五、金融约束及其政策取向

金融约束是指一组金融政策，包括对存款利率加以控制、对贷款利率加以控制、对金融市场进入加以限制以及对来自资本市场的竞争加以限制等。

20 世纪 90 年代信息经济学的成就被广泛应用到各个领域，包括政府行为的分析。很多经济学家分析了在信息不完全的前提下，金融领域的"道德风险""逆向选择"等问题，托马斯·赫尔曼、凯文·穆尔多克、约瑟夫·斯蒂格利茨等人于 1996 年在麦金农和肖的金融深化理论基础上，提出了金融约束论。他们认为政府对金融部门选择性地干预，有助于而不是阻碍了金融深化，提出了经济落后、金融程度较低的发展中国家应实行金融约束政策，在一定的前提(宏观经济稳定，通货膨胀率低，没有负利率)下，通过对存贷款利率加以控制、对市场准入加以规范、对金融竞争加以引导以及对资产替代加以限制等措施，为金融部门和生产部门创造租金，提高金融体系运行的效率。

金融约束是一种选择性政策干预政策，政府金融政策制定的目的，是在金融部门和生产部门创造租金机会，刺激金融部门和生产部门的发展，促进金融深化。金融约束与金融抑制截然不同，金融抑制的前提条件是稳定的宏观环境、较低的通货膨胀率、正的实际利率。最关键的是，金融抑制是政府从金融部门攫取租金，而"金融约束的本质是政府通过一系列的金融政策，在民间部门创造租金机会，而不是直接向民间部门提供补贴。"租金创造并不一定要靠利率限制来达到，政府可以采用金融准入政策、定向信贷和直接干预等。只要政府使银行和企业获得了超过竞争性市场所能得到的收益，政府并不瓜分利益，这就可以说政府为它们创造了租金。通过创造经济租金，使银行和企业股本增加，产生激励作用，增加社会利益。

金融约束的政策取向主要体现在以下几方面。

(1) 政府应控制存贷款利率。把存款利率控制在一个较低的水平上(要保证实际存款利率为正值)，减低银行成本，创造增加其"特许权价值"的租金机会，减少银行的道德风险，激励其长期经营。只要存款利率控制适度，金融约束是有好处的；如果控制力度过大，资源配置将受到扭曲，金融约束将会蜕变为金融抑制。只要干预程度较轻，金融约束就会与经济增长正相关。

(2) 严格的市场准入限制政策。严格的市场准入政策并不等于禁止金融机构市场准入，而是指新的进入者不能侵占市场先入者的租金机会。如果没有市场准入的限制政策，银行数目的增加将使资金市场竞争加剧，无序金融竞争会造成社会资源浪费，甚至导致银行倒闭，危及金融体系的稳定。为使这种租金不至于消散，一个重要的保护手段就是限制金融机构市场准入，以维持一个暂时的垄断性市场，对现有少数进入者进行专属保护。严格的市场准入政策可提高金融体系的安全性，对整个社会经济具有重要的外部效应。

(3) 限制资产替代性政策。即限制居民将正式金融部门中的存款化为其他资产，如证券、国外资产、非银行部门存款和实物资产等。金融约束论认为发展中国家证券市场尚不规范，非正式银行部门的制度结构薄弱，存款若从正式银行部门流向非正式银行部门会减低资金使用效率，不利于正式银行部门的发展。而资金若由居民部门移向国外，会减少国内资金的供应，扩大国内资金的缺口，对国内经济尤为不利。

金融约束是发展中国家从金融压抑状态走向金融自由化过程中的一个过渡性政策，它针对发展中国家在经济转轨过程中存在的信息不畅、金融监管不力的状态，发挥政府在市场"失灵"下的作用。因此，它并不是与金融深化完全对立的政策，相反，它是金融深化理论的丰富与发展。

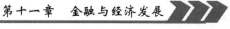

第三节　金　融　创　新

一、金融创新的概念

20世纪70年代以来，在世界范围内掀起了金融自由化改革浪潮和金融创新的实践。金融创新是指金融领域内部通过各种要素的重新组合和创造性变革所创造或引进的新事物。在此背景下，作为金融改革和金融实践的指导思想和理论总结，金融创新理论也获得快速发展。在这一理论与实践的发展进程中，金融创新被人们赋予了越来越丰富的内涵。金融创新就其实质来说，就是为了提高和改善金融资源分配效率，在金融交易结构、交易制度、交易组织、交易技术、交易工具和交易方法等方面发生的创新和变革。

二、金融创新的原因

1．信息技术的推动

以电子计算机为代表的电信、信息处理等信息技术的飞速发展，是金融创新的主要原因。一方面，金融电子化、信息化降低了银行成本，也致使众多新的金融工具诞生和推广应用。另一方面，信息技术克服了金融运作时间和空间上的障碍，使金融工具的交易可在全天候连续地在任何市场进行，实现了金融市场的全球一体化。

2．国际经济一体化发展的需要

第二次世界大战以后，生产与资本的国际化有了巨大的发展，这要求金融机构提供多功能、高效率的金融服务，以使跨国公司与跨国银行能在全球范围内更有效地融通和运作资金。

3．回避金融风险的需要

随着浮动汇率制度的建立与运行，汇率频率波动，利率起伏不定，这使市场风险增加。为了防范汇率风险和利率风险，各种保值工具应运而生，如浮动利率票据、通货远期等。

4．回避金融管制的需要

西方国家普遍采取控制措施以维护本国的货币政策，为此，银行创造了一系列反控制的金融技术，例如欧洲货币、欧洲债券等创新。20世纪80年代后期随着银行经营风险的增加，各国金融当局普遍要求商业银行保持必要的资本充足性比率。这就促使银行通过无须与资本挂钩的表外业务来赚取利润，金融期权和期货等创新得到了较快的发展。

5. 金融自由化的影响

20世纪70年代中期以来，西方金融管制出现逐渐放松的趋势。美国1974年取消对资本输出的管制，1980年又取消对商业银行定期存款利率上限的限制。英国1979年取消外汇管制，并在相继的几年里，有20几个比较重要的金融管制被取消。日本自1984年起，采取20多条放宽管制的措施，实现了欧洲日元债券、东京外国债券及东京股票市场的开放。各国金融管制的逐步放松，推动了金融创新，涌现出许多国际金融创新业务。

6. 金融竞争的加剧

竞争表现在两个方面，一是不同国家金融系统的竞争，二是各国金融系统中银行与非银行金融机构间的竞争。竞争的加剧促使金融机构更加愿意创造新的金融工具，并按有利于潜在最终用户的条件提供服务。20世纪90年代以来的金融工程，正是围绕企业的需求来设计和推出不同的金融产品。

三、金融创新内容

金融创新包括金融制度创新、金融技术创新和金融产品创新三个方面内容。

首先，金融制度创新是为了适应金融效率提高的要求，而在金融资源分配制度方面发生的变革和创新，它是一国经济制度的必要组成部分。金融制度创新是通过金融资源分配和金融交易的某种制度变革或制度安排，增强制度交易的活力、降低金融交易成本、改善金融资源分配状况、扩大金融交易规模，最终达到提高金融效率的目的。金融制度创新涉及金融体系的组织与构造、金融市场的组织与结构、金融活动的监管与调节等方面的变革。而且广义上，金融制度创新还应包括金融交易主体的产权制度创新和内部组织制度创新。

其次，金融技术创新是指伴随着科学技术和管理技术的发展，为了降低金融交易成本、提高金融交易效率而在金融交易手段、交易方法和物质条件方面发生的变化与革新。金融技术创新既是金融效率提高的物质保证，同时还是金融创新的内在动力之一。正是由于科学技术，特别是电子计算机技术在金融交易中的广泛应用，才使得金融制度与金融交易工具发生了深刻的变化。可以说，金融技术创新是传统金融资源分配模式与现代金融发展的根本区别。

最后，金融产品创新是指金融资源的分配形式与金融交易载体发生的变革与创新。金融产品创新是金融资源供给与需求各方金融要求日益多样化、金融交易制度与金融技术创新的必然结果。一方面，通过金融产品的创新活动最大限度地动员和分配了可支配的金融资源，满足了社会经济发展对金融资源的需要；另一方面，金融产品创新适应了社会财富不断增长的背景下，金融投资者对投资产品的多样化需要和投资风险管理的各种要求。从而金融产品创新从金融资源供给与需求两个方面改善了金融资源的分配状况，提高了金融效率。此外，金融产品创新还使金融产业不断适应金融交易对金融中介服务的需要，适时进行金融结构的调整，并在金融结构变化中获得不断发展。

四、金融创新对金融与经济发展的影响

金融创新极大地促进了金融发展，使金融发展对经济发展的推动力增强，但不容忽视的是，金融创新是一把双刃剑，它在繁荣金融、促进经济发展的同时，也会导致新的金融风险和问题，对金融和经济发展产生潜在的或现实的负面影响。

1. 金融创新对金融发展的促进

1) 提高了金融运作效率，加速了金融市场发育

金融创新增加了金融商品和服务的种类，增强了金融机构的基本功能。电子计算机应用于支付清算系统提高了支付清算的速度和资金周转速度，节约了大量的流通费用，增强了资金使用效率。因此金融创新增强了金融机构的资产，其信用创造的功能得到充分发挥，金融机构的资金流量和资产存量急速增长，从而提高了金融机构经营活动的规模报酬，降低了平均成本，金融机构的盈利能力大为增强。金融创新提高了金融市场价格变动的灵敏度，使金融市场的价格能够对所有可得的信息做出迅速灵敏的反应，提高了价格的合理性。而且金融创新还提供很多避险型金融工具与融资技术，投资者不仅能进行多元化资产组合，还能及时调整组合，在保持效率组合的过程中，通过分散转移把个别风险减到较小的程度，增强了剔除个别风险的能力。加之市场交易成本与平均成本降低，投资收益相对上升，更多的投资者和筹资者进入市场，提高了交易的活跃程度。

2) 增强了金融产业发展能力，促进金融作用力增强

金融产业发展能力主要体现为开拓新业务和新市场的能力、资本增长的能力、设备配置或更新能力、经营管理水平和人员素质的提高能力等，在当代金融创新的浪潮中，涉及金融产业发展的这些能力都有较大幅度的提高。金融作用力是指金融对整体经济运作和经济发展的作用能力，一般通过对经济总量和经济活动的影响及其作用程度体现出来。当代金融创新提高了金融资源的开发利用与再配置效率，使发达国家从经济货币化推进到金融化的高级阶段，大幅度提高发展中国家的经济货币化程度，使金融总量快速增长，扩大了金融资源的可利用程度并优化了配置效果。社会投融资成本趋于下降，促进了储蓄向投资的转化，同时金融机构和金融市场能够提供更灵活的投融资安排，各种投融资的限制逐渐被消除，金融业对社会投融资需求的满足能力大为增强，使全社会的资金融通更为顺利。金融业产值迅速增长，金融业对经济发展的贡献更加突出，而且创新后用较少的货币就可以实现较多的经济总量，意味着货币的作用力和推动力增大。

2. 金融创新带来的新风险与问题

1) 削弱了中央银行对货币供给的控制能力

金融创新使货币需求一定程度减弱，改变了货币结构，也降低了货币需求的稳定性；而各类非银行金融机构和复合型金融机构在金融创新中也具备了创造存款货币的功能，增加了货币供给的主体；加之新型金融工具使金融资产的流动性强弱不明显，导致货币定义和计量困难和复杂化。因此，中央银行对货币供给的控制能力有所下降，现实经济中由于通货—存款比率、法定存款准备金率、超额准备金率下降扩大了货币乘数，增强了货币供给的内生性，可能导致货币政策效力稀释和金融监管困难。

2) 影响货币政策的决策与传导

金融创新降低了货币政策中介指标的可靠性，给货币政策的决策、操作和预警系统的运转造成较大困难，创新削弱了存款准备金率和再贴现政策的作用力，加大了政策传导的不完全性；创新后由于导体增多，时滞不定，使货币政策的传导过程离散化、复杂化，政策效果的判定也更为困难。

3) 增加了金融业的系统风险

金融创新在提高金融微观效率和宏观效率的同时，加大了原有的系统风险(包括利率风险、市场风险、信用风险、购买力风险等)，如授信范围的扩大与条件的降低会增加信用风险，而且伴随着新型金融工具的交易，新的金融风险也产生了。如大规模的金融电子化创新所产生的电子风险，金融业务和管理创新中出现的伙伴风险与金融国际化相伴而生的国际风险等。尤其是从虚拟资本中衍生出的交易吸引了大批的投资者和大量的资金，使衍生交易价格过高，表现为虚拟资本急剧膨胀，其市价大大超过真实经济净值，产生过度投机和泡沫，扩大了金融系统风险。20世纪80年代以来银行的资产风险和表外业务风险猛增，导致金融业稳定性下降，金融机构亏损、破产、倒闭、兼并、重组事件频繁发生，整个金融业处于一种结构调整和动荡不定的状态之中。

本 章 小 结

(1) 金融是市场经济的核心。金融与经济的关系极为密切。现代市场经济就是货币经济、信用经济。如果就金融与经济的关系而论，则是经济决定金融、金融反作用于经济。

(2) 金融深化论和金融压制论以发展中国家为研究对象，重点探讨金融与经济发展之间的相互作用。大多数发展中国家都存在不同程度的金融压制问题，具体表现在：金融机构高度国有化，缺乏金融创新环境和动力；金融市场尤其是资本市场不发达，金融资产存量和品种少，中小企业融资渠道狭窄；政府规定的低利率水平低，形成旺盛的资金需求；资金不能最优配置，生产要素难以最优组合，制约金融业发展。

(3) 发展中国家实现金融深化，应具备两个前提条件：第一，政府放弃对经济活动特别是金融市场的干预和管制；第二，政府允许市场机制特别是利率汇率机制自由运行。尽量减少对金融业的干预，允许非国有、非银行金融机构的存在和发展；放松对金融市场的管制；取消对存贷款利率的硬性规定，使利率能正确反映资金的供求状况；力求稳定通货、平抑物价，为金融体系有效吸收和运用资金创造条件。

(4) 金融创新的实质是为了提高和改善金融资源分配效率，金融创新包括金融制度创新、金融技术创新和金融产品创新三个方面内容。我国目前的金融创新仍处于一个较低的阶段，中国金融创新应坚持原创性与实体经济相结合，以满足需求、优化配置的技术主导型金融工具的创新为突破口，同时坚持信用制度创新、技术创新和金融市场创新。

(5) 保持金融的可持续发展，首要的是要保持金融发展与经济发展的协同，即金融资源的开发利用要与经济发展的需求相协调。保持金融发展与经济发展的协同，目的是通过金融资源的合理适度开发利用，实现经济与金融相互促进良性循环，最终实现经济与金融的可持续发展。

复习思考题

一、问答题

1. 简述金融与经济的关系。
2. 简述金融约束理论的基本内容及其政策取向。
3. 金融创新的原因和内容是什么？

二、材料分析题

在现代市场经济中，金融与经济的关系越来越密切，金融活动已经渗透到经济生活的方方面面，金融的发展对经济的发展起着巨大的推动作用，金融发展中出现的不良影响和负面作用对经济发展的阻碍和破坏作用也越来越大。因此，正确认识金融与经济的关系，对于摆正金融在经济发展中的位置，充分发挥金融应有的功能与推动作用，防范金融可能出现的不良影响具有重要意义。

试分析金融对经济发展的推动作用与不良影响。

第十二章

金融风险与金融监管

学习目标

通过本章学习，熟悉金融风险的种类、成因和危害，以及防范化解金融风险的措施；了解金融危机的类型及表现；掌握金融监管的含义和特征；了解金融全球化的主要表现、作用与影响。

关键概念

金融风险(financial risk)　金融危机(financial crisis)　金融监管(financial regulation)
信用风险(credit risks)

第一节　金　融　风　险

一、金融风险概述

1. 金融风险的概念及特性

金融风险是指在货币经营、资金融通的活动中，由于各种因素随机变化的影响，使金融机构或金融投资者的实际收益与预期收益发生偏差，从而使其有蒙受损失或获得额外收益的机会和可能性。

金融风险与一般意义上的风险概念是有很大区别的：从内涵来说，金融风险的内容比一般风险要丰富得多；从外延来说，金融风险要比一般风险的范围要小得多。前者仅限于发生与存在于资金借贷和经营过程中的风险，而后者则包括发生与存在的一切风险。

金融风险的类型很多，不同的金融风险除了自身的生产、影响和表现形式相异外，还有一些共同特性。

1)　客观性和普遍性

金融的基础是信用关系，它以资金所有权和使用权的暂时分离为基础，在所有者让渡资金使用权的过程中，影响资金正常回流的因素和环节很多，任何一个因素和环节出现问题，都会造成与预期的差异。因此，金融机构的各种经营活动都不同程度地包含着金融风险。

2）可传递性

可传递性指个别金融企业经营出现危机，会迅速波及其他金融企业，乃至整个金融体系。金融企业自有资本比率低，主要依靠扩充负债来增加资产，其经营与发展是建立在社会公众高度信任基础上的。所有金融企业都只有在存款人或存款保证金存入者不同时提取存款的情况下才具有清偿能力。而且整个银行业中各家金融机构又是紧密联系、互为依存的，一家金融企业倒闭，会造成社会公众对所有金融企业的信用危机，诱发挤兑的金融风潮，引起一系列债权债务关系的破裂，产生金融企业相继倒闭的"多米诺骨牌效应"，殃及整个金融系统。

3）社会性

社会性指金融风险的爆发有其深刻的社会经济根源，是社会经济危机积累到临界状态的集中反映，其防范与化解往往需要整个社会机制的作用。例如1929年之后，美国经济出现股市大崩溃后的大萧条，关于金融诈骗的流言开始传播。储户纷纷涌向银行提取存款，银行倒闭像瘟疫一样蔓延。罗斯福总统关闭了所有的银行，联邦储备委员会把银行经过一定清理、整顿才重新开业。美国政府随之完善金融立法，通过制定《格拉斯—斯蒂格尔法》等一系列金融法律法规，保障了商业银行的经营安全，使商业银行逐步从危机的痛苦中挣脱出来。

4）周期性

周期性指金融风险受国民经济循环周期和货币政策变化的影响，呈现周期性、规律性的变化。一般来说，在货币政策宽松期，存款、放款、投资、还款、结算等环节运行相对顺畅，资金流动量大，货币供需矛盾缓和，影响金融机构安全的因素减弱，金融风险就小。反之，在货币政策缩紧期，各经济主体、金融运行与经济运行、金融运行各环节之间的矛盾加剧，货币供需出现较大缺口，影响金融机构安全性的因素逐渐增强，社会经济运行的链条常常发生断裂，金融风险增加。

5）可控性

金融风险的产生与发展都有一定的规律可循，是可以防范与控制的。从微观来看，金融机构可以通过增加资本金、减少风险资产，增强抵御风险的能力；可以通过完善内控机制来防范风险；可以通过贷款保险、资产保全、债权和债务重组化解风险。从宏观看，可以通过加强宏观监管、金融同业严格自律、禁止不正当竞争行为、成立存款保险公司、完善金融和经济法规等防范和化解金融风险。

6）双重性

金融风险既可能给从事金融活动的主体带来收益的机会，也有可能给活动主体带来损失的机会。因此，金融风险的双重性表现为动态性和投机性。

2. 金融风险的类型

为了有效地预防、监测、控制金融风险，有必要对金融风险进行归类，以便人们从不同角度认识金融风险，采取不同的防范措施，实现金融业的安全经营。金融风险的种类很多，按照不同的划分标准，可分为多种形式。

1) 按照金融风险的内容划分

按此种方式可分为银行信用风险、外汇风险、证券投资风险、信托风险、衍生金融工具投资风险等，这是金融风险最基本的一种分类方法。

2) 按照金融风险涉及的范围划分

按此种方式可分为微观金融风险、宏观金融风险。微观金融风险是个别金融主体在经营过程中由于决策失误、经营管理不善、违规等一些原因导致金融资产受损的可能性，主要包括信用风险、流动性风险、资本风险、决策和管理风险、市场风险、犯罪风险等。宏观金融风险也称为系统性风险，主要包括利率风险、汇率风险、政策风险、国际收支风险等。

3) 按照风险承担的主体划分

按此种方式可分为国家金融风险和经济实体金融风险。前者指以政府代表国家的身份承担的金融风险。后者包括居民、企业、金融机构等内在的经济实体承担的金融风险。

4) 按照风险产生的根源划分

按此种方式可分为客观金融风险和主观金融风险。前者是指由于自然灾害、政治事件、科学技术、经济体制等一系列客观因素带来的金融风险。后者是指市场主体因其自身经营管理不善或受投机因素的干扰、因预期失误等原因引起的金融风险，如期货市场上的投机行为、大户操纵、机会主义等。

5) 根据金融风险作用程度划分

按此种方式可分为轻度金融风险、严重金融风险、金融危机。轻度金融风险表现为不良资产比重控制在10%以内，单个金融机构出现较大问题，但未波及全行业，风险隐患在短期内很快消除，金融形势平稳。严重金融风险表现为金融机构不良比例已超过10%，而且还在迅速增长，全行业均存在不同程度的资产不良问题，部分金融机构有挤兑现象，出现支付危机，整个金融业势必出现恐慌，这时政府、中央银行需要采取措施进行干预、控制，甚至要在国际金融组织的援助下才能控制局面。金融危机表现为全部或大部分金融指标在短期内急剧恶化，不良资产比例继续上升，本币贬值，资金外流，金融机构倒闭或被接管，各种援助措施已显困乏，金融秩序混乱，经济增长停滞。

6) 按金融机构经营活动的风险划分

按此种方式可分为信用风险、流动性风险、市场风险、利率风险、资本风险、操作风险、结算风险、政治风险和外汇风险等。

信用风险是指债务人没有能力或不愿意偿付债务而使金融资产受损的风险，又称为违约风险。自从信用关系出现，信用风险就存在，它是金融业的传统风险，也是最主要的风险。当今世界上许多国家的银行因出现的信用风险而被坏账、呆账所困扰，已经严重影响到银行体系的稳定和经济的发展。

流动性风险是指银行等金融机构对客户提现或贷款需求的支付能力严重不足，从而引发清偿问题的可能性。在日常经济生活中，银行资产的流动性越低，资产变现的可能性越小，应付突变事件的能力也就越弱，严重的流动性危机会导致银行破产。但是银行要保持资产的流动性是以减少收益为代价的，因此需要在风险和收益之间做出合理选择。

市场风险。1996年1月巴塞尔银行监管委员会颁布的《资本协议市场风险补充规定》定义：市场风险是由市场价格波动而导致表内和表外头寸损失的风险，包括利率风险、股票风险和商品风险。

利率风险是指由于市场利率变动的不确定性导致的金融风险。利率是资金的价格，是调节金融市场资金供求关系的杠杆。由于受中央银行的管制、货币结算、经济活动水平、资金供求状况、国际利率水平、投资者的预期等因素影响，利率经常波动，它直接影响金融机构的经营环境，影响经济主体的资产、负债的市场价值的不确定。

资本风险是指银行资本金过小，不能抵补亏损，难以保障银行正常经营的风险。

操作风险是指金融机构因不正确的或错误的内部操作过程、人员、系统或外部事件导致直接或间接损失的风险。

结算风险是指银行在办理结算中因工作失误或违反结算规定和纪律，造成损失需要承担责任的一种风险。结算风险主要发生在支付结算、凭证处理、票据承兑、资金划拨等方面，因结算延误、截留、挪用等所发生的赔偿的可能性。

政治风险是指政局变化、政权更替、战争、种族突变、恐怖活动给金融业造成的风险损失。对境外投资者讲，政治风险包括政局的变化、投资环境恶化使投资者收益受损的可能性。政治风险还包括外国政府因其政策变化而引起拖欠债券国贷款或无力履行其承诺的风险，这实质上是一种主权风险。

外汇风险是指经济实体或个人在从事国际经营、贸易、金融活动中以外币计价的资产或负债因外汇汇率变动而引起价值上升或下跌所造成的损失的可能性。

【专栏 12-1】雷曼兄弟公司的倒台

2008年9月15日，美国第四大投资银行雷曼兄弟控股公司根据美国破产法，向美国联邦破产法庭递交破产保护申请。以资产衡量，这是美国金融业最大的一宗公司破产案。具有158年历史的雷曼兄弟公司在破产之前是一家全球性的投资银行，其总部设在美国纽约，在伦敦和东京设有地区性总部，在世界上很多城市设有办公室和分支机构。公司在很多业务领域都居于全球领先地位，包括股票、固定收益、交易和研究、投资银行业务、私人银行业务、资产管理和风险投资。公司服务的客户包括公司、国家和政府机构以及高端个人客户等。2007年夏美国次贷危机爆发后，雷曼兄弟公司因持有大量抵押贷款证券，资产大幅缩水，公司股价在次贷危机后的1年之内下跌近95%。公司财报显示，截至2008年第3季度末，总股东权益仅为284亿美元，为筹集资金渡过难关，雷曼兄弟公司被迫寻找收购方。市场产生恐慌情绪，业务伙伴停止和雷曼的交易与业务，客户纷纷将与雷曼的业务转移至其他的银行和券商；美洲银行和英国巴克莱银行与雷曼谈判收购计划；美联储介入，召集华尔街主要银行商讨雷曼兄弟和保险巨头美国国际集团的问题；雷曼股价继续跌至每股3.65美元；其信用违约互换点差跳升至700基点。随后与韩国开发银行的收购谈判无果而终，美国银行和英国第三大银行巴克莱银行，也在美国政府拒绝为收购行动提供担保后宣布放弃收购。

雷曼兄弟是典型的投资银行，其业务范围主要包括从事证券发行、承销、交易、企业重组、兼并与收购、投资分析、风险投资、项目融资等业务的非银行金融机构，是资本市场上的主要金融中介。其本源业务包括证券公开发行(承销)、证券交易、证券私募、资产证券化、收购与兼并、商人银行业务(风险投资)、衍生工具的交易和创造(金融工具)、基金管理等。雷曼兄弟的破产，首先归因于市场整体环境的恶化。金融危机、次贷危机导致金融机构清盘，整体市场的恐慌，投资者大幅抽资，中止业务。而做空方投机者利用市场恐慌更是大力做空，加大了市场的恐慌与影响。就雷曼兄弟自身而言，导致其破产也是有原因的，其中包括①从传统的投资银行业务进入不熟悉的业务发展过快，并且业务过于集中于债券；②自身资本人少，财务杠杆过高，当危机来临时流动性不足；③风险资产的价格持续下跌，持有的不良资产过多，惨遭巨大损失；④高管处理危机能力不足与委托代理风险的发生。雷曼兄弟破产过程中美联储的"袖手旁观"也是导致其难逃厄运的重要原因。

(资料来源：钱水土，货币银行学(第2版)，北京：机械工业出版社，2015)

3．金融风险成因

导致金融风险的因素是复杂的，既有政治因素，又有体制因素；既有外部因素，又有内部因素，是多种因素作用积累的结果。结合世界各国的经验教训和我国的实际，导致金融风险的主要因素有以下几个方面。

1) 政策失误与政府干预不当

政策失误与政府干预不当导致的金融风险，主要表现在以下几个方面。

(1) 政府决策失误、内在的扩张冲动、寻租行为和干预不当，会增大货币供给量、恶化存量，导致金融机构资产质量下降，呆账坏账增加，金融风险加大。

(2) 政府对中央银行活动的过度干预，会削弱中央银行的独立性，扭曲货币政策，使货币政策不能完全符合经济发展的实际要求，导致金融体系运行不稳定。

(3) 政府对信用活动的直接参与和对信贷活动的行政干预，可能带来金融机构经营行为的非自主性、资金非商业化经营和信贷软约束的后果，从而可能促成或扩大金融风险。在我国，有些地方政府偏重地方经济发展而忽视银行利益。信贷活动的政府行为是导致国有商业银行资产质量下降的重要原因。

　　2）　金融监管体制不健全

　　由于各国市场经济发展水平和金融监管体制完善程度不同，金融监管的力度和实效也不一样。在我国，金融监管主要存在以下问题。

　　(1)　监管者的缺陷。由于我国社会主义市场经济体制尚有须完善之处，中国人民银行的独立性很难保证，金融监管体制很不完善，在其监管过程中很容易受到包括来自于政府等各方面的干扰；而且由于实践经验不足，其监管实际操作也有不足之处。

　　(2)　被监管者的缺陷。我国以商业银行为主体的被监管者，普遍存在缺乏自律、内控乏力的问题，体现在操作的非规范性和从业人员素质低下等各个方面，为金融监管带来了很大的难度，且也为金融风险的形成和积累埋下了巨大的隐患。

　　(3)　金融监管指标体系和监管方式的缺陷。随着金融体制改革不断深化，虽然我们初步建立了一些金融监管指标，但尚未形成符合我国实际的完整的指标体系，因而对金融风险的预警和监管缺乏科学的依据；特别是目前的金融监管，仍以行政监管为主，法规监管和监管对象的行业自律性较弱，由此导致金融监管力度不够强，实效较差。

　　3）　金融机构内部管理落后

　　从金融机构角度来说，防范和化解金融风险的根本性措施，是实施科学的管理和有效的内部控制。目前，我国金融业管理落后，内部控制机制不完善，是防范和控制金融风险的最大的问题。这主要体现在：

　　(1)　内部控制机制松弛、不健全，越权批贷屡禁不止，违规操作时有发生，授权管理不落实。

　　(2)　普遍存在经营操作的盲目性和具体操作的不规范性。

　　(3)　国有银行向商业银行转变的步伐缓慢，不能完全贯彻商业银行的经营原则。

　　(4)　金融机构全员风险意识淡薄，内部稽核监督手段落后，法规不健全。

　　4）　企业风险的转嫁

　　金融机构资产质量在很大程度上取决于借款者的生产经营状况和经济效益。在我国，由于国有企业(国有银行贷款的重点)改革不到位、产权制度不完善、组织结构不合理、投资行为不当、企业债权的软约束以及银企关系尚未理顺，银行难以监控企业，无法对欠债企业实施惩罚，致使国有企业的亏损转嫁给银行，加大了银行的信用风险。

　　5）　国际金融风险的传导

　　随着经济全球化程度的加深，金融国际化日益以强劲之势不断发展，由此使各国金融之间及其国内金融与国际金融之间，互相融合、相互依赖、相互作用，资本流动迅速，量大而频繁，这进一步加大了金融风险。具体原因包括以下 3 个方面。

(1) 在金融国家化条件下，受"溢出和溢入"效应的作用，使一国货币政策受到严重干扰，货币政策的自主性被弱化；同时，规模巨大的国际资本在国与国之间的迅速转移，使中央银行干预外汇市场的能力下降；此外，专业化金融体制逐渐向综合化金融体制转变，增加了中央银行监管的难度。因此，必然弱化一国中央银行的金融宏观调控能力，金融风险和不确定性增大。

(2) 在金融国际化条件下，金融创新迅速发展，金融创新仅仅转移或分散了金融体系的风险，但并没有从根本上或整体上消除或减少金融风险，反而又产生了新的金融风险。这是由于金融创新一方面加剧了国际资本投机行为，从而引发一个国家或一个地区乃至全球性金融动荡提供了条件，直接危及整个金融体系的稳定；另一方面，由于金融创新工具中的不确定性因素增加，从而增加了金融机构经营中不可控性，经营风险增大等。

(3) 在金融国际化条件下，由于各国金融活动有机联系和相互依赖性增强，使一国金融运行在更大程度上受他国的国际金融运行的影响，从而进一步增强了波动传递机制的作用，使一国或国家金融问题都会迅速地"传染"给其他国家，导致整个金融体系更加不稳定，金融安全受到更大的冲击和威胁。近几年，世界上爆发的金融危机，多是由一国金融危机传导所致。

二、金融风险管理

1. 金融风险管理的概念

人们在面临着暴露的金融风险时，通常会采取措施去防范和化解风险。例如，为了防止集中投资某种证券因价格下跌所带来的损失，人们通常会在存款、股票、债券等之间分散投资，并且在某类证券中进行投资组合以分散风险。同样，当面临着外汇风险时，企业可能采用衍生工具进行套期保值，以防范汇率的可能不利变化。

我们将识别和评估金融风险，确定减少金融风险的成本收益权衡方案和决定采取的行动计划的过程(包括决定不采取任何行动)称为金融风险管理。金融风险管理的目标是在保证收益条件下使金融风险最小化，或者在控制金融风险条件下使收益最大化。

当然，在进行金融风险管理的同时，若预期的不利结果没有出现，就有可能失去可能的盈利，这就是金融风险管理的代价。例如，进行组合投资时，虽然能最大限度地分散风险，但也降低了最大的可能盈利。又如采用期货工具防范汇率风险时，虽然能预防汇率的不利变动所造成的损失，但也无法获得汇率有利变动时所带来的收益。

金融风险管理的决策是在事前不确定性情况下做出的决策，对于事后的确定性情况而言，它有可能是一个很差的决策，但不能因此而否定金融风险管理技术，因为这可能是在当时所能获得的信息的情况下所做出的最优反应。因此，对金融风险管理而言，事后诸葛亮是没有任何意义的。例如，你不可能准确洞见证券价格的未来走势，因而你需要进行投资组合以分散风险，否则，你只需购买那种未来涨幅最大的证券就可以稳操胜券。

2．金融风险管理的过程

金融风险管理的一般过程包括以下 5 个步骤。

1）　金融风险识别

金融风险识别就是指出分析对象所面临的重要金融风险是什么。这里的分析对象包括家庭、企业、金融机构以及其他实体。这是风险管理的第一步。有时家庭、公司和金融机构并没有完全意识到其所面临的所有风险。例如，事业蒸蒸 Et 上的人们可能很少会考虑到失业风险；为家庭主要收入来源者购买失业保险尽管很重要，但中国的家庭可能根本没考虑到。另一方面，一个人可能购买了某种保险，但风险并不存在。例如，对没有赡养者的独身者而言，购买人寿保险是没有意义的，因为受益人根本不存在。

有效的金融风险识别需要将分析对象作为一个整体来观察，把所有可能产生影响的不确定性因素考虑在内。例如，考察一个家庭承受股票市场风险的情况。如果你是一个证券分析师，你未来的收入就紧紧地依赖于证券价格走势，你的人力资本收入深受证券市场状况的影响，因此，你不应该将个人财富也投到股票上。但对于一个有相同收入的大学教师来说，将其个人财富的一部分投资于股票则可能是一个好的选择，因其人力资本收入并未遭受股票市场的风险。又如，对于收入同时受价格和产量不确定性影响的农民，如果农作物歉收导致价格相应上涨，则农业收入是个常量。尽管农民似乎同时面临着价格风险和产量风险，但从农业收入整体分析来看却可能没有风险。

识别金融机构面临的风险，可从系统性风险和非系统性风险来分析。

2）　金融风险评估

金融风险评估是在金融风险识别的基础上，通过对损失频率、损失程度和其他因素进行全面考虑，评估发生金融风险的可能性及其危害程度，并与公认的安全指标相比较，以衡量风险的程度。

例如，对一个刚参加工作的年轻人，若他确认疾病是他所面临的主要风险，他将选择购买保险。对保险公司而言，需要评估他的风险程度，如对他这种年龄和身体状况的人，得病的可能性有多大，治疗的费用又是多少等，保险精算师在此基础上精确计算该年轻人购买健康保险所需的保费。又如，对个人和企业的证券投资而言，求助于专业的投资顾问帮助其进行投资分析，评估其投资组合的可能收益和风险。同样，商业银行决定是否对某企业贷款时，通常要对该企业进行资产评估以测定其贷款的风险。所有这些都是风险评估。

3）　金融风险管理方法选择

选择金融风险管理方法是金融风险管理中最为重要的环节。它是指根据金融风险评价结果，选择最佳金融风险管理技术以实现金融风险管理目标的过程。在现实中，人们有四种基本方法可供选择，以降低其所面临的风险。

(1) 金融风险回避。金融风险回避是一种有意识地避免某种特定金融风险的决策。这是一种消极的金融风险管理方法，在生活中很常见。例如，考虑到风险太大，人们避免从事某种职业，公司避免从事某种经营活动，商业银行避免向某些企业贷款，投资者避免买卖某种证券等。但回避风险并非总是可行的。例如虽然人们通过强身健体能预防某些疾病，但人们难以完全回避疾病的风险。

(2) 预防并控制损失。这是为降低损失的可能性或严重性而采取的行动。这种行动可以在损失发生之前、之中或之后采取。例如，为预防感冒，人们可以经常锻炼增强体质、吃好睡好以及远离感冒人群等；在感冒后，注意休息、及时治疗以早日康复。又如，在进行证券投资时，投资者可通过向专业人士或投资机构咨询，事前精选风险较小的证券，并设置止损点，这是事前预防；在投资过程中，若出现价格不利变化及时止损，这是事后控制损失的手段。

(3) 金融风险留存。金融风险留存指风险暴露者自己承担风险并以自身财产来弥补损失。这可能是因为人们没有意识到风险的存在或没有对风险给予足够的重视，也可能是人们有意识地决定自己承担风险。例如，有的人不购买健康保险，而用家庭的预防性储蓄来承担治疗疾病的费用。又如，企业在经营或投资过程中提取损失准备金，这就是风险留存。

(4) 金融风险转移。金融风险转移是指将风险转移给他人，如将带有风险的资产卖给他人或购买保险。例如，人们购买健康保险就是一种风险转移，商业银行为了保护储户利益而购买的存款保险也是一种风险转移。将有风险的资产出售，这是彻底的风险转移。实现风险转移有三种基本方法：套期保值、保险和投资组合。

4) 方案实施

对于已识别的风险，在决定了采取某种风险管理措施后，接下来就是实施这些措施。这一阶段金融风险管理的基本原则是使实施费用最小化。例如，如果你决定购买某种健康保险，你应当选择提供最低价格的保险公司。当你决定通过投资组合来分散风险时，你就该着手精选组合中的证券，达到风险收益的最佳平衡。

5) 金融风险管理评价

金融风险管理效益的大小取决于是否能以最小成本取得最大安全保障。因而，金融风险管理是一个动态反馈过程。在这一过程中，需要对决策进行定期的评价和修正。随着时间推移和情况的变化，可能产生新的风险；某些有关风险可能性和严重性的信息可能更易获得；管理这些风险的方法可能越来越便宜。例如，当你是单身时，你可能不购买人寿保险，但当你有了小孩时，你就有可能做出相反的决定。又如，当你选择通过组合投资来分散风险时，你就要及时评价该组合的风险收益，并在必要时更换组合中的证券。

三、金融危机

1. 金融危机的含义

金融危机是指金融制度和货币体系的极度混乱和剧烈动荡，表现为股市狂泻、货币贬值、利率极高、银行破产、市场一片混乱，是诱发经济危机、政治危机的根源。

金融风险具有客观性，普遍地存在于经济活动之中，并随着国民经济及金融运行在不同时期所呈现的风险也不同。轻度的金融风险不足以威胁金融业的整体安全，不一定产生金融危机，但却是金融危机产生的前提，具有引发为金融危机的可能性，而不具有必然性。当金融风险积累到一定程度或受到更大的风险事故冲击并以突发性、破坏性方式表现出来，就有可能产生如金融机构破产、挤兑银行存款、货币贬值等现象，这实际上已出现了金融危机，威胁到了金融体系的安全。因此，金融危机是金融风险积累爆发的结果，是金融风险的现实化。

2. 金融危机的类型及其表现

金融危机有 3 种不同类型，其表现各有特点。

1) 银行危机及其表现

国际货币基金组织在 1998 年 5 月出版的《世界经济展望》中曾给银行危机下了定义。银行危机是指这样一种情况：实际或潜在的银行挤兑与银行失败引致银行停止负债或为防止这一情况的出现，政府被迫大规模提供援助的情形。银行危机是较早出现的一种金融危机，是在金融业的发展历史上反复出现的现象，表现为银行系统范围内挤兑存款，即由个别银行出现挤兑波及银行系统。银行是负债经营的典型机构，吸收存款是银行负债的主要资金来源，也就是说存款人可随时提取其存款，随时可兑现性和不流动性资产组合，决定着银行系统永远存在着内在的不稳定性，它是银行发生挤兑或倒闭的内在原因。

一家银行出现挤兑会迅速波及其他银行出现挤兑，这是银行危机的传染效应。银行危机传染渠道有两条，一是接触传染，二是非接触传染。

(1) 接触传染渠道。一个国家的银行体系是由许多单个银行组成的，这些单个银行相互之间因同业拆借、结算、票据转贴现、证券回购、投资等业务活动而形成了一个广泛的债权债务关系，银行间的债权债务链条使一家银行的危机可以迅速传染给另一家银行，甚至传染给整个银行体系，引起银行恐慌。这是银行危机的接触传染，银行之间的资金联系是银行危机接触传染的渠道。

(2) 非接触传染渠道。在信用经济下，银行之所以能以吸收公众存款进行资产运用，在某种程度上是依赖于公众对银行的信任。公众信任是银行业正常经营发展的最终基础。存款人愿意将其货币存放在银行是因为他们信任存款会得到保护和增值。如果银行失去了公众对它的信任，就容易在公众中产生恐慌心理，而且恐慌心理会迅速传递，就是各银行之间没有任何资金上、业务上的联系和接触，挤兑存款也会发生连锁反应，这是银行危机的非接触传染，传染渠道是无形的，是人们失去对银行的信任而产生的银行恐慌。银行恐慌是一种信任危机，是银行危机自我复制和循环的根源，也就是说银行危机发展到一定程度，信心取代其他因素，推动银行危机向纵深发展，即使经营管理完善、无太大风险的好银行也会被连累，出现"多米诺骨牌"效应，从而导致系统性银行危机。

2) 货币危机及其表现

货币危机是指对一国货币的投机导致该种货币贬值或迫使货币当局通过急剧提高利率或消耗大量外汇储备保卫货币稳定的情况。一国货币大幅贬值，对内表现为物价上涨、通货膨胀加剧、企业经营成本上升、市场混乱、有抢购现象出现，对外表现为本币对外币汇率急剧下降，迫使金融管理当局投放储备资产或提高利率来保护本币。例如，1997 年 7 月泰国实行钉住美元的固定汇率制度，但在国际对冲基金的冲击下泰铢难以维持和美元的固定比价时，泰国中央银行大量投放外汇储备，以保持固定比价，但泰国中央银行外汇储备终究有限，难以抵抗国际游资的冲击。于是，泰国在 1997 年 7 月 2 日放弃固定汇率制，实行浮动汇率制度，其后泰铢贬值一发而不可收拾，到 1997 年 11 月泰铢对美元贬值最高幅度达到 55%，通货膨胀接近 10%，这是泰国严重的货币危机表现。

3) 债务危机及其表现

据《新帕尔格雷夫货币金融大辞典》的解释：债务危机是一个普遍的用语，用于任何不能按计划还本利息并由此损害其他债权人财务健康的情况，通常债权人会接着切断进一步的贷款，从而使最初的情况加剧。一方面，如果无力偿还是一个长期状况，它通常被归结为"无力偿付"的问题，另一方面如果它是由暂时现金短缺造成的，那么可以将它看成是流动性不足的问题。在高利率的条件下，流动性不足的问题可以迅速变为无力偿付问题。

1982 年 8 月墨西哥政府告知美国财政部、国际货币基金组织和主要国际商业银行，它已无力再偿还其所欠的银行外债。随后阿根廷、巴西、智利、委内瑞拉等国家相继违约，停止对所欠债务的偿还，这是著名的拉美国家债务危机，此后债务危机通常是指国家债务危机。新世纪初，2001 年 12 月阿根廷国家再次发生债务危机，其标志是萨阿总统宣布暂停支付 1 320 亿美元外债，这使得阿根廷成为世界上有史以来最大的倒账(default)国。债务危机出现后，债权人和债务人都会付出高昂的代价，它会导致债务国的投资和经济增长急剧下降，物价上涨，社会动荡，以后举债的难度加大。而对债权国的投资者讲，其资本受到侵蚀，利润减少，竞争力下降。

金融危机的发生既可以是以上三种危机交织在一起爆发，也可以单独发展为某一形式的危机。不过在经济发达的今天，由于金融部门之间以及与经济各部门之间有着密切的债权债务联系，现代金融危机很难做到只表现为货币、银行、外债等部门危机，通常会表现为系统性的金融危机。而且一国的金融危机还会通过国际贸易、国际资本流动、人们的心理效应等渠道传染给周边国家和地区。

3．金融危机的防范治理

金融危机危害极大，却又往往避免不了，这就促使人们去寻求治理它的对策。早期的金融危机，主要是银行危机，与实体经济的状态，存在比较直接的联系。那时，主要依靠最后贷款人——中央银行提供流动性，支持银行，使银行渡过挤兑困境并使厂商获得喘息之机。金融全球化时代的危机与实体经济之间的联系日益曲折迂回，危机成因与表现形式复杂了许多，治理危机的对策也趋于多样化。

对于危机的防范治理措施涉及方方面面，主要有以下内容。

(1) 为了在危机尚未爆发之前，未雨绸缪，提早采取对策，建立危机的预警系统。

(2) 采取措施稳定金融市场。这包括动用外汇储备干预外汇市场；提高利率，增加借用本币资金成本，抑制投机操作，影响资本流出入，改善本币状况；动用财政资金，稳定股市；保障金融债权，维护存款人信心等。

(3) 管理国际资本流动。在稳定金融市场的措施中，暂时实施资本账户管制，特别受到关注。这包括直接性的资本流动控制，加强外债的管理，课征短期资本流动税——托宾税等。

(4) 发生了金融危机，金融部门难辞其咎。在金融危机之后，大规模的金融部门重组和改革势在必行。银行业的重组和改革被置于核心地位。

(5) 实施扩张性的财政政策和扩张性的货币政策。

(6) 调整经济结构。在新兴市场国家，主要是消除制约市场机制发挥资源配置作用的因素。

第二节　金　融　监　管

一、金融监管的必要性

1．金融监管含义与特征

金融监管是金融监督与金融管理的复合称谓。金融监管有狭义和广义之分。狭义的金融监管是指金融监管当局依据国家法律法规的授权对整个金融业(包括金融机构以及金融机构在金融市场上所有的业务活动)实施的监督管理。广义的金融监管是在上述监管之外，还包括了金融机构内部控制和稽核的自律性监管、同业组织的互律性监管、社会中介组织和舆论的社会性监管等。

金融监管在市场经济中，具有以下 3 个基本特征。

1) 法制性

金融监管属于国家的法定制度，市场经济国家的金融监管制度都是通过立法程序确定的，是一国金融体制的有机组成部分。金融监管当局是国家授权下依法实施监管，其法律关系的内容体现在被监管者和监管者同受法律约束。被监管者必须在法律许可的范围内从事金融活动并依法接受监管；监管者也只能在法定权限职责范围内依法行使监管权，包括采取命令、许可或免除、赋予或剥夺、认可或拒绝、审查或督导等基本措施，行使形成权、命令权、处罚权和管理权等基本权利时，都必须依法行事，决不允许越权滥施权威或横加干涉。因此，金融监管既非单纯的检查监督或处罚，也非纯技术性的调查或评价，而是金融监管当局在法定权限下的具体执法行为和管理行为，具有权威性、严肃性和相对确定性。

2) 系统性

金融监管是一个庞大的系统工程，它是由监管的依据——金融法律法规体系、监管体制——监管主体及基本运作机制、监管客体——银行和各类金融机构、监管的目标以及为实现目标而确定的监管内容和采取的手段方法等几大部分组成，各部分之间存在有机联系，缺一不可，共同形成一个完整的系统。

3) 社会性

由于金融业具有明显的"公共性"，其活动范围遍及社会各部门，因此，尽管狭义的金融监管是核心，但广义的金融监管更为必要。一般认为，有效的金融监管应该是一种社会性监管，需要社会各界的协调配合，即不仅要有监管者与被监管者间的纵向监管和被监管者的自律性监管，而且还要包括行业公会等组织的同业横向监管、社会各部门及公众舆论的社会性监管，从而形成一个相互联系、相互补充、相互制约的大监管体系及其良好的社会监管环境。

2．金融监管的必要性

现代市场经济在某种意义上是一种法制经济，因为在相对自由的交易市场上，面对众多分散而又自主经营的市场参与者，只有用统一严格、公平公开并具有相对确定性的法律才能协调各种市场关系，规范参与者行为，建立并维持有序的良性运作。由于金融业在市场经济中居于核心地位，其经营活动具有作用力大、影响面广、风险性高等特点，因此，依法对金融业实施有力和有效的监管，既是市场经济运作的内在要求，又是金融业本身的特殊性所决定的。

1) 市场经济的内在要求

从市场经济的内在要求看，金融监管的理论依据源于一般管制理论。该理论认为，在现实经济运作中，由于存在垄断、价格黏性、市场信息不对称、外部负效应等情况，竞争有效发挥作用的各种条件在现实中不能得到满足，从而导致经常性的市场失效。因此，完全的自由放任并不能使市场运行实现规范合理和效率最优，需要借助政府的力量，从市场外部通过法令、政策和各种措施对市场主体及其行为进行必要的管制，以弥补市场缺陷。由于金融业在市场经济中的特殊地位，更需要通过外部监管来克服市场缺陷。例如，为了防止金融力量过于集中而产生垄断或金融力量过小而无法实现规模经济，需要监管当局对金融机构的开业、分支行设立、合并或兼并等进行监管；又如，根据管制理论中的社会利益论，当某个机构个体利益大于社会利益并可能对社会公众利益造成损害时，往往发生外部负效应和信息不对称带来不公平的问题，这是因为单家金融机构并没有能力承担全部的风险成本，而且由公众、整个金融体系乃至整个社会经济体系来承担，这样社会公众的利益就会受到极大损害。金融监管的基本出发点就是要维护社会公众的利益。但由于社会公众利益分散于千家万户、各行各业，维护这种利益的职权只能由国家法律授权的机构去行使。特别是金融机构的风险具有连带性，由于信用的连锁性，一个金融机构陷入风险危机，往往引起社会公众对其他金融机构丧失信任，极易在整个金融体系产生风险的连锁反应，动摇整个国家的信用基础，导致以"信用经济"为特征的现代市场经济运行陷入瘫痪。特别是在现代金融的国际化发展中，一个国家的金融风险还会连累其他国家，可能引发世界性的金融危机。所以，为了控制金融机构的经营风险，避免发生国内外金融风险的"多米诺骨牌效应"，需要国家对金融业实施严格的金融监管，以保证市场经济的稳健运行。

2) 金融业的特殊性

从金融业本身的特殊性看，金融监管的必要性主要体现在以下 4 点。

(1) 金融业在国民经济中的特殊重要地位和作用。在现代市场经济中，金融业是货币流通中心、资金融通中心和社会支付结算中心，特别是在当代完全的信用货币制度下，金融已不再扮演简单的"中介"角色，而是积极地发挥着创造货币和信用流通工具的功能，从而使其对经济发展的作用从最初适应性的便利与促进，发展到现在主动性的推动和先导上来，成为一国经济发展的关键因素，因此，金融业的稳定与效率直接影响国民经济的运作与发展，甚至社会的安定，由此决定了必须对金融业严加监管，以保证金融体系的安全和有效运行。

(2) 金融业的内在风险。与其他行业相比，金融业是一个特殊的高风险行业，这种特殊性决定了国家特别需要对该行业进行监管。金融业特殊的高风险首先表现在所经营对象的特殊性上，金融机构经营的不是普通商品，而是货币资金，包括债券、股票、保险单等虚拟商品，它们与客户的经营关系都以信用为基础，而信用本身就包含了许多不确定因素，这就决定了金融机构的经营具有内在的风险，一旦风险成为现实，就会动摇社会公众对金融机构的信任，引发金融危机；其次，金融业具有很高的负债比率，自有资本少，营运主要依靠外部资金来源，特别是银行采取部分准备金制度，从事短借长贷的资金运用及证券投资等高风险经营，同时必须随时满足客户提款或支付的需要，这就使银行的经营具有内在的不稳定性，其生存在很大程度上依赖公众的信任，一旦金融机构出现风险动摇公众信心，极易引发挤提存款、抛售有价证券等金融恐慌现象，后果不堪设想。只有金融体系安全运行，才能保持公众对金融体系的信心，从而保证国民经济的健康发展。

(3) 金融业的公共性。这种公共性与金融业活动涉及的广泛性相关，金融业一方面面对其债权人(主要是指存款人)，另一方面要面对证券发行者等债务人，在这两方面关系中金融机构面对的都是社会公众，金融机构的经营活动及其成果都对社会公众产生影响。由于金融业具有相对垄断性，银行、证券公司、保险公司等金融机构比公众拥有更为充分的信息，它们就可能利用这个有利条件，将金融风险或损失转嫁给公众。所以为了防止相对垄断可能带来的不公平和信息不对称造成的评价、选择及其约束困难，需要通过金融监管约束金融机构的行为，保护公众利益。

(4) 维护金融秩序，保护公平竞争，提高金融效率。良好的金融秩序是保证金融安全的重要前提，公平竞争是保持金融秩序和金融效率的重要条件。为了金融业健康发展，金融机构都应该按照有关法律的规定规范地经营，不能搞无序竞争和不公平竞争。这就需要金融主管当局通过金融监管实现这一目的，以保证金融运行有序、竞争公平且有效率。

随着银行业的快速发展，金融风险也一直伴随其中。20 世纪 70 年代以来，金融风险明显加剧，金融危机的频率加快，影响也越来越深。尤其是进入 20 世纪 90 年代以来，世界经济和国际金融市场发生了极大变化。现时金融业的大动荡反映了世界范围内各国经济在新形势下的调整与剧变，也使金融监管的必要性更加突出。

二、金融监管体系的一般构成

当代各国在不同的经济和金融制度安排下，都是根据本国的实际情况来架构金融监管体系的，因此，各国的金融监管体系各有特色。但总的来说，各国监管体系的构成基本相同，即主要是由监管体制、目标与原则、内容与措施、手段与方式等方面构成的。

1. 金融监管体制的类型

金融监管体制，是指一国对金融机构和金融市场实施监督管理的一整套机构即组织结构的总和。从广义上讲，金融监管体制包括监管目标、监管范围、监管理念、监管方式、监管主体的确立、监管权限的划分等。从狭义上讲，金融监管体制则主要指监管主体的确立及其权限的划分。根据监管主体的多少，各国金融监管体制大致可以划分为以下 3 类，如表 12-1 所示。

表 12-1　金融监管体制的类型

金融监管体制	代表国家
一元多头式	德国、法国
二元多头式	美国、加拿大等联邦制国家
集中单一式	英国、日本

1)　一元多头式金融监管体制

一元多头式金融监管体制，也称单元多头式或集权多头式，是指全国的金融监管全权集中于中央，地方没有独立的权力，在中央一级由两家或两家以上监管机构共同负责的一种监管体制。一元多头式金融监管体制以德国、法国、日本(1998 年以前)为代表，尤以德国最为典型。

德国金融监管框架源于 1961 年通过的《银行法案》。该法授权成立联邦银行监督局，并规定由该局在德意志联邦银行的配合下对银行业进行统一监管。除此以外，德国的金融监管机构还有，负责对证券机构和证券业务监管的联邦证券委员会、负责对保险及与保险业务监管的联邦保险监督局。

这种体制运行效率的关键在于各金融管理机构之间的合作，具备这些条件的国家不多。这种体制也面临着机构重叠、重复监管的问题。

2)　二元多头式金融监管体制

二元多头式金融监管体制，也称双元多头式、双线多头式或分权多头式，是指中央和地方都对金融机构或金融业务拥有监管权，且不同的金融机构或金融业务，由不同的监管机关实施监管。二元多头式金融监管体制，以美国、加拿大等联邦制国家为代表。

最早的金融监管制度产生于美国。以 1864 年国民银行制度确立为标志，美国开始了联邦和州的二元监管历史。1913 年威尔逊总统签署《联邦储备银行法》，成为世界近代金融监管工作的开端。1929—1933 年的经济危机，催生了美国《1933 年银行法》，使得美国的金融业进入了分业经营时期。相应地金融监管也采取了多头分业监管的体制。20 世纪 70 年代末，美国开始进行金融监管改革，一度放松了金融管制。1991 年年底，美国国会通过《1991 年联邦存款保险公司改进法》，据此强化了金融监管。1999 年美国通过《金融服务现代化法》，该法确立了美国金融业混业经营的制度框架。

二元多头式金融监管体制的优点是，能较好地提高金融监管的效率，防止金融权力过分集中，因地制宜地选择监管部门；有利于金融监管专业化，提高对金融业务服务的能力。该体制也存在一些缺点，如机构交叉重叠，易造成重复检查和监督，影响金融机构业务活动的开展，金融法规不统一，使不法金融机构易钻监管的空子，加剧金融领域的矛盾和混乱；降低货币政策与金融监管的效率。

3)　集中单一式金融监管体制

集中单一式金融监管体制，也称集权式或一元集中式，是指由中央的一家监管机构集中行使金融监管权。代表性国家有英国(1997 年后)，日本(1998 年后)。

英国传统上是自律监管的国家，1979 年之前并无正式的金融监管体制。1979 年与 1987 年，英国两次颁布银行法，赋予了英格兰银行监管权力并完善。1997 年英国金融服务监管局成立之前，监管是一种集中的分业监管。

1997 年，英国政府将英格兰银行等不同监管与自律机构的监管职能合并，成立了一个新的超级金融监管机构——金融服务监管局。2000年6月英国通过《金融服务和市场法》，从法律上确认了上述金融监管体制的改变。根据该法的规定，金融服务监管局作为英国整个金融业唯一的监管局，对英国银行业采取以风险控制为基础的监管原则，并对英国证券业、保险业等进行监管，成为世界上最强有力的监管机构。

英国金融监管局的设立，意味着金融监管职能与中央银行的分离，金融监管远离中央银行，但更直接地服从于政府。

采用这种监管体制的发达市场经济国家还有澳大利亚、新西兰、意大利、瑞典、瑞士等。发展中国家如巴西、泰国、印度等，也实行这一监管体制。高度集中的单一金融体制监管的优点是：①金融管理系中监管政策与标准具有一致性，有利于金融机构之间的公平竞争。②有助于防止多头监管体制下不同机构之间相互推卸责任或重复监管，从而提高监管效率。③有助于降低监管成本，因为在单一监管机构内部负责不同监管领域的部门可以共享监管资源，获得规模经济的效果。同时，对被监管者来说，只与一个机构打交道，也可以在一定程度上减少成本。但是，这种监管体制也有一定的弊端，如监管机构权力巨大且过于集中，缺乏权力的制衡和监督，在执行监管时易使监管部门滋生官僚化作风，对已经出现的问题反应迟缓，甚至可能导致权力腐败现象的发生。

【专栏12-2】国际金融监管机构

1. 巴塞尔银行监管委员会

巴塞尔银行监管委员会(Basle Committee on Banking Supervision)，通常简称巴塞尔委员会，其成立目的在于建立银行业监督的基本原则，并对银行资本的风险进行管理。1988年发布《统一的国际银行资本衡量与资本标准协议》、1997年发布的《有效银行监管的核心原则》以及2004年发布的《巴塞尔新资本协议》是巴塞尔委员会里程碑式的文件。除此之外，巴塞尔委员会成立以来，围绕国际银行业的监管，先后达成了多种重要的协议，这些协议为国际银行业的业务往来与协作提供了一些非正式的协调指导原则和标准，确立了对国际银行业务进行监督的管理技术。例如使各国银行业监管当局可以通过综合资产负债表大致了解本国银行在国际金融市场的更多状况，避免本国银行向国外转移业务而逃避监督所产生的重大风险。同时，巴塞尔委员会还通过举办国际性银行监督会议的方式促成了各国国内监督活动的发展与完善，有效地推进了各国国内的银行监管。因此，尽管巴塞尔委员会没有任何一国监管机构的强制权力，但其提倡的银行业监管原则和具体监管标准却为各国普遍接受，被应用于各国的银行业监管实践中。

2. 其他机构

国际货币基金组织(International Monetary Funds)，世界银行(World Bank)、国际清算银行(Bank for International Settlement)等国际性金融组织的业务虽然并不直接涉及一国银行业的具体监管，但它们与各国中央银行存在着业务往来与合作。由此促成的各国金融政策的变化，也会对各国金融监管的内容与措施产生间接的影响。

2．金融监管的目标与原则

1）　金融监管目标

金融监管目标是监管行为取得的最终效果或达到的最终目标，是实现金融有效监管的前提和监管当局采取监管行动的依据。金融监管的具体目标具有多重性，包括以下 3 个方面。

(1)　维护金融体系的安全与稳定，即金融安全。这是金融监管的首要目标。

(2)　提高金融制度的运行效率，即金融效率。

(3)　优化金融结构，促使货币供应趋于均衡，即金融结构。

各国由于历史、经济、文化背景和发展情况不同，在金融监管目标上也存在一些差异。但这 3 个目标是市场经济国家在金融监管为确保经济运行时所共同追求的。它反映金融制度结构 3 个子系统相互影响、相互作用、互为因果的关系，也反映了金融监管的深层原因。

金融安全是经济增长的必要环境。经济发展和增长的起码要求是，各种经济主体能够在金融市场上顺利融资。金融市场的稳定性和各种风险的适度性，对经济稳健发展的作用不言而喻。各国政府通过金融监督和管理，控制金融市场上融资和投资的风险，维持适度的投资成本，努力消除金融危机的威胁，促进中长期的经济增长。兼顾金融效率与金融公平是金融监管的另一个重要目的。金融效率是指在成本尽可能低的情况下，实现有限的金融资源的最优配置和最有效利用；金融公平是指要达到社会效用的最大化。金融结构是指金融工具和金融机构之和，包括现在各种金融工具和金融机构的相对规模、经营特征和经营方式、金融中介机构各种分支机构的集中程度等。金融结构在金融监管制度下形成，通过充分动员和有效配置储蓄资源，可以提高经济增长的效率。

金融监管目标是实现金融有效监管的前提和监管当局采取监管行动的依据。金融监管的目标可分为一般目标和具体目标。监管的一般目标是促成建立和维护一个稳定、健全和高效的金融体系，保证金融机构和金融市场健康地发展，从而保护金融活动各方特别是存款人的利益，推动经济和金融发展。由于各国历史、经济、文化背景和发展的情况不同，因此，各国的具体监管目标有所不同。

我国现阶段的金融监管目标可概括为一般目标和具体目标两种。

(1)　一般目标。防范和化解金融风险，维护金融体系的稳定与安全，保护公平竞争和金融效率的提高，保证中国金融业的稳健运行和货币政策的有效实施。

(2)　具体目标。经营的安全性、竞争的公平性和政策的一致性。经营的安全性包括两个方面：保护存款人和其他债权人的合法权益；规范金融机构的行为，提高信贷资产质量。竞争的公平性是指通过中央银行的监管，创造一个平等合作、有序竞争的金融环境，鼓励金融机构在公平竞争的基础上，增强经营活力，提高经营效率和生存发展能力。政策的一致性，即通过监管，使金融机构的经营行为与中央银行的货币政策目标保持一致。通过金融监管，促进和保证整个金融业和社会主义市场经济的健康发展。

2) 监管的基本原则

由于政治、经济、法律、历史、传统乃至体制的不同，各国在金融监管的具体方面存在着差异。但有些一般性原则却贯穿在各国金融监管的各个环节与整个过程之中。

(1) 依法监管原则。世界各国中央银行金融监管体制和风格虽有不同，但在依法监管这一点上是共同的。依法监管有两方面的含义：一是所有金融机构都必须接受国家金融监管当局的监管，不能有例外；二是金融监管必须依法进行，以确保金融监管的权威性、严肃性、强制性和一贯性，从而确保金融监管的有效性。依法监管是中央银行金融监管的首要原则。

(2) 适度竞争原则。在市场经济体制下，竞争是必然规律，但竞争必须适度，才能提高效率，才能克服市场经济的负面效应。适度竞争原则要求中央银行金融监管的重心，应放在创造适度竞争的环境上；放在形成和保持适度竞争的格局和程度监测上；放在避免造成金融高度垄断，失去竞争从而失去活力和生机上；放在防止出现过度竞争、破坏性竞争，从而危及金融业的安全和稳定上。要求中央银行金融监管做到"管而不死，活而不乱，限制过度竞争，而又不消灭竞争。"

(3) 自我约束与外部强制相结合的原则。一方面，金融监管不能完全依靠外部强制管理。外部强制管理再严格也是有限的，如果金融机构不配合，就难以收到预期的效果。另一方面，金融监管也不能将希望全部寄托于金融机构自身自觉、自愿的自我约束。因此金融监管必须将自我约束与外部强制相结合。

(4) 安全稳健与经济效益相结合的原则。促使各金融机构安全稳健经营是金融监管的重要目标和原则。一方面，监管当局必须采取种种预防和补救措施，督促金融机构依法经营，降低风险；另一方面，金融监管不应消极地、单纯地防范风险，而应与提高经济效益相协调。金融监管要为金融业的发展提供良好的环境，从而使其为社会开展优质有效的金融服务。事实上，安全稳健与提高效率辩证统一。只有安全经营才能降低风险，才能提高经营效率；只有提高经营效率，才能提高金融机构的利润和抗风险能力，实现安全稳健的经营。

3．金融监管的内容与措施

金融监管从对象上看，主要是对商业银行及非银行金融机构和金融市场的监管，具体监管内容主要有三个方面，即市场准入的监管、市场运作过程的监管和市场退出的监管。

1) 市场准入的监管

所有国家对银行等金融机构的监管都是从市场准入开始。各个国家的金融监管当局一般都参与金融机构设立的审批过程。金融机构申请设立必须符合法律规定，主要包括两个方面，一是具有素质较高的管理人员，二是具有最低限度的认缴资本额。管理人员的条件和资本额的标准各国都有具体规定。我国金融机构的设立申请，一般也是主要审查这两个方面。

市场准入的监管内容主要包括以下几项：①确定金融机构设立的程序；②规定金融机构设立的组织形式；③审查批准申请设立金融机构的可行性报告；④审查批准金融机构拟定的章程；⑤规定最低的资本金要求；⑥审查批准金融机构的经营方针和营业场所；⑦审查法定代表人及主要负责人的任职资格；⑧金融机构的设立采用特许制度的国家，经监管当局审查批准后，颁发给新设立金融机构法人许可证或营业许可证，凭许可证到管理部门办理登记，并领取营业执照。

2)　市场运作过程的监管

金融机构经批准开业后，监管当局要对金融机构的运作过程进行有效监管，以便更好地实现监管目标的要求。

各国对金融机构市场运作构成监管的具体内容并不完全相同，但一般都将监管的重点放在以下几个方面。

(1)　金融机构业务经营的合规性。即监管金融机构是否严格遵守国家和地方政府颁布的各种金融法律、法规及各种有关规定，是否严格执行中央银行或监管当局的各种规章制度。

(2)　资本充足性。资本是各种金融机构赖以生存和从事各种业务活动的基础。监管当局对金融机构资本水平和资本结构的监管，有利于金融机构在保持充足资本的条件下稳健运作，同时还可以通过规定资本与各种风险资产的比例关系来控制金融机构资产总量的扩张和风险的程度。

(3)　资产质量。资产质量是衡量一家金融机构经营状况最重要的依据。资产质量差会直接影响到金融机构的各种业务活动、盈利能力和社会信誉，甚至导致破产倒闭。监管当局主要是通过设定相关指标来监管金融机构的资产质量。

(4)　流动性。这是指金融机构偿还到期债务的能力。流动性不足往往成为导致金融机构倒闭和引发金融危机的直接原因。监管当局通过评估金融机构负债的变动情况、对借入资金的依赖程度、可随时变成现金的流动性资产数量、紧急筹资能力等，对金融机构是否保持了必要的流动性进行监管。

(5)　盈利能力。监管当局除了对金融机构盈利能力进行评估以外，还要对金融机构在利润分配中的行为进行监管，以使金融机构具备抵御风险和自我积累发展的必要条件，并保证金融机构的股东得到应有的回报。

(6)　管理水平和内部控制能力。从根本上说，金融机构的经营失败，都是与其管理和内部控制薄弱直接或间接相关，因而这成为监管的重要内容。由于管理和内部控制水平很难用一些定量的客观数据、指标来衡量，监管时往往以金融机构内部的各种规章制度、业务政策、经营计划、管理人员的经历与经验、职工的素质等非定量因素做参考，故有一定的监管难度。

3) 市场退出的监管

金融机构市场退出的原因和方式可以分为两类，即主动退出与被动退出。主动退出是指金融机构因分立、合并或者出现公司章程规定的事由需要解散，因此而退出市场的，其主要特点是"主动地自行要求解散"。被动退出则是指由于法定的理由，如由法院宣布破产或因严重违规、资不抵债等原因而遭关闭，监管当局将依法关闭金融机构，取消其经营金融业务的资格，金融机构因此而退出市场。

各国对金融机构市场退出的监管都通过法律予以明确，并且有很细致的技术性规定。一般有接管、解散、撤销、破产等几种形式。无论采用哪种形式，当局都要对金融机构的市场退出过程进行监管，保持其退出的合理性和平稳性。

4．金融监管的手段与方式

1) 依法实施金融监管

中央银行实施金融监管的依据是国家法律和法规，中央银行依法对金融机构及其经营活动实行外部监督、稽核、检查和对违法者进行处罚。金融监管必须依法进行，这是金融监管的基本点。随着社会主义市场经济体制的逐步确立，我国加快了金融监管法规体系的建设，已经先后颁布了《中国人民银行法》《商业银行法》《票据法》《保险法》《担保法》以及《关于惩治破坏金融秩序犯罪的决定》《金融违法行为处罚办法》等法规，为加强金融监管、消除金融隐患，防范和化解金融风险提供了法律保证。

2) 运用金融稽核手段实施金融监管

"稽"，就是审查，"核"，就是认真地对照、考查、核算、核实。金融稽核，是中央银行或监管当局根据国家规定的稽核职责，对金融业务活动进行的监督和检查。它是由管辖行的稽核机构派出人员以超脱的、公正的客观地位，对辖属行、处、所，或业务领导范围内的专业行处，运用专门的方法，就其真实、合法、正确、完整性，做出评价或建议，向派出机构及有关单位提出报告。金融稽核，是做好金融宏观控制的一项重要手段，是经济监督体系中的一个重要组成部门，与纪检、监察、审计工作有着紧密的联系。

三、我国的金融监管体制

1．我国金融监管体制的演进

从 1984 年开始，中国人民银行专司中央银行职能，自此我国有了真正意义上的金融监管。大体上讲，我国的金融监管体制可分为以下阶段。

1) 统一监管阶段(1984—1992年)

在这一阶段，中国人民银行作为全能的金融监管机构，对金融业采取统一监管的模式。

2) "一行两会"阶段(1992—2003年)

1992年10月，国务院决定将证券监管职能从中国人民银行分离出来，成立中国证券监督管理委员会(简称中国证监会)，依法对全国证券市场进行统一监管。这是我国分业监管的起点。1998年11月18日，成立中国保险监督管理委员会(简称中国保监会)，原由中国人民银行行使的保险监管权交由该会行使，我国分业金融监管体制进一步完善。

3) "一行三会"阶段(2003年至今)

2003年3月，十届全国人大一次会议审议批准了国务院机构改革方案，授权成立中国银行业监督管理委员会(简称中国银监会)。至此，由中国人民银行、中国银监会、中国证监会、中国保监会组成的"一行三会"分业监管格局正式形成。

2. 我国金融监管体制的组成

1) 中国人民银行

在现行的"一行三会"分业金融管理体制下，中国人民银行居于比较超脱的地位。在金融监管方面，目前的中国人民银行能够发挥不同于过去的重要作用，并被国务院赋予维护金融稳定、反洗钱、征信管理等和监管有关的重要职能。

2) 中国银监会

2003年4月28日，中国银监会正式挂牌。中国银监会在31个省、自治区、直辖市和深圳、厦门、大连、宁波、青岛5个计划单列市设立了36个银行监管局。

中国银监会承担着我国银行业监管的重要职责，依法对银行、金融资产管理公司、信托公司、财务公司、金融租赁公司及其他存款机构实施监督管理。

3) 中国证监会

1992年10月，国务院证券委员会(简称国务院证券委)和中国证监会宣告成立，标志着中国证券市场统一监管体制开始形成。

中国证监会是国家对证券市场进行统一管理的主管机关。其职责是，负责组织拟订有关证券市场的法律、法规草案，研究制定有关证券市场的方针政策和规章；制定证券市场长期发展规划和年度规划；指导、协调、监督和检查各地区、各有关部门与证券市场的有关事项。

4) 中国保监会

中国保监会成立于1998年11月18日，是国务院直属事业单位，根据国务院授权履行行政管理职能，依照法律法规统一监督管理全国保险市场，维护保险业的合法、稳健运行。

中国保监会的主要职责是，拟订有关商业保险的政策法规和行业法规；依法对保险企业的经营活动进行监督管理和业务指导，依法查处保险企业违法违规行为，保护被保险人

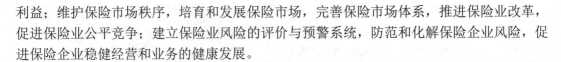

利益；维护保险市场秩序，培育和发展保险市场，完善保险市场体系，推进保险业改革，促进保险业公平竞争；建立保险业风险的评价与预警系统，防范和化解保险企业风险，促进保险企业稳健经营和业务的健康发展。

3．我国金融监管体制的改革

1) 我国现行分业监管体制面临的问题

我国现行分业监管体制面临的问题主要有以下几个。

(1) 金融业务创新对分业监管形成冲击。我国加入 WTO 后，大量深层次的金融业务创新，既会促进我国金融业向现代成熟金融业发展，也会对我国分业监管体制提出严峻挑战。首先，在国内金融机构不良资产比率居高不下，而依靠金融机构自身又难以在短期内迅速化解的情况下，金融监管机构必须把握创新与发展的关系，避免国内金融机构盲目创新所带来的新的金融风险。其次，需要处理好国内金融机构与外资金融机构业务创新的关系。如果片面抑制国内金融机构的创新业务，譬如当前内资金融机构的业务创新需要审批，而对外资金融机构的创新没有任何限制，就会使内资金融机构在与外资金融机构的市场竞争中处于劣势。而没有持续发展的支持，内资金融机构更难以化解现存的不良资产，有引发内资金融机构系统性金融风险的危险，并会危及金融安全。

(2) 混业经营苗头使分业监管面临挑战。目前国内银行、证券、保险机构的业务合作已日趋加强，银、证、保之间的相互融合，已初步形成了三者之间业务渗透、优势互补、互利互惠、共同利用现有市场资源、共同发展的新格局，这对现行分业经营监管体制提出了挑战。而且部分企业集团公司控股下的银行、证券、保险、信托之间的业务往来，已经形成了事实上的混业经营。如光大集团控股光大银行、光大证券公司、光大永明保险公司、光大国际信托投资公司，这些公司之间的业务往来非常密切，事实上已经存在混业经营。这种通过集团公司运作的混业经营使得以机构性监管为主的分业监管面临新的挑战。

(3) 现行金融监管的组织体系不健全。从国际金融监管的普遍经验分析，有效金融监管的实施应建立金融当局的行政监管、金融机构的内控机制、金融行业自律组织和社会外部监督相结合的金融监管组织体系，其中，金融当局的行政监管和金融机构的内控机制在金融监管中起主导作用，金融行业自律组织和社会外部监督起重要补充作用。目前，我国金融机构的内控机制在金融机构特别是国有银行产权监护人功能缺失的情况下，还非常薄弱。银行、证券、保险尽管在政府的参与下都分别建立了各自的地方性和全国性的同业自律组织，但这些自律组织不健全，会员发展缓慢，行业自律功能不强。我国社会性的监督组织也没有起到应有的作用，注册会计师和会计师事务所弄虚作假行为屡屡出现。这些都使我国金融监管的效果不能尽如人意。

(4) 金融监管成本较高，效率低下。这主要表现在：一是监管机构庞大，人数众多，人力成本较高。我国三家监管机构的职工总数超过 20 万人，大大超过了其他国家。庞大的机构运作起来，费用支出居高不下，而且很容易发生寻租和道德风险，加大了对监管人员的再监督成本。二是监管制度设计重复，成本增加。目前，在我国的金融监管法律规章中有许多内容相互重复，一些相同的、近似的经常性监管项目没有一个统一的制度安排，每开展一次监管活动几乎都要重新进行监管制度的设计，监管成本很高。三是现场检查的实施效果差，监督成本高。我国金融监管当局的现场检查的实施没有统一的工作规范，也缺乏恰当的定期检查，结果每一次检查都需要大量的人力、物力，但效果很差，还可能会影响金融机构的正常经营。

(5) 在分业监管中缺乏一套合理有效的协调机制。我国分业监管模式是与金融机构分业经营格局相适应的，这样做有利于监管部门集中精力对各自负责的监管对象实施监管，有利于提高金融监管效率和监管水平。但是，分业监管使得各监管部门自成体系，缺乏一套监管联动协调机制，金融监管支持系统薄弱，使被监管对象有可乘之机，产生分业监管与跨行业违规经营的矛盾，出现业务交叉中的监管真空。同时，分业监管还可能导致对新的交叉性金融业务的监管重叠与监管缺位，因为现行分业监管大都采取机构性监管，实行业务审批制方式进行，一项新的金融业务的推出通常需要多个部门长时间的协调才能完成。

2) 我国金融监管体制的改革

我国金融监管体制的改革重点应放在以下几方面。

(1) 更新金融监管理念。在世界金融全球化、集团化趋势日益明显的背景下，我国传统的金融监管理念应该有所更新，也就是要由严格限制金融机构的经营业务和经营行为向促进金融业竞争、促进金融混业经营的方向转变，由限制金融机构的合并转向鼓励金融机构之间的联合。特别是，在从金融分业经营到混业经营的转变过程中，必然会出现许多的金融创新，所以，金融监管当局应该早做准备，未雨绸缪。

(2) 转移监管重点。我国金融监管的重点应由合规性监管向合规性监管和风险性监管并重转变。目前的金融监管主要是对金融机构执行有关政策、法律、法规情况实施监管，而对金融机构的资本充足程度、资产质量、流动性、营利性和管理水平等所进行的监管力度不大。这种偏重合规性监管的方法市场敏感度低，不能及时反映金融风险，相应的监管措施也滞后于市场发展，显然已经不适应新的金融发展格局。随着我国加入 WTO，金融风险的范围扩大，有信用风险、市场风险、操作风险、法律风险、流动性风险以及名誉风险等多种风险。我国在逐步融入国际金融竞争的过程中，要迎接来自各方面风险的考验。因此，要从以前的注重合规性监管向合规性监管和风险性监管并重转变，在制定监管指标时应具有预见性，充分考虑到现阶段及今后一段时期内银行可能面临的各种风险，推行全面风险管理的理念。

(3) 改进金融监管方式。这方面的重点是要实现由静态监管向动态监管的转变，时刻关注、控制、防范和化解金融机构的风险。主要包括：①监管机构应改变过去那种只注重"事后化解"或者只注重特定时点上的资产状况的做法，逐步做到注重"事前防范"，随时化解风险。②鼓励金融机构改善其内部控制体系，防止经营中存在的违规、违纪现象，提高其防范风险的意识，对不该发放的贷款坚决抵制，严格控制不良贷款的增量，同时，提高员工的素质，尽快掌握现代化的监管技术和方法，提高整体风险防范能力。③加强信息披露，监管当局应该按照市场原则监督金融机构，在审批的基础上，加强信息披露，强化对金融机构的市场约束力。

(4) 完善金融监管体系。首先，要进一步加强中国人民银行、银监会、证监会、保监会的独立性，加大对违规机构及时发现、查处的力度；其次，在当前"分业经营、分业监管"的背景下，进一步强化监管机构之间已建立的高层定期会晤制度，经常就一些重大问题进行磋商、协调；最后，对业务交叉领域和从事混业经营的金融集团，实施联合监管，建立监管机构之间的信息交流和共享机制。

(5) 加强跨境金融监管的合作。当今世界金融监管发展的一个趋势是实施跨境监管，以加强对跨国金融机构的监管，防止出现金融监管的真空，这就要求加强金融监管的国际合作。根据巴塞尔协议的相关规定。对于跨境银行，母国监管当局和东道国监管当局应该进行合理的监管分工和合作。通常。母国监管当局负责对其资本充足性、最终清偿能力等实施监管，东道国监管当局负责对其所在地分支机构的资产质量、内部管理和流动性等实施监管；同时，两国监管当局要就监管的目标、原贝 1j、标准、内容、方法以及实际监管中发现的问题进行协商和定期交流。在金融全球化条件下，为了有效监管本国商业银行的境外业务以及外国银行在本国的金融业务，进一步加强跨国间的监管合作已经变得越来越迫切和越来越重要。

本 章 小 结

(1) 金融风险及种类，金融风险的成因，金融风险与金融危机的关系。

(2) 金融监管的含义与特征，金融监管的必要性。

(3) 金融危机的含义、类型及表现，金融危机的防范治理。

(4) 金融监管体系的一般构成，包括金融监管的组织体制，金融监管目标与原则，金融监管的内容、手段和措施等。

复习思考题

一、问答题

1. 金融风险的特征有哪些？

2. 金融风险形成的主要因素是什么？

3. 金融风险与金融危机的关系是什么？

4. 金融监管的基本内容有哪些？

二、理论归纳题

东南亚金融危机期间，马来西亚受创严重，货币急剧贬值，资本大量外流，严重妨碍了马来西亚的经济稳定和发展。在此情况下，马来西亚总理马哈蒂尔不顾外界反对，毅然宣布实施外汇管制。在一定程度上遏制了危机的发展，促进了经济的早日复苏。

试用外汇管理的有关知识和原理对以上材料加以分析和说明。

[1]　黄达. 金融、金融学及其学科建设. 当代经济科学. 2001 年 7 月第 4 期

[2]　丁志杰. 发展中国家金融开放——效应与政策研究[M]. 北京：中国发展出版社，2002.

[3]　弗兰克·J.法博齐. 资本市场：机构与工具[M]. 唐旭等译. 北京：经济科学出版社，1998.

[4]　姜波克等. 人民币自由兑换和资本管制[M]. 上海：复旦大学出版社，1999.

[5]　(美)D.兹维·博迪，罗伯特·莫顿. 金融学[M]. 北京：中国人民大学出版社，2000.

[6]　翟建华. 金融学概论[M]. 大连：东北财经大学出版社，2005.

[7]　陈学彬. 金融学[M]. 北京：高等教育出版社，2005.

[8]　米什金. 货币金融学说[M]. 北京：中国人民大学出版社，1997.

[9]　王松奇. 金融学[M]. 北京：中国金融出版社，2000.

[10]　曹龙骐. 货币银行学[M]. 北京：高等教育出版社，2000.

[11]　戴国强. 货币银行学[M]. 北京：高等教育出版社，2005.

[12]　曾康霖. 金融经济学[M]. 成都：西南财经大学出版社，2002.

[13]　江其芳. 中国金融：制度创新与发展[M]. 北京：经济科学出版社，2002.

[14]　曹风歧，贾春新. 金融市场与金融机构[M]. 北京：北京大学出版社，2002.

[15]　范从来，姜宁. 货币银行学[M]. 南京：南京大学出版社，2003.

[16]　李海波，高寿昌，林松. 财政与金融[M]. 北京：中国金融出版社，2003.

[17]　李富有，陈春生. 国际金融学[M]. 西安：陕西人民出版社，2002.

[18]　徐前进. 金融创新[M]. 北京：中国金融出版社，2003.

[19]　郭也群，许文新. 金融概论[M]. 上海：上海财经大学出版社，2005.

[20]　马小南，孙烨. 金融学[M]. 北京：高等教育出版社，2004.

[21]　李成. 货币金融学[M]. 北京：科学出版社，2004.

[22]　兹维·博迪，罗伯特·C.莫顿：金融学[M]. 北京：中国人民大学出版社，2000.